Hans Otto Eglau

Fritz Thyssen
Hitlers Gönner und Geisel

Hans Otto Eglau

Fritz Thyssen

Hitlers Gönner und Geisel

Siedler

Schutzumschlag: Rothfos + Gabler, Hamburg
Satz: Ditta Ahmadi, Berlin
Reproduktionen: Mega-Satz-Service, Berlin
Register: Sibylle Wenzel, Berlin
Druck und Bindung: GGP Media, Pößneck
Printed in Germany 2003
ISBN 3-88680-763-0
Erste Auflage

Inhalt

ANHANG

Vorwort

Fritz Thyssen, der Großindustrielle, der Hitler finanzierte und ihm als Steigbügelhalter zur Macht verhalf. Auf diese klischeehafte Formel reduziert sich die landläufige Rollenbeschreibung eines Mannes, der zu den umstrittensten Wirtschaftsführern der Weimarer Republik und der frühen NS-Zeit gehörte. Kaum jemand sonst unter den Prominenten der Ruhr hat so viel Gegnerschaft, bisweilen sogar Hass auf sich gezogen wie er. Kein anderer löste in den Kreisen der rheinisch-westfälischen Schwerindustrie so viel verständnisloses Kopfschütteln, vielfach sogar unverhohlenen Spott aus. Für viele war er nur der unbedeutende Sohn eines bedeutenden Vaters, der sich in die Politik verirrte und als idealistischer Wirrkopf der Verführungskunst des braunen Trommlers erlag.

Unverständlich, dass bisher niemand den Versuch unternommen hat, in das Leben und Wirken Fritz Thyssens etwas mehr Licht zu bringen. Was faszinierte den tief gläubigen Katholiken an Hitler, und wodurch erkannte er andererseits so schnell seinen tragischen Irrtum – so schnell und dennoch zu spät? Dass sich die Zeitgeschichte bisher wenig mit der Person des ältesten Sohnes von August Thyssen beschäftigt hat, liegt sicherlich vor allem an der ungünstigen Quellenlage. Von Fritz Thyssen existieren weder ein geordneter Nachlass noch eine private Korrespondenz oder ein Tagebuch. Bei der Beschlagnahme seines Hauses durch die Gestapo nach der überstürzten Flucht ins Ausland zu Beginn des Krieges wurden die meisten seiner dabei sichergestellten persönlichen Unterlagen vernichtet. Große Teile der geschäftlichen Korrespondenz fielen den alliierten Bombenangriffen auf die Stahlwerke an der Ruhr zum Opfer.

Die Familie Thyssen erwies sich bei der Spurensuche ebenfalls als wenig hilfreich. Ein ausgeprägtes Familienbewusstsein und das Bedürfnis, das Andenken früherer Generationen zu bewahren und lebendig zu halten, standen bei den Thyssen-Erben anders als bei den Ruhrdynastien Krupp und Stinnes nie besonders hoch im Kurs. Das lag vor allem an dem schwierigen Verhältnis August Thyssens zu seinen vier Kindern, die auch ihrerseits keine allzu innige Beziehung untereinander pflegten. Sie sind sich wegen permanenter Familienstreitigkeiten und sehr divergierender Lebensentwürfe später weitgehend aus dem Wege gegangen. Auch Fritz Thyssens Ehefrau Amélie vermachte bei ihrem Tod im Jahr 1965 der Nachwelt so gut wie nichts, was Erhellendes zur Biografie ihres Mannes hätte beitragen können; nicht viel mehr hinterließ ihre 1990 gestorbene einzige Tochter, Anita Gräfin Zichy-Thyssen. Deren in Argentinien aufgewachsenen beiden Söhne, die ihren Großvater ein Jahr vor dessen Tod in Buenos Aires mehrere Monate hindurch erlebten, haben an diese Zeit kaum Erinnerungen. Sie waren damals gerade einmal zwölf und acht Jahre alt.

So fügt sich das Lebensbild Fritz Thyssens vor allem aus den Fundstücken aus verschiedenen historischen Archiven zusammen. Erfreulicherweise erlauben die Aktenbestände privater und öffentlicher Sammlungen detaillierte Einblicke in nahezu alle Lebensphasen. So vermittelt der erhalten gebliebene, umfangreiche Briefwechsel zwischen August Thyssen und seinen Kindern von 1919 bis 1926 einen deprimierenden Eindruck von den permanenten Spannungen zwischen dem Vater und seinem ältesten Sohn. Die ebenfalls überlieferte Korrespondenz des nach seiner gescheiterten Ehe zunehmend verbitterten Firmengründers mit dem Bankier und engen Vertrauten Carl Klönne zwischen 1900 und 1905 lässt das ganze Ausmaß des Unfriedens erahnen, in dem die Thyssen-Kinder in den entscheidenden Jahren ihrer Entwicklung aufwuchsen. Wesentliche Erkenntnisse über Fritz Thyssens Aktivitäten in der deutschen Montanindustrie und seinen politischen Weg durch die Weimarer Republik ließen sich aus den Archivbeständen anderer Großunternehmen gewinnen, vor allem aus den Protokollen und Korrespondenzen des Reichsverbandes der Deutschen Industrie und seiner Präsidenten Carl Duisberg (I.G. Farben) und Gustav Krupp von Bohlen und Halbach. Nicht zuletzt der vollständig erhaltene Nachlass des Generaldirektors des Gutehoffnungshütte-Konzerns, Paul Reusch, eines scharfen Beobachters und rührigen Akteurs hinter den politischen Kulissen, zudem Initiator des sagenumwobenen Herrenclubs Ruhrlade, birgt zahlreiche Hinweise auf Fritz Thyssens Wirken im Kreise seiner großindustriellen Kollegen.

Fritz Thyssen hatte nach der im Herbst 1948 wiedergewonnenen Freiheit die Absicht, seine Memoiren zu schreiben. Dazu ist es nicht mehr gekommen. Seine Kräfte reichten gerade noch für eine biografische Skizze, die er als vierzehn Seiten langes Typoskript seinen beiden Enkeln widmete. So sind wir, soweit es sich um sein politisches Vermächtnis handelt, auf das unter seinem Namen 1941 in den USA und England erschienene Buch »I Paid Hitler« seines amerikanischen Ghostwriters Emery Reves angewiesen. Auch wenn die von ihm als Ganzes nicht autorisierte Kampfschrift gegen den Nationalsozialismus eine Reihe von Fehlern aufweist und daher als historische Quelle umstritten ist, deckt sich seine im französischen Exil diktierte Philippika weitgehend mit späteren Aussagen. Namentlich die als Wortprotokoll dokumentierte mündliche Verhandlung vor der Spruchkammer Obertaunus im Sommer 1948 einschließlich der dabei gemachten Zeugenaussagen hat die in dem Buch enthaltene Darstellung der wechselvollen Beziehung Thyssens zur nationalsozialistischen Bewegung bestätigt und in wichtigen Punkten ergänzt und vertieft.

Bei meiner biografischen Spurensuche habe ich viel Unterstützung erfahren. Mein besonderer Dank gilt dem Leiter des Konzernarchivs der ThyssenKrupp AG, Dr. Manfred Rasch, und seinen Mitarbeitern Andreas Zilt und Astrid Dörnemann. Sie haben das Projekt mit großer Hilfsbereitschaft und Ausdauer begleitet. Einige der ausgewerteten Dokumente aus dem für das Buch wichtigsten Archivbestand wurden erstmalig für öffentliche Zwecke freigegeben. Zu Dank verpflichtet bin ich Dr. Jörg Bankmann, der mir als ehemaliger Vorstand der Thyssen-Vermögensverwaltung mbH mit Informationen sowie mit Hinweisen auf weitere Quellen wertvolle Hilfe leistete, und Dr. Bardia Khadjavi-Gontard, anwaltlicher Berater der einzigen Tochter Fritz und Amélie Thyssens, Anita Gräfin Zichy-Thyssen, der mir Zugang zu lange Zeit verschollenen Unterlagen vor allem über Thyssens amerikanische Haft nach 1945 verschaffte. Aber auch allen anderen, die mir bei meinen Nachforschungen behilflich waren, möchte ich auf diesem Wege sehr herzlich danken. Glücklicherweise war es noch möglich, Menschen zu sprechen, die aus persönlicher Erinnerung über Fritz Thyssen berichten konnten: Fey Pirzio-Biroli (Rom), eine Tochter des Widerstandskämpfers Ulrich von Hassell, die mit dem Ehepaar Thyssen die KZ-Haft in Buchenwald und Dachau teilte, Thyssens holländischer Anwalt Professor Pieter Sanders und sein Enkel Claudio Graf Zichy-Thyssen.

Besonderen Dank schulde ich schließlich meiner Frau Dorothee für ihr großes, nie erlahmendes Engagement, mit dem sie mich bei meiner Arbeit unterstützte. Sie half mir insbesondere bei schwierigen Recherchen und stand mir als kritische Lektorin zur Seite. Ihr widme ich dieses Buch.

Hans Otto Eglau
Düsseldorf, 31. Mai 2003

KAPITEL 1

Über Nacht ein Held

Es war ein großer Tag in seinem Leben, vielleicht der größte, dieser 26. Januar 1923. Nie zuvor hatte er im Mittelpunkt ungeteilter Huldigungen gestanden, nie wieder sollte er so viel Bewunderung und Verehrung seiner Freunde, so viel Respekt selbst seiner »Erzfeinde« erfahren. Mit dem Toast »Herr Fritz Thyssen, unser großer Führer im Kampf um unsere unantastbaren heiligen Rechte, er lebe hoch, hoch, hoch!« hatte Carl Canaris, Generaldirektor der August Thyssen-Hütte, die kurzfristig angesetzte Begrüßungsfeier für seinen aus französischer Militärhaft heimgekehrten obersten Chef beendet.[1] Selbst Repräsentanten der Gewerkschaften waren zu der spontanen Jubelfeier im großen Sitzungssaal des Zentralbüros in Hamborn erschienen.

»In dieser feierlichen Stunde«, so wandte sich der aus seiner monotonen Betriebsroutine vorübergehend in die Höhen nationalen Pathos entrückte Hütteningenieur an Thyssen, »geloben wir, dass wir alle, Mann für Mann, den Weg gehen wollen, den Weg zu des deutschen Volkes Rettung aus größter Not und Bedrängnis.« Während die Teilnehmer das Deutschlandlied und vaterländische Gesänge wie »Der Gott, der Eisen wachsen ließ, der wollte keine Knechte« anstimmten, fand sich vor dem Eingangsportal eine große Menschenmenge ein, die »das Erscheinen des Herrn Fritz Thyssen in froher Begeisterung erwartete«, wie der *Hamborner Generalanzeiger* anderntags berichtete. »Als der sehnsüchtig Erwartete endlich in Begleitung seines über 80 Jahre alten Vaters auf der Treppe des Verwaltungsgebäudes erschien«,

Zwei Französische Militärposten bewachen die Zeche »Monopol«. Weil er sich den Forderungen der ins Ruhrgebiet einmarschierten Franzosen nach größeren Mengen Reparationskohle entgegenstellte, stieg Fritz Thyssen als Sprecher des Bergbaus 1923 zur Symbolfigur des nationalen Widerstandes auf.

so der Artikel, »wollten die Hurra-Rufe kein Ende nehmen. Wieder erklangen vaterländische Lieder, Herr Thyssen hielt eine kurze Ansprache, welche mit den Worten endete: ›Wir bleiben fest‹, worauf begeisterte Bravo-Rufe erklangen. Das von Herrn Thyssen auf das deutsche Vaterland ausgebrachte ›Hoch!‹ veranlasste die Menge, entblößten Hauptes das Deutschlandlied anzustimmen und zu Ende zu singen ... Als Herr Fritz Thyssen und sein alter Vater in Begleitung der Direktion den Platz überschritt, um dem Hüttenwerk einen Besuch abzustatten, wiederholten sich immer wieder die Begeisterungskundgebungen.«

Getragen von einer Welle patriotischer Begeisterung, durfte

sich der 49-Jährige wie ein nationaler Heros fühlen. Die Technische Hochschule Darmstadt ernannte ihn zu ihrem Ehrenbürger, die Juristische Fakultät der Albert-Ludwigs-Universität in Freiburg dankte ihm sein »Eintreten für deutsches Recht und Freiheit« mit der Ehrendoktorwürde. Die Deutsche Reichsbank berief ihn in ihren Zentralausschuss, ein Beratungsorgan der Geschäftsführung. Die Stadtväter von Hamborn wählten ihn »in Würdigung seines mannhaften und treudeutschen Verhaltens gegenüber den Besatzungsbehörden« gegen die Stimmen von Sozialdemokraten und Kommunisten zum Ehrenbürger.[2] Was machte es da schon, dass der Geehrte seinen privaten Wohnsitz gar nicht in Hamborn, sondern in Mülheim hatte; schließlich stand sein Name für das bedeutendste Unternehmen am Ort.

Auch die Presse ließ sich von der politischen Hochstimmung nur allzu gern mitreißen. Voller Hingabe malten insbesondere die bürgerlichen Zeitungen des Ruhrgebietes an dem Mythos der »spröden, fast schüchternen Natur« eines Mannes, der »vor der Öffentlichkeit, vor der Geselligkeit, vor der Repräsentation eher zurückschreckt, als dass sie ihn locken«, den aber »die Notwendigkeit plötzlich an sichtbarste Stelle« drängte, die er zuvor fast »ängstlich gemieden hatte«. Wenn sich ein solches »Vorbild an moralischem Mut« nach »reiflicher Überlegung zu etwas entschließt«, so die *Essener Volkszeitung* pathetisch, sei »sein Wille von antiker Unerschütterlichkeit«.[3] In einem solchen Rausch störte es niemanden, dass die Linkspresse das Ganze als »Heldenkomödie« abtat.[4] Welch groteske Dimensionen der Thyssen-Kult jener Tage bisweilen annahm, offenbart das gefühlige Traktat eines anonymen Autors, der seinem Idol mit dem Vers huldigte: »Die Zeit steht still, ein kühner Mann trotzt welschen Bajonetten, Fritz Thyssen zeigt den Weg uns an, der Deutschland kann erretten.«[5]

Viele haben sich damals und auch später gefragt, welche besonderen Umstände einen scheuen, introvertierten Mann, politisch bis dahin ein völlig unbeschriebenes Blatt, zu einer Symbolfigur nationaler Empörung werden ließen. Wenn überhaupt jemand aus dem Kreise der führenden Ruhrindustriellen für diese Rolle prädestiniert gewesen wäre, dann, so möchte man meinen, am ehesten noch Hugo Stinnes,[6] der bereits der Deutschen Nationalversammlung in Weimar angehört hatte und 1920 als Abgeordneter in den Reichstag eingezogen war, oder der schon zu seinen Lebzeiten zur Legende gewordene Konzerngründer August Thyssen – aber ausgerechnet Fritz, in dem die meisten, wenn er ihnen überhaupt ein Begriff war, nur »den Sohn« sahen?

Dass gerade ihn, den Industriellenerben ohne jede charismatische Ausstrahlung, das Schicksal dazu ausersehen hatte, in jener kurzen Episode der bewegten Nachkriegszeit über sich hinauszuwachsen, ist wohl allein mit der tiefen Mutlosigkeit und Resignation in weiten Teilen der Bevölkerung zu erklären. Nach dem als ungerecht empfundenen »Diktatfrieden« von Versailles mit seinen Deutschland auferlegten Gebietsabtretungen und Reparationslasten war der Einmarsch französischer und belgischer Truppen ins Ruhrgebiet wegen rückständiger Kohlelieferungen für viele ein Signal, sich nicht weiter demütigen zu lassen. Thyssen, der diese Schmach persönlich mehr als jeder andere empfand, hat sich nach der ihm von seinen Bewunderern zuerkannten Rolle eines »Führers« gleichwohl nicht gedrängt. In der von nationalistischen Revanchegefühlen aufgeheizten Stimmung jener Wochen und Monate wurde er, der Träger eines großen Namens der deutschen Montanindustrie, mit seinem entschiedenen Nein gegen die Anmaßungen der Besatzer jedoch fast automatisch zu einer Symbolfigur des Widerstandes.

Vielleicht hätten die Ereignisse einen anderen Verlauf genommen, wäre den am 11. Januar ins Ruhrgebiet einmarschierten Truppenverbänden ein voll funktionsfähiges Rheinisch-Westfälisches Kohlensyndikat in die Hände gefallen. Doch die Zechenherren hatten unter Führung von Hugo Stinnes die wichtigsten Akten dieses Großkartells samt Personal rechtzeitig von Essen in das sichere Hamburg gerettet.[7] De facto begann mit diesem Geniestreich der passive Widerstand, denn die unter militärischem Schutz agierende französische »Ingenieurkommission« konnte nicht zentral auf den gesamten Ruhrbergbau zugreifen, sondern musste sich die für ihr Vorgehen erforderlichen Unterlagen mühsam bei den einzelnen Bergbaugesellschaften beschaffen.

Von den führenden Ruhrindustriellen verspürte kaum jemand große Lust, sich von den Militärs unter Androhung persönlicher Konsequenzen zur Lieferung erhöhter Mengen von Reparationskohle zwingen zu lassen. Stinnes hatte es vorgezogen, die besetzte Zone zu verlassen, nachdem ihm zugetragen worden war, dass die Franzosen ihn in Geiselhaft nehmen würden. Auch Emil Kirdorf, der mächtige Schöpfer des Kohlensyndikats, hielt sich unsichtbar. Selbst August Thyssen drängte es nicht, die Weisungen ausländischer Generäle entgegenzunehmen. Sosehr er in seinem Konzern darauf bedacht war, dass trotz seines vorgerückten Alters nichts an ihm vorbeilief, so bereitwillig überließ er die undankbaren Verhandlungen mit den Franzosen, sofern man dabei überhaupt von Verhandlungen sprechen konnte, ausschließlich Fritz.[8]

Tatsächlich kamen die Gespräche schnell an einen toten Punkt. Der von den vorgeladenen Bergbauvertretern zum Sprecher gewählte Fritz Thyssen lehnte es bei der entscheidenden Zusammenkunft am 19. Januar 1923 kategorisch ab, überhaupt noch Kohlenzüge in Richtung Frankreich und Belgien rollen zu lassen. Er berief sich dabei auf eine telegrafische Weisung der Reichsregierung, wonach es den Ruhrzechen unter Androhung von Strafe verboten worden sei, den Lieferbefehlen der Invasionsmächte Folge zu leisten.[9] Die für die Strafexpedition verantwortlichen französischen Politiker und Generäle standen vor einer schwerwiegenden Entscheidung: Sollten sie nachgeben – mit der absehbaren Folge, dass die Deutschen am Ende als die moralischen Sieger dastehen würden? Oder sollten sie die Spirale der Eskalation ungeachtet des damit wachsenden Widerstandes weiter in Bewegung halten? Sie entschieden sich, wie Militärs es in solchen Situationen meistens tun: für ein hartes Vorgehen.

In der französischen Gendarmerie im Rathaus von Bredeney erklärten die französischen Offiziere die für den Vormittag des 20. Januar bestellten Industriellen kurzerhand für verhaftet. Mit Autos wurde die Gruppe nach Düsseldorf und von dort in einem an einen fahrplanmäßigen Zug angehängten Sonderwagen nach Mainz gebracht, das sich seit der Besetzung des linken Rheinufers unter französischer Verwaltung befand. Um in der Bevölkerung kein unnötiges Aufsehen zu erregen, wurden die Verhafteten außerhalb des Hauptbahnhofs an einer Güterstation ausgeladen und in bereitstehenden Polizeiwagen ins Gerichtsgefängnis gefahren.[10]

Trotz aller Vorsicht hatte sich die Kunde von der Verhaftung Thyssens und seiner Kollegen wie ein Lauffeuer verbreitet. Entsprechend groß war das Interesse, als schon vier Tage später im Mainzer Landgerichtsgebäude der Militärprozess gegen die sechs Befehlsverweigerer begann. Vor dem in Uniform erschienenen Militärgericht wiederholte Thyssen im Namen aller Angeklagten die Weigerung, anderen Befehlen als denen der deutschen Regierung Folge zu leisten: »Ich will meinem Land die Treue halten.« Auf die Frage des Vorsitzenden »Ist das alles?« antwortete er mit einem schlichten »Ja!«. Nach den französischen Strafbestimmungen hätte das Gericht die Kohleführer wegen Gehorsamsverweigerung gegenüber einem militärischen Befehl zu mehrjährigen Gefängnisstrafen verurteilen können. Doch erkannten Kläger und Richter, dass sie an der Ruhr chaotische Zustände riskieren würden, sollten sie die Inhaftierten weiter in Gewahrsam halten. Die Solidaritätsbekundungen aus Berlin und von der Ruhr waren nicht zu überhören.[11]

Reichswirtschaftsminister Johann Becker drückte in einem an Thyssen gerichteten Telegramm mit den »Empfindungen wärmster Anteilnahme und des freudigen Stolzes« seine Sympathien für die »tapferen Verteidiger deutschen Rechtes gegen fremde Gewalt« aus. In den Thyssen-Betrieben drohten die Arbeiter mit Streik, falls ihr oberster Chef nicht unverzüglich freigelassen werden sollte. Auch die Beschäftigten anderer Ruhrunternehmen erhoben ihren »flammenden Einspruch gegen den Versuch, deutsche Staatsbürger lediglich wegen pflichtgemäßer Beachtung deutscher Reichsgesetze mitten im Frieden vor ein Kriegsgericht zu stellen«. Der kommandierende General Jean Degoutte hatte also gute Gründe, seinen Ministerpräsidenten und gleichzeitigen Kriegsminister Raymond Poincaré in einem Bericht vom 21. Januar 1923 vor der explosiven Lage zu warnen und davor, Thyssen zum Märtyrer zu machen.[12]

Während vor dem Justizgebäude Demonstranten nationale Parolen skandierten, vollzogen die Kriegsrichter in der Verhandlung denn auch einen bemerkenswerten Kurswechsel. Einstimmig sprachen sie die sechs Angeklagten vom schwerwiegenden Vorwurf der Gehorsamsverweigerung gegenüber einem militärischen Befehl frei und verurteilten sie lediglich wegen eines leichteren Vergehens (Missachtung eines militärischen Requisitionsbefehls) zu Geldstrafen. Für Fritz Thyssen lautete das Strafmaß 5100 Francs. Ein Beobachter der Mainzer Stadtverwaltung beschreibt anschaulich die aufgeheizte Stimmung: »Gerade als der Vorsitzende des französischen Gerichts das Urteil zu verlesen begann, drang von draußen der brausende Gesang des Deutschlandliedes in den Gerichtssaal. Man stimmte dann aber auch Lieder wie ›Siegreich wollen wir Frankreich schlagen‹ und ›Weh, o weh Franzosenblut‹ an. Die Zahl der Versammelten wird auf 20 000 geschätzt. Nach Schluss der Gerichtsverhandlung zog die Menge durch die Große Bleiche vor das Zentralhotel vor dem Bahnhofsplatz, wo von neuem den Industriellen, der Reichsregierung und dem Vaterlande Huldigungen dargebracht wurden.«[13]

Ob Thyssen das ihm auferlegte Strafgeld jemals bezahlt hat, ist sehr zweifelhaft, hätte er damit doch die französische Militärjustiz auf deutschem Boden als rechtens anerkannt. Er akzep-

Vor einem französischen Militärgericht mussten sich Fritz Thyssen (stehend) und fünf weitere Zechenbesitzer am 24. Januar 1923 in Mainz wegen Befehlsverweigerung verantworten. Thyssen argumentierte vor den uniformierten Richtern, als Deutscher sei er nur an Weisungen der deutschen Regierung gebunden.

tierte das Urteil denn auch nicht und ging in die Revision, die jedoch am 1. Februar 1923 verworfen wurde. Auf freien Fuß gesetzt wurden Thyssen und seine Mitangeklagten bereits am Abend des 24. Januar unmittelbar nach der Urteilsverkündung. Zwar waren sie »schuldig« gesprochen worden; doch die eher symbolischen Strafen ließen sie in den Augen der meisten als moralische Sieger erscheinen. So glich denn auch die Rückfahrt der Zechenherren ins Ruhrgebiet einem Triumphzug. Wie stark sich selbst Thyssens Verteidiger, der Essener Rechtsanwalt Friedrich Grimm, von der allgemeinen Stimmung mitreißen ließ, verrät sein noch im selben Jahr als Buch veröffentlichter Prozessbe-

richt: »Das Volk am Rhein stand auf. Spontan, unwiderstehlich breitete sich die Bewegung von Mainz aus auf das ganze rheinische Volk. Fahnen und Tücherschwenken überall; und das unter den Augen der Franzosen, die macht- und ratlos waren vor solchem Ausbruch der allgemeinen Volksbegeisterung. Der Zug fuhr langsam, wo größere Volksmengen sich angesammelt hatten. Selbst auf dem Lande war oft die Strecke rechts und links kilometerweise von Menschen eingesäumt ... Unter dem Niederwalddenkmal standen wir und der Bahnhof war schwarz von Menschen, die entblößten Hauptes das Deutschlandlied anstimmten.«[14]

Der Hauptdarsteller des Kriegsprozesses, dem der Ruhm eines nationalen Märtyrers vorauseilte, war jedoch nicht unter den Umjubelten. Fritz Thyssen empfand kein Verlangen nach der fröhlichen Rheinfahrt, suchte nicht das Bad in der Menge bei der Ankunft in Essen. Noch am Abend nach der Urteilsverkündung war er zusammen mit seinem Vater (der am Prozess als Zuhörer teilgenommen hatte) und Thyssen-Justitiar Wilhelm Späing nach Wiesbaden und von dort am nächsten Morgen rechtsrheinisch mit dem Zug zurück nach Mülheim gefahren. Er hatte seinen großen Auftritt gehabt, von der Anklagebank aus stehend den Franzosen die Stirn gezeigt, ihnen ins Gesicht geradeheraus gesagt, was er, ein guter Deutscher, als seine Pflicht ansah, so wie man es von ihm nicht anders erwartet hatte. Er war in gerade einmal zwölf Tagen zu einer nationalen Berühmtheit, ja zu einer gewissen, allerdings noch nicht näher bestimmbaren Größe der deutschen Politik geworden. In Mülheim erreichte ihn ein Telegramm des Reichskanzlers: »Bei Ihrer Rückkehr in Ihre Heimatstadt, aus der Sie brutale und rechtswidrige Gewalt verschleppte, begrüße ich Sie und Ihre Gefährten mit deutschem Gruß. Cuno.«[15]

Fritz Thyssen zeigte sich in der Einschätzung seiner politischen Rolle keineswegs bescheiden. Er habe, so erklärte er später immer wieder, den passiven Widerstand an der Ruhr »organisiert«, ja sogar »das Gebiet von Rhein und Ruhr gerettet«.[16] Er rechnete sich damit ein Verdienst zu, das er in dieser Ausschließlichkeit kaum für sich beanspruchen konnte. Der entscheidende Anstoß zum passiven Widerstand ging von der Reichsregierung unter ihrem Kanzler Wilhelm Cuno, zuvor Generaldirektor der Hamburg-Amerika Linie, aus. Sie hatte mit ausdrücklicher Billigung durch Reichspräsident Friedrich Ebert die Besetzung der Ruhr ohne Zögern als Verletzung des Versailler Vertrages angeprangert und aus Protest gegen den Einmarsch den 14. Januar zum »Nationalen Trauertag« ausgerufen. Sie beließ es jedoch nicht bei symbolischen Gesten der Empörung: Das Kabinett Cuno wies alle Beamten des Reiches und der betroffenen Länder an, sich »ausschließlich an die Weisungen ihrer eigenen Regierungen zu halten«, und sorgte darüber hinaus dafür, dass die Reichsbahn keine Kohletransporte mehr nach Frankreich und

Belgien abwickelte. Zwar hat Thyssen später berichtet, er habe unmittelbar nach dem Einmarsch einen Emissär zu Cuno geschickt, offensichtlich um das Regierungsverbot aller Kohlelieferungen an die Okkupationsmächte zu erwirken.[17] Doch nach der harten Reaktion der Regierung auf die Ruhrbesetzung zu urteilen, dürfte dieser Abgesandte, wer immer es war, damit in Berlin offene Türen eingerannt haben. Die zweite Voraussetzung für den bis September 1923 unter großen Opfern den Besatzungstruppen entgegengesetzten passiven Widerstand war zweifellos die feste Haltung der Arbeiter und ihrer Gewerkschaften, die sich trotz aller Avancen der Franzosen an der Abwehrfront beteiligten.

In seinem zwei Jahre vor seinem Tode verfassten, seinen beiden Enkeln gewidmeten Lebensbericht schrieb Thyssen über jene Ereignisse im Januar 1923: »Ich war damals sehr populär, und man trug mir die Führung der Regierung an. Aber ich wollte meinen Posten als Führer des passiven Widerstandes nicht verlassen.«[18] Diese Formulierung lässt Raum für mancherlei Interpretationen. Hielt er sich damals, betäubt von den seiner Person geltenden Ovationen, tatsächlich für berufen und vor allem befähigt, an die Spitze einer Reichsregierung zu treten? Er, ein Mann ohne jede politische Erfahrung und parlamentarische Hausmacht? Das wäre ein weiterer Beleg dafür, dass er seine Möglichkeiten in geradezu grotesker Weise überschätzte. Oder spielte er insgeheim mit dem abenteuerlichen Gedanken einer auf außerparlamentarische, also durch einen Putsch rechtsgerichteter Kräfte zu Stande gekommenen Regierung? Immerhin stammte der »Antrag« von keinem Geringeren als dem Ultrarechten Heinrich Claß, dem Vorsitzenden des Alldeutschen Verbandes, mithin nicht gerade von einem glühenden Verfechter des »Weimarer Systems«. Man könnte all diese Fragen als historisch unerheblich beiseite schieben, hätten sie sich nicht wenige Jahre später in einem anderen, diesmal sehr viel ernsteren Zusammenhang erneut gestellt.

Wie als politische Größe blieb Fritz Thyssen auch als Industrieller für viele Zeitgenossen ein Mann von schwer einschätzbarem Format. Als »ewiger Kronprinz«[19] und als »der kleine verschüchterte Sohn eines großen starken Vaters«[20] erschien vielen seine Bedeutung nur abgeleitet, selbst in der halbwegs freundlichen Charakterisierung, dass er nicht die »harte, den Erfolg herbeizwingende Einseitigkeit« des Alten besitze. Es ist wohl das vielfach ungerechte Schicksal von Söhnen bedeutender Männer, dass sie in allem und jedem an ihren Vätern gemessen werden. Tatsache ist, dass Thyssen durch seine exponierte Rolle im passiven Widerstand endlich auch in der öffentlichen Wahrnehmung aus dem langen, dunklen Schatten seines Vaters heraustrat. August Thyssen hat die feste Haltung seines ältesten Sohnes gegenüber den Invasoren mit uneingeschränkter Sympathie gewürdigt. »Ich habe mich unendlich gefreut, als Du durch Dein vornehmes, kühnes Auftreten im vorigen Jahr die Herzen, Liebe und Hochachtung von ganz Deutschland erwarbst«, schrieb er ihm 1924.[21]

Doch vermochten derlei Gunstbezeugungen nicht die Vorbehalte zu verschleiern, die August Thyssen bis zu seinem Lebensende gegenüber Fritz, aber auch gegenüber seinen übrigen Kindern hatte. Dass er sich an seinem Erstgeborenen besonders rieb, lag im Wesentlichen daran, dass dieser als Einziger in seiner unmittelbaren Nähe agierte und somit zwangsläufig häufiger als die anderen seinen Unwillen erregte. Dadurch wurde er im Laufe der Zeit zum natürlichen Rivalen, mit dem sich der greise Vater zunehmend in einen unsinnigen, aussichtslosen Kampf um die Macht verbiss. Im gleichen Atemzug mit seiner Anerkennung für sein Verhalten im Ruhrkampf bedauerte er Fritz gegenüber, »dass Du diesen ruhmvollen Schild durch Dein unwürdiges Auftreten gegen Deinen Vater beflecken musstest«.

Wie sehr er in seinen Kindern die Veranlagungen vermisste, denen er seinen eigenen Erfolg zu verdanken glaubte, geht vor allem aus der Korrespondenz hervor, die er über viele Jahre mit

Sehr zum Verdruss ihres nur für das Geschäft lebenden Vaters fanden Fritz, Heinrich, August jr. und Hede (von links nach rechts) bereits früh Gefallen an der gehobenen Lebensart der großbürgerlichen und adligen Gesellschaft.

dem Bankier Carl Klönne führte, der außerhalb der Familie wohl sein engster Vertrauter in geschäftlichen wie in privaten Angelegenheiten wurde. Klönne war im Jahre 1900 vom A. Schaaffhausen'schen Bankverein in Köln, wo er das Industriegeschäft aufgebaut hatte, in den Aufsichtsrat der Deutschen Bank und wenig später in deren Vorstand übergewechselt. Er galt als einer der angesehensten und einflussreichsten Ratgeber der aufstrebenden rheinisch-westfälischen Industrie.[22] Vieles von dem, was August Thyssen Klönne gegenüber an kritischen Einwendungen gegenüber Fritz erhob, mag man auf den üblichen Generationenkonflikt zurückführen, wie er in der Industrie vor allem zwischen starken Gründerpersönlichkeiten und ihren vielfach als weniger kraftvoll empfundenen Erben fast die Regel ist. Zumindest einige der in seinen Briefen teilweise bitter vermerkten Schwächen betreffen jedoch Eigenschaften, die bei Fritz Thyssen in mehr oder minder deutlicher Form auch später immer wieder zu Tage treten sollten. »Der Charakter von Fritz ist unberechenbar«, schrieb er im Juli 1902 an Klönne, »er ist leicht fremden Einflüssen zugänglich und dabei sehr empfindlich, was seine Person betrifft.«[23] Und ein paar Wochen später: »Ich halte Fritz für einen klaren Kopf, jedoch ist er hochmütig und launisch.« Einige Zeilen weiter fügte er hinzu: »Fritz hat von sich eine zu große Meinung. Ihm fehlt außerdem die Ruhe und der eiserne Fleiß, wie das bei reichen Kindern leider üblich ist.«[24]

Zumindest äußerlich konnten Vater und Sohn kaum gegensätzlicher sein. Besonders bildreich beschrieb der Schriftsteller Josef Winschuh den alten Thyssen: »Der Kopf beherrscht alles, er erinnert an einen Raubvogel, an einen aufgebäumten Bussard mit dem flaumigen Schädel, den dünnen Lippen, der langen Nase, die durch eine kleine Geschwulst schnabelartig wirkt. Das Stärkste an diesem Antlitz sind die kleinen Augen, die unter den schweren Lidern Stahlblicke verschießen, Blicke, die spähen und zupacken, fragen und fordern, aber niemals wärmen.«[25] Noch bildhafter gab ein französischer Besucher seine

Eindrücke wieder: »Herr Thyssen ist ein kleiner, einfach gekleideter Mann mit schwarzem Schlips und goldener Uhrkette ... Seine Nase, die fast das ganze Gesicht einnimmt, erinnert an diejenige Pierpont Morgans. Sie ist knorrig und von rötlich-violetter Farbe ... Dieser Mund und dieser ganze Kopf sind von einer ganz außerordentlichen Intelligenz. Die kleinen Augen, über welche die Lider tief herabhängen, funkeln vor Geist und Scharfsinn, die Stirn ist breit und schön und diese ganze Hässlichkeit hat etwas so Ausdrucksvolles und Packendes, dass sie gewinnend und sympathisch wirkt.«[26] Mit seinen nicht einmal 1,60 Meter Körpergröße musste August Thyssen zu seinem fast um Haupteslänge größeren Fritz buchstäblich emporschauen. Richten sich fast alle privaten wie geschäftlichen Gruppenfotos zur Mitte auf die massive Gestalt des Gründers aus, findet man den Sohn mit seinem leicht skeptisch-melancholischen Gesichtsausdruck meist irgendwo im Hintergrund.

August Thyssen, die »stärkste, die konzentrierteste Verkörperung des eigentümlichen Reviercharakters«,[27] hatte in einem halben Jahrhundert ein Lebenswerk vollendet, das in seiner technischen und betriebswirtschaftlichen Schlüssigkeit einzigartig war.[28] Ausgehend von einem 1871 auf der »grünen Wiese« im heutigen Mülheimer Stadtteil Styrum errichteten Bandeisenwalzwerk, hatte er seit 1883 heimlich die Anteilscheine (»Kuxe«) des Steinkohlebergwerks Gewerkschaft Deutscher Kaiser in Hamborn aufgekauft und 1890 am verkehrsgünstigen Rhein-Standort Hamborn-Bruckhausen (seit 1929 zu Duisburg gehörig) direkt auf der Kohle mit dem Bau eines Stahl- und Walzwerkes begonnen. Als Pionier des integrierten Hüttenwerkes errichtete er fünf Jahre später in Bruckhausen ein eigenes Hochofenwerk. Hinzu kamen 1899 ein Walzwerk in Dinslaken, 1902 das Meidericher Hochofenwerk und 1913 ein weiteres Hüttenwerk im deutsch-lothringischen Hagendingen auf der Basis der dort von Thyssen erschlossenen Erzvorkommen.

August Thyssen, am 17. Mai 1842 als ältester Sohn Friedrich

Thyssens (1804–1877), Inhaber eines kleinen Bankgeschäfts, und seiner Ehefrau Katharina (1814–1888) in Eschweiler bei Aachen geboren, war, nach dem innigen Verhältnis zu seinen Eltern und sechs Geschwistern zu urteilen, ein ausgesprochener Familienmensch. Dass er ihr Vertrauen auch als Geschäftsmann genoss, sollte sich für ihn überaus segensreich auswirken. Ohne die finanzielle Hilfe seines Vaters, der sich 1871 als stiller Gesellschafter mit 32 000 Talern an der Firma seines Sohnes beteiligte, und ohne die beträchtlichen Mittel seiner Schwester Balbina aus dem Erbe ihres früh verstorbenen Ehemanns, des belgischen Unternehmers Désiré Bicheroux, hätte der ehrgeizige Aufsteiger die Chancen der stürmischen Gründerjahre kaum so entschlossen nutzen können. Nach dem Tode seines Vaters trat sein zwei Jahre jüngerer Bruder Joseph, der bis dahin im väterlichen Bankgeschäft gearbeitet hatte, als Mitinhaber in die Mülheimer Stammfirma Thyssen & Co. ein und wurde sein unentbehrlicher Partner und engster Mitarbeiter. In ihrem Zentralbüro saßen sich die beiden viele Jahre lang an ihren Schreibtischen direkt gegenüber.

Sosehr August Thyssen ob seines Erfolges die Bewunderung seiner Eltern und Geschwister genießen durfte, so belastend war die totale Ausrichtung seines Lebens auf das Geschäftliche für die eigene Familie. Sein gesamtes Dasein stand im Dienste gern verrichteter Arbeit. Als eine »wunderbare Präzisionsmaschine der Schaffensfreude«,[29] wie er seiner Umgebung erschien, erhielt er sich seine Produktivität dank äußerster Disziplin bis ins hohe Alter. An Heinrich, seinen jüngsten Sohn, schrieb er 1924: »Wenn ich gesund bleibe, so kommt es durch meinen einfachen Lebenswandel. Ich trinke fast nichts mehr als leichten Thee und rauche nicht.«[30] Der Verzicht auf alles, was ihn in seiner bedingungslosen Pflichterfüllung ablenken konnte, korrespondierte mit einer bisweilen in Skurrilität ausartenden Sparsamkeit. Auf der Rückreise von einem Besuch in Den Haag auf dem Höhepunkt der Inflation 1923 löste er von Emmerich bis Wesel eine

»Der Kopf beherrscht alles, er erinnert an einen Raubvogel«: August Thyssen, die »stärkste, die konzentrierteste Verkörperung des eigentümlichen Reviercharakters« in einer Aufnahme aus dem Jahr 1925.

Fahrkarte dritter Klasse, weil diese nur 1,25 Millionen Mark kostete, wie er Heinrich berichtete. Für die zweite Klasse hätte er 3,75 Millionen bezahlen müssen.[31]

Dieselbe eiserne Disziplin und Anspruchslosigkeit, die er sich selbst auferlegte, verlangte er auch von seinen Kindern. Doch in dieser Erwartung sah er sich bitter enttäuscht. Der Gedanke, dass die entbehrungsreichen Aufbaujahre, die er einst als junger Mann durchgestanden hatte, nicht der Lebenswirklichkeit der jungen Generation entsprachen, die bereits in einem gesicherten Wohlstand und einer von Statusdenken und Imponiergehabe geprägten, »besseren« Gesellschaft aufwuchsen, blieb ihm bis zuletzt fremd. »Sie sind leider Streber geworden, die nur noch ihre Eitelkeit und nicht ihre Pflichten kennen«, klagte er gegenüber seinem Intimus Klönne.[32]

Entbehren mussten die Kinder ein harmonisches Familienleben, was vor allem an der unglücklichen Ehe ihrer Eltern lag. Am 3. Dezember 1872 hatte August Thyssen die zu diesem Zeitpunkt achtzehnjährige Hedwig Pelzer geheiratet. Was den aus der Eifel stammenden, zwölf Jahre älteren katholischen Selfmademan und die Tochter einer alteingesessenen, protestantischen Fabrikantenfamilie aus Mülheim zusammenführte, lässt sich nicht genau sagen. Eine von gegenseitigem Verständnis getragene, tiefe Zuneigung dürfte es jedoch ebenso wenig gewesen sein wie gemeinsame Lebenspläne oder Wesensverwandtschaft. In Fritz Thyssens Vorstellung war seine Mutter bei ihrer Hochzeit »das hübscheste Mädchen weit und breit«. Über die Basis ihrer Ehe gab er sich indes keinerlei Illusionen hin: »Sie heiratete meinen Vater nicht aus Liebe, sondern auf Wunsch ihrer Eltern, die in dem jungen aufstrebenden Industriellen eine gute Partie für ihre Tochter sahen.«[33] Wirtschaftliche Erwägungen könnten auch bei August Thyssen im Spiel gewesen sein, brachte Hedwig Pelzer doch eine stattliche Mitgift in die Familie ein, die ihrem Mann für den weiteren Ausbau seines Unternehmens höchst willkommen war.

Zwar gingen aus der Ehe in rascher Folge die vier Kinder Fritz (1873), August jr. (1874), Heinrich (1875) und Hedwig, genannt Hede (1878), hervor, doch legten sich auf das Familienleben schon bald erste Schatten. Im Kreise der Verwandten sprach es sich schnell herum, dass August Thyssen und seine Frau von ihrem gemeinsamen Leben sehr unterschiedliche Vorstellungen hatten. Anders als ihr Mann, der seine ganze Aufmerksamkeit mehr denn je dem expandierenden Unternehmen widmete, sehnte sich seine jugendliche, von ihrem Naturell her lebensfrohe Frau nach mehr persönlicher Zuwendung und Teilhabe am gesellschaftlichen Leben. Da August Thyssen ihr beides nicht geben wollte oder konnte, suchte sie in Wiesbaden und an anderen Treffpunkten des europäischen Erb- und Geldadels Anschluss an die höheren Kreise. August Thyssen verfolgte die Reisen seiner Frau mit unverhohlenem Argwohn und lastete die unter seinen Kindern (am wenigsten noch bei Fritz) vorhandene Affinität zu den vornehmen Zirkeln des Adels insgeheim dem Erbteil seiner Frau an. Eine Fehlgeburt, die Hedwig Thyssen Anfang der achtziger Jahre erlitt, führte den endgültigen Bruch herbei. August Thyssen leugnete die Vaterschaft und reichte die Scheidung ein, die durch Urteil des Königlichen Oberlandesgerichts Hamm vom 2. Dezember 1885 vollzogen wurde.[34]

Dem Schlussakt der Trennung waren langwierige Verhandlungen zwischen den in Gütergemeinschaft lebenden Eheleuten über die finanziellen Ansprüche Hedwig Thyssens gegen ihren Mann vorausgegangen. Um einer Teilung seiner Werke zu entgehen, stimmte er einer sofortigen Übertragung des gesamten ehelichen Vermögens auf die vier unmündigen Kinder zu.[35] Allerdings blieb der Nießbrauch dieses Vermögens August Thyssen lebenslänglich garantiert. Im Gegenzug setzte er seiner Ehefrau eine jährliche Apanage von 60 000 Goldmark aus. Dieser Vertrag, so klug er zum Zeitpunkt der Scheidung für das Unternehmen auch erscheinen mochte, sollte über die Jahre zu heftigem Streit zwischen August Thyssen und seinen Kindern führen,

So konfliktgeladen das Verhältnis zu seinem Vater war, so liebevoll hing Fritz Thyssen an seiner Mutter, die 1885 von August Thyssen geschieden wurde. Dieses Foto ist eine der seltenen Aufnahmen der Unternehmertochter aus Mülheim an der Ruhr, die zuletzt in vierter Ehe mit dem belgischen General Emanuel de Neuyter in Belgien lebte.

die sich bereits als Inhaber der Thyssen-Werke fühlten. Ihr Vater dachte aber gar nicht daran, die Anteile zu Lebzeiten auf seine Erben überschreiben zu lassen, so dass er bis zu seinem Tode Herr im Hause blieb. Die Folge war, dass sich die Kinder um ihre Ansprüche aus dem Vertrag zwischen ihren Eltern betrogen sahen.

Fritz Thyssen war zwölf Jahre alt, als sich seine Eltern scheiden ließen. Er hat unter ihrer Trennung sehr gelitten. »Meine erste Jugendzeit war sehr glücklich, bis die Scheidung meiner Eltern kam«, vertraute er später seinen Enkeln an, »als eine Hausdame an die Stelle meiner Mutter kam, war ich sehr unglücklich.«[36] Die von August Thyssen engagierte Erzieherin Minna Schlömann hatte offenbar nicht das nötige Fingerspitzengefühl, um im Hause für Harmonie zu sorgen. Eine Cousine der Kinder berichtete nach Wochenendbesuchen im Hause Thyssen häufig von Streitigkeiten unter den Geschwistern und zwischen diesen und ihrer »Vizemutter«. Vielleicht lag ein Grund für die Spannungen zwischen August Thyssen und seinen Kindern auch darin, dass sie ihrem Vater das Scheitern der Ehe zumindest zum Teil anlasteten und sich dadurch um das Glück einer unbeschwerten Kindheit und Jugend gebracht sahen.[37]

Spekulieren lässt sich auch darüber, inwieweit die traumatischen Erinnerungen an seine eigene gescheiterte Ehe August Thyssen dazu brachten, sich gegen die Heiratspläne seines Ältesten zu stellen. Der Konflikt, den er damit vom Zaun brach, hätte in vielen Fällen für einen irreparablen Bruch ausgereicht. 1896 hatte Fritz Thyssen, zu dieser Zeit Soldat im Westfälischen Ulanen-Regiment Nr. 5 in Düsseldorf, die zwei Jahre jüngere Amélie Zurhelle kennen gelernt. Über ihre erste Begegnung berichtete er später: »Sie saß neben mir bei Tisch anlässlich einer Abendgesellschaft mit Tanz. Ihre Eltern waren erst ganz vor kurzem nach Düsseldorf gekommen, und Amélie vertraute mir bei Tisch an, sie fürchte, als ganz Unbekannte ohne Tänzer

Amélie Thyssen, Reproduktion eines Pastells von Walter Petersen.

Nach dem Vorbild vieler Sprösslinge aus den rheinisch-westfälischen Industriefamilien rückte Fritz Thyssen im Oktober 1895 als Einjährig-Freiwilliger in das Westfälische Ulanen-Regiment Nr. 5 in Düsseldorf ein.

bleiben zu müssen. Damals gab es noch Tanzkarten. Sie gab mir die ihrige, die tatsächlich noch leer war. Ich schrieb meinen Namen bei allen Tänzen ein. Sie war zufrieden, und ich war glücklich.«[38]

Vielleicht war August Thyssen, der nach seiner Scheidung nicht wieder geheiratet hatte, in Sorge, sein Sohn steuere auf einen ähnlichen Fehler zu, wie er ihn begangen hatte. Auffälligerweise stellte er an der Auserwählten seines Sohnes Eigenschaften fest, die ihn an die »Extravaganzen« seiner geschiedenen Frau erinnert haben könnten. Sie sei »hübsch, aber unbedeutend«, merkte er an, »sie hat nur Sinn für Äußerlichkeiten, wie man dies in allerbesten Kreisen ihr zeigt«.[39] Möglicherweise haben auch die in den Augen des alten Thyssen nicht eben glänzenden Vermögensverhältnisse der Familie Zurhelle eine Rolle gespielt. Über die von ihm benutzten Mittel, um die Ehe seines Sohnes zu torpedieren, kamen die abenteuerlichsten Gerüchte in Umlauf. So meldete das Gesellschaftsblatt *Der Roland von Berlin*, August Thyssen habe versucht, Fritz in eine geschlossene Anstalt einweisen zu lassen, was der Vater durch seinen Anwalt postwendend dementieren ließ.[40]

Wenngleich an der Seriosität dieser Presseberichte ernste Zweifel erlaubt sind, offenbart eine ungleich authentischere Quelle, wie es um das Verhältnis zwischen Vater und Sohn stand. Vor dem Königlichen Oberlandesgericht Düsseldorf sagte am 20. Juni 1918 in einem von August Thyssen jr. gegen seinen Vater geführten Prozess die mittlerweile 63-jährige Hedwig als Zeugin aus. Dabei berichtete sie über das Zerwürfnis zwischen ihrem einstigen Ehemann und dem vorübergehend zu ihr, die 1899 den belgischen General Emanuel de Neuyter geheiratet hatte, nach Brüssel »geflüchteten« Sohn Fritz Folgendes:

»Der Vater suchte sich dieser Heirat mit allen Kräften zu widersetzen, trotzdem Fräulein Zurhelle aus guter Familie war und gegen ihre Person kein Einwand zu machen war. Infolgedessen entwickelte sich zwischen dem Vater und Fritz Thyssen ein sehr erregter Briefwechsel, in welchem beiderseits mit verletzenden Ausdrücken Stellung genommen wurde. Fritz Thyssen sagte beim Empfange eines derartigen Briefes einmal, als der Vater ein demnächstiges Zusammentreffen mit seinem Sohn in Cöln, wo er mit einem Arzte, Dr. Neumann, sich einfinden wolle, herbeizuführen suchte: ›Ich nehme einen dicken Knüppel und haue sie beide damit, wenn sie mich packen wollen‹ – ›Dieser Schuft‹ – er meinte damit seinen Vater – ›will mich vielleicht in ein Sanatorium bringen lassen.‹ Bei einer späteren Gelegenheit schrieb der Vater Fritz Thyssen in einem Brief: ›Ich erkenne Sie nicht mehr als Sohn an.‹«[41] Obwohl August Thyssens Ex-Ehefrau vor Gericht nicht vereidigt wurde und die von ihr geschilderten Ereignisse zum Zeitpunkt ihrer Darstellung fast zwanzig Jahre zurück lagen, dokumentieren ihre Aussagen die Härte der zwischen Vater und Sohn um dessen Heiratspläne geführten Auseinandersetzung.

Aber selbst die gewagtesten Mittel, zu denen August Thyssen griff, um die Ehe seines Sohnes mit Amélie zu verhindern, blieben vergeblich. Fritz blieb standhaft und erwog nach einem besonders heftigen Disput mit seinem Vater im Frühjahr 1898 sogar, der Karriere im eigenen Unternehmen zu entsagen und stattdessen eine Stellung in einem russischen Stahlwerk in St. Petersburg mit einem Monatsgehalt von umgerechnet 600 Mark anzunehmen. Lieber wolle er »auf alles verzichten« und »mit meinem Vater brechen, als von Dir zu lassen«, schwor der 24-Jährige trotzig seiner Auserwählten.[42] Am 18. Januar 1900 heiratete er die von seinem Vater so vehement abgelehnte Frau – »meine Liebste, gute, teure Amélie, mein großes, ganzes Glück«.[43] August Thyssen hat seine »Niederlage«, wenn überhaupt, wohl erst allmählich verwunden. Im Sommer 1902 jedenfalls kamen Vorbehalte gegen seine Schwiegertochter gegenüber Klönne noch einmal deutlich zum Ausdruck: »Wie Sie wissen, hat er gegen meinen Willen geheiratet. Leider hat er keine Kinder und ist anscheinend mit seiner Frau viel auf Reisen.«[44] Pikanterweise sollte die Ehe zwischen Fritz und Amélie die einzige in der Familie August Thyssens werden, die zeitlebens Bestand hatte. Nach der Hochzeit zog das junge Paar auf den Oberhof in Duisburg-Beeck, nur wenige Minuten vom Hochofenwerk Hamborn entfernt.

August Thyssen hat sich sein Versagen als Familienoberhaupt in einer späten Phase seines Lebens offen eingestanden. An seine geschiedene Ehefrau schrieb er knapp ein Jahr vor seinem Tod: »Die beste Erziehung ist das beste Geschenk, welches man Kindern machen kann. Wie glücklich sind die Eltern zu nennen, die diese schwere Aufgabe gut gelöst haben. Unsere Scheidung war ein entsetzliches Unglück für unsere Kinder.«[45] Selbstkritischen Fragen, inwieweit er selber zum Scheitern seiner Ehe beigetragen haben könnte, zeigte er sich unzugänglich. An Klönne schrieb er: »Ich bin Ihnen dankbar, daß Sie meine geschiedene Frau abgewiesen haben. Sie trägt in Wirklichkeit die Schuld an dem ganzen Unglück.«[46] Die Unfähigkeit, mit seinen Kindern ein normales Familienleben zu führen, zeigte sich auf geradezu tragische Weise in seinem völlig gestörten Verhältnis zu August jr. Die Schwächen und Verirrungen, die er bei seinen Kindern zu erkennen glaubte, sah er bei keinem der vier so ausgeprägt wie bei seinem Zweitältesten. Allerdings unternahm der »kleine August«, wie er genannt wurde, auch nicht gerade besondere Anstrengungen, um die Vorbehalte seines Vaters gegen die von ihm bevorzugte Lebensweise zu zerstreuen.

Nachdem er schon mit 24 Jahren Kollektivprokura erhalten hatte und zur Vorbereitung auf seine künftige Arbeit im Unternehmen zur Berliner Thyssen-Zweigniederlassung entsandt worden war, trat er ohne Wissen seines Vaters im Januar 1900 als Einjährig-Freiwilliger in die Leibschwadron der Potsdamer Gardehusaren ein und avancierte nach knapp zwei Jahren zum ersten bürgerlichen Reserveoffizier dieses feudalen Regiments. Der alte Thyssen war entsetzt, umso mehr, als August jr. die Mittel für einen seiner angestrebten Hofkarriere entsprechenden, repräsentativen Lebensstil beanspruchte. »Unsere Zukunft liegt nicht in Potsdam«, empörte sich der Vater, »unsere Größe und Bedeutung liegt in unseren Kohlen- und demnächst in unseren Erzgruben.«[47] Den ihm durch Vermittlung seines Sohnes über Klönne angebotenen Freiherren-Titel lehnte er denn auch dankend ab, selbst als man Joseph Thyssen dieselbe Ehre zuteil werden lassen wollte. Über die Gründe für seine Weigerung schrieb er Klönne: »Mein Bruder und ich würden einfache Menschen bleiben, unsere Nachkommen werden vielleicht anders denken und durch den höheren Rang die Hauptsache vergessen, dass wir uns nur als Diener des Geschäftes, dessen Blühen und Gedeihen für viele Tausende Mitmenschen und auch für das Vaterland von großem Interesse ist, betrachten dürfen.«[48]

Hatte August Thyssen zunächst die Absicht gehabt, neben Fritz und Heinrich auch seinen dritten Sohn in den Grubenvorstand der Gewerkschaft Deutscher Kaiser zu berufen, so widerrief er jetzt seine Pläne: »Ein Sohn, der mir immer nur Kummer bereitet, der Schulden auf Schulden häuft, der seine Wechselaccepte den Juden und Wucherern gibt, kann und darf nicht die Unterschrift einer vornehmen Firma oder deren Geschäft führen ... Eine himmelweite Kluft liegt zwischen uns, solange Du Dein jetziges Leben fortführst und solange Du nicht als guter Sohn meine Ratschläge befolgst.«[49] Der junge Thyssen rächte sich auf seine Weise: Vorgeblich, um sein Vermögen als rechtmäßiger Eigentümer vor der »Schuldenwirtschaft« seines von ihm lediglich als Verwalter anerkannten Vaters zu schützen, machte er die bei Thyssen engagierten Berliner Großbanken auf die hohen Verbindlichkeiten des Konzerns aufmerksam. Zumindest die durch diese Insiderinformation beunruhigte Deutsche Bank verlangte daraufhin für ihre Kredite von Thyssen zusätzliche Sicherheiten.

Noch brüskierter musste sich August Thyssen durch die öffentlich bekannt gewordene »unstandesgemäße« Verlobung seines Sohnes mit einer kleinen Soubrette fühlen. Ausgerechnet dasjenige seiner Kinder, von dem es in der Familie hieß, es sei einmal sein Lieblingssohn gewesen, dem er seinen Namen gegeben hatte und in dem er sich im besonderen Maße wiederzuerkennen gehofft hatte, enttäuschte ihn so! All die ehemalige Zuneigung hinderte ihn jetzt nicht daran, einen für einen Vater folgenschweren Entschluss zu fassen. Gestützt auf ein zweifelhaftes medizinisches Gutachten, beantragte er im Mai 1904, seinen Sohn gerichtlich zu entmündigen und in eine Heilanstalt einweisen zu lassen. »Ich glaube, mir bleibt nur die einzige Aufgabe, seine Schwachsinnigkeit zu beweisen, damit er unschädlich gemacht wird«, schrieb er an seinen Vertrauten Klönne.[50] Allerdings scheiterte er mit diesem Versuch. Zwar galt August Thyssen jr. in seiner Familie als ein »nervöser und eher sprunghafter Charakter«, aber dass er deshalb schon geistesschwach sei, wollte das Gericht denn doch nicht von Amts wegen bestätigen. Im Gegenzug reichte August gegen seinen Vater eine Beleidigungsklage ein, die als Prozess »Thyssen gegen Thyssen« von einem Teil der Presse begierig aufgegriffen wurde.

Fritz Thyssen hat im Streit seines Bruders mit dem Vater lange Zeit eine vermittelnde Position eingenommen. An Klönne schrieb er 1902: »Was meinen Bruder August angeht, so verteidige ich sein Vorgehen absolut nicht und gebe auch zu, dass er schwer zu behandeln ist, andererseits ist er au fond ein riesig guter Mensch, der sich z. B. für einen Freund direkt aufopfern würde. Er ist allerdings zum grossen Teil durch die meiner Ansicht nach ganz verkehrte Behandlung meines Vaters kolossal verbittert und in seinen Ideen etwas exzentrisch geworden, was an und für sich nicht zu sehr zu verwundern ist, wenn man bedenkt, dass er seit seinem zehnten Jahre immer bei fremden Leuten gewohnt hat, und dass er von seinem Vater ohne Einwirkung auf das Gemüt nur gewissermassen disziplinarisch erzogen wurde.«[51] Zum Leidwesen seines Vaters stellte sich Fritz bisweilen offen hinter die Forderungen seiner Geschwister, etwa wenn es um eine Aufbesserung ihrer Monatsbezüge oder die Stellung in der Firma ging, wie aus einem Brief Klönnes an August Thyssen hervorgeht: »Ich habe mein Bestes getan, um namentlich auf Fritz einzuwirken, doch war er sogar mit dem ihm persönlich Angebotenen nicht zufrieden und erklärte dazu noch in aller Form, daß er für seine Brüder eintrete wie für sich selbst.«[52] Mit dieser Einstellung handelte Fritz taktisch nicht ungeschickt. Als derjenige, der August Thyssen im Unternehmen am nächsten stand, musste er jederzeit damit rechnen, dass seine Brüder »sofort argwöhnen« könnten, »falls ich mich mit meinem Vater besser stellen würde, dass ich Sondervorteile beabsichtige, was nicht der Fall ist«.[53]

August Thyssen bewies, wenn er überhaupt um ein gutes Verhältnis zwischen seinen Kindern bemüht war, in dieser Beziehung alles andere als eine glückliche Hand. Bisweilen erweckte er gar den Anschein, als würde er – bewusst oder unbewusst – den einen gegen den anderen ausspielen. Welche Reaktion konnte er bei einem sich zurückgesetzt, ja ausgestoßen fühlenden Sohn wie August schon erwarten, wenn er ihm den älteren Bruder als Vorbild empfahl: »Siehe, welche große Stellung Fritz sich erworben hat und vergleiche damit die Deinige. Er kennt sein Geschäft, er wird geachtet und geschätzt von unseren tüchtigen Mitarbeitern und genießt die allgemeine Achtung. Weshalb hast Du nicht den gleichen Weg betreten, wie ich Dir immer empfohlen habe?«[54] Je mehr sich der auf Distanz gehaltene August jr. gegenüber seinen Brüdern zurückgesetzt fühlte, desto heftiger wurden seine Ausfälle vor allem gegen Fritz, den er zu jenem »Lumpengesindel« zählte, von dem sich sein Vater, wie er meinte, »befreien« müsse.[55] Im Gegenzug sagten Weihnachten 1921 Fritz und Amélie Thyssen einen geplanten Besuch auf Schloss Landsberg kurzfristig ab, weil sie nicht mit August jr. zusammentreffen wollten.[56] Als der bereits achtzigjährige Thyssen, vor den Scherben des Familienfriedens stehend, Fritz geradezu inständig bat, sich mit seinem Bruder endlich auszusöhnen, forderte dieser unbeeindruckt »klare Verhältnisse« – konkret: den

Verzicht des Bruders auf jegliche Mitwirkung im Unternehmen. »Ich will und werde mich mit August und seinem Anhang nicht mein Leben lang herumschlagen und verstehe nicht, wie Du mir dies zumuten kannst.«[57]

Während August, zwischen verletzender Aggressivität und mitleiderregender Unterwürfigkeit hin- und hergerissen, bis zuletzt um die Anerkennung durch seinen Vater buchstäblich bettelte und Fritz sich in einem quälenden Machtkampf mit dem physisch und geistig nachlassenden Alten aufrieb, zog es ihr jüngerer Bruder Heinrich vor, von Anfang an eigene Wege zu gehen. Schon mit seinem Entschluss, Kunstgeschichte und Chemie zu studieren, gab der jüngste der drei Thyssen-Söhne zu erkennen, dass er im Unterschied zu Fritz nicht die typische »Ruhr-Karriere« einzuschlagen gedachte. 1906 heiratete der an der Universität Heidelberg zum Dr. rer. nat. Promovierte die ungarische Baroness Margit Bornemisza und ließ sich von seinem Schwiegervater, der ohne männlichen Erben geblieben war, adoptieren. Nachdem der Kommunist Béla Kun 1919 in Ungarn eine Räterepublik ausgerufen hatte, floh Heinrich Thyssen-Bornemisza, wie er sich fortan nannte, mit seiner Familie nach Holland, wo er sich von Den Haag aus den Thyssenschen Auslandsaktivitäten widmete. Er war ein auf seine Unabhängigkeit bedachter, kunstsinniger Kosmopolit, dessen Interessenschwerpunkt mehr im Bank- und Finanzwesen als in der Industrie lag. Obwohl der Baron mit ungarischer Staatsangehörigkeit seit 1912 dem Grubenvorstand der Gewerkschaft Deutscher Kaiser angehörte, ließ ihm sein Vater die aristokratischen Extravaganzen großzügig durchgehen. In den Briefen seiner letzten Lebensjahre gelten August Thyssens teilnahmsvolle Gedanken außer der Entwicklung seiner Enkel vor allem Heinrichs Gesundheit: »Du musst bei Deinem schwachen Herzen vorsichtiger werden. Einmal musst Du wenig *trinken* und *rauchen*, im Eßen sehr *mäßig* sein, Gesellschaften thunlichst meiden, im Hause sehr zurückgezogen leben.«[58]

Fritz und Heinrich verband persönlich nur wenig miteinander. Solange sie gemeinsam am Industrievermögen der Familie beteiligt waren, mussten sie wohl oder übel noch zusammenwirken. Nachdem Heinrich 1926 gegen die Einbringung der Thyssen-Betriebe in die Vereinigten Stahlwerke votiert hatte und mit seinem Erbe unternehmerisch eigene Wege gegangen war, entfiel die letzte Klammer. Auch politisch waren größere Gegensätze kaum denkbar. Für das nationale Schwärmertum Fritz Thyssens konnte sich sein jüngerer Bruder, der nach der Übersiedlung nach Ungarn nie mehr die deutsche Staatsangehörigkeit erwarb, kaum erwärmen; erst recht fehlte ihm jedes Verständnis für dessen anfängliche Begeisterung für den Nationalsozialismus. Sich in der Öffentlichkeit politisch zu engagieren lag nicht in seiner Natur. Als Fritz Thyssen 1939 mit Amélie in die Schweiz floh, suchte er denn auch nicht bei seinem Bruder in Castagnola bei Lugano Unterschlupf, wo dieser 1932 von einem Preußen-Prinzen die repräsentative Villa La Favorita erworben hatte. Stattdessen logierte er bis zu seiner Ausreise nach Frankreich in Hotels in Luzern und Locarno. Auch nach 1945 haben Fritz und Heinrich Thyssen nicht mehr zueinander gefunden.

Nicht nur August Thyssens treuer Ratgeber Klönne hat immer wieder versucht, zwischen Mitgliedern der unfriedfertigen Familie Frieden zu stiften. Auch der für den Konzern tätige Zentrumspolitiker Matthias Erzberger, von August jr. um Vermittlung im Streit mit seinem Vater gebeten, wirkte auf einen Ausgleich hin, allerdings »trotz seiner lebhaften Bemühungen« ergebnislos.[59] Nicht eben zur Freude des alten Thyssen wurde schließlich sogar Hugo Stinnes in die leidigen Familienzwistigkeiten mit hineingezogen. Auf Bitten von August jr. und dessen Schwester bemühte er sich um einen finanziellen Interessenausgleich zwischen den beiden und ihrem Vater. Stinnes musste sein ganzes Geschick aufbieten, um die Verhandlungen im Dezember 1910 zumindest teilweise zu einem erfolgreichen Abschluss zu bringen. Für die seit 1908 in zweiter Ehe mit Maximilian von Berg verheiratete Tochter Hede erreichte er eine einvernehmliche Regelung ihres Ausscheidens. Die Unterzeichnung in Stinnes' Privatwohnung muss ziemlich turbulent verlaufen sein. Die Streitparteien waren nicht einmal zu bewegen gewesen, gemeinsam am Verhandlungstisch Platz zu nehmen. Stinnes musste ständig zwischen seinem Arbeitszimmer, wo sich Hede samt Ehemann und Anwalt aufhielt, und einem anderen Raum, in dem der alte August Thyssen mit seinem Rechtsberater Carl Härle Stellung bezogen hatte, hin- und herpendeln.[60]

Noch schwieriger gestalteten sich die Gespräche mit August jr. Thyssens Sorgenkind verlangte 1912 in einem Brief an Härle mit Kopien an Erzberger, Stinnes und die »Herren der Deutschen Bank« noch einmal die »absolute Gleichstellung mit meinem Bruder Fritz« sowohl in »finanzieller als auch in verwaltungstechnischer Hinsicht«. Erst wenn er die ihm »nach den Verträgen gebührende gleiche Stellung in den Werken einnehmen« werde, könne er »diejenigen Ideen über die Fortführung der Werke verwirklichen«, mit denen er »seit langem umgehe«. Dabei dachte er insbesondere an eine Gewinnbeteiligung für die Arbeiter »als meine Verbündeten«, so dass »das Riesenunternehmen meines Vaters, wenn es auf diese Weise auch in sozialer Hinsicht auf eine moderne Grundlage gestellt wird, hoffentlich zu einer noch größeren Blüte gelangen wird als bisher«.[61] Man kann sich leicht ausmalen, welche Reaktionen derlei Ideen und deren Verbreitung bei seinem Vater auslösten. Es sollte denn auch noch mehrere Jahre dauern, bis beide Seiten erkannten, dass eine Lösung dieses nahezu tragischen Generationenkonflikts nur durch eine völlige Trennung möglich war.

Ob August Thyssen jemals das Ziel verfolgte, auf den von ihm geschaffenen industriellen Fundamenten eine Unternehmerdynastie zu begründen, erscheint mehr als zweifelhaft. Sollte er aber tatsächlich zeitweise an eine Zukunft seines Konzerns als Familienunternehmen geglaubt haben[62] – zumindest in der Kor-

Als »großes Unglück« hat Fritz Thyssen die frühe Trennung seiner Eltern empfunden. »Vizemutter« Minna Schlömann (sitzend) konnte den Kindern August jr., Fritz, Heinrich und Hede (von links nach rechts) kein inniges Familienleben bieten.

respondenz mit seinen Kindern taucht dieser Gedanke nicht auf –, hat er zur Verwirklichung dieser Absicht selber herzlich wenig beigetragen. Die »bizarre familiäre Situation«[63] und August Thyssens starke Vorbehalte gegen Fritz als den realistischerweise einzigen in Frage kommenden Nachfolger boten für einen erfolgreichen Generationswechsel die denkbar schlechtesten Voraussetzungen. Der im Umgang mit seinen Kindern höchst ungnädige Patriarch hat die fehlende Bindung innerhalb seiner Familie zweifellos klar erkannt. Schließlich konnte ihm nicht entgehen, dass beispielsweise seine Mülheimer Lokalnachbarn Hugo und Cläre Stinnes mit ihren fünf Kindern ein sehr harmonisches Familienleben führten. Seinem Sohn August schickte er einmal einen französischen Zeitungsartikel über Karl Röchling und dessen Söhne, verbunden mit dem für seine einseitige Sicht der Dinge bezeichnenden Rat: »Du siehst, wie die richtige Arbeit von Vater und Kindern überall geschätzt wird. Ein solches Beispiel solltest Du nachahmen.«[64]

Professor Walther Däbritz, in gewissem Sinne der »offizielle« Thyssen-Biograf, hielt es 1941 für angebracht, bei einem Erbforscher diskrete Erkundigungen darüber einzuholen, inwieweit Ehen zwischen Vetter und Base (wie zwischen August Thyssens Eltern) in nachfolgenden Generationen zu einer Potenzierung positiver Eigenschaften beider Teile oder im Gegenteil zu Degenerationen führen. An die Feststellung, dass meist »physiologische und psychologische Schädigungen auftreten«, knüpfte er die Beobachtung, dass »auch in der Familie Thyssen bereits die folgende Generation (die Söhne von August Thyssen) zumindest eine starke Labilität [zeige] und bei den Enkeln manche Anzeichen körperlicher Entartung« aufträten.[65] Man mag über den vom Geist jener Zeit bestimmten Versuch einer erbbiologischen Enträtselung des Phänomens Thyssen heute lächeln. Aber er zeigt, wie schwer sich selbst zeitnahe Beobachter mit der Deutung der Person August Thyssens und seiner Nachkommen taten.

Wie viele Erben bedeutender Unternehmer fühlten sich auch die Thyssen-Kinder im goldenen Käfig ihres gemeinsamen Eigentums mehr aneinander gefesselt als einander verbunden – so lange, bis jeder von ihnen, des jahrelangen Zanks und Streits müde, seinen eigenen Weg gefunden hatte. Dabei hätte niemand den gelebten Wertekanon und die Solidarität einer starken Familie mehr gebraucht als Fritz, der als idealistischer Einzelgänger zu einer tragischen Figur der Zeitgeschichte werden sollte.

KAPITEL 2

Der Sohn des Magnaten

Für Fritz Thyssen war der Ruhrkampf, auch wenn es nach der triumphalen Rückkehr vom Mainzer Kriegsgerichtsprozess so erscheinen mochte, keineswegs ein einziges ungetrübtes Fest patriotischer Hochgefühle. Je länger Besatzung und passiver Widerstand andauerten, desto prekärer wurde die wirtschaftliche Lage im Revier und damit auch in den Thyssen-Werken. Ausbleibende Kohlelieferungen und plötzlich aufflammende Streiks zwangen immer wieder zu Arbeitsunterbrechungen. »Unsere Arbeit wird bald aufhören. Die Franzosen laßen von der Gewerkschaft Fried. Thyssen keine Kohlen mehr nach Mülheim durch, wodurch die Hüttenwerke schon in 14 Tagen zum Erliegen kommen«, schrieb August Thyssen am 6. Juni an seinen Sohn Heinrich in Den Haag.[1] Der Achtzigjährige hatte »infolge seines hohen Alters die volle Vertretungsbefugnis und die volle Verantwortung« auf Fritz übertragen, wie dieser am 18. Oktober 1923 dem in Düsseldorf residierenden Invasionskommandeur General Jean Degoutte mitteilte.[2]

Der im August 1923 an die Stelle des gestürzten Reichskanzlers Cuno getretene Gustav Stresemann hatte den passiven Widerstand am 26. September notgedrungen abbrechen müssen. So schwer ihm dieser in seiner eigenen Partei, der Deutschen Volkspartei (DVP), umstrittene Schritt auch gefallen war, so wenig hatte er die Wahl gehabt. Denn die Wirtschaft steuerte, beschleunigt durch die galoppierende Inflation und die verheerende Versorgungslage der Bevölkerung, auf eine Katastrophe zu. Die politische Lage drohte, angeheizt durch Streiks, Sabotageakte, Gerüchte über einen Putsch von links und zunehmende Unruhen unter der hungernden Bevölkerung, außer Kontrolle zu geraten. Vor allem sah sich die Reichsregierung nicht mehr in der Lage, den Ruhrkampf finanziell zu unterstützen.

Friedfertigere Töne gegenüber Degoutte ließ sich Fritz Thyssen aber trotz Stresemanns Entscheidung nicht entlocken. Ganz im Gegenteil. Offen distanzierte er sich von der »augenblicklichen deutschen Regierung«, die in seinen Augen zur Rechtmäßigkeit der Ruhrbesetzung nicht »mit der nötigen Klarheit Stellung genommen« habe. Überdies lehnte er die von der französischen »Ingenieurkommission« im Vorfeld neuer Verhandlungen aufgestellten Forderungen ab, vor allem die Erhebung einer (teilweise Frankreich zufließenden) Kohlensteuer von 40 Prozent seit Beginn der Ruhrbesetzung. Im Übrigen erklärte er sich nicht für berechtigt, »mit dem Vertreter einer fremden Macht über eines der wichtigsten Rechte eines souveränen Staates, nämlich das Recht der Besteuerung, zu verhandeln«, und fügte hinzu: »Die Industrie des Ruhrgebietes ist durch die neunmonatige Lahmlegung der Wirtschaft derartig erschöpft, dass, wenn nicht in kürzester Zeit sich die Möglichkeit für die Wiederaufnahme eines wirtschaftlichen Betriebes ergibt, die Schließung der Werke die unausbleibliche Folge ist.«[3]

Seine Sorgen sollten sich schon sehr bald als berechtigt erweisen. Nachdem die Besatzer auch weiterhin in Hütten und Bergwerke eindrangen, Vorräte beschlagnahmten, mit Stahlerzeugnissen beladene Schiffe im Werkshafen Schwelgern festhielten und sich der technische Zustand vieler Werksanlagen durch die Übergriffe der Okkupanten in einem beklagenswerten Zustand befand, kam die Produktion schon nach einem Monat erneut zum Stillstand. Den alten Thyssen, groß geworden in der festgefügten Ordnung solider Finanzverhältnisse, mussten die durch die Hyperinflation in schwindelerregende Höhen getriebenen Löhne und Preise und der damit verbundene Zusammenbruch der Geldversorgung mit Milliarden- und Billionenscheinen aus den rund um die Uhr laufenden Notenpressen der Reichsbank und der eigenen Notgelddruckerei zur Verzweiflung treiben. Bereits vor der Ruhrbesetzung hatte er deutliche Anzeichen von Resignation erkennen lassen. Da waren nicht nur die schmerzlichen Verluste, die er durch die Abtretung von Elsass-Lothringen an Frankreich erlitten hatte: die Hütte in Hagendingen, sein ganzer Stolz, und die Erzfelder in Lothringen. Vielleicht noch mehr überschatteten die innenpolitischen Entwicklungen seine letzten Lebensjahre, insbesondere die von den Gewerkschaften durchgesetzten Arbeitszeitverkürzungen, die öffentlich erhobenen Forderungen nach Verstaatlichung der Grundstoffindustrien und die zunehmenden Streiks und revolutionären Übergriffe. »Meine Arbeitskraft ist erschöpft. Mein Kopf ist oft schläfrig und müde. Ich habe keine Autorität mehr in den Geschäften«, offenbarte er Heinrich seinen düsteren Gemütszustand.[4]

In diese Endzeitstimmung fiel ein grotesk anmutender Kleinkrieg, den er mit Fritz, wieder einmal und mitten in der durch die Ruhrbesetzung zugespitzten Lage, ausfocht. Wie schon bei früheren Gelegenheiten waren es keine schicksalhaften Grundsatzentscheidungen, an denen sich die Geister schieden. Vielmehr ging es um so zweitrangige Fragen wie etwa die, ob die Thyssen-Werke mit einem bestimmten Röhrenhändler in Hannover zusammenarbeiten sollten, was Fritz wegen einer Jahre zurückliegenden Gefängnisstrafe des betreffenden Inhabers kategorisch ablehnte, sein Vater hingegen unter Hinweis auf dessen führende Marktstellung und beste Kontakte zu höchsten gesellschaftlichen Kreisen der Stadt lebhaft verteidigte. Weil dieser auf seinem Standpunkt beharrte, erklärte Fritz seinen Austritt aus den Grubenvorständen der August Thyssen-Hütte und der Gewerkschaft Friedrich Thyssen und drohte seinen Rückzug auch aus der Stammfirma Thyssen & Co. für den Fall an, dass nicht nach seinen Wünschen entschieden werde.[5]

Wäre das menschliche Grundverständnis zwischen beiden nur halbwegs intakt gewesen, hätte sich an einer solchen Frage niemals ein so unsinniger Streit entzünden können. Aber ein von gegenseitigem Vertrauen und Respekt getragenes Verhältnis bestand schon lange nicht mehr, was durch gewisse Rücksichten, die Fritz einstweilen noch auf seinen Vater nahm, zunächst nach außen nicht so deutlich geworden war. Jetzt, da August Thyssen das Steuer des in raue See geratenen Firmenschiffes bedrohlich zu entgleiten drohte, wurden die menschlichen Abgründe, die beide voneinander trennten, auf erschreckende Weise sichtbar. In seinem tiefsten Innern, das zeigte sich jetzt, hatte Fritz die Enttäuschungen und Demütigungen, die ihm sein Vater all die Jahre hindurch zugefügt hatte, nie ganz verwunden. Nun, da sich die Waagschale mit der schwindenden Kraft seines Vaters unaufhaltsam zu seinen Gunsten senkte, zahlte er ihm heim, was er an Kränkungen hatte hinnehmen müssen. Seine in diesen Monaten an den altersschwachen Titanen gerichteten Briefe verraten nahezu unverhüllten Hass. So schrieb er am 27. August 1923 aus Partenkirchen:

»Lieber Vater,

Im Besitz Deines Briefes vom 22. cr. danke ich Dir für die liebenswürdige Aufforderung, nach der *unwürdigen* Behandlung Deinerseits bedingungslos meine Funktionen wieder aufzunehmen. Du bist *absolut* irrtümlicher Weise der Auffassung, dass ich mich danach sehne, die Mitarbeit mit Dir unter den alten Voraussetzungen wieder aufzunehmen; ich schließe es daraus, dass Du eine Vertrauenserklärung ablehnst, was ich Dir gar nicht übel nehmen kann und worauf ich an und für sich gar keinen Wert lege. Nur wirst Du es vielleicht verständlich finden, dass mangels einer solchen Erklärung ich auf eine Mitarbeit höflichst verzichte. Ich verzichte umso mehr darauf, als Du die Thyssen'schen Unternehmungen lediglich als Dein Werk ansiehst. Ich bin zwar unbescheidener Weise etwas anderer Ansicht, meine aber, dann solltest Du auch selbst die Verantwortung allein übernehmen. Jedenfalls verzichte ich in aller Form darauf, nach Deinen oft genug gehörten liebenswürdigen Eröffnungen weiter mit Dir zusammen thätig zu sein. Ich nehme an, dass diese Erklärung eine wahre Erleichterung ist nach dem Vielen, was Du an mir auszusetzen hast, ganz im Gegensatz zu Dir selbst, wo alles vollkommen ist. Wie gesagt, ich nehme Dir Deine Haltung gar nicht übel und fühle mich ganz wohl dabei; denn ein Vergnügen ist es wirklich nicht, mit Dir zusammen zu arbeiten, das habe ich lange genug erfahren ... Ich dränge meine Mitarbeit niemandem auf. Ich ändere mich aber auch nicht. Wer mit mir nicht zufrieden ist, wie ich bin, muss sich eben einen anderen suchen, das ist mein Standpunkt.

Mit verbindlichem Gruß
Dein Sohn Fritz Thyssen«[6]

Sein Vater legte sich kaum weniger Zurückhaltung auf. »Sollte ich bald sterben, so bitte Fritz, nicht an meinem Grab zu erscheinen«, bat er Heinrich in einem Brief, dessen Datum nicht überliefert ist, aber wohl aus seinen letzten Lebensjahren stammt.[7] Fritz Thyssen hat ziemlich genau dreißig Jahre an der Seite seines Vaters gearbeitet, in Wahrheit dreißig Jahre *unter* einem Übervater, der kaum Widerspruch duldete, der wie kein anderer der großen Ruhrpioniere nur seinen eigenen Visionen und Fähigkeiten vertraute. Was kann ein Sohn in einer derartigen Konstellation bewegen? Was, wenn nicht einmal sein Onkel Joseph, auf den der Vater niemals auch nur das Geringste kommen ließ, die Kreise des »Genies der industriellen Revolution«, wie Wilhelm Treue es formulierte,[8] zu stören wagte? Es ist aus heutiger Sicht nicht leicht, anhand der dürftigen Überlieferungen die originären Leistungen des »Juniors«, als der er bis zur Einbringung der Thyssen-Werke in die Vereinigte Stahlwerke

AG seiner Umgebung erschien, einigermaßen genau zu bestimmen. Die Führungsstrukturen der Thyssen-Gruppe waren zunächst nicht so übersichtlich geordnet, als dass einzelnen Familienmitgliedern exklusive Kompetenzbereiche zuzurechnen gewesen wären. Vielmehr waren die beiden Familienzweige in den Leitungsgremien der Thyssen-Gesellschaften durchweg mit mehreren Mitgliedern vertreten. Zumindest bis zum Ausbruch des Ersten Weltkrieges dürfte es jedoch kaum einen geschäftspolitischen Schritt ohne ausdrückliche Billigung des Konzerngründers gegeben haben, wenn er nicht selber nach eigenem Gutdünken entschieden hat.

An ernsthaftem Bemühen, in die großen Schuhe seines Vaters hineinzuwachsen, hat es Fritz nicht fehlen lassen. Seine Ausbildung deutete früh auf eine Karriere im eigenen Unternehmen hin. Nachdem er zunächst ein Gymnasium in Mülheim besucht hatte, wechselte er auf eine Schule in Düsseldorf, wo er mit dem Zeugnis der Reife für einen einjährigen Militärdienst (das so genannte Einjährige) abging. Nach der Schule verdingte er sich 1892 für ein Jahr im väterlichen Werk, und zwar, wie er später mit einem gewissen Stolz betonte, nicht als privilegierter »Chef in spe«, sondern als einfacher Fabrikarbeiter. Danach studierte er in London Maschinenkunde und Technik, anschließend an der Ecole des Mines in Lüttich zwei Semester Chemie und an der Technischen Hochschule Berlin-Charlottenburg weitere zwei Semester Eisenhüttenkunde. Wenngleich er später eingestand, »etwas viel gebummelt«, dabei jedoch »die Welt und ihre wichtigsten Sprachen kennen gelernt«[9] zu haben, so durfte er sich aus berufenem Munde nachsagen lassen, »mit ernstem Fleiß stets bereit zu sein, tüchtiges zu lernen und zu leisten«.[10]

Dass auch August Thyssen von den beruflichen Fortschritten seines Sohnes durchaus angetan zu sein schien, lässt sich daran erkennen, dass er ihn schon im Dezember 1897 – Fritz war zu diesem Zeitpunkt gerade 24 Jahre alt geworden – in den Grubenvorstand der Gewerkschaft Deutscher Kaiser wählen ließ. Die

Voraussetzungen hätten für den jungen Thyssen also nicht besser sein können, um sich auf eine gesicherte Karriere vorzubereiten. Doch der zu diesem Zeitpunkt ausgebrochene Konflikt mit seinem Vater um seine geplante Heirat führte nicht nur zu einem tiefen menschlichen Bruch, sondern belastete in einer Familienfirma zwangsläufig auch das geschäftliche Einvernehmen. Fritz, von der Ablehnung Amélies durch seinen Vater tief verstimmt, ließ sich seine Enttäuschung deutlich anmerken. Möglicherweise spielte er sogar mit dem Gedanken, die Ruhr für einige Zeit zu verlassen. Ein entsprechender Hinweis findet sich in einem Brief, den der königliche Kommerzienrat Joseph Zerwes, langjähriger kaufmännischer Direktor der seit 1905 zur Stinnes-Gruppe gehörenden Friedrich Wilhelms-Hütte in Mülheim, in dieser Angelegenheit an einen Vertrauten in der Führung des A. Schaaffhausen'schen Bankvereins, der Hausbank des Unternehmens in Köln, schrieb. Dass der Sohn »allein wohnt« und »einen eigenen Haushalt hat«, hänge, wie Zerwes seinem Briefpartner enthüllte, »in erster Linie mit einer zwischen ihm und seinem Vater eingetretenen Verstimmung« zusammen. Bei dem Enttäuschten habe dieses Vorkommnis »den Entschluss gezeitigt, ein paar Jahre im Ausland tätig zu sein«. Nachdem der Vater den Abbruch der Beziehung zu Amélie nicht habe durchsetzen können und mit seinem Sohn eine dreijährige Wartezeit verabredet habe, suche »der junge Herr eine Erleichterung in weiterer Entfernung«. Dass Zerwes den ins Vertrauen gezogenen Bankier ausdrücklich um Hilfe bat (»Tun Sie bitte gütigst Ihr Bestes, aber mit der gebotenen Diskretion!«)[11], legt die Vermutung nahe, dass der mit August Thyssen gut bekannte und diesem außer über das Geschäft auch durch ihr gemeinsames Eintreten für die katholische Kirche verbundene Werksnachbar in dieser delikaten Angelegenheit nicht aus eigener Initiative aktiv wurde, zumindest nicht ohne Wissen und Billigung August Thyssens.

Aus der räumlichen Distanz wurde nichts. Fritz blieb in der

Nähe seiner Verlobten, fest entschlossen, in »seinem« Unternehmen (immerhin war ihm ja im Scheidungsvertrag seiner Eltern schon ein Erbteil von 25 Prozent zuerkannt worden) den ihm angemessenen Platz einzunehmen. Der Vater zeigte allerdings wenig Neigung, seinem Sohn eine Sonderstellung einzuräumen. Noch fünf Jahre nach seinem Eintritt in den Grubenvorstand beklagte sich Fritz darüber, dass er in vielen Dingen schlicht »nicht zugezogen« oder sogar »vollständig übergangen« werde.[12] Auf dem Umweg über Klönne mit der Unzufriedenheit seines Sohnes konfrontiert, antwortete August Thyssen: »Fritz irrt sich, wenn er meint, ich wolle ihn zurücksetzen. Mein Wunsch geht nur dahin, ihm eine recht angenehme und selbständige Position auf Deutscher Kaiser zu geben. Allerdings muss ich dagegen auf einen unbedingt *zuverlässigen* Charakter rechnen können, der nicht bald mit mir, bald gegen mich operiert, wie dies seit einiger Zeit der Fall ist. *Absichtlich* habe ich Fritz *niemals* zurückgesetzt oder ihn verletzen wollen. Wie Sie richtig bemerken, so bin ich unglaublich in Anspruch genommen und zwar arbeite ich jeden Tag mit drei kurzen Pausen (morgens, mittags und abends von etwa je einer halben Stunde) von frühmorgens bis abends spät 10–10 Uhr einhalb und später, um alle Sachen zu erledigen. Es ist ganz unmöglich, dass ich meinen Sohn aufsuche, um ihn auf dem Laufenden zu halten. In dieser Hinsicht muss der Sohn zum Vater kommen, der Jüngere muss den Älteren aufsuchen.«[13] In demselben Brief beklagt er, dass sich Fritz »wenigstens ohne jede beabsichtigte Schuld meinerseits« mit seinem Bruder August »gegen mich vereinigt, was ich tief beklage«. Der tragische Konflikt zwischen August Thyssen und August jr. blieb, wie man sieht, nicht ohne Auswirkungen auf das Verhältnis zwischen Fritz und seinem Vater im Unternehmen.

Auch von derlei atmosphärischen Störungen abgesehen, war Fritz nicht gerade ein roter Teppich zu den Chefbüros des Unternehmens ausgerollt worden. Außer seinem Onkel Joseph,

August Thyssen suchte die Ehe seines Ältesten mit Amélie Zurhelle mit allen Mitteln zu verhindern. Er fand sie »hübsch, aber unbedeutend«. Fritz hingegen bezeichnete seinen Hochzeitstag, den 18. Januar 1900, noch viele Jahre später als den »größten Glückstag meines Lebens«.

der mit August Thyssen ein bestens eingespieltes Führungsgespann bildete, wirkten an den wichtigsten Schaltstellen familienfremde Spezialisten, denen ihr oberster Chef großes Vertrauen schenkte. Niemals wäre in so kurzer Zeit ein Konzern von der Größe der Thyssen-Gruppe entstanden, hätte ihr Gründer bei der Auswahl externer Fachleute für kaufmännische und technische Schlüsselfunktionen nicht eine so glückliche Hand bewiesen. Zwar mussten sich die »Beamten« seiner Generallinie unterordnen; in ihrem jeweiligen Arbeitsbereich genossen sie jedoch große Selbstständigkeit. Für Fritz war es deshalb nicht einfach, sich gegenüber diesen starken Persönlichkeiten im unmittelbaren Umkreis seines Vaters zu behaupten, die den alten Herrn als einzige Autorität im Unternehmen anerkannten.

Das hohe Ansehen von August Thyssens engsten Mitarbeitern im Hause wird indirekt durch die von Fritz heftig beklagte Tatsache bestätigt, dass er selbst »in den Augen der Direktoren gar keine Stellung habe«.[14] Wenn es darum gehe, die Firma nach außen zu vertreten, würde »keiner ihn als den wirklichen Repräsentanten ansehen, während zum Beispiel Herr Kalle von Dinslaken auch nach dieser Richtung hin eine ganz andere Position habe«. August Thyssen konnte äußerst unwirsch reagieren, wenn einer der Söhne seinen engsten Vertrauten nicht den nötigen Respekt bezeugte, sah er doch eine »seiner Hauptaufgaben« darin, »wirklich tüchtige Kräfte, auch wenn sie mir persönlich nicht immer ganz sympathisch sind, an uns zu fesseln«.[15] Gegenüber Klönne beklagte er sich deshalb darüber, dass »Fritz einen gewissen Groll gegen den Direktor Kalle« habe. Julius Kalle hatte das Walzwerk in Dinslaken in wenigen Jahren zu einem äußerst ertragreichen Betrieb entwickelt. »Wiederholt habe ich Fritz gebeten, nicht persönlich zu sein«, berichtete er Klönne, »wir müssen über gewisse Schwächen unbedingt hinwegsehen können.«[16] Der treue Vertraute nahm die Klagen des alten Thyssen zum Anlass, auf Fritz noch einmal besänftigend einzureden: »Ihr Vater hat sein Leben hindurch alles *allein* durchdacht, er ist stets Hand *und* Kopf seiner Schöpfungen gewesen, seine Direktoren waren die ausführenden Organe seiner Ideen, dass es ihm nun nicht leicht sein wird, manches an Sie abzugeben und dass andererseits auch Sie durch Geduld und Zähigkeit vieles erst allmählich werden erreichen können, liegt in der Entwicklung der gesamten Verhältnisse.«[17]

Immerhin durfte der Gescholtene im Oktober 1901 mit dem Direktor der Walzwerke und späteren Generaldirektor der Hütte Bruckhausen, Franz Dahl, eine fünfwöchige Besichtigungsreise zu den modernsten amerikanischen Hüttenwerken in Chicago, Pittsburgh und Cleveland unternehmen. Dahl galt als einer der führenden Eisenhüttenleute seiner Zeit. Sein Meisterstück sollte er einige Jahre später mit dem Werk Hagendingen im deutschen Teil Lothringens liefern, das in unmittelbarer Nähe zu den von Thyssen erworbenen Erzkonzessionen errichtet wurde. Dass er dabei nicht nur auf die Erfahrungen der Hütte Bruckhausen zurückgriff, sondern sich auch vom technischen Fortschritt der US-Konkurrenz inspirieren ließ, lag nahe. Die USA hatten sich, als Fritz Thyssen und Dahl zu ihrer Erkundungsreise aufbrachen, längst zur technisch und wirtschaftlich führenden Stahlmacht der Welt aufgeschwungen, die bereits mehr als doppelt so viel Rohstahl erzeugte wie das Deutsche Reich.[18] Die amerikanische Industrie legte ihre neuen Werke in bisher unbekannten Dimensionen aus, die selbst August Thyssen außerordentlich beeindruckten, der, jedenfalls nach den Maßstäben des alten Europa, groß zu denken und zu bauen gewohnt war.

Zu Bruckhausen hatte Fritz Thyssen zeitlebens eine besondere Affinität. Der spätere Mannesmann-Generaldirektor Wilhelm Zangen, der 1909 mit achtzehn Jahren als Buchhalter auf der Thyssen-Hütte angefangen hatte, berichtete später, dass der junge Chef wegen der schlechten Zugverbindung zwischen Mülheim und Hamborn immer schon eine Stunde vor Dienstbeginn in seinem Büro anzutreffen gewesen sei.[19] Dass er am Aufbau des »größten und besteingerichteten Hüttenwerks in Europa« habe mitwirken können, betrachtete Fritz Thyssen, wie aus dem Lebensbericht an seine Enkel hervorgeht, als glückliche Fügung.[20] »Sein ganzer Stolz ist sein Werk Bruckhausen«, schrieb August Thyssen über seinen Sohn an Klönne.[21] Nach dem Zusammenbruch der Monarchie und der Flucht Wilhelms II. ins holländische Exil wurde die Gewerkschaft Deutscher Kaiser mit Wirkung vom 1. Januar 1919 in zwei juristisch selbstständige Gesellschaften mit neuen Namen aufgeteilt: für den Bergbau die nach August Thyssens Vater benannte »Gewerkschaft Friedrich Thyssen«, Duisburg, und für den Stahlbereich die »August Thyssen-Hütte, Gewerkschaft«, mit der Hütte Bruckhausen und dem Walzwerk in Dinslaken als ihren beiden wichtigsten Betrieben. Seit der aus Sorge vor einer Sozialisierung des Kohlebergbaus vorgenommenen Aufspaltung führte Fritz seine Geschäfte innerhalb klarer abgesteckter Kompetenzen. Als die 1926 in die Vereinigten Stahlwerke eingebrachten und dort zunächst als unselbstständige Abteilungen geführten Thyssen-Betriebe 1933 in den Rang juristisch selbstständiger Gesellschaften erhoben wurden, übernahm Fritz Thyssen neben dem Aufsichtsratsvorsitz im Gesamtkonzern dieses Amt als »Ausnahmefall«[22] auch bei der Konzerntochter August Thyssen-Hütte AG an seiner früheren Wirkungsstätte in Hamborn. Bei den meisten übrigen Konzernunternehmen übte dieses Amt Stahlvereins-Generaldirektor Albert Vögler aus.

Lob und Anerkennung für Fritz finden sich in August Thyssens Briefen nur äußerst selten, dafür umso häufiger Kritik an dessen Geschäftsführung. Stein des Anstoßes war dabei vor allem der Umgang mit Geld, bei dem es Fritz nach Überzeugung des Alten an der nötigen Sparsamkeit fehlen ließ. Unverhohlen bezichtigte er den Sohn, sich das Vertrauen der Führungskräfte durch besondere Großzügigkeit erworben zu haben. »Fritz ist bei Beamten und Arbeitern sehr beliebt, weil er sowol an Löhnen u. Gehältern wie an Lebensmitteln das Unmögliche gewährt, dadurch die Gewinne außerordentlich eingeschränkt hat«, stichelte er gegenüber Heinrich.[23] Demonstrativ stellte er die Tugenden heraus, die für ihn Quelle seines Erfolges waren, und dazu gehörte in seinen Augen vor allem Sparsamkeit. So hieß es etwa im Geschäftsbericht der Gewerkschaft Deutscher Kaiser für das Jahr 1904: »Wenn es uns gelungen ist, unser Werk in den letzten 15 Jahren zu der jetzigen Höhe emporzubringen, so müssen wir dies vor allem dem Umstand zuschreiben, dass wir niemals einen Pfennig Dividende verteilt haben.« Sogar dienstlich verursachte Spesen wollten die Brüder nicht über die Firmenkasse abrechnen, sondern aus ihrer eigenen Schatulle aufbringen – »dieses Abkommen hat vorzüglich funktioniert, und ich werde es, solange ich lebe, aufrecht erhalten«.[24] Die Aufwendungen für Schloss Landsberg, das August Thyssen als seinen privaten Wohnsitz 1903 erworben hatte, bestritt er vollständig aus seinem Privatvermögen. Noch im Alter von 83 Jahren grollte er aus der Kur in Bad Gastein gegen Fritz: »Ich werde vor meinem Tode einen neuen Versuch machen, seine Bedürfnisse u. die seiner Familie wesentlich einzuschränken und Reisen mit Frau u. Tochter zu unterlassen, deren Kosten unerschwinglich für ihn und uns sind.«[25]

August Thyssens viel gepriesenes »Finanzgenie« erschöpfte sich allerdings nicht in seinem eisernen Sparwillen. Auch wenn er mit seinem Expansionstempo stets hart an der Grenze seiner wirtschaftlichen Möglichkeiten operierte, so war er doch alles andere als eine Spielernatur oder gar ein Spekulant. Mit einem sicheren Gespür für Marktentwicklungen und optimale Standortbedingungen erwarb er frühzeitig und damit meist günstig Kohlefelder, Industriegrundstücke sowie Kuxe oder Aktien unterbewerteter Firmen, die er teilweise später wieder als Liquiditätsreserve nutzte. So verkaufte er in der Wirtschaftskrise von 1901 bis 1903 schweren Herzens seinen im Laufe vieler Jahre mühsam erworbenen Kohlefelderbesitz Gladbeck für 35 Millionen Mark an den preußischen Staat und überwand damit eine für ihn unter Umständen gefährliche finanzielle Vertrauenskrise. Denn die um ihr Geld besorgten Banken hatten ihm zu verstehen gegeben, dass durch die gesunkenen Börsenkurse sein Aktiendepot als Kreditsicherheit nicht mehr ausreiche – ein deutliches Warnsignal. Die permanent angespannten Kassenverhältnisse waren für den ein Leben lang auf seine Unabhängigkeit bedachten Einzelkämpfer Grund genug, besonders kritisch auf das Finanztalent seines Sohnes zu blicken. Mit zunehmendem Alter hielt er sich immer weniger mit seiner Meinung zurück, dass die Geldangelegenheiten in den Händen seiner bewährten Mitarbeiter besser aufgehoben seien als in denen seines Sohnes: »Ich halte Herrn Lenze für einen klugen Finanzmann, der vielleicht eine gute Änderung bringen kann. Fritz ist zu verschwenderisch. Er kann der Stellung nichts bringen. Wenn die große Sparsamkeit in Bruckhausen & Mülheim nicht durchgeführt wird, und zwar von Herrn Lenze u. Rabes, dann sind wir verloren.«[26]

Söhne aus Industriefamilien haben es prinzipiell schwer, sich ihren als »genial« bewunderten Vätern ebenbürtig zu erweisen, jedenfalls wenn sie in ein bereits »fertiges« Unternehmen eintreten. Im Unterschied zu Hugo Stinnes, der mit 25 Jahren nach dem frühen Tod seines Vaters überhaupt erst zum Schöpfer des mächtigen Industrieimperiums wurde, hinterließ August Thyssen seinem Sohn bereits einen in sich geschlossenen Verbund aus Kohlenzechen, Hüttenwerken und Verarbeitungsbetrieben. Eine Chance, wie sie August Thyssen in der Gründerzeit des jungen Deutschen Reiches zum Aufbau eines vertikal gegliederten Montankonzerns so entschlossen zu nutzen gewusst hatte, bot sich seinen Erben nicht noch einmal. Sie arrondierten, konsolidierten oder rationalisierten, doch solche verdienstvollen, aber eben unspektakulären Taten bilden nun einmal nicht den Stoff für Heldenepen. Fritz Thyssen hat seinen Vater immer stärker entlastet. Als dessen Vertreter trat er in die Aufsichtsräte von Konzerngesellschaften ein, so bei der Aktiengesellschaft für Hüttenbetrieb in Duisburg-Meiderich und 1910 beim Stahlwerk Hagendingen. Mit seinen während des Studiums im Ausland erworbenen guten englischen und französischen Sprachkenntnissen empfahl er sich zudem für die Pflege der internationalen Geschäftsbeziehungen zu Erzlieferanten, Vertretern ausländischer Stahlverbände und industrieller Partner, besonders in der Normandie und Lothringen. Nachdem sein Onkel Joseph Thyssen am 15. Juli 1915 bei einem Unfall auf dem Mülheimer Werksgelände tödlich verunglückt war (er geriet bei der abendlichen Prüfung der Frachtdokumente zwischen die Puffer zweier Rangierwaggons), übernahm Fritz im September desselben Jahres dessen Position als stellvertretender Vorsitzender des Grubenvorstandes der Gewerkschaft Deutscher Kaiser. Er wurde damit im Konzern für alle sichtbar zur Nummer zwei.

Viele derjenigen, die in Fritz Thyssen nur den mindertalentierten Sohn eines Genies sehen wollten, haben die Rolle verkannt, die dieser von 1915 an und in noch größerem Umfang nach dem Ende des Ersten Weltkrieges einnahm. Sein Vater war zu diesem Zeitpunkt bereits 76 Jahre alt und durch den Verlust seines Paradewerkes Hagendingen und die chaotischen politischen Verhältnisse an der Ruhr in tiefen Pessimismus verfallen. Zunehmend von Schwindelanfällen geplagt, erging er sich immer mehr in düsteren Todesahnungen. Während einer Urlaubsreise nach Oberstdorf brach er im Februar 1920 auf dem Bahnhof Immenstadt ohnmächtig zusammen und blieb einige Zeit bewusstlos. Die ärztliche Diagnose lautete »Arteriosklerose der zelebralen Gefäße, die sich vor allem im Schwindel und abnehmenden Gedächtnis äußert«.[27] Zwar erschien er nach längerer Kur, als wäre nichts geschehen, wieder im Büro. Doch konnte seinen Mitarbeitern nicht entgehen, dass der inzwischen am Stock gehende Greis mit den Geschäften in wachsendem Maße überfordert war. »Ich weiß sehr gut, daß ich weder geistig, noch körperlich der großen Aufgabe mehr gewachsen bin«, schrieb er

Dem Werk Bruckhausen fühlte sich Fritz Thyssen zeitlebens besonders eng verbunden. Hier eine Gesamtansicht des Hüttenwerks der Gewerkschaft Deutscher Kaiser mit der Hauptverwaltung (rechts) nach einem Gemälde von A. Stampfer aus dem Jahr 1906.

im Herbst 1923 an Heinrich.[28] Mehr und mehr bestimmten an seiner Stelle Fritz, dessen Cousin Julius Thyssen (der ältere der beiden Söhne Joseph Thyssens) sowie die fünf familienfremden Mitglieder des Grubenvorstandes das Geschehen und überließen dem alten Herrn die Rolle eines mit seinem Schicksal vernehmbar hadernden Aufsichtsratsvorsitzenden. In Hamborn regierte Fritz nunmehr souverän, ein Zustand, auf den August

Thyssen immer verdrießlicher reagierte. »Nach der August Thyssen-Hütte kann ich kaum noch gehen, wo er nun auch die Bergbauangelegenheiten ohne mich entscheidet, trotzdem ich zum Schein noch Vorsitzender der ›Gewerkschaft Fried. Thyssen‹ bin«, beklagte er sich bei Heinrich.[29]

Wer jedoch erwartet hatte, August Thyssen würde sich – unter Schmerzen zwar, aber letztlich doch in nüchterner Einsicht des Unvermeidlichen – früher oder später ins Privatleben zurückziehen, sah sich getäuscht. Im Gegenteil: Noch entschlossener als bisher stemmte er sich, wie seine Korrespondenz der letzten Lebensjahre verrät, gegen den drohenden Machtverlust. »Fritz will offenkundig das ganze Geschäft auf der August Thyssen-Hütte an sich reißen«, warnte er Heinrich im September 1924.[30] Mehrmals drohte oder kündigte er seinen Austritt aus dem Vorstand an, wie sich umgekehrt auch Fritz mindestens ebenso oft dieser Waffe bediente. Es blieben jedoch allesamt Demonstrationen der Ohnmacht in einem verbissenen Generationenkonflikt. Keiner von beiden machte je seine Ankündigung wahr, wie aus den offiziellen Registerakten zweifelsfrei hervorgeht.

Wie eine Anklage liest sich der Brief, den August Thyssen am 15. Januar 1924 an Fritz schrieb:

> »Nachdem ich in der letzten Grubenvorstandssitzung mein Amt als Vorsitzender und als Mitglied des Grubenvorstandes der August Thyssen-Hütte niedergelegt habe, nachdem ich seit Jahren auf diesem Platz nur geduldet, nicht nur ohne nennenswerthen Einblick, sondern auch noch bei jeder Gelegenheit bittersten Kränkungen von Dir in Gegenwart der Grubenvorstandsmitglieder und der höheren Beamten der Werke ausgesetzt war, habe ich den sehr schweren Entschluss gefasst, mich von meinem größten Lebenswerk zu trennen. Ich habe mich oft an den [sic!] großen Reichskanzler v. Bismarck getröstet, der in gleich würdeloser und unwürdiger Weise vom jungen Kaiser behandelt wurde, trotzdem Bismarck der Gründer des großen Deutschen Reiches war. Mir thut es Deinetwegen in der Seele weh, dass Du diese Haltung gegen mich eingeschlagen hast, trotzdem ich wol mit Recht oder Unrecht von der ganzen industriellen Welt als der Schöpfer des Thyssen Concerns angesehen werde.«[31]

In das Reich der Fabel dürfte die angebliche Absicht Fritz Thyssens gehören, seinen Anteil am Unternehmen verkaufen zu wollen. Über derlei Intentionen hatte August Thyssen Heinrich schon 1919 informiert und seinem Sohn gleichzeitig mitgeteilt, sich finanziell außer Stande zu sehen, diesen Anteil selbst zu übernehmen.[32] Einen ernsteren Hintergrund scheinen dagegen Überlegungen gehabt zu haben, die Fritz sechs Jahre später selber anstellte. Der Anlass dürfte familiärer Art gewesen sein: Zu den Liquiditätsproblemen bei der Thyssen-Hütte und den permanenten Streitigkeiten mit seinem Vater waren plötzlich private Sorgen hinzugekommen. Seine Tochter Anita, die Amélie Thyssen nach neunjähriger Ehe 1909 zur Welt gebracht hatte, war mit sechzehn Jahren an Kinderlähmung erkrankt. »Fritz ist durch die Krankheit von Anita sehr niedergedrückt und spricht oft von seinem Rücktritt«, berichtete der alte Thyssen nach Den Haag und bat Heinrich, »alle Rücksicht« auf seinen Bruder zu nehmen.[33] Aus Leysin in der Schweiz weihte Fritz seinen Bruder am 27. Dezember 1925 selbst in seine Stimmungslage ein:

»Die augenblickliche Situation, die durch das Rücktrittsgesuch des Herrn Rabes wesentlich verschärft ist, darf nicht länger andauern, wenn nicht die bedenklichsten Rückwirkungen eintreten sollen. Dazu kommt, daß ich fühle, körperlich neben den Sorgen um meine Tochter den dauernden Schwierigkeiten nicht gewachsen zu sein, die dauernd auf mich einstürmen. Ich habe mich daher entschlossen, die Lage eingehend mit dem Reichsbankpräsidenten zu besprechen und den größten Teil meines Vermögens zur Verfügung zu stellen, um diejenige Stütze zu halten, die nötig ist, um über die Schwierigkeiten hinwegzukommen. Ich glaube, damit meiner Familie, den großen Unternehmungen und meinem Land damit am besten dienen zu können.«[34] Um mit Heinrich seinen Plan zu erörtern, sagte er sich für den 5. Januar 1926 zu einem Besuch in Den Haag an. Ob das Treffen der Brüder tatsächlich wie von Fritz geplant stattgefunden hat, lässt sich nicht mehr feststellen. So bleibt unklar, warum Fritz Thyssen von seinem Vorhaben wieder abrückte. War es nur Ausdruck einer momentanen Stimmung? Verfolgte er mit seiner Drohgebärde taktische Zwecke im nicht endenden Familienzwist, oder beschäftigte er sich ernsthaft mit der Möglichkeit, der »Thronfolge« zu entsagen? Die Einbringung der

Thyssenschen Kohle- und Stahlinteressen in die Vereinigten Stahlwerke hat diese Fragen unbeantwortet gelassen.

Zumindest was die Verteidigung seines Führungsanspruchs betrifft, stand Fritz Thyssen – entgegen dem Klischee des »verschüchterten« Sohnes – seinem Vater in nichts nach. Eifersüchtig wachte er darüber, dass den beiden aktiven Repräsentanten des anderen Familienzweiges, Josephs Söhnen Julius und Hans, nicht mehr Einfluss zufiel, als ihnen auf Grund ihres Minderheitsanteils zustand. Der 1881 geborene Julius Thyssen war nach seiner Ausbildung zum Bergingenieur 1916 in den Grubenvorstand der Gewerkschaft Deutscher Kaiser aufgenommen worden und kümmerte sich vorwiegend um den Bergbau. Sein neun Jahre jüngerer Bruder Hans trat erst nach seiner Rückkehr aus dem Krieg 1918 in das Gremium ein und fühlte sich in erster Linie für die kaufmännische Seite im Mülheimer Stammhaus verantwortlich. August Thyssen ließ für seine Neffen eine fast väterliche Zuneigung erkennen. »Sowol Hans wie Julius haben sich gut eingearbeitet und werden im Kohlenbergbau und in Mülheim *große* Dienste leisten«, schrieb er an Heinrich.[35] Umso mehr schmerzte es ihn, dass Fritz, wie er feststellen zu müssen glaubte, seinen Cousins nicht mit der nötigen Achtung begegnete: »Fritz hat einen machtsüchtigen Charakter. Am hässlichsten geht er gegen Hans vor, weil die Familie Schmid in seinen Augen intrigiert, wovon ich nichts höre noch sehe.«[36] Hans Thyssen hatte wie Fritz gegen den Rat seines Vaters geheiratet – eine Tochter des Direktors der Mülheimer Reichsbankfiliale Eduard Schmid.

Insgeheim spielte August Thyssen zeitweise sogar mit dem Gedanken, seinen Neffen eines Tages die Gesamtleitung des Mülheimer Stammhauses zu übertragen. Ein Jahr vor seinem achtzigsten Geburtstag verknüpfte er seine an Fritz gerichtete Bitte um pflegliche Behandlung der Söhne seines Bruders mit Nachfolgeüberlegungen: »Ich möchte heute nochmals Dir ans Herz legen, ehe es zu spät ist, meine Wünsche, die ich Dir wegen

Julius und Hans wiederholt dargelegt habe, nicht nur dem Namen nach, sondern auch aus vollem Herzen zu erfüllen, und zwar dauernd, so wol jetzt wie später bei Deinen Nachkommen ... Die Buben sind in unserer Familie kaum vertreten. Hede hat aus erster Ehe zwei Söhne, Ferdinand und August, die beide kränklich sind. Heinrich hat einen Sohn, Stefan, der überaus zart ist. Ich glaube nicht, dass er einer großen Aufgabe gewachsen ist. Du hast nur eine Tochter, keinen Sohn.«[37]

Fritz jedoch dachte gar nicht daran, dabei mitzuwirken, »dass die Vertretung der Familie Jos. Th. in eine Stellung, zumal bei der Stammfirma, kommt, die ihr nicht zusteht, ganz abgesehen davon, dass H. Th. noch reichlich jung ist«.[38] Sichtlich besorgt, suchte er in einem Brief aus seinem Schweizer Urlaubsdomizil Sils-Maria Heinrich auf seine Seite zu ziehen: »Anbei sende ich Dir einen Brief vom Vater, aus dem Du ersehen willst, daß m. Befürchtungen nur zu berechtigt waren. Meine angeblichen verwerflichen Bestrebungen bestehen darin, daß ich nicht zugebe und nicht zugeben werde, daß das bestehende Verhältnis zwischen Besitz und Einfluß der Familien Aug. & Jos. Thyssen irgendwie geändert wird ... Deine Familie betrachte ich natürlich gleich der meinigen. Auch werde ich mich gegen Julius nur loyal verhalten, aber niemals werde ich zugeben, daß die Familie Aug. Thyssen aus ihrer machtgebenden Stellung bei den Thyssen-Werken verdrängt wird.«[39]

Die von Fritz beschworene Gefahr, der mit 75 Prozent über eine qualifizierte Majorität verfügende Stamm seines Vaters könnte die Kontrolle über das Unternehmen verlieren, sollte sich jedoch als unbegründet erweisen. Die plötzliche Erkrankung von Julius und Hans Thyssen an einer bösartigen Kopfgrippe mit der Spätfolge einer fortschreitenden Lähmung ließen alle auf die beiden Neffen zulaufenden personellen Überlegungen gegenstandslos werden. Nach ihrem Rückzug aus den Leitungsgremien des Unternehmens übertrugen sie die Vertretung ihrer Vermögensinteressen schließlich auf Fritz.

Fritz Thyssen war keineswegs der unternehmerische Nonvaleur, den nach dem gängigen Klischee viele in ihm zu sehen glaubten. Leider gibt es kaum kompetente Zeitzeugen, die über seine geschäftlichen Fähigkeiten ein glaubwürdiges Urteil abgegeben haben. August Thyssens Klagebriefe an Klönne und später an Heinrich können diese Erkenntnislücke nicht schließen. In ihnen mischt sich Sachliches mit Persönlichem zu einem schwer entwirrbaren Knäuel. Vor allem in den letzten Lebensjahren trübten Altersresignation, Angst vor Machtverlust und vielleicht auch familiäre Schuldgefühle jedes auch nur annähernd gerechte Urteil über Fritz. Damit soll keinesfalls gesagt sein, dass August Thyssens Kritik nicht durchaus Charaktereigenschaften seines Sohnes angesprochen hätte, die auch über dessen unternehmerisches Format etwas aussagen – seine Dünnhäutigkeit und leichte Erregbarkeit etwa, gepaart mit einer gewissen Neigung zu spontanen, unabgestimmten Entscheidungen, von denen er sich nur äußerst schwer wieder abbringen ließ.

Auch Kollegen aus den Führungsetagen anderer deutscher Stahlkonzerne haben Fritz bisweilen als recht kapriziöse Persönlichkeit kennen oder gar fürchten gelernt. »Sie wissen, wie zum Beispiel Thyssen leicht geneigt ist, wenn es nicht nach seinen Wünschen geht, alles wieder zu zerschlagen«, berichtete Albert Vögler Ende 1924 Paul Reusch, dem Generaldirektor der Gutehoffnungshütte, vom schleppenden Fortgang der Verhandlungen über die künftige Verbandsstruktur der eisenschaffenden Industrie.[40] »Intensiv, wie er sich manchmal in einen Gegenstand verbiß«,[41] hielt er beispielsweise bei den unter seiner Leitung geführten Verhandlungen über die Gründung einer Internationalen Rohstahlgemeinschaft auch dann noch an seiner Position fest, wenn alle anderen sie für abwegig hielten.

»Thyssen zeigte sich wieder einmal so verrannt, daß mit ihm nichts anzufangen war, und Poensgen übernahm es, ihm auf der Reise nach Luxemburg seine Ideen auszureden«, ist in einem Protokoll des Stellvertretenden Vorstandsmitglieds der Gute-

Als Herr über ein großes Industrievermögen von niemandem abhängig, demonstrierte Fritz Thyssen seine unangepasste Lebensart auch an Äußerlichkeiten. Sein modischer Aufzug (hier im August 1909 mit Geschäftsfreunden im norwegischen Erzhafen Narvik) hebt sich deutlich von der steifen Uniformität seiner Begleiter ab.

hoffnungshütte Oberhausen, Heinrich Klemme, über die Sitzung der Rohstahlgemeinschaft am 9. Februar 1926 in Düsseldorf vermerkt.[42] Bei der Zusammenkunft ging es um die Höhe der Produktionsquoten, die nach Ansicht der deutschen Industrie auf die Mitglieder der geplanten Internationalen Rohstahlgemeinschaft entfallen sollten. Fritz Thyssen hatte sich auf einen Berechnungsmodus festgelegt, gegen den sich unter den übrigen Teilnehmern heftiger Widerspruch regte, weil er »so absurd« sei, »daß darüber gar nicht zu sprechen sei«. Doch war Thyssen »in seine Ideen so verliebt, daß er mit immer neuen Änderungsvorschlägen kam, worüber die Zeit so verstrich, daß man zu einem abschließenden Ergebnis überhaupt nicht kam«, wie es in dem internen Protokoll heißt.[43]

Bei aller Streitlust im Hause Thyssen waren es, wie gesagt, nicht die großen strategischen Entscheidungen, an denen sich zwischen August und Fritz Thyssen immer wieder Zank und Hader entzündeten. In den großen Zukunftsfragen des Konzerns waren sie sich vielmehr meistens einig. Nirgendwo in der umfangreichen Korrespondenz des Vaters finden sich jedenfalls Hinweise auf wirklich schwerwiegende Differenzen in Grundsatzfragen der Geschäftspolitik. Beide orientierten sich in ihrer Investitionspolitik an dem hohen technischen Standard der amerikanischen Konkurrenz und strebten eine enge Kooperation mit der französischen Stahlindustrie an. Beide waren unter dem Eindruck der Finanzkrise der deutschen Stahlhersteller und der fortgeschrittenen Konzentration auf dem US-Stahlmarkt davon überzeugt, dass auch die Ruhrunternehmen enger zusammenrücken müssten, um zu überleben. Was zwischen Vater und Sohn immer wieder zu Streit führte, waren vielmehr verletzte Eitelkeiten, kleinliche Rivalitäten und verbale Taktlosigkeiten. Als der greise Gründer schriftlich bei der Direktion der August Thyssen-Hütte nachfragte, ob das vom Unternehmen gehaltene Aktienpaket der Rheinischen Braunkohlenwerke verkauft sei, ließ ihn Fritz unter Hinweis auf eine bereits mündlich erteilte Auskunft empört wissen: »Es ist geradezu unerhört, daß ein solcher Brief an die hiesige Direktion geschrieben werden konnte. Falls der Brief nicht in einer Form, die mich befriedigt, zurückgenommen wird, werde ich aus dem Grubenvorstand ausscheiden.«[44]

Einigkeit demonstrierten August und Fritz Thyssen sogar in der »Schicksalsfrage«, ob ihr Konzern als Familienunternehmen noch eine Zukunft haben werde oder stattdessen eine größere Lösung vorzuziehen sei. Beide kamen zu dem Ergebnis, dass die Thyssen-Werke in einem größeren wirtschaftlichen Verbund besser aufgehoben wären als in ihrer bestehenden Struktur. Dieses Einvernehmen war umso bemerkenswerter, als bei Fritz durch das latent gespannte Verhältnis zu seinem Vater leicht der Verdacht hätte aufkommen können, als wolle dieser ihn, den rechtmäßigen Thronfolger, auf diese Weise um seinen Führungsanspruch bringen. Doch schon als am 11. Juli 1925 Vertreter der Montanindustrie des Ruhrgebietes in Essen erstmals über die Zusammenfassung ihrer Kohle-, Eisen- und Stahlinteressen in einer gemeinsamen Gesellschaft berieten, saß er mit am Verhandlungstisch. Einen Tag später schrieb er Heinrich: »Es ist meiner Ansicht nach fraglich, ob sich ein Familienunternehmen bei der Größe des unsrigen unter den heutigen schwierigen Verhältnissen in der bisherigen Form weiterführen lässt.«[45] Er wusste besser als jeder andere, dass die während des Krieges und noch danach kräftig ausgebauten Produktionsstätten für Eisen und Stahl jetzt, in der allgemeinen wirtschaftlichen Depression, nur noch ungenügend beschäftigt waren und hohe Verluste verursachten. Bereits 1902 hatte sein Vater für die Bildung größerer Einheiten plädiert: »Wir müssen billiger arbeiten und dennoch Geld verdienen, was nur durch die Zusammenlegung der Werke, durch Schaffung grosser Betriebe und durch eine bessere Teilung der Arbeit möglich wird.«[46] Jetzt war es Fritz, der anstelle seines greisen, kranken Vaters bis Ende 1925 für die Thyssen-Seite mit den Fachleuten des Hauses die schwierigen Verhandlungen mit den übrigen Beitrittsfirmen, vor allem über die Bewertung der einzelnen Werke und damit über die Anteile der beteiligten Unternehmen am Kapital des neuen »Montantrusts«, führte.

Wenngleich August Thyssen bis zuletzt die Führungsqualitäten seines Ältesten anzweifelte, in dem er in seinen immer hemmungsloseren Alterstiraden die Ursache für »Unglück und Untergang«[47] des Unternehmens zu erblicken glaubte, waren es also in erster Linie wirtschaftliche Einsichten, die ihn von der Richtigkeit der Trust-Idee überzeugten. Bei seiner Entscheidung spielte jedoch zweifellos der Mann eine Rolle, der in seinen Augen und nach übereinstimmender Meinung wohl aller Beteiligten am besten geeignet war, die unter dem Dach der künftigen Vereinigten Stahlwerke vereinigten Zechen, Hochofenbetriebe, Stahl- und Walzwerke zu einem in sich stimmigen Mammutkonzern zu verschmelzen. Albert Vögler, Sohn eines Essener Bergmanns, den Hugo Stinnes 1915 in den Vorstand seiner Deutsch-Luxemburgischen Bergwerks- und Hütten-AG geholt hatte, war so recht nach August Thyssens Geschmack, ein kreativer, technisch-wissenschaftlich gebildeter Gestalter, wie er ihn sich im eigenen Hause als Nachfolger gewünscht hätte. Mitte 1924 schrieb er an Heinrich: »Wie Stinnes durch Vögler ersetzt wurde, so müsste ich durch einen anderen Herrn ersetzt werden. Ich habe als Nachfolger an Herrn Dr. Canaris oder Generaldirector Dahl oder sonst einen tüchtigen Wirtschaftler gedacht, nur nicht an Fritz, der nicht geeignet ist.«[48]

Vögler hatte schon 1918 in einer Denkschrift an das Vorbild der deutschen Chemischen Industrie erinnert, in der sich bereits im Jahr 1904 BASF, Bayer und Agfa zu einer Interessengemeinschaft zusammengeschlossen hatten, aus der dann zusammen mit weiteren Unternehmen wie Hoechst und Cassella 1925 der I.G. Farben-Trust hervorging: »Die Eisenindustrie muß denselben Weg beschreiten. Genau wie dort sollten sich zunächst die größeren verwandten Konzerne zu Interessengemeinschaften zusammenschließen ... Sind erst zwei oder mehrere Interessengruppen entstanden, so werden diese bald untereinander Fühlung nehmen. Das lehrt wiederum die Chemie.«[49] August Thyssen hat denn auch der Einbringung seiner Werke in den nach dem US-Riesen United Steel Corporation zweitgrößten Stahlkonzern der Welt nur unter der Bedingung zugestimmt, dass Vögler für eine Reihe von Jahren – konkret war von mindestens fünf Jahren die Rede – den Vorstandsvorsitz übernehmen würde.[50]

Fritz Thyssen hat – indem er die Sache über die Person stellte oder weil er kein Unternehmer aus Leidenschaft und

Kämpfer wie sein Vater war – der Versuchung widerstanden, sich und der Mitwelt seine Fähigkeiten als Industrieller zu beweisen. Dabei wäre ein Kampf gegen den geplanten Stahltrust für ihn nicht von vornherein aussichtslos gewesen. Hoesch-Generaldirektor Fritz Springorum lehnte einen Beitritt ebenso ab wie Gustav Krupp von Bohlen und Halbach, der sich mit seinem Entschluss über die Empfehlung seines Direktoriums hinwegsetzte.[51] An Fritz Thyssen schrieb Letzterer am 20. September 1925: »Ein selbständiges Familienunternehmen wird, trotz beschränkterer Mittel, manche technische Sonderaufgabe verfolgen, manche besondere Einrichtung, wenn auch in Notzeiten kärglich, eigenartiger entwickeln können als eine grosse Gemeinschaft mit ihren verzweigteren Zielen, deren Überlegenheit auf vielen Gebieten allerdings zu Tage liegt.«[52] Sogar in der eigenen Familie hätte Fritz einen starken Verbündeten gefunden. Sein Bruder Heinrich hielt gegen alle Überzeugungsversuche an seiner Ablehnung bis zum Schluss fest: »Dieser Trust zerschlägt ein groß angelegtes und ausgebautes Familienunternehmen. Die mir anvertrauten Werke und Unternehmungen haben den Trust nicht nötig. Selbst in krisenhaften Zeiten sind diese Werke und Unternehmungen ohne nennenswerte fremde Hilfe durchgekommen und hoffen in der Zukunft gleichfalls in derselben Weise durchzukommen.«[53] Ohne Namen zu nennen, lastete der beharrlich auf Distanz gebliebene Baron die Schuld an den finanziellen Problemen der Hüttenwerke auch Fritz an: »Meine Warnungen wurden seit Jahren nicht beachtet. Meinen Vorstellungen wurde keine Rechnung getragen.«[54] So musste August Thyssen am Ende noch mit ansehen, wie sein Reich aufgeteilt wurde: in den »Stahlverein« wurde der montanindustrielle Kern aus dem Stahl- und Walzwerk Bruckhausen, dem Walzwerk Dinslaken, der Hütte Meiderich und dem Stammwerk in Mülheim eingebracht; Heinrich übernahm vor allem die Thyssen'schen Gas- und Wasserwerke, die Stahl- und Röhrenwerke Reisholz, die Mehrheit am Bremer Vulkan und der Flensburger Schiffbaugesellschaft und die Bergwerksgesellschaft Walsum in Dinslaken.

Dennoch liegt eine gewisse Tragik darin, dass Fritz gerade in dem Augenblick, da er durch den Tod seines Vaters auch formell zur Nummer eins im Konzern hätte aufsteigen können, erneut an die zweite Stelle zurücktreten musste und damit – wie es Treue formulierte – »in gewisser Weise um sein Erbe als Unternehmer gebracht« wurde.[55] Neben einem Generaldirektor vom Schlage eines Albert Vögler konnte es im Konzern kein zweites Machtzentrum geben. Zwar war die Position des Aufsichtsratsvorsitzenden, die Fritz Thyssen als Vertreter des mit 26 Prozent zweitgrößten Einzelaktionärs übernahm (nach der aus der Stinnes-Gruppe hervorgegangenen Rhein-Elbe-Union)[56], nicht nur repräsentativer Natur. Doch hat Thyssen erkennbar keinen besonderen Ehrgeiz entwickelt, sein Amt zur Entfaltung eigener unternehmerischer Initiativen zu nutzen. Möglicherweise spürte der inzwischen 53-Jährige, dass mit dem nur vier Jahre jüngeren Vögler ein neuer Typ des Industriemanagers die Bühne betreten hatte, der – ohne selber Eigentümer zu sein und damit ohne starke Hausmacht im Rücken – das industrielle Erbe der Ruhrpioniere sehr viel effektiver in zukunftsfähige Strukturen zu überführen imstande war als die vielfach untereinander zerstrittenen Erben der Gründerfamilien.

Als August Thyssen am Ostermontag des Jahres 1926, kurz vor seinem 84. Geburtstag, auf Schloss Landsberg starb, waren die Weichen für die Zukunft seines Lebenswerkes längst gestellt. Das größte in nur einer Generation aufgebaute Montanimperium sollte seinen Schöpfer als unabhängiges Familienunternehmen nicht überdauern. Als sich ein paar Tage später der von vier Rappen gezogene Leichenwagen mit dem Sarg durch ein Spalier von Bergleuten in Knappenuniform vom Schloss aus zum Kettwiger Friedhof hinab in Bewegung setzte, gaben die drei Söhne Fritz, August und Heinrich in der ersten Reihe ihrem Vater das letzte Geleit. Noch ein weiteres Mal sollten sie sich zu

Trotz seiner extremen Sparsamkeit liebte es August Thyssen, auf Schloss Landsberg im Kreise seiner Familie und Vertrauten Hof zu halten, hier am 5. Mai 1917 anlässlich der Verleihung der Ehrenmitgliedschaft des Vereins Deutscher Eisenhüttenleute. In deutlicher Distanz zum Geehrten sind Fritz (Zweiter von rechts) und Albert Vögler (Zweiter von links) zu erkennen.

einer gemeinsamen Geste aufraffen, als sie – einem Vermächtnis ihres Vaters folgend – die »August Thyssen-Stiftung Schloß Landsberg« ins Leben riefen, dann gingen sie endgültig ihre eigenen Wege. Die flüchtige Lebensspur des jungen August endete irgendwo in einem Münchener Hotel, wo er 1943 tot aufgefunden wurde; Heinrich, Herr über sein eigenes »Thyssen-Reich«, zog es in die Schweiz. Dem Ältesten hatte das Schicksal außerhalb der Welt der Wirtschaft noch eine andere Rolle zugedacht.

KAPITEL 3

Der Feind steht links

Von ihrer politischen Orientierung her tendierten August und Fritz Thyssen zur Deutschen Zentrumspartei. Dies entsprach ihren konfessionellen Überzeugungen. Die Thyssens lebten seit Generationen im katholisch geprägten Aachener Raum am Rande der Eifel in enger Verbundenheit mit ihrer Kirche. Als Teil des bürgerlichen Mittelstandes brachte die Familie nicht nur Händler, Kleingewerbetreibende und Handwerker, sondern zwischendurch auch immer wieder Priester und Ordensleute hervor. Zuletzt war August Thyssens zwei Jahre ältere Schwester Luise 1864 in den Ursulinenorden eingetreten.[1]

Trotz seiner Nähe zur Zentrumspartei zog es August Thyssen nicht in die aktive Politik. Anders als Hugo Stinnes, der von 1920 bis zu seinem Tod im April 1924 für die Deutsche Volkspartei, die Partei Gustav Stresemanns, dem Reichstag angehörte, zog er es vor, sich ganz auf das Geschäft zu konzentrieren. Nicht, dass er sich jeder politischen Einflussnahme enthalten hätte. Ganz im Gegenteil: Er pflegte sich in Berlin durchaus der richtigen Hebel zu bedienen, wenn es ihm im Interesse seines Unternehmens geboten erschien. Das Einzige, wozu er sich jedoch verpflichtet fühlte und was ihn zudem nur wenig Zeit kostete, war die Zugehörigkeit zum Rat der Stadt Mülheim, eine Aufgabe, der er sich als bedeutender Großindustrieller und prominenter Bürger nur schwer entziehen konnte. Fritz zog für die Stadt Hamborn 1906 in den rheinischen Provinziallandtag ein. Er sollte ihm bis 1918 angehören.[2]

Dass August Thyssen in seinen Kreisen als Mann mit guten

Kontakten zur Politik galt, lag vor allem an seiner engen Beziehung zu dem führenden Zentrumspolitiker Matthias Erzberger. Der aus kleinsten Verhältnissen stammende einstige Volksschullehrer und christliche Arbeitersekretär von der Schwäbischen Alb (sein Vater, von Beruf Schneidermeister, hatte gleichzeitig die Post im Dorf ausgetragen) war 1903 in den Deutschen Reichstag gewählt worden, stieg zu einem der einflussreichsten Parlamentarier auf und trat im Juni 1919 als Finanzminister und Vizekanzler in das Kabinett des sozialdemokratischen Reichskanzlers Gustav Bauer ein. Mit seiner Vitalität und Umtriebigkeit galt er in der Regierung als der starke Mann.[3] Inwieweit Thyssen aus dieser Verbindung konkreten geschäftlichen Vorteil zog und ob sich Erzberger in Ausnutzung seiner politischen Stellung als Politiker seinem Vertrauten gefällig erwies, war 1920 Gegenstand eines unter großer Anteilnahme der Presse geführten Verleumdungsprozesses gegen den früheren Staatssekretär Karl Helfferich, einen der schärfsten Wortführer der äußersten Rechten. Dieser hatte in einer im Scherl-Verlag erschienenen Schmähschrift den »Reichsverderber« Erzberger offen der Korruption sowie steuerlicher Unregelmäßigkeiten und der Verquickung politischer Aktivitäten mit finanziellen Eigeninteressen bezichtigt. Der Angeschuldigte zog zur Wahrung seiner Ehre vor Gericht. Das nach zweimonatiger Prozessdauer vom Landgericht Berlin I am 12. März 1920 gefällte Urteil ahndete Helfferichs Beleidigungen lediglich mit einer milden Geldstrafe von 300 Mark. Die moralische Niederlage veranlasste Erzberger, der als »Erfüllungspolitiker« zur bevorzugten Zielscheibe gehässiger Attacken aus dem rechten Lager geworden war, zum sofortigen Rücktritt von seinem Ministeramt.

Die Verhandlung, in deren Verlauf neben August und Fritz Thyssen auch ihr kaufmännischer Direktor Carl Rabes als Zeuge aussagte, brachte an den Tag, dass die beiden Thyssens ihren Verbindungsmann in Berlin für handfeste Geschäftsinteressen in Anspruch nahmen. Im Mittelpunkt stand dabei der während des Krieges unternommene Versuch des Thyssen-Konzerns, über Erzberger bei Helfferich – zu dieser Zeit Staatssekretär im Reichsamt des Innern – die Annexion des lothringischen Erzbeckens von Briey und Longwy durchzusetzen und mit der sofortigen Ausbeutung der von deutschen Truppen besetzten Grube Droit-au-Mont durch den Thyssen-Konzern beginnen zu können. Fritz Thyssen unterstützte die in mehreren Denkschriften an die Regierung erhobenen Forderungen seines Vaters[4] nach Kräften. Am Rande einer Sitzung des »Eisenrates«, eines aus Industriellen und hohen Regierungsbeamten bestehenden Gremiums zur Wahrung der Interessen der deutschen Eisenindustrie, erläuterte er 1916 in Metz Helfferichs Unterstaatssekretär Max Richter die Beweggründe für den Vorstoß seines Konzerns in Berlin. Nachdem die Franzosen bei Kriegsausbruch die von Thyssen in der Normandie erworbenen Erzgruben als Feindvermögen unter staatliche Zwangsverwaltung gestellt hätten, sei die Rohstoffversorgung der auf Importe angewiesenen Hüttenwerke an der Ruhr äußerst kritisch geworden, so dass die Ausbeutung einer der lothringischen Gruben als Entschädigung der nahe liegende Ausweg sei. Im Prozess gegen Helfferich sagte Fritz Thyssen später aus, er habe in dem Gespräch den Eindruck gewonnen, dass Richter »dies an und für sich ganz sympathisch« gewesen sei.[5] Doch obwohl die militärische und politische Führung im Falle eines Sieges die Annexion der Erzvorkommen zu einem ihrer wichtigsten Kriegsziele erklärt hatte und auch Erzberger sich für Thyssen einsetzte, blieb dessen Forderung erfolglos. Die Militärs wollten die unmittelbar hinter der Front gelegenen Gruben bis zum Ende des Krieges unter ihrer eigenen Kontrolle behalten.[6]

Bei der Anknüpfung engerer Beziehungen zu Erzberger sei es ihm, wie August Thyssen versicherte, vor allem darum gegangen, die Zentrumspartei näher mit der rheinisch-westfälischen Schwerindustrie in Kontakt zu bringen, die ihre politischen Interessen bis dahin fast ausschließlich über die von ihr finanziell unterstützten Nationalliberalen vertreten hatte. Sofern er tatsächlich nur versucht haben sollte, Erzbergers Partei an der Ruhr hoffähig zu machen, blieb sein Erfolg allerdings bescheiden. Außer Florian Klöckner, einem Bruder des Duisburger Stahlindustriellen Peter Klöckner, der von 1920 bis Mitte 1933 als Zentrumsabgeordneter dem Reichstag angehörte, engagierte sich keiner der führenden Ruhrindustriellen für die katholische Weltanschauungspartei. Es spricht denn auch vieles dafür, dass Thyssen in durchaus richtiger Einschätzung des großen Einflusses, den der »agile, skrupellose, pfiffige, zielsichere und wortmächtige Abgeordnete« (so Theodor Eschenburg in seiner Erzberger-Biografie)[7] ausübte, mehr auf die Person Erzbergers gesetzt hatte, und zwar als zuverlässigen Sachwalter von Unternehmensinteressen. Bereits im März 1910 wandte sich Erzberger im Reichstag gegen die Praxis des Reichsmarineamtes, Panzerplatten ausschließlich bei Krupp und Stumms Dillinger Hütte zu kaufen.[8] Den Zwischenruf eines Abgeordneten, das sei wohl »Thyssens Geschoss« gewesen, konterte Erzberger schlagfertig mit der Beteuerung, ihm gehe es allein um mehr Konkurrenz und damit um niedrigere Preise.

Die Schlichterrolle, die Erzberger auf Wunsch August Thyssens gelegentlich auch in Familienstreitigkeiten (vor allem im Dauerzwist mit August jr.) übernahm, macht deutlich, dass der laut Fritz Thyssen allein schon wegen seines immensen Fleißes bei seinem Vater hoch geschätzte Politiker privat wie geschäftlich ebenfalls zu einem gefragten Ratgeber wurde.[9] Im Sommer 1915 erreichte Erzberger nach mehreren schriftlichen und mündlichen Eingaben beim Personalamt des Kriegsministeriums, dass Fritz Thyssen, der am Frankreich-Feldzug teilnahm, aus dem Heeresdienst entlassen wurde. Entgegen der allgemein verbreiteten Version, der 41-jährige Thyssen-Sohn habe wegen Krankheit den Dienst quittiert,[10] wurde die Befreiung amtlich mit seiner Unabkömmlichkeit im Unternehmen begründet.[11] In diesem Sinne wollte auch Erzberger seine Mission verstanden wissen. Da der Vater bereits »in den Siebzigern« gestanden habe und Fritz Thyssen »der leitende Kopf in der Gewerkschaft Deutscher Kaiser und der August Thyssen-Hütte« gewesen sei, wäre dessen Zurückstellung dringend erforderlich gewesen, sagte er als Nebenkläger im Prozess gegen Helfferich aus.[12]

Die Einbeziehung der Ruhrindustrie in die Kriegswirtschaft ließ August und Fritz Thyssen sehr viel öfter als zu Friedenszeiten die Dienste ihres Berliner Vertrauten in Anspruch nehmen. Obwohl dem alten Herrn die häufigen Reisen zunehmend schwer fielen, fuhr er jetzt fast alle zwei Wochen nach Berlin, um mit Erzberger über Reichswehraufträge und deren Abwicklung zu beraten oder nach dessen bewährter politischer Fürsprache einflussreiche Beamte der Beschaffungsbürokratie aufzusuchen. Weil es ihm, so Thyssen, aber »allmählich peinlich« gewesen sei, »seine Gefälligkeit, die ich schon so viele Jahre hindurch in Anspruch genommen hatte, weiterhin unentgeltlich in Anspruch zu nehmen«, berief er Erzberger im Dezember 1915 in den Grubenvorstand der Gewerkschaft Deutscher Kaiser und in die Aufsichtsräte zweier weiterer Konzerngesellschaften und bewilligte ihm hierfür eine pauschale Jahrestantieme von 40 000 Mark, in den beiden Folgejahren sogar von 100 000 Mark.[13]

Doch schon kurze Zeit später traten zwischen den beiden Thyssens und Erzberger Unstimmigkeiten auf, die ihre Ursache in unterschiedlichen Einschätzungen des Kriegsverlaufes hatten.[14] Der Zentrumspolitiker hatte im Frühjahr 1917 dank seiner Informationskontakte zur Obersten Heeresleitung die Überzeugung gewonnen, dass sich mit einer weiteren Fortsetzung des Krieges die Aussichten auf einen Sieg entscheidend verschlechtern würden.[15] Insbesondere den uneingeschränkten U-Boot-Krieg gegen England beurteilte der zu den »militärisch bestinformierten Zivilisten« gehörende Abgeordnete[16] nach dem Kriegseintritt der USA im Frühjahr 1917 im Gegensatz zu Thyssen ausgesprochen pessimistisch.[17] Unter dem Eindruck einer wachsenden materiellen Übermacht des Feindes im Westen hielt Erzberger einen Verständigungsfrieden mit Frankreich daher für immer dringlicher.[18] In solchen Friedensverhandlungen wären jedoch Gebietserweiterungen, zumal die Annexion eines wirtschaftlich so bedeutenden Territoriums, wie es das Erzbecken von Briey und Longwy fraglos war, nicht mehr durchsetzbar gewesen.

Die auf Initiative des wendigen Pragmatikers am 19. Juli 1917 vom Reichstag verabschiedete »Friedensresolution« führte daher zu einer ernsten Verstimmung zwischen ihm und Thyssen. Die gemeinsame Initiative der Mehrheitsparteien – Zentrum, Fortschrittliche Volkspartei und Mehrheitssozialdemokraten – für »einen Frieden der Verständigung und der dauernden Versöhnung der Völker« betrachtete August Thyssen als »ein politisches Abschwenken nach links« und als »Anknüpfung von Beziehungen zur Sozialdemokratie«, was ihm »persönlich besonders unsympathisch« war.[19] Da er sich bei seiner Kritik an der »verurteilenswerten« Haltung Erzbergers ausdrücklich auch auf die »anderen Herren des Konzerns« berief, darf man davon ausgehen, dass auch Fritz, der politische Kontakte jetzt immer häufiger in Vertretung seines alten Vaters wahrnahm, ganz auf dessen Linie lag. Schon 1917 und nicht erst mit dem Vertrag von Versailles im Jahre 1919 begann damit Fritz' Abkehr von der Zentrumspartei und die Hinwendung zu den nationalkonservativen Kräften der Rechten, die wie die Thyssens Erzbergers »Friedensresolution« entschieden ablehnten. Zwar versuchte der weiterhin fest an einen Sieg glaubende August Thyssen noch einmal, Erzberger durch »wiederholte briefliche Vorhaltungen« zu einem Sinneswandel zu bewegen, doch blieb dieser unbeirrt bei seiner Haltung. Nachdem er Erzberger daraufhin zu verstehen gegeben hatte, dass »bei dieser Verschiedenheit unserer Auffassungen eine weitere gemeinsame Arbeit wohl nicht durchführbar wäre«, trat dieser schließlich von allen Funktionen im Thyssen-Konzern zurück. Am 26. August 1921 wurde Erzberger im Alter von 45 Jahren bei einem Spaziergang im Schwarzwald von zwei Mitgliedern einer rechtsextremen Organisation mit zwölf Revolverschüssen ermordet.

Fritz Thyssen hat sich an der systematischen Hetze gegen den meist gehassten Mann der jungen Republik zumindest öffentlich nicht beteiligt. Das hinderte ihn nicht daran, in seinem von dem amerikanischen Ghostwriter Emery Reves verfassten, vom Autor selbst nicht vollständig autorisierten, 1941 erschienenen Buch »I Paid Hitler« dem Zentrum und insbesondere Erzberger vorzuwerfen, ihnen sei der »Sinn für nationalen Stolz« abhanden gekommen.[20] Die Zustimmung des Zentrums zum Versailler Friedensvertrag war für beide Thyssens denn auch der Anlass, mit der Partei zu brechen, deren formelles Mitglied der Sohn allerdings nie gewesen war.[21] Noch zu den Friedensverhandlungen in Paris war Fritz als Berater des Reichspostministers Johann Giesberts mitgereist, der als namhafter Vertreter der Zentrumspartei zur deutschen Delegation gehörte. Dass nicht, wie ursprünglich geplant, der junge Nachwuchspolitiker und spätere Reichskanzler Heinrich Brüning in Giesberts' Beraterstab berufen wurde, ist einer Intervention August Thyssens zugeschrieben worden.[22]

Fritz Thyssen hat seine inoffizielle Rolle in Paris mit seinen für die Verhandlungen hilfreichen Kontakten begründet, die er durch die Aktivitäten der Thyssen-Werke vor allem in der Normandie zu führenden französischen Stahlindustriellen unterhalten habe.[23] Ähnlich erklärte Brüning seine Ausladung durch Giesberts: »Mitglieder der Reichsregierung, auf Grund von Besprechungen mit französischen Industriellen, die in Holland stattgefunden hatten, wünschten, dass er statt meiner Fritz Thyssen als seinen Begleiter nach Versailles nehme, um wichtige Beziehungen für die deutschen Delegierten herbeizuführen.«[24] Nennenswertes hat Thyssen in den drei Monaten allerdings nicht bewirken können. Am 16. Juni 1919 fuhr er nach Weimar, wohin die Verfassunggebende Nationalversammlung und die Reichsregierung aus dem politisch unruhigen Berlin ausgewichen waren, um die ihm persönlich bekannten Zentrumsabgeordneten in letzter Minute zur Ablehnung des Versailler Vertrages zu bewegen.[25] Erfolg hatte er damit nicht. Zwar hätten seine Gesprächspartner den Vertrag ausnahmslos für unerfüllbar gehalten, sich am Ende aber nicht zu einem Nein durchringen können. Am 22. Juni 1919 billigte die Nationalversammlung den Vertrag mit 237 gegen 138 Stimmen.

In den Sog nationaler Kräfte und in eine schroffe Frontstellung zur Linken war Fritz Thyssen außer durch das von ihm als demütigend empfundene »Friedensdiktat« mit seinen territorialen Verlusten und kaum erfüllbaren Reparationen durch die innenpolitischen Wirren seit dem 9. November 1918 geraten. Die durch eine Meuterei Kieler Matrosen ausgelöste Revolution verbreitete sich wie ein Flächenbrand in Windeseile über Berlin auf das ganze Reich. Überall rissen Arbeiter- und Soldatenräte die Macht an sich. Im Ruhrgebiet wurden Duisburg und Mülheim zum Mittelpunkt revolutionärer Umtriebe, die sich vor allem auf die Thyssen-Betriebe mit ihrer – im Vergleich zu älteren Unternehmen – weniger gefestigten und daher leichter »entflammbaren« Belegschaft konzentrierten. Mit Parolen wie »Es lebe die revolutionäre Arbeiter- und Soldatenrepublik!« sollte die Bevölkerung für den Umsturz gewonnen werden. Mitte Februar 1919 riefen spartakistische Aktivisten zum Generalstreik auf. Ein »Aktionsausschuss des Roten Soldatenbundes« wetterte gegen »konterrevolutionäre Bestrebungen der Kapitalistenbande« und forderte auf Flugblättern: »Die ganze Gewalt im Reiche, im Staat und in den Gemeinden muß in die Hände der Arbeiter- und Soldatenräte gelegt werden.«[26] Ein von den roten Räten eingesetzter »Volkskommissar für die Vorbereitung der Sozialisierung des Bergbaus im rheinisch-westfälischen Industriegebiet« propagierte von Essen aus die Enteignung der Zechenbesitzer.

Die harte Hand der proletarischen Revoluzzer bekam Fritz

Thyssen am eigenen Leibe zu spüren, als ihn und seinen 76-jährigen Vater am frühen Abend des 7. Dezember 1918 bewaffnete Mitglieder des Mülheimer Arbeiter- und Soldatenrates festnahmen und ins Militärgefängnis der Stadt einlieferten. Ebenfalls verhaftet wurden Edmund Stinnes, der älteste Sohn von Hugo Stinnes, und sechs Thyssen- und Stinnes-Direktoren. Hugo Stinnes selbst war nur durch einen Zufall seiner Festnahme entgangen. Er hatte nach politischen Besprechungen in Berlin später als geplant die Heimfahrt nach Mülheim angetreten.[27] Noch in derselben Nacht wurden die Verhafteten vom Essener Hauptbahnhof in einem fahrplanmäßigen Zug nach Berlin und dort ins Untersuchungsgefängnis Moabit gebracht.[28] Konkret wurde ihnen zur Last gelegt, in einer konspirativen Versammlung im Dortmunder Hotel Fürstenhof beschlossen zu haben, Entente-Truppen zur Besetzung des Ruhrgebietes herbeizurufen, um auf diese Weise alle sozialistischen Aktivitäten im Keim zu ersticken. Als Zeuge diente den Räten ein eingeschleuster Kellner, der die Industriellen belauscht haben wollte, dessen Aussagen sich jedoch schnell als frei erfunden herausstellten.

Sowohl August Thyssen als auch sein Sohn konnten eindeutig nachweisen, dass sie zur fraglichen Zeit gar nicht in Dortmund gewesen waren. Der Inhaber des Hotels gab später sogar an, die angebliche Versammlung habe nicht in seinem Hause stattgefunden.[29] Immerhin dauerte es vier Tage, bis die Beschuldigten wieder auf freien Fuß gesetzt wurden. Fritz Thyssen hat später berichtet, Friedrich Ebert, der Vorsitzende des Rates der Volksbeauftragten, habe auf sein Hilfeersuchen hin persönlich zu Gunsten der Industriellen interveniert und ihre Befreiung aus den Händen des von den Arbeiter- und Soldatenräten eingesetzten kommunistischen Berliner Polizeipräsidenten Eichhorn erwirkt.[30] Allerdings hatte auch der Mülheimer Oberbürgermeister Paul Lembke Ebert beschworen, sich für die Freilassung der prominenten Mitbürger einzusetzen, da er ohne ein schnelles Ende der ungesetzlichen Verschleppung nicht für die Aufrechterhaltung von Ruhe und Ordnung in seiner Stadt garantieren könne.

Für Fritz Thyssen bedeutete die Inhaftierung ein traumatisches Erlebnis. Er selbst meinte rückblickend, das bei ihm in den Wirren 1918/19 entstandene deprimierende Gefühl, »dass Deutschland auf dem Wege in die Anarchie« sei, und dass jemand »ohne Grund eingesperrt und erschossen werden konnte«,[31] habe wesentlich zu seiner Aufgeschlossenheit für die NS-Ideologie auf dem Höhepunkt der Weltwirtschaftskrise beigetragen. Trotz der persönlichen Wertschätzung, die er für Ebert empfand,[32] hielt er die Sozialdemokratie für zu schwach, um inmitten wachsender sozialer Spannungen für die nötige Ordnung zu sorgen.[33] Damals, in den Stürmen der Revolution von 1918/19, erwachte in ihm das Bedürfnis, sich auch jenseits geschäftlicher Interessen öffentlich zu engagieren. Nicht, dass er sich zum Politiker berufen gefühlt hätte. In »die Politik zu gehen«, sich womöglich in der Kärrnerarbeit der Tagespolitik aufzureiben, war seine Sache, die eines Großbürgers, auch später nicht. Aber dass er, wie sein Neffe Hans Heinrich Thyssen-Bornemisza feststellte, »im Gegensatz zu seinem Vater seine politischen Überzeugungen nicht aus rein wirtschaftlichen Gründen« vertrat und dass dies auch mit seinem Bedürfnis zu tun gehabt habe, »seine eigene Person zu profilieren«, ist sicherlich nicht von der Hand zu weisen.[34]

Wenige Wochen nachdem Gustav Stresemann im September 1923 den passiven Widerstand gegen die Ruhrbesetzung abgebrochen hatte, fuhren Fritz und Amélie Thyssen nach München, wo sie in ihrem Hotel einen alten Bekannten zum Tee empfingen: General Erich Ludendorff, als seinerzeitiger Kommandeur des niederrheinischen Füsilierregiments Nr. 39 in Düsseldorf gelegentlicher Gast August Thyssens auf Schloss Landsberg und nach dem verlorenen Weltkrieg Integrationsfigur antirepublikanischer rechter Kampfverbände. Die Zusammenkunft wäre wohl kaum weiter beachtet worden, hätte Thyssen bei dieser Gelegenheit den General nicht mit der opulenten Geldspende von 100 000 Goldmark bedacht, die ihm später als erste finanzielle Unterstützung Hitlers zur Last gelegt werden sollte. Zwar traf er durch Vermittlung Ludendorffs in München auch mit Hitler zusammen, doch blieb das Gespräch ohne konkretes Ergebnis. Der Führer der noch weit von einer nationalen Kraft entfernten NSDAP lehnte eine Unterstützung des Widerstandes gegen die Franzosen durch seine Anhänger zur Enttäuschung Thyssens entschieden ab und räumte stattdessen dem Kampf gegen den innenpolitischen Gegner absoluten Vorrang ein.[35] Hitler, den es zur Macht drängte, ahnte, dass ein erfolgreicher Ruhrkrieg in erster Linie der Regierung und damit dem ihm verhassten »System von Weimar« nutzen würde. Thyssen hat stets beteuert, das Geld ungeteilt Ludendorff übergeben zu haben, der einen engeren Zusammenschluss der nationalen Kampfverbände angestrebt habe. Welche Organisationen aus Mitteln der Thyssen-Spende bedient wurden, vor allem wie viel davon der Hitler-Partei zufloss, ist nie geklärt worden. Immerhin räumte Thyssen in seinem Entnazifizierungsverfahren 1948 ein, dass von dem Geld »wohl auch Hitler, der damals in der Front der nationalen Verbände war, einen Teil erhalten hat«.[36] Ein Jahr zuvor hatte er sogar behauptet, Hitler habe »das meiste« dieser Zuwendung erhalten.[37]

Dass Thyssen nur kurz vor Hitlers komödiantischem Putschversuch im Münchener Bürgerbräukeller am 8. November 1923 und dem anderntags von der bayerischen Polizei blutig beendeten Marsch zur Feldherrnhalle den NSDAP-Führer getroffen hatte, ließ Spekulationen ins Kraut schießen, wonach er sich an dem geplanten Marsch auf Berlin habe beteiligen wollen. Die Ankläger im Entnazifizierungsverfahren warfen ihm später vor, mit seiner Großspende ein »hochverräterisches Unternehmen gegen die Republik von Weimar« unterstützt zu haben.[38] Doch auch wenn er dem im Kugelhagel wie durch ein Wunder unverletzt gebliebenen Mitmarschierer Ludendorff pikanterweise

Im Kugelhagel bayerischer Polizei endete der von Hitler inszenierte Marsch auf die Münchener Feldherrnhalle am 9. November 1923. Dass Fritz Thyssen den Parteiführer kurz zuvor zum ersten Mal getroffen und dessen Mitverschwörer Erich Ludendorff 100 000 Goldmark spendiert hatte, gab zu vielfältigen Spekulationen über seine Absichten Anlass.

(und zu dessen nicht geringer Verblüffung) schon am nächsten Tag einen Besuch abstattete, kann daraus nicht unbedingt auf eine Verbindung zu dem fehlgeschlagenen Staatsstreich geschlossen werden.[39] Thyssen selbst hat stets darauf bestanden, von dem Putschversuch erst nach dessen Scheitern erfahren zu haben.[40] Sein Besuch in München habe allein dem Ruhrkampf gegolten: »Ludendorff bat mich, ihm dabei zu helfen; das habe ich sofort getan. Ludendorff wollte den Widerstand organisieren.«[41]

Enttäuscht von der Beendigung des passiven Widerstandes durch Stresemann, rückte Thyssen jetzt die Mobilisierung paramilitärischer Kräfte in den Mittelpunkt aller Überlegungen. Er hat sein Eintreten für ein gewaltsames Vorgehen gegen die Invasionstruppen nie bestritten. Auf die Frage des Vorsitzenden im Spruchkammerverfahren, ob er »den passiven Widerstand an der Ruhr lieber in einen aktiven verwandelt hätte«, antwortete er in der Verhandlung: »Selbstverständlich, und zwar mit Hilfe der Reichswehr.«[42] Doch von einem solchen Abenteuer wollte die politische und militärische Führung verständlicherweise nichts wissen. Aber auch seine Pläne, außerhalb der Reichswehr bewaffnete Freiwilligenverbände für Angriffe auf Ziele der Besatzungstruppen aufzustellen, stießen bei der Generalität auf Ablehnung. Für ein solches Abenteuer hatte sich der nach einem Streit mit der Reichswehr-Führung 1920 verabschiedete Kommandeur im Wehrkreis VI in Münster, General a. D. Oskar Freiherr von Watter, ins Spiel gebracht, der dank seiner früheren Stellung über beste Kenntnisse des möglichen Kampfgebietes verfügte und einen fertigen Kriegsplan in die Verbindung mit Thyssen einbrachte.[43] Generaloberst Hans von Seeckt, Chef der Heeresleitung und in dieser Funktion militärischer Befehlshaber, war jedoch darauf bedacht, sich die Zügel nicht aus der Hand nehmen zu lassen. Er erteilte allen paramilitärischen Operationen eine eindeutige Abfuhr und weigerte sich, von Watter auch nur zu empfangen.[44] Die Eintragung des Namens »Thyssen« in Seeckts Terminkalender unter dem 26. März 1923 legt die Vermutung nahe, dass der General an diesem Tag Fritz Thyssen empfing. Möglicherweise hat er ihm dabei die realitätsfernen Träume von einer gewaltsamen Befreiung des Ruhrgebietes ausgeredet. Wie konkret das Projekt eines privaten bewaffneten Widerstandes war und wie tief Thyssen darin verstrickt gewesen sein könnte, lässt sich aus dem verfügbaren Quellenmaterial leider nicht erkennen. Dass er selber später nie davon erzählt hat, obwohl er sich eine aktive Rolle dabei vermutlich gern als Verdienst angerechnet hätte, lässt darauf schließen, dass das Vorhaben über das Stadium theoretischer Planspiele wohl niemals hinausgekommen ist.

Vielleicht hätte ein Mann mit mehr militärischer Erfahrung

als Thyssen die Idee eines gegen die Franzosen aufgestellten Privatheeres schnell als gefährliches Spiel mit dem Feuer durchschaut. Obwohl er sich bei Ausbruch des Ersten Weltkrieges freiwillig zur Front gemeldet und schon im September 1914 das Eiserne Kreuz II. Klasse erhalten hatte sowie ein Jahr nach seinem Ausscheiden zum Rittmeister befördert worden war, blieb das Militärische in seinem Persönlichkeitsbild unauffällig, auch in seiner äußeren Erscheinung. »Trotz seiner Eigenschaft als Reserveoffizier, die alle Söhne der guten Bürgerfamilien dazu berechtigt, eine militärische Haltung anzunehmen, geht er ein wenig gebückt und schlenkert mit den Armen«, beschrieb ein französischer Besucher seinen »sehr liebenswürdigen, freundlichen« Gastgeber mit dem knapp über der Oberlippe abgeschnittenen Schnurrbart, »wie es in Deutschland augenblicklich Mode ist«.[45] Ein Ölgemälde des bekannten Düsseldorfer Porträtmalers Franz Josef Klemm zeigt den Oberleutnant der Landwehr-Kavallerie beim Stabe der XIV. Reserve-Division 1915 im Kriegsgebiet bei Laon ordensgeschmückt in einem pelzgefütterten Mantel und einem Uniformrock mit roten Litzen. In merkwürdigem Gegensatz zum repräsentativen Aufzug steht das fast ein wenig furchtsam erscheinende, »scharf geschnittene Gesicht, dessen nüchterne Züge Skepsis ausdrücken«, wie der Katalogtext zutreffend vermerkt.[46] Auf das weitere Leben des seinem sensiblen Wesen nach eher unmilitärischen Einzelkämpfers hat das durch die vorzeitige Freistellung im Übrigen nur sehr kurze Fronterlebnis nicht erkennbar nachgewirkt.

Obwohl er die Besatzungspolitik Raymond Poincarés leidenschaftlich bekämpfte, war Thyssen alles andere als ein chauvinistischer Franzosenhasser. Seine Hinwendung zur Deutschnationalen Volkspartei (DNVP) nach dem Bruch mit dem Zentrum ist kein Beleg für eine »Erzfeindschaft« gegenüber dem großen Nachbarn. Wie schon vor dem Krieg, so war er in nüchterner Einschätzung der Verteilung der Erz- und Kohlevorkommen in Westeuropa davon überzeugt, dass die deutsche und die franzö-

sische Industrie gar keine andere Wahl hätte, als eng zusammenzuarbeiten. Aus dieser gemeinsamen Interessenlage heraus standen auch Frankreichs Stahlunternehmer der von ihrer eigenen Regierung nach dem Ersten Weltkrieg verfolgten Politik einer Zurückdrängung der deutschen Konkurrenz eher skeptisch gegenüber.[47] Nachdem er als Verhandlungsführer der deutschen Seite am 2. Juli 1926 die Gespräche über eine »Internationale Rohstahlgemeinschaft« erfolgreich abgeschlossen hatte, wurde Fritz Thyssen wenig später von Außenminister Aristide Briand in Paris empfangen und nutzte die Gelegenheit, diesem den Abschluss weiterer Kartellabkommen europäischer Stahlhersteller anzukündigen. Als sich Briand am 17. September 1926, eine Woche nachdem Deutschland dem Völkerbund beigetreten war, in dem französischen Grenzdorf Thoiry bei Genf mit Stresemann traf, wertete es der deutsche Außenminister, wie er in seinen Aufzeichnungen festhielt, als »bedeutsames Symptom, dass Fritz Thyssen, der mit Briand gesprochen habe, sich ganz enchantiert geäußert habe über den Empfang, den er bei Briand gefunden hätte. Briand bestätigt das und sagt, daß Thyssen die Absicht habe, über den Eisenpakt hinaus auch noch weitere Vereinbarungen mit Frankreich zu treffen. Als ich ihm sagte, daß Fritz Thyssen der bekannteste deutschnationale Industrielle ist, lachte er sehr und sagte: ›Wenn Sie lauter solche Deutschnationale hätten, wäre es wahrscheinlich viel einfacher, sich zu verständigen.‹«[48]

Die Deutschnationale Volkspartei, bei der Fritz Thyssen eine neue politische Heimat gefunden hatte, bekämpfte die Frankreich gegenüber eingeschlagene Politik der ausgestreckten Hand und den von Stresemann ausgehandelten Pakt von Locarno mit dem darin vorgesehenen Beitritt Deutschlands zum Völkerbund bis zuletzt auf das Schärfste. Dass Thyssen sich der seit Oktober 1928 unter ihrem neuen Vorsitzenden Alfred Hugenberg einen strammen Rechtskurs verfolgenden Partei angeschlossen hatte, hing allerdings in erster Linie mit seinen innenpolitischen Überzeugungen zusammen. Angesichts der katastrophalen Verschlechterung der Wirtschaftslage bezog der eingefleischte SPD- und Gewerkschaftsgegner auf der äußersten Rechten Stellung. Dass er damit eine Partei unterstützte, die sich als Sammelbecken all derjenigen restaurativen Kräfte anbot, die die Republik und die parlamentarische Demokratie aus tiefster Überzeugung ablehnten, störte ihn nicht.

Thyssens Einstellung unterschied sich von der seiner meisten schwerindustriellen Kollegen, wenn überhaupt, zu diesem Zeitpunkt nur in Nuancen. Die in der Montanwirtschaft im Vergleich zu anderen großen Branchen schärfere Ablehnung aller »linken« Tendenzen hatte ihren Grund vor allem in der traumatischen Angst der Kohle- und Stahlmagnaten vor dem »roten Gespenst« eines bolschewistischen Umsturzes, wie er sich zu Beginn der Republik in ihren Werken angedeutet hatte. Auf den Zechen und Hütten mit ihren radikalen Parolen gegenüber besonders aufgeschlossenen »Malocher«-Belegschaften war das Klima rauer und feindseliger als in den Werken von Siemens oder I.G. Farben. Die von Regierung und Gewerkschaften erkämpften sozialen Errungenschaften – die staatliche Zwangsschlichtung, die Einführung des Achtstundentags und der Ausbau der Rechte der Arbeiter in Richtung auf mehr »Wirtschaftsdemokratie« – einten die überwiegend noch von den Erfahrungen des Kaiserreichs geprägten Industriellen in ihrer Sehnsucht nach einer baldigen Rückkehr zu den alten Verhältnissen. In den wirtschaftlichen Zirkeln und Organisationen, in denen ihr Wort Gehör fand, vertraten jedoch nur wenige Ruhrindustrielle ihren Standpunkt offener und kompromissloser, als Thyssen es tat.

Zu einem Forum heftiger Diskussionen über die von der Wirtschaft zu wichtigen politischen Fragen zu beziehende Position wurde dabei der Reichsverband der Deutschen Industrie (RDI).[49] In den Führungsgremien dieser Spitzenorganisation war die Schwerindustrie seit 1923 prominent vertreten. In jenem Jahr nämlich erweiterte der Verband, um seinen Aufgaben im besetzten Ruhrgebiet gerecht zu werden, das Präsidium um zwölf Mitglieder, von denen allein vier Repräsentanten führender Montanunternehmen waren: Peter Klöckner, Paul Reusch (Generaldirektor des Gutehoffnungshütte-Konzerns in Oberhausen), Albert Vögler und Fritz Thyssen. Für den Braunkohlenbergbau wurde Paul Silverberg gewählt.[50]

Silverberg, ein zum Ausgleich neigender Mann von großer geistiger Unabhängigkeit, hatte mit 26 Jahren nach dem frühen Tod seines Vaters die familieneigene Braunkohlengrube in der Nähe von Köln übernommen und zur Rheinischen AG für Braunkohlenbergbau und Brikettfabrikation als dem führenden Unternehmen der Branche ausgebaut. Als sich ihm die Gelegenheit bot, auf der Jahreshauptversammlung des RDI im September 1926 in Dresden für den erkrankten Vögler als Hauptredner einzuspringen, nutzte er sie zu einem eindringlichen Plädoyer für ein entkrampfteres Verhältnis der Industrie zur SPD und zu den Gewerkschaften. Die Wirtschaft, so Silverberg selbstkritisch, habe sich viel zu spät entschlossen, »in den Gewerkschaften die Vertretung der Arbeiterschaft anzuerkennen«. Zur Rolle der SPD erklärte er: »Es kann nicht gegen die Arbeiterschaft regiert werden. Und wenn das richtig ist, muß man den Mut zur Konsequenz haben. Es soll nicht ohne die Sozialdemokratie, in der die überwiegende Mehrheit der deutschen Arbeiterschaft ihre politische Vertretung sieht, regiert werden.«[51] Was in der Presse anderntags als »neuer Geist in der Industrie«[52] für Schlagzeilen sorgte, rief bei den Führern der westdeutschen Schwerindustrie teilweise scharfe Reaktionen hervor. Kritik an der von Silverberg geforderten Öffnung nach links übten von den führenden Herren an der Ruhr außer dem »Falken« Thyssen insbesondere Vögler und Reusch.

Sieht man einmal von dem alten Hitler-Bewunderer Emil Kirdorf ab, stand unter den »Revierfürsten« Albert Vögler von seiner grundsätzlichen politischen Einstellung her Thyssen wohl am nächsten. Der Generaldirektor der Vereinigten Stahlwerke, der nach dem Krieg in die Verfassunggebende Deutsche Nationalversammlung in Weimar und 1920 wie Stinnes als Abgeordneter der Deutschen Volkspartei in den Reichstag gewählt worden war, fürchtete angesichts des wachsenden Einflusses der Gewerkschaften auf die Betriebe eine »zunehmende Entfremdung zwischen Arbeitnehmer und Arbeitgeber«. Über Silverbergs Rede, deren Inhalt nur wenige Präsidiumsmitglieder vorher gekannt hatten, war er verständlicherweise »einigermaßen entsetzt«. Auch einem Erzkonservativen wie dem vielseitig gebildeten GHH-Generaldirektor Paul Reusch, der stark von den pessimistischen Gedanken des Geschichts- und Kulturphilosophen Oswald Spengler (»Der Untergang des Abendlandes«) durchdrungen war und einem autoritären Führungsverständnis anhing, musste ein Nachgeben gegenüber den Einflüssen von links geradezu als Verrat an seinen heiligen Idealen erscheinen.

Präsident des RDI war seit 1925 Carl Duisberg, Aufsichtsratsvorsitzender der I.G. Farbenindustrie AG. In ihm traf Thyssen im Präsidium auf einen Mann, der sich mehr als die »Ruhrbarone« um ein kooperatives Verhältnis zur Reichsregierung bemühte, zumal die rapide Zunahme der Arbeitslosigkeit Duisberg auch in seiner Überzeugung bestärkte, dass ein Zusammengehen mit den Gewerkschaften zur Abwendung einer wirtschaftlichen und sozialen Katastrophe dringend geboten sei. Schon 1927 hatte es erste vertrauliche Kontakte zwischen beiden Seiten gegeben, die allerdings ergebnislos geblieben waren.[53] Ende Mai 1930 trafen sich in der Berliner Wohnung eines führenden Vertreters der elektrotechnischen Industrie erneut Abgesandte des Allgemeinen Deutschen Gewerkschaftsbundes, des RDI und der Vereinigung der Deutschen Arbeitgeberverbände. Es ging ihnen dabei um eine Wiederbelebung der unter maßgeblicher Mitwirkung von Hugo Stinnes und dem Gewerkschaftsführer Carl Legien im November 1918, mitten in den revolutionären Turbulenzen, ins Leben gerufenen »Zentralarbeitsgemeinschaft«. Das Experiment, Brücken zwischen Arbeitgebern und Arbeitnehmern zu bauen, war jedoch an den sich verschärfenden sozialen Gegensätzen gescheitert. Nach Legiens Tod 1920 war der Niedergang dieser Einrichtung nicht mehr aufzuhalten gewesen. Wie ernst der Pragmatiker Stinnes das Anliegen genommen hatte, über einen »runden Tisch« mit den erstarkten Gewerkschaften Einfluss auf die Arbeiterschaft zu gewinnen, und wie sehr er dabei auf das Vertrauensverhältnis zu seinem Partner gesetzt hatte, mag man daran erkennen, dass er eines seiner Schiffe auf den Namen »Carl Legien« taufte.

Jetzt, zwölf Jahre später, waren die tiefen ideologischen Gräben noch schwerer zu überbrücken. Zwar konnten sich beide Seiten auf eine Reihe vorrangiger Schritte in der Wirtschafts- und Sozialpolitik einigen; doch stieß die geplante gemeinsame Erklärung im RDI-Präsidium und Vorstand der Vereinigung der Deutschen Arbeitgeberverbände (VDA) am 3. Juni 1930 bei einer Gruppe von Industriellen auf Skepsis oder gar Ablehnung. Das entschiedenste Nein kam einmal mehr von Thyssen, der jede Form einer Zusammenarbeit mit den Gewerkschaften kategorisch ablehnte, weil sie in seinen Augen zu einer »unrettbaren Verknüpfung mit dem marxistischen System führen würde«.[54] Eine geplante Audienz der Verbands- und Gewerkschaftsvertreter bei Reichspräsident Paul von Hindenburg, der die Kooperation mit einem feierlichen Appell an das Volk am Nachmittag desselben Tages würdigen sollte, mussten die zerstrittenen Präsidiumsmitglieder kurzerhand wieder absagen.[55]

Wie sehr er mittlerweile in eine Fundamentalopposition zu den staatstragenden Kräften verfallen war, hatte Fritz Thyssen schon am 7. März 1929 in einer internen Sitzung der Rohstahlgemeinschaft im Düsseldorfer Stahlhof zu erkennen gegeben. Laut Protokoll begründete er seine pessimistischen Erwartungen für die deutsche Eisenindustrie mit dem in seinen Augen desolaten Zustand des Staates: Mit der Republik hätten die Deutschen eine Staatsform erhalten, so führte er in einer Rede aus,

»an der selbst die überzeugtesten Republikaner keine Freude mehr hätten«. Und: »Wille der Masse sei nicht dasjenige, was den Staat zu einer befriedigenden Entwicklung führen könne.«[56]

Solche antidemokratischen Überzeugungen, die auch andere führende Ruhrindustrielle – vielleicht weniger scharf ausgeprägt – vertraten, wirkten umso destruktiver, als deren Einfluss nicht nur durch finanzielle Zuwendungen an politische Interessengruppen, sondern auch durch ihren Zugriff auf meinungsbildende Presseorgane beträchtlich war. Zu einem Symbol politischer Medienmacht wurde Alfred Hugenberg, von 1909 bis 1919 Vorsitzender des Krupp-Direktoriums. Der agile Nationalist mit dem Seehundbart sicherte sich 1916 die Mehrheit am Berliner Scherl-Verlag, der zum Nukleus eines schnell wachsenden Medienimperiums mit mehreren Zeitungen (darunter der *Berliner Lokal-Anzeiger, Der Tag, Die Woche*), der Nachrichtenagentur »Telegraphen-Union« und der UFA-Wochenschau wurde. Auch Paul Reusch gebot in Süddeutschland über mehrere Zeitungen, auf deren politische Linie er, wenn es ihm opportun erschien, in direktem Kontakt mit der Chefredaktion persönlich Einfluss nahm. Mehrheitsbeteiligungen hielt sein Konzern an so auflagenstarken Lokal- und Regionalblättern wie den *Münchener Neuesten Nachrichten*, dem *Fränkischen Kurier* in Nürnberg und dem *Schwäbischen Merkur* in Stuttgart.

Reusch, von seinem ganzen Habitus bis ins hohe Alter ein Herr vom Scheitel bis zur Sohle, war nach Stinnes' Tod unter den Schwerindustriellen zur unbestrittenen Führungsfigur an der Ruhr aufgerückt. Als Württemberger ein Revierfremder, verfügte er allein wegen seiner vielfältigen industriellen, politischen und literarischen Interessen über einen weit gesteckten Wirkungskreis. Sein Bedürfnis nach exklusiver Information über Hintergründe der Berliner Politik war immens, wie die regelmäßigen Lageberichte seines Berliner »Spähers« Martin Blank, Leiter des GHH-Verbindungsbüros in der Reichshauptstadt, dokumentieren. Reusch war es auch, der im November 1927 Gustav Krupp von Bohlen und Halbach und Fritz Thyssen für die Gründung der so genannten Ruhrlade gewann.[57] Dieser ausgewählte Gesprächskreis von zwölf Ruhrindustriellen ist vielfach als eine Art Geheimbund zur Verfolgung gemeinsamer politischer Ziele mystifiziert worden. Dabei dürfte das Reglement des nach der Magdeburger Unternehmer-Vereinigung »Die Lade« benannten Zirkels der Fantasie Nahrung gegeben haben: absolute Vertraulichkeit, der Verzicht auf jede Art von Sitzungsprotokollen und die von Reusch allen Mitgliedern schriftlich unterbreitete strenge Anweisung, »bei den Tagungen der Ruhrlade im Smoking zu erscheinen«.[58]

Ursprünglich zur Regelung strittiger Fragen zwischen der Stahlindustrie und dem Bergbau sowie einzelnen Montanunternehmen gegründet, entfaltete die jeweils am ersten Montag im Monat in den Privathäusern ihrer Mitglieder zusammentretende Runde in wachsendem Maße auch politische Aktivitäten. Dabei zielten ihre Interventionen vor allem darauf, weitere sozialpolitische Reformen zu Gunsten von Arbeiterschaft und Gewerkschaft zu vereiteln. Ihren Wünschen und Forderungen halfen sie mit gezielten Zuwendungen an die in ihrem Sinne agierenden Parteien (insbesondere Deutsche Volkspartei und Deutschnationale Volkspartei), an einzelne der Schwerindustrie nahe stehende Politiker und an wirtschaftsfreundliche Zeitungen nach. Doch trotz dieser »Aufmerksamkeiten« und trotz des direkten Zugangs von den Spitzen namhafter Industrieverbände wie Reusch, Poensgen, Springorum, Vögler und Krupp zu führenden Politikern der Republik blieb der Einfluss der Ruhrlade letztlich gering. Weder konnte das »Geheime Kabinett der Schwerindustrie«[59] den Niedergang der Rechtsparteien verhindern, noch gelang es ihr, Reichskanzler Brüning zum Bruch mit der SPD zu bewegen und Ende 1932 durch die Unterstützung der »vernünftigen« Kräfte innerhalb der NSDAP Hitler zu verhindern. In der Schlussphase der Weimarer Republik traten außerdem gravierende Differenzen in der Beurteilung der Lage und der Handlungsoptionen zu Tage. Votierte Thyssen offen für eine Kanzlerschaft Hitlers, lehnten vor allem Reusch, Poensgen und Krupp dessen Berufung entschieden ab.

Im Übrigen deuten die dürftigen Überlieferungen darauf hin, dass die Zusammenkünfte der Ruhrlade vor allem in den ersten Jahren ihres Bestehens hauptsächlich unternehmens- und branchennahen Themen gewidmet waren. So kündigte Reusch am 13. Oktober 1930 an, das nächste Mal die »Frage eines weiteren Abbaues der Bezüge der Vorstandsmitglieder und auch vielleicht der obersten Beamten zur Sprache zu bringen«; das Gleiche gelte für die Aufsichtsratsbezüge, die »bei manchen Gesellschaften übertrieben hoch angesetzt sind«. Er wisse, dass er mit diesem Vorschlag bei vielen Leuten nicht auf Gegenliebe treffen werde. »Wenn wir aber den Kapitalismus verteidigen wollen, müssen wir die Auswüchse des Kapitalismus bekämpfen.«[60] Mitunter hatten die Begegnungen auch nur gesellschaftlichen oder touristischen Charakter. So besichtigten die Teilnehmer am 22. Mai 1933 den Erzberg in der Steiermark, fuhren anschließend auf einem Donauschiff von Linz nach Wien und besuchten dort auf Einladung von Fritz und Amélie Thyssen mit ihren Frauen eine Aufführung in der Staatsoper.[61]

Der Journalist Hermann Dannenberger, unter dem Pseudonym Erik Reger bekannt geworden durch seinen Schlüsselroman »Union der Festen Hand« (in dem Fritz Thyssen als »Schellhase Junior« erscheint) und nach dem Krieg Mitherausgeber des Berliner *Tagesspiegels*, schrieb 1932 über die Ruhrindustriellen: »Die einzige Hemmung liegt in ihnen selbst, in ihren divergierenden Charakteren, in ihren rivalisierenden Interessensphären. Sie lieben einander nicht. Sie sind misstrauisch untereinander.«[62] Nichts kann diese Einschätzung trefflicher dokumentieren als die so genannte Gelsenberg-Affäre, die heftigen Streit in die Ruhrlade trug. Kurz vor ihrem Rücktritt hatte die Regierung Brüning im Frühjahr 1932 dem in finanziellen Schwierigkeiten steckenden Friedrich Flick zum Vierfachen des aktuellen Börsenkurses ein Aktienpaket der von ihm beherrschten Gelsenkirchener Bergwerks AG (»Gelsenberg«) abgekauft. Diese wiederum war inzwischen größter Einzelaktionär der Vereinigten Stahlwerke AG, die durch die Weltwirtschaftskrise gleichfalls in akute Not geraten war. Das unter strengster Geheimhaltung abgeschlossene Hundertmillionen-Geschäft wurde jedoch im Juni publik. Es stellte sich heraus, dass Flick nicht nur Vögler in die Verkaufsverhandlungen mit der Reichsregierung eingeweiht hatte, sondern auch Fritz Thyssen. Dieser hatte zuvor sogar für Flick ein Übernahmekonsortium französischer und luxemburgischer Kaufinteressenten zusammengebracht, dessen Angebot in Berlin die letzten Bedenken gegen den überteuerten Einstieg bei »Gelsenberg« zum Verschwinden brachte.[63] Die sozialistische Presse fragte unter der Überschrift »Patriot Thyssen« spitz, ob der »nationalsozialistische Industrielle« wohl bereit gewesen sei, »die Gelsenkirchener Bergwerks AG und die Vereinigten Stahlwerke unter die Herrschaft französischen Kapitals zu bringen«.[64]

Unter den Mitgliedern der Ruhrlade brachte vor allem Paul Reusch schweres Geschütz gegen das von ihm mit »großer Bestürzung« aufgenommene Flick-Geschäft in Stellung. Das »Eindringen der öffentlichen Hand in die Schlüsselindustrie« werde in weiten Kreisen »auf das schärfste verurteilt«.[65] Der Hieb verfehlte seine Wirkung nicht: Offenbar aus Verärgerung über Reuschs Attacke ließ die Mehrheit der Ruhrlade-Mitglieder die fest vereinbarte Sitzung – aus Termingründen, wie es hieß – platzen. »Ich will dabei ununtersucht lassen, ob und inwieweit meine Haltung in der Gelsenkirchener Angelegenheit zu den Absagen beigetragen hat«, schrieb der GHH-Generaldirektor an Gustav Krupp von Bohlen und Halbach.[66]

Exemplarisch zeigten sich die unterschiedlichen Standpunkte unter den Wortführern von Kohle und Stahl in der Auseinandersetzung um den Young-Plan, der das Dawes-Abkommen von

1924 ersetzen sollte. Darin hatte sich Deutschland verpflichtet, jährlich Reparationen von 2,5 Milliarden Goldmark zu zahlen. Zur Stabilisierung seiner Währung und zur Überbrückung des ersten Jahres konnte es ein internationales Darlehen von 800 Millionen Goldmark in Anspruch nehmen. Nachdem es Reichsregierung, Reichsbahn und Industrie zunächst gelungen war, ihren Zahlungsverpflichtungen nachzukommen, ließ sich 1928 absehen, dass ohne weitere Auslandsverschuldung der geforderte Milliardentransfer nicht mehr möglich sein würde. Unter Leitung des Amerikaners Owen D. Young, Präsident des Verwaltungsrates der General Electric Corporation, begannen am 11. Februar 1929 in Paris neue Verhandlungen über einen Zahlungsplan für die Deutschland im Versailler Vertrag auferlegten Reparationen. In den Gesprächen gelang es den deutschen Vertretern zwar, die jährliche Belastung auf durchschnittlich 2 Milliarden Reichsmark zu senken, doch sollte Deutschland diese Bürde noch 59 Jahre lang zu tragen haben. Im Gegenzug verpflichteten sich die Alliierten in dem am 7. Juni 1929 unterschriebenen Vertrag, ihre Truppen bis zum 30. Juni 1930 und damit fünf Jahre vor dem in Versailles festgesetzten Termin aus dem Rheinland abzuziehen. Außerdem unterstanden Reichsbahn und Reichsbank nicht länger ausländischer Kontrolle, die Einschränkung der deutschen Souveränität war damit aufgehoben.

Wer zehn Jahre nach Kriegsende geglaubt hatte, dass die Siegermächte Deutschland großzügiger entgegenkommen würden, sah sich bitter enttäuscht. Dass noch Kinder und Kindeskinder die jährlichen Tributzahlungen tragen sollten, empfanden viele als hart und ungerecht. Selbst unter den Parteien der Mitte war daher die Bereitschaft groß, den Young-Plan abzulehnen. Nur der Gedanke an die Konsequenzen, vor allem an einen drohenden Abzug ausländischen Kapitals aus Deutschland mit der absehbaren Folge von Bankzusammenbrüchen, veranlasste sie zu zähneknirschender Zustimmung. Dahinter stand die Hoffnung auf eine baldige Revision des Versailler Vertrages. Die nationale Rechte jedoch witterte die Chance, sich mit einer propagandistisch groß angelegten Kampagne gegen den Young-Plan die in der Bevölkerung verbreitete Stimmung gegen die in ihren Augen abermalige Bestrafung Deutschlands zu Nutze zu machen. Am 9. Juli 1929 gründete Hugenberg zwecks Inszenierung einer Volksabstimmung gegen das Young-Abkommen einen »Reichsausschuss für das deutsche Volksbegehren«. Unterstützung fand er außer bei seiner eigenen Partei, der DNVP, vor allem bei den Nationalsozialisten, die sich von einer Beteiligung den langersehnten innenpolitischen Durchbruch erhofften, sowie bei zahlreichen nationalen Kampfverbänden.

Innerhalb der Ruhrlade war die Meinung über ein Volksbegehren zum Young-Plan gespalten. Zwar empfanden alle Mitglieder das Abkommen als ungerecht und demütigend. Doch stieß die von Hugenberg und Hitler aus rein machtpolitischen Gründen angestrebte Mobilisierung der Massen bei einigen auf Skepsis oder gar Ablehnung. So sympathisierte Hoesch-Generaldirektor Fritz Springorum zwar ganz offensichtlich mit der Idee, den Young-Plan auf plebiszitärem Wege zu Fall zu bringen, dachte jedoch mehr an eine »überparteiliche und unabhängige Bewegung« gegen das Abkommen. Geldzuwendungen für eine allein von Deutschnationalen und Nationalsozialisten getragene Aktion lehnte er deshalb Hugenberg gegenüber ab: »Wie ich soeben von Herrn Vögler telefonisch höre, hat er Ihnen gegenüber auch die Auffassung vertreten, daß es wohl nur dann möglich wäre, das geplante Vorgehen finanziell zu unterstützen, wenn dasselbe überparteilich und auf breitester Grundlage aufgebaut sein würde.«[67]

Paul Reusch verweigerte sich jeder Zusammenarbeit mit den Agitatoren des Volksbegehrens und verbot seinem Berliner Verbindungsmann sogar die Mitwirkung im Finanzausschuss der Organisation, da aus einer solchen Teilnahme »falsche Schlüsse für meine Stellungnahme gezogen werden könnten«. Über

Mit seiner demonstrativen Unterstützung des von Hitler und Hugenberg herbeigeführten Volksentscheids gegen den Young-Plan (hier ein Propagandaumzug von Anhängern der Kampagne) trat Thyssen 1930 sichtbar an die Seite der Nationalsozialisten.

seine Meinung zu dem geplanten Plebiszit ließ er keinerlei Zweifel aufkommen: »Ich halte das Volksbegehren über die Kriegsschuldlüge für eine große Dummheit und muß Wert darauf legen, daß mein Name unter keinen Umständen irgendwie in Zusammenhang mit diesem Volksbegehren gebracht wird. Ich denke nicht daran, auch nur einen roten Heller für diese Sache zur Verfügung zu stellen.«[68]

Dies hinderte den vorsichtigen Kommerzienrat allerdings nicht daran, hinter den Kulissen den Widerstand gegen das auch von ihm abgelehnte Abkommen zu schüren. Vor allem bemühte er sich, auf die von Außenminister Stresemann zu den Verhandlungen nach Paris entsandten beiden Hauptsachverständigen, Reichsbankpräsident Hjalmar Schacht und Albert Vögler, einzuwirken. Allerdings ging er dabei nicht so weit, selber nach Paris zu fahren, worum ihn Thyssen dringend gebeten hatte. Aus Karlsbad, wo er gerade zur Kur weilte, gab er jedoch zu bedenken, »ob es vielleicht vernünftig« sei, »Schacht von verschiedenen Seiten aus zu bombardieren, damit er fest bleibt«.[69]

Mehr noch als auf Schacht setzten die Hardliner aus der rheinisch-westfälischen Schwerindustrie auf Albert Vögler. Doch seine Hoffnung auf ein stärkeres Entgegenkommen der Alliierten musste dieser sehr schnell begraben. Als er, weil er das sich abzeichnende Verhandlungsergebnis nicht glaubte verantworten zu können, am 17. Mai 1929 als Mitglied der deutschen Delegation zurücktrat, rankten sich um seinen Schritt in der Presse sofort wilde Spekulationen. Zusätzliche Nahrung erhielten sie dadurch, dass Gustav Krupp von Bohlen und Halbach nur fünf Tage zuvor in Anwesenheit von Schacht und Vögler namhafte Ruhrindustrielle wie Reusch, Silverberg, Kirdorf, Springorum, Flick und Thyssen in der Essener »Villa Hügel« zu einem vertraulichen Gedankenaustausch versammelt hatte. Einigen Kommentatoren galt dies bereits als Beweis, dass Vögler wegen massiver Interventionen seitens der Ruhrindustrie seine Demission erklärt habe. So meldete die liberale *Vossische Zeitung*, dass Vögler dem »ungeheuerlichen Druck sozialer und gesellschaftlicher Natur, der auf ihn als abhängigen Generaldirektor von Seiten großer Kapitalmagnaten« gelastet habe, erlegen gewesen sei.[70] Das war, obwohl sie keinen Namen nannte, ein Hieb gegen Thyssen, Vöglers Großaktionär und Aufsichtsratsvorsitzenden.

Für ein politisches Nachspiel des Essener Treffens sorgte der Chefredakteur der *Vossischen*, Georg Bernhard, gleichzeitig Reichstagsabgeordneter der Deutschen Demokratischen Partei (DDP). Unter Hinweis auf einen anonymen Informanten behauptete er öffentlich, Thyssen habe Schachts Ausführungen über die schweren Belastungen des Young-Abkommens mit dem Zwischenruf quittiert: »Ich brauche die Krise!« Es ist allerdings unwahrscheinlich, dass Thyssen, obwohl er bekanntlich zu spontanen Reaktionen neigte, so unverhüllt auf ein Krisenszenario hoffte, um der Weimarer Republik ein Ende zu machen. Zumindest blieb Bernhard, als ihn Ernst Poensgen in dieser Angelegenheit verklagte, den Wahrheitsbeweis seiner Behauptung schuldig, was ihn, der als Abgeordneter Immunität besaß, nicht weiter störte. In Thyssens Spruchkammerverfahren sagte Hjalmar Schacht 1948 in einer eidesstattlichen Erklärung aus, den angeblichen Zwischenruf in der Krupp-Villa habe es nicht gegeben.

Dennoch: Mit seiner Mitgliedschaft im Reichsausschuss für das Volksbegehren hatte sich Thyssen für jeden sichtbar in eine Reihe mit Hitler und Hugenberg gestellt. Zusammen mit ihnen und dem Stahlhelm-Führer Franz Seldte gehörte er am 9. Juli 1929 zu den Rednern der Auftaktkundgebung für die Kampagne im Gebäude des ehemaligen Preußischen Herrenhauses in Berlin. An Radikalität stand er dabei den gewieften Demagogen kaum nach: »Deutschland steht vor einer Entscheidung von unermesslicher Tragweite. Durch die Annahme oder Ablehnung des Young-Planes wird das Gesamt-Schicksal der Nation bestimmt. Sollte der Young-Plan Gesetz werden, dann wird man den Tag, an dem dies geschieht, als den Tag der Beisetzung der Hoffnung Deutschlands bezeichnen müssen auf Freiheit, Unabhängigkeit und Zukunft.«[71]

Was trieb Thyssen dazu, im Unterschied zu seinen in der Sache ähnlich denkenden Kollegen den Schulterschluss mit den Trommlern der äußersten Rechten zu suchen? War er nur weniger vorsichtig als die Generaldirektoren Reusch und Vögler? Oder fühlte er sich im Innersten seines Herzens bereits auf einer Linie mit den Nationalsozialisten? Thyssen selbst hat stets behauptet, den Young-Plan allein aus wirtschaftlichen Gründen bekämpft zu haben: Die deutsche Exportwirtschaft wäre nicht in der Lage gewesen, auf Dauer die für die Milliardenleistungen nötigen Devisen einzunehmen, so dass die Regierung eine wachsende Verschuldung gegenüber dem Ausland hätte hinnehmen müssen. Doch gab er seinen Namen und nach eigenem Eingeständnis auch Geld[72] für eine Sache her, die von ihren Initiatoren für eine Neuauflage ihrer alten Kampagne gegen die »Kriegsschuldlüge« benutzt wurde.

Heftig geriet Thyssen deswegen mit den »Tauben« im Reichsverband der Deutschen Industrie aneinander. Seine Kritik richtete sich dabei vor allem gegen das Geschäftsführende Präsidialmitglied Ludwig Kastl. Schon die in seinen Augen verharmlosende Art und Weise, wie dieser den Verbandsmitgliedern gegenüber Vöglers Rücktrittsgründe interpretierte, veranlassten Thyssen zu der Erklärung, »dass ich mich in keiner Weise durch Ihre Bitte um Zurückhaltung gebunden fühle«.[73] Wenn der Reichsverband eindeutig auftreten wolle, müsse »man Mittel und Wege finden, um Herrn Kastl zum Rücktritt zu veranlassen«. Zwar versuchte ihn Duisberg zu beschwichtigen, doch sollte der Streit noch weiter eskalieren. Geheimrat Kastl war von der Reichsregierung nämlich als Nachfolger von Vögler zum Sachverständigen berufen worden und hatte das Young-Abkommen mit unterschrieben – als Privatmann, wie er betonte. Nach Thyssens Meinung musste damit vor allem im Ausland der Eindruck entstehen, als habe mit Kastl auch der Reichsverband der Deutschen Industrie dem Young-Plan zugestimmt. Vor den von Thyssen geforderten Konsequenzen durfte sich der Attackierte allerdings sicher fühlen, weil sein Präsident sich unmissverständlich vor ihn stellte. Auch er, so erklärte Duisberg in der Vorstandssitzung des RDI am 26. November 1930, hätte trotz seiner in der Sache ablehnenden Haltung unterschrieben, um einen massiven Abzug amerikanischer Kredite und damit eine mögliche Existenzkrise deutscher Banken zu verhindern.[74]

Die von Hugenberg und Hitler angezettelte Kampagne erwies sich als Fehlschlag. Zwar erreichten sie für ihren Entwurf eines »Gesetzes gegen die Versklavung des deutschen Volkes« in einem Volksbegehren knapp die notwendige Anzahl von zehn

Prozent der Stimmen. Doch weder im Reichstag noch bei dem sich anschließenden Volksentscheid am 22. Dezember 1929 hatten sie Chancen auf eine Mehrheit. Aber darum ging es ihnen in Wirklichkeit auch gar nicht. Dass sich zumindest für Hitler die Sache allemal gelohnt hatte, wusste er spätestens am Abend des 14. September 1930. Bei den an diesem Tag abgehaltenen Reichstagswahlen erhöhte die NSDAP die Zahl ihrer Mandate von zwölf auf 107 und stellte damit hinter der SPD die zweitstärkste Fraktion. Dies war mehr als nur ein Wahlerfolg, es war der Beginn des letzten Aktes der Weimarer Republik. Mit diesem Sieg hatte Hitler seinen Anspruch auf die Führung innerhalb der nationalen Rechten eindrucksvoll unterstrichen. Der Streit um das Pro und Contra des Young-Abkommens sollte indes schneller als erwartet von den Realitäten überholt werden. Bereits 1931 wurde der Vertrag unter dem Eindruck der sich verschärfenden Weltwirtschaftskrise durch das von US-Präsident Herbert Hoover vorgeschlagene Moratorium faktisch aufgehoben und durch das Lausanner Abkommen vom 9. Juli 1932 dann formell außer Kraft gesetzt. Zumindest was die Erfüllbarkeit der Deutschland in Paris auferlegten Zahlungspflichten betraf, hatten sich Thyssens Befürchtungen damit bestätigt.

Im März 1930 zerbrach die seit 1928 amtierende Große Koalition unter dem sozialdemokratischen Reichskanzler Hermann Müller an einem Streit zwischen der SPD und der Deutschen Volkspartei über die Arbeitslosenversicherung. Es war das letzte Weimarer Kabinett auf der Basis einer parlamentarischen Mehrheit, gebildet aus Sozialdemokraten, Zentrum und den gemäßigten Rechtsparteien. Es folgte die Zeit der »Präsidialkabinette«, die sich statt auf Majoritätsbeschlüsse im Reichstag auf das Recht des Reichspräsidenten zum Erlass von Notverordnungen nach Artikel 48 der Verfassung stützten. Dabei bemühte sich zumindest Müllers Nachfolger, der am 30. März 1930 berufene Fraktionschef des Zentrums, Heinrich Brüning, erfolgreich um eine

Tolerierung durch die SPD. Die Voraussetzungen dafür waren günstig, denn die Sozialdemokraten sahen in einem Kabinett Brüning angesichts einer drohenden Rechtskoalition allemal das kleinere Übel.

Für Thyssen war dies der Anlass, kräftig gegen die – wie er sich ausdrückte – »Gewerkschaftsregierung« zu Felde zu ziehen. Soziale Gesetzesvorlagen des aus den christlichen Gewerkschaften stammenden neuen Arbeitsministers Adam Stegerwald (Zentrum) nutzte er am 26. November 1930 im Vorstand des Reichsverbandes der Deutschen Industrie zu heftigen Attacken gegen Brüning und die seines Erachtens viel zu weiche Haltung der RDI-Spitze gegenüber dem Reichskanzler. Unter »lebhaftem Beifall bei einem Teil der Versammlung« erklärte er laut Protokoll: »Ich für meinen Teil werde dagegen Einspruch erheben, wenn hier etwa die deutsche Wirtschaft herangezogen wird, um Hilfestellung der jetzigen Regierung zu leisten.«[75] Duisberg, an einer guten Zusammenarbeit mit der neuen Regierung interessiert, stellte am Ende der politischen Diskussion eine Resolution zur Abstimmung, die in vorsichtiger Form ein positives Echo der Industrie auf Brünings Notprogramm signalisierte. Es wurde mit einer Gegenstimme – vermutlich derjenigen Thyssens – angenommen.[76]

Im Hauptausschuss des RDI am nächsten Tag ergriff Thyssen in Anwesenheit Brünings erneut das Wort und warf der »politischen Führung« Versagen vor. Über seine Erwartungen an Brüning ließ er keinen Zweifel mehr aufkommen: »Ich möchte nur wünschen, Herr Reichskanzler, daß bei den guten Absichten, die Sie haben, es Ihnen gelingt, die Bewegung aller nationalen Kreise hinter sich zu ziehen; denn ich glaube, daß erst dann Sie Erfolg mit Ihren Absichten haben werden.«[77] Er hatte sich weit vorgewagt, seine Präferenz für eine Regierung unter Einschluss der Nationalsozialisten erstmals unmissverständlich erklärt, sehr zum Unwillen Duisbergs. Von dessen engem Mitarbeiter Heinrich Gattineau wissen wir, dass er sich »Freunden gegenüber oft

Mit seinem Plädoyer für eine Rechtsregierung unter Einschluss der NSDAP setzte sich Thyssen in scharfen Gegensatz zur Führung des Reichsverbandes der Deutschen Industrie unter seinem Präsidenten Carl Duisberg (erste Reihe Mitte). Auch Thyssens Ruhrkollegen Paul Reusch (zweite Reihe, Dritter von links), Albert Vögler (dritte Reihe, Zweiter von rechts, mit Bürstenschnitt) und Paul Silverberg (rechts hinter ihm, mit Fliege) folgten Thyssens Engagement für Hitler nicht.

enttäuscht über das unverständliche Verhalten von Hugenberg, Kirdorf und Thyssen geäußert« habe. Namentlich über Thyssen habe er Duisberg sagen hören: »Ich hätte von dem Fritz niemals erwartet, daß er sich so falsch entscheiden könnte, das Erwachen wird für ihn umso bitterer sein!«[78]

Dass Duisberg und andere gemäßigte Industrieführer Thyssens Außenseiterstellung mit Erstaunen und Kopfschütteln beobachteten, hinderte diesen keineswegs, seine provokanten Vorstellungen in den folgenden Monaten zu wiederholen, ja sogar noch schärfere Töne anzuschlagen. Eine breitere Zustimmung für sein Werben um eine »nationale Regierung« durfte er vor allem unter den Teilnehmern der außerordentlichen Mitgliederversammlung des Vereins zur Wahrung der gemeinsamen wirtschaftlichen Interessen in Rheinland und Westfalen (wegen seines langen Namens bekannter als Langnamverein) und der Nordwest-Gruppe des Vereins Deutscher Eisen- und Stahlindustrieller am 3. Juni 1931 erhoffen, bei der er als Redner geladen war. Beide Institutionen wurden traditionell in Personalunion von einem der Ruhrmagnaten, bis 1930 von Paul Reusch und danach von Fritz Springorum, geführt. Zu ihren Treffen versammelte sich alles, was in der Stahlindustrie Rang und Namen hatte. In diesen Kreisen war die Verbitterung über die schlechte wirtschaftliche Lage und die dagegen erfolglos ankämpfende Sparpolitik Brünings besonders groß. Im Verlauf der Weltwirtschaftskrise fiel die Rohstahlerzeugung in Deutschland allein zwischen 1929 und 1931 von 16,25 auf 8,3 Millionen Tonnen.[79] Thyssen durfte sich denn wohl auch der Zustimmung der meisten der etwa 1500 Zuhörer sicher sein, als er im Kaisersaal der Städtischen Tonhalle Düsseldorf den Kanzler unverblümt aufforderte, den Weg für eine Regierung der »nationalen Volksgemeinschaft« frei zu machen. Diese Regierung dürfe keine »Nebenregierung irgendeiner Interessengruppe, auch nicht die der Gewerkschaften, dulden«. Zwar habe er selbstverständlich nichts dagegen, dass die Gewerkschaften die Interessen ihrer Mitglieder verträten, »aber es ist ein unhaltbarer Zustand, dass heute das Arbeitsministerium, das in allen Tarif- und Lohnfragen entscheidet, eine Domäne der Gewerkschaften bildet«.[80]

Sein nationales Pathos wies Thyssen inzwischen als gelehrigen Schüler seiner neuen Weggefährten aus: »Es gibt nur e i n e Einheitsfront, die geeignet ist, das Volk in seiner Gesamtheit zu umfassen, das ist die nationale Volksgemeinschaft. Dieser Volksgemeinschaft können sich alle anschließen, auch die, die bisher anderen Glaubens waren. Nur so kann der Kampf gegen den Young-Plan von einer breiten nationalen Front geführt werden ... Als ich in Berlin im Dezember[81] das Wort ›national‹ in den Mund nahm, ertönte nicht unerhebliches Zischen aus der Mitte der Versammlung. Nun, Berlin hat ein eigenes Pflaster, es besteht aus Asphalt. Hier im Rheinland und Westfalen haben wir ein anderes Pflaster, das besteht aus Basalt, und Basalt ist hart. Unser hartes Pflaster hallt noch wider in Erinnerung an das nationale, große und einige Deutschland. Daß dieses Deutschland wiederkehren möge, das ist der Wunsch des erwachenden Volkes.«[82]

Im Unterschied zu Thyssen und seinen schwerindustriellen Gesinnungsfreunden blieb der RDI auch Mitte 1931 noch bei seiner Unterstützung des Reichskanzlers. Dass dies die stillschweigende Billigung der antiparlamentarischen Notverordnungspolitik mit einschloss, veranlasste Thyssen in der Vorstandssitzung am 19. Juni 1931 zu der bissigen Bemerkung, »daß das Vertrauen zu einer Art Diktatur wesentlich zugenommen habe« und er nun hoffe, »mit allen Kreisen auf diesem Wege fortzuschreiten und daß dann vielleicht doch noch etwas dabei herauskomme«.[83] Doch auch wenn der Spitzenverband der deutschen Industrie der »Person des Reichskanzlers« erneut sein Vertrauen aussprach, kritisierte er nur wenige Zeilen weiter die »falschen Methoden der Wirtschafts-, Finanz- und Sozialpolitik« – ein Zeichen für das Dilemma, in dem die Interessenvertreter der Wirtschaft steckten. Wer sollte nach einem möglichen Sturz Brünings an dessen Stelle treten? Über einen seiner hoch gestellten politischen Gesprächspartner schrieb GHH-Verbindungsmann Blank kurz vor der Düsseldorfer Thyssen-Rede an Paul Reusch: »Er hat erklärt, daß weit und breit keine andere geeignete Persönlichkeit zu sehen sei und daß Brüning infolgedessen am Ruder bleiben müsse.«[84]

Mitte 1931 sah sich Brüning mit einer Reihe schwerer Banken- und Unternehmenskrisen konfrontiert. Auslöser war der Zusammenbruch der hoch verschuldeten Norddeutschen Wollkämmerei und Kammgarn-Spinnerei (Nordwolle) in Bremen am 23. Juni. Ihr Hauptgläubiger war die Darmstädter- und Nationalbank (Danatbank). Das von ihrem Geschäftsinhaber Jakob Goldschmidt mit Hilfe einer aggressiven Geschäftspolitik in die Spitzengruppe der deutschen Finanzhäuser geführte Geldinstitut musste daraufhin am 13. Juli wegen Zahlungsunfähigkeit seine Schalter schließen. Auch die Dresdner Bank geriet durch den Zusammenbruch der Nordwolle in akute Schwierigkeiten. Um einen panikartigen Run auf die Einlagen bei den Banken und einen dem deutschen Finanzsystem insgesamt drohenden Vertrauensverlust abzuwenden, erklärte die Regierung per Notverordnung den 14. und 15. Juli zu Bankfeiertagen. Die Bankenkrise des Sommers 1931 konnte zwar durch einschneidende Restriktionen beigelegt werden; dennoch trug sie erheblich zur weiteren Schwächung der deutschen Wirtschaft und zur Zerstörung des Restvertrauens der Bürger in die liberale Marktwirtschaft und die parlamentarische Demokratie von Weimar bei.

Thyssen will, wie er in seinem Spruchkammerverfahren 1948 aussagte, Brüning das Angebot Hitlers und Görings überbracht haben, das Kabinett des Reichskanzlers unter der Bedingung zu tolerieren, dass der Kanzler die Zusammenarbeit mit der SPD aufkündigte.[85] Der dazu als Zeuge gehörte ehemalige Finanzminister und enge Brüning-Vertraute Hermann Dietrich gab an, von einem derartigen Angebot Hitlers nichts zu wissen. Thyssen musste daraufhin einräumen, er habe sich zwar bei einem Treffen mit Hitler im Hause Göring zu einer solchen Offerte autorisiert gefühlt, aber mit Brüning selber darüber nicht gesprochen. Wer an seiner Stelle den Kanzler über das Angebot der Nationalsozialisten informiert habe, wisse er nicht mehr. Als Thyssen diese verwirrenden Aussagen machte, war er bereits 74 Jahre alt und in körperlich schlechter Verfassung. Sein Erinnerungsvermögen offenbarte in der Verhandlung immer wieder Lücken. Vielleicht hat er Hitler gegenüber, was glaubhaft erscheint, die Idee eines von den Nationalsozialisten gestützten

Kabinetts Brüning schmackhaft zu machen versucht; gleichwohl ist absolut sicher, dass Hitlers Ambitionen selbst in den für seine Partei schwierigen Phasen immer auf die ganze Macht gerichtet waren.

Heinrich Brüning seinerseits hat aus seiner politischen Geringschätzung Thyssens nie ein Geheimnis gemacht. In seinen Memoiren finden sich gleich mehrere deutliche Hinweise auf das distanzierte Verhältnis zu seinem Erzkritiker. In einer eidesstattlichen Erklärung gab er am 24. August 1948 zu Protokoll: »Den politischen Äußerungen und der politischen Tätigkeit des Herrn Dr. Fritz Thyssen habe ich nie eine Bedeutung beigemessen. Herr Dr. Thyssen wurde von den meisten übrigen Ruhrindustriellen und allen Leuten, die ihn näher kannten, immer als ein politischer Wirrkopf betrachtet. Ich erinnere mich einer Besprechung von geladenen Vertretern der Industrie einschließlich mehrerer Ruhrindustriellen mit Gewerkschaftsvertretern in Gegenwart des Reichskabinetts im Sept. 1931, in der Herr Dr. Thyssen solche konfusen Äußerungen machte, daß mir mehrere der anwesenden Industriellen, darunter auch Herr Dr. Vögler, Zettel überreichten und mich baten, sie von der weiteren Anwesenheit zu entschuldigen, da sie den Unsinn, den Herr Dr. Thyssen vortrug, nicht mehr länger anhören könnten.«[86]

Wie immer man dieses Urteil Brünings über Thyssen bewertet, man wird dabei berücksichtigen müssen, dass die beiden nicht nur politisch über Kreuz lagen, sondern sich auch menschlich nicht viel zu sagen hatten. Gewiss war Thyssen – nicht nur was seinen Vortragsstil, sondern auch, was die zwingende Logik seiner Gedanken anging – alles andere als ein fesselnder Redner. Was er auch in größerem Kreise äußerte, war zum Teil überspitzt, bisweilen skurril und erregte nicht selten Heiterkeit. So erinnerte sich Brüning, dass bei seiner Begegnung mit der RDI-Führung in der Diskussion (über Wege aus der schweren Wirtschaftskrise) Thyssen des Längeren von einem mittleren Postbeamten aus dem Ruhrgebiet berichtet habe, der allein wegen seiner Parteizugehörigkeit und nicht etwa auf Grund seiner besonderen Leistungen befördert worden sei. Daraufhin hätten ihn, Brüning, nach der Sitzung mehrere Herren gebeten, »keine Notiz von den Ausführungen des Herrn Dr. Thyssen zu nehmen«.[87] »So ist er halt«, seufzten in solchen Momenten jene, die Thyssen schon länger kannten. Dass er »überhaupt Mühe« gehabt habe, »seine Gedanken in verständliche Sprachform zu kleiden«,[88] ist sicherlich Legende, zumindest stark übertrieben. Wofür und vor allem wogegen er focht, war für seine Zuhörer nie zweifelhaft. Allerdings ging ihm, der sich für eine Sache schnell begeistern ließ, die Fähigkeit ab, die Ideen, für die er sich oftmals vehement einsetzte, mit der notwendigen Schärfe auch zu durchdenken. Wie ein künftiges Deutschland nach seinen Vorstellungen aussehen sollte, blieb denn gerade in der Schlussphase der Agonie von Weimar hinter den nationalen Wortschwaden, die seine Reden zunehmend durchzogen, einigermaßen verschwommen – jedenfalls weit weniger konkret als seine Kritik an den in seinen Augen verhängnisvollen Schwächen des bestehenden »Systems«. So haftete seinem politischen Wirken, das sich im Laufe der Jahre weit von der Ebene geschäftsnaher Pflichtübungen entfernt und damit verselbstständigt hatte, bei allem Ernst, mit dem er für seine Vorstellungen auch öffentlich eintrat, oft ein gewisses Odium des Oberflächlichen an.

Den schon von seinem Vater beklagten Hang zu spontanen, bisweilen überzogenen Reaktionen hat Thyssen im Laufe seines späteren Lebens nie unter den Zwängen einer abhängigen Position oder durch irgendwelche anderen Rücksichtnahmen zügeln müssen. Vor wem hätte er sich auch verantworten sollen, vor wem für eine verbale Entgleisung, für die Unterstützung dubioser Personen oder Parteien rechtfertigen? Weil er sich im RDI bei einer Entscheidung übergangen fühlte, erklärte er in einer wörtlich abgedruckten Presseinformation lapidar: »Soviel ich weiß, handelt es sich lediglich um eine Maßnahme der Geschäftsführung. Eine Stellungnahme des Vorstandes oder Präsidiums hat nicht stattgefunden.«[89] Anders als die Generaldirektoren und Verbandssyndizi war er, Großaktionär des größten deutschen Stahlkonzerns, »unabhängiger als andere«.[90] Er war nur sich selbst verantwortlich, »tat nur das, was er für richtig hielt, das dann aber auch mit der ganzen Leidenschaft seines Herzens«.[91] Als Träger eines großen Namens durfte er jederzeit sicher sein, dass man ihm in der Öffentlichkeit Beachtung schenkte.

Thyssens Name stand neben dem so namhafter Industrieller wie Carl Friedrich von Siemens und André Citroën auf der Rednerliste einer Vortragsveranstaltung, zu der die Columbia University in New York am 21. Oktober 1931 in das Hotel Waldorf Astoria eingeladen hatte. In Anwesenheit prominenter amerikanischer Wirtschaftsführer wie Henry Ford, Charles H. Schwab (Bethlehem Steel) und Walter Chrysler warb Fritz Thyssen in einer geschickt auf sein Publikum abgestimmten Rede für seine Vision eines von den drückenden Reparationslasten befreiten, wiedererstarkten Deutschland. Sein Land habe »ein Anrecht darauf, ohne äußere Ausbeutung und ohne Unterdrückung zu leben«. Dies sei ein Anspruch, »für den gerade Amerika Verständnis haben« werde, »das noch in allen kritischen Zeiten seiner Geschichte Freiheit und Ehre seines Landes über alles gesetzt« habe. Dass er im Ausland auftrat, hinderte ihn nicht daran, das in seinen Augen große innenpolitische Hindernis auf dem Wege zu einer Überwindung der Krise beim Namen zu nennen: »Deutschland muß dem Sozialismus abschwören!«[92] Dass er dafür zu Hause Kritik erntete, dürfte ihn nicht weiter überrascht haben. Der *Vorwärts* zieh ihn der »Irreführung der amerikanischen Öffentlichkeit«,[93] die kommunistische *Volkswacht* in Essen warf ihm gar eine »deutsche Lügenpropaganda in USA« vor.[94]

Fritz Thyssen focht so etwas nicht an. Es machte ihm wenig aus, dass er politisch ein Außenseiter geworden war – nicht in dem Sinne, dass er das längst nicht mehr funktionierende parlamentarische System der Weimarer Republik ablehnte. Diese Abneigung teilte er mit den meisten sciner Kollegen in den Vorstandsetagen an der Ruhr und mit vielen Wirtschaftsführern außerhalb des Reviers, aber eben auch mit einflussreichen restaurativen Kräften der Politik, der Reichswehr, der Justiz, der Kirche und des Beamtentums. Ein Außenseiter war er jedoch insofern, als er bei der Verfolgung seiner Ideale und politischen Ziele auf vermeintliche Partner setzte, deren wahre Absichten er auf tragische Weise verkannte.

KAPITEL 4

Hitlers treuer Knappe

Fritz Thyssen begegnete Adolf Hitler zum ersten Mal im Oktober oder Anfang November 1923 in Anwesenheit Erich Ludendorffs in der Münchener Wohnung des Deutschbalten Max Erwin von Scheubner-Richter. Dieser adlige Emigrant mit guten Beziehungen zu wohlhabenden Kreisen der bayerischen Gesellschaft war für den Führer der in chronischen Finanznöten steckenden NSDAP in den ersten Jahren seiner Bewegung ein unentbehrlicher Geldbeschaffer. Entsprechend groß war der Verlust, als Hitlers Gefolgsmann am 9. November beim Marsch zur Feldherrnhalle, in vorderster Reihe Arm in Arm mit seinem Idol, von einer Polizeikugel tödlich getroffen wurde. Wäre das Projektil nur 30 Zentimeter weiter rechts eingeschlagen, wäre die Weltgeschichte anders verlaufen, hat Ian Kershaw in seiner Hitler-Biografie treffend bemerkt.[1]

Thyssen hatte von Hitler einen »sehr guten Eindruck«.[2] Dieser sei, wie er sich später erinnerte, weit entfernt von der in Massenveranstaltungen zur Schau gestellten Pose des demagogischen Agitators, »sehr bescheiden« aufgetreten. Dennoch war der in der Kunst der Selbstdarstellung minderbegabte Ruhrindustrielle von der Anziehungskraft, mit der Hitler sein Publikum in Münchener Bierkellern oder im Zirkus Krone in seinen Bann zog, schon damals tief beeindruckt. Dass der Führer der jungen Bewegung »bei solchen Reden eine Art hypnotischer Kraft ausübte«, veranlasste den Gast von der Ruhr, Hitler auf das Geheimnis seiner rhetorischen Wirkung anzusprechen. »Hitler antwortete: ›Wenn ich zehn Minuten rede, spüre ich den Kontakt zu meinen Zuhörern, wie ein Dirigent ihn seiner Kapelle gegenüber fühlt. Wenn ich diesen Kontakt habe, kann ich den größten Unsinn reden, dann kommt es gar nicht mehr darauf an.‹«[3]

Thyssen, der auf Ludendorffs Rat hin in München mehrere Hitler-Kundgebungen besuchte, war außer von der agitatorischen Begabung des NSDAP-Führers auch von der »Ordnung, die in seinen Versammlungen herrschte«, und der »fast militärischen Disziplin seiner Anhänger« beeindruckt.[4] Konkrete Ergebnisse hatte das Gespräch bei von Scheubner-Richter aber, zumindest soweit es Thyssen betraf, offenbar nicht. Ludendorff und Hitler hätten sich, wie Thyssen später berichtete, für ein militärisches Vorgehen nationaler Kampfverbände gegen die in Sachsen und Thüringen unter kommunistischer Beteiligung an die Macht gelangten Linksregierungen ausgesprochen. Das weitergehende Ziel sei jedoch der »Sturz der Weimarer Republik gewesen, durch deren Schwäche Deutschland in die Anarchie gestürzt sei«.[5] Ihrem vermögenden Sympathisanten scheinen Ludendorff und Hitler dabei keine über finanzielle Unterstützung hinausgehende Rolle zugedacht zu haben. Thyssen selbst hat die an seinen Besuch geknüpften Spekulationen stets ins Reich der Fabel verwiesen: Er habe nie die geringsten Ambitionen gehabt, an dem in München geschmiedeten Putsch mitzuwirken, sondern sich in dieser wirtschaftlich schwierigen Zeit ganz auf das Unternehmen konzentriert. Offenbar in Anspielung auf seine Spende an Ludendorff, die teilweise an Hitler weitergereicht worden war, schrieb er in »I Paid Hitler«: »Ich gewährte ihnen materielle Unterstützung, aber ich wollte nicht in das politische Leben eintreten.«[6]

Nach dem dilettantisch angezettelten Umsturzversuch mit Hitlers theatralischem Auftritt im Münchener Bürgerbräukeller waren die Voraussetzungen dafür auch nicht gerade ideal. Ludendorff, Hitler und die anderen Putschisten wurden wegen Hochverrats vor Gericht gestellt. Hitler erhielt fünf Jahre Ge-

Nach Hitlers Verurteilung wegen Hochverrats zu fünf Jahren Gefängnis, von denen er nur dreizehn Monate auf der Festung Landsberg am Lech verbüßen musste – hier mit Rudolf Heß (Zweiter von rechts) und anderen Mithäftlingen –, verlor Thyssen den NS-Führer für fünf Jahre aus den Augen.

fängnis, durfte die Festung Landsberg aber schon Ende 1924 wegen guter Führung als freier Mann wieder verlassen. Allerdings hatten die Behörden dem Aufrührer ein öffentliches Redeverbot auferlegt, das ihn bis 1927, in Preußen sogar bis 1928 in seinem demagogischen Eifer bremste. Hinzu kam, dass die NSDAP mit ihren Unterorganisationen und ihrem Parteiorgan *Völkischer Beobachter* verboten worden war und die in Abwesenheit Hitlers führungslose, teilweise in sich zerstrittene braune Gefolgschaft kaum nennenswerte politische Wirkung entfaltete. Mit der wirtschaftlichen Erholung stand den Massen nach den unruhigen und entbehrungsreichen Jahren zwischen 1918 und der Hyperinflation von 1923 der Sinn ohnehin mehr nach Ruhe und dem Genuss ihres bescheidenen Wohlstandes als nach erneuten revolutionären Abenteuern.

So war es nicht weiter verwunderlich, dass Thyssen nach seinem Kurzauftritt in München Hitler für einige Jahre aus den Augen verlor. Und da er nie, nicht einmal im Krisenjahr 1923, die Absicht hatte, in die Politik zu gehen, gab ihm die Normalität der wenigen »goldenen« zwanziger Jahre auch keine Veranlassung, sich politisch zurückzumelden. So wie in Bayern nach dem gescheiterten Umsturzversuch eine demokratische Regierung unter dem konservativen Ministerpräsidenten Heinrich Held ans Ruder gekommen war, steuerten im Reich bürgerliche Koalitionen unter Gustav Stresemann, Wilhelm Marx (Zentrum) und Hans Luther (parteilos) einen wirtschaftsnahen Kurs. Doch im Herbst 1929 zogen dunkle Wolken auf. Die Auseinandersetzungen um den Young-Plan ließen die nur scheinbar überwundenen innenpolitischen Grabenkämpfe über Kriegsschuld und Kriegsfolgen von neuem ausbrechen. Mit dem plötzlichen Tod Gustav Stresemanns, der ab August 1923 in neun Kabinetten das Amt des Außenministers bekleidet hatte und in diesen sechs Jahren zum Symbol einer auf Ausgleich bedachten deutschen Außenpolitik geworden war, verlor die Republik im Oktober 1929 eine ihrer profiliertesten Figuren und ihren vielleicht einzigen Staatsmann. Nur wenige Tage später leitete der Schwarze Freitag an den Börsen abrupt das Ende der konjunkturellen Erholung und den Beginn der Weltwirtschaftskrise ein.

Mit ihrem Erdrutschsieg bei den Reichstagswahlen am 14. September 1930 profitierten die Nationalsozialisten wie keine andere Partei von der steigenden Arbeitslosigkeit. Zusätzlich führte die Kampagne gegen den Young-Plan Hitler neue Wählermassen aus dem bürgerlich-nationalen Lager zu. In diesem Zusammenhang trat Thyssen erstmals als Sympathisant der Nationalsozialisten öffentlich in Erscheinung, und bei einem Abendessen in der Berliner Wohnung Hermann Görings am 5. Januar 1931 traf er sowohl auf Hitler als auch auf Goebbels.

Eingeladen war überdies der im März 1930 vom Amt des Reichsbankpräsidenten zurückgetretene Hjalmar Schacht, der durch Vermittlung eines Freundes, des Bankiers Emil Georg von Stauss (Deutsche Bank), eines überzeugten Anhängers der NSDAP, mit Hitler zusammengebracht werden sollte.

Erst nach dem Abendessen, das aus einer einfachen Erbsensuppe bestand, stieß Hitler, in Parteiuniform und begleitet von Goebbels und den SA-Führern Ernst Röhm und Wilhelm Brückner, dazu. Einer seiner gefürchteten langen Monologe mündete in eine allgemeine Diskussion über den Young-Plan.[7] Schacht, der dem Abkommen bekanntermaßen als deutscher Gutachter in Paris zugestimmt hatte, von seiner Haltung jedoch später wieder abgerückt war, befand sich durch seine schwankende Position in dieser Runde in einer ungleich schwierigeren Lage als Thyssen, der in dieser Frage von Beginn an fest an der Seite Hitlers gestanden hatte. Welcher Wertschätzung er sich bei Hitler und seinen Getreuen inzwischen erfreute, lässt Goebbels' Tagebucheintragung über diesen Abend erkennen:

> »Schacht macht mehr den Eindruck eines Arrivierten, wogegen Thyssen von ganz altem Schlage ist. Knorke. Ein Kapitalist, aber solche Wirtschaftsführer läßt man sich schon gefallen ... Schacht ist ganz verblüfft. Er hatte sich offenbar unter uns irgendwelche Schwätzer vorgestellt. Dann: Duell Thyssen-Schacht. Über die Annahme des Youngplanes. Sch. möchte sich reinwaschen, aber er wird vom Pferd heruntergeholt. Mitleidlos. Th. gibt nicht nach, bis Sch. geschlagen ist. Imponierend die fabelhafte Selbstsicherheit bei Th. Das ist ein Kerl! Sch. will anscheinend auf uns einschwenken. Man kann ihn gebrauchen; er muß der Republik den Geldkredit abgraben. Das wird er jetzt auch tuen. Seine Rolle damals auf Villa Hügel und sein Umfall in Paris sehr dunkel. Das kann später geklärt werden. Er ist von uns maßlos verblüfft und ergeht sich in lauten Bewunderungen. Stark von

sich eingenommen, aber von großem Wissen, etwas großkotzig, aber damit kommt er ja bei uns nicht an. Er sagt mir viel Schmeichelhaftes, aber ich traue ihm nicht. Thyssen dagegen ganz Herr. Unternehmer vom alten Ruhrschlag. Auch als Kerl imponierend. Bravo! Er geigt hier auf, daß es nur so raucht. Später mit Th. allein. Er hat für meine Arbeit großes Verständnis. Auch für die Art der Agitation. Todfeind des Marxismus. Sturer Patriot. Muß für später auf Eis gelegt werden.«[8]

Schacht war bei seinem ersten Zusammentreffen mit Hitler von diesem tatsächlich stark beeindruckt, wie er selber später bekannte. Nicht nur die »absolute Überzeugung dieses Mannes von der Richtigkeit seiner Auffassungen« und die »stärkste Wirkung auf seine Zuhörer« imponierten Schacht, sondern auch die »Geschicklichkeit seines Vortrages«, der »nicht unvernünftig« gewesen sei und nach Schachts Empfinden »jedes propagandistische Pathos vermissen« ließ. Dass er sich schon wenig später als williges Werkzeug in den Dienst Hitlers stellen ließ, lässt gleichwohl Zweifel an seiner politischen Prinzipientreue aufkommen, will er doch bereits damals gegenüber dem »echten Fanatiker« und »geborenen Agitator« nicht ganz ohne Vorbehalte gewesen sein: »Schon bei dieser ersten Begegnung wurde es mir klar, daß die propagandistische Kraft Hitlers ungeheuerliche Chancen bei der deutschen Bevölkerung haben musste, falls es nicht gelang, die Wirtschaftskrise zu beheben und die Massen dem Radikalismus abspenstig zu machen.«[9]

Wie Schacht, so war auch Thyssen über Hermann Göring in engeren Kontakt zu Hitler geraten. Letzterer hatte seinen Gefolgsmann aus frühen Münchener Kampftagen mit dem Auftrag nach Berlin geschickt, für die Nationalsozialisten Kontakte zu Verbänden, einflussreichen gesellschaftlichen Kreisen und anderen Parteien aufzubauen. Als ehemaliger Fliegerhauptmann des Ersten Weltkrieges und Kommandeur des berühmten »Jagd-

Mit Joseph Goebbels (hier beim Verlassen eines Wahllokals in Berlin-Steglitz 1930) verband Thyssen ein distanziertes Verhältnis. Der Propagandaminister, den er dem linken Parteiflügel zurechnete, habe mit seiner »feindseligen« Einstellung dazu beigetragen, dass seine, Thyssens, Beziehung zu Hitler niemals herzlich gewesen sei.

geschwaders Richthofen« brachte Göring dafür die besten Voraussetzungen mit. Der Träger des Verdienstordens Pour le Mérite hatte im Unterschied zu den meisten anderen NS-Chargen viel Sinn für Gastlichkeit und Repräsentation, wobei er mit seiner schwer herzleidenden schwedischen Frau Carin, geborene Baronesse von Fock, eine aufmerksame und einfühlsame Gastgeberin an seiner Seite hatte. Göring, seit 1928 Mitglied des Reichstages, sah sich als Bezieher relativ bescheidener Abgeordnetendiäten allerdings außer Stande, die ihm von Hitler übertragene Rolle, die NS-Bewegung in den politischen Kreisen der Reichshauptstadt salonfähig zu machen, in einem gesellschaftlich ansprechenden Rahmen zu spielen. Seine Fünfzimmerwohnung in der Badenschen Straße 7 in Berlin-Schöneberg, in die er 1928 einzog, blieb Besuchern als »mäßig große Mietetage« mit »gut-bürgerlicher Einrichtung«[10] in Erinnerung.

Görings finanzielle Verhältnisse änderten sich schlagartig, nachdem Thyssen in nähere Beziehung zu ihm getreten war. Landrat Wilhelm Tengelmann, ein Sohn Emil Tengelmanns, der als Generaldirektor der Essener Steinkohlenbergwerke AG mit Thyssen 1923 von den Franzosen vor das Mainzer Militärgericht gestellt worden war, hatte diesem berichtet, Göring sei enttäuscht, dass die Spitzen der deutschen Industrie ihn bei seiner politischen Arbeit nicht wie erhofft unterstützten. Durch Tengelmanns Vermittlung traf Thyssen 1930 erstmalig mit Hitlers Berliner Paladin zusammen. Worum es Göring vor allem ging, sollte der Großkapitalist von der Ruhr sehr schnell erfahren: um Geld für eine »bessere Ausgestaltung seiner Repräsentationsmöglichkeiten«.[11] Dass Thyssen »keine Bedenken« hatte, Göring finanziell unter die Arme zu greifen, begründete er später mit seiner Überlegung, »daß es nur gut sein könne, wenn ich mir Göring verpflichte, damit auf diese Weise ein gewisser Einfluß von vornherein auf die neu aufkommende NSDAP, insbesondere auch auf die SA gesichert bleibe«.[12]

Insgesamt will Thyssen Hitlers Berliner Statthalter zweimal 50 000 Mark gespendet haben. Mindestens einen der beiden Barbeträge holte Göring persönlich bei seinem Förderer ab. In einem Separee des Duisburger Thyssen-Casinos übergab ihm der Hausherr den von seinem Finanzprokuristen Heinrich Kindt gefüllten Umschlag, ohne sich eine Quittung mit einem Hinweis auf den Verwendungszweck geben zu lassen.[13] Später erinnerte sich Kindt, Göring zu einem Zeitpunkt, als dieser bereits Preußischer Ministerpräsident und Innenminister geworden war (April 1933), 50 000 oder 100 000 Mark in bar über dessen Staatssekretär Paul Körner in Berlin ausgehändigt zu haben.[14] Zusätzlich übergab er in seinem Büro Thyssen »einige Male«, teilweise bereits vor der Machtübernahme, Beträge von jeweils 50 000 oder 100 000 Mark, die, wie Kindt vermutet, für die Partei und andere nationalsozialistische Einrichtungen bestimmt waren. Göring erklärte demgegenüber im Nürnberger Kriegsverbrecherprozess 1945, nur einmal 20 000 Gulden von seinem finanziellen Förderer erhalten zu haben. Wörtlich: »Thyssen gab mir nie 150 000 Mark.«[15]

Thyssen hat immer wieder hartnäckig bestritten, mit seinen Spenden an Hitlers Paladin politische Ziele verfolgt zu haben. Vielmehr habe er sich aus rein privaten Gründen Göring, mit dem er sich »befreundet« fühlte,[16] gefällig erweisen wollen. »Ich habe es lediglich getan, weil ich Göring helfen wollte«, erklärte er in seinem Spruchkammerverfahren, »er hatte eine sehr schlechte Wohnung, und weil ich seine Frau, die sehr leidend war, sehr schätzte. Sie lebten in jämmerlichen Verhältnissen.«[17] Ob der chronisch verschuldete Göring das Geld nur für die Verschönerung seines Salons ausgegeben hat oder zumindest teilweise auch für die Partei oder seine eigene politische Arbeit, steht dahin. Für Letzteres spricht, dass Göring 1932 den nationalsozialistischen Gauleitern an Rhein und Ruhr für deren nahezu konkursreife Parteizeitungen Mittel zuwies, als deren Herkunftsquelle er ausdrücklich Thyssen nannte.[18] So spendierte Göring dem Düsseldorfer NS-Organ *Volksparole*, dessen Druckerei das Parteiblatt bereits nur noch gegen Vorkasse auslieferte, bei einem Besuch 5000 Mark, die der Zeitung das Überleben sicherten.

Wie weit reichte die »Freundschaft« zwischen Göring und seinem Gönner tatsächlich? Sicherlich war das Verhältnis Thyssens zu dem jovialen Bohemien mit der großbürgerlichen Attitüde ein persönlicheres als zu anderen NS-Größen. Goebbels und Heß empfand er als politische Gegner, die Vulgärrhetorik Leys und Streichers erfüllte den kultivierten Großkapitalisten mit Abscheu, mit Hitler selber verband ihn kein persönliches Verhältnis. Thyssen hat dem Führer weder im Braunen Haus, der Münchener Zentrale der NSDAP, noch später auf dem Obersalzberg je seine Aufwartung gemacht. Es wäre ihm vermutlich

Als Fritz und Amélie Thyssen zur Trauung ihrer Tochter Anita mit dem Ungarn Gábor Graf Zichy am 6. August 1936 in ihr Haus luden, blieb Hermann Göring der Feier demonstrativ fern. »Thyssen stänkert«, hieß es zu dieser Zeit bereits in Berlin.

auch nie in den Sinn gekommen, ihn zur Hochzeit seiner Tochter einzuladen.

Bei Göring war dies anders. Immerhin standen sich die beiden lange Zeit so gut, dass Anita für kurze Zeit, wahrscheinlich zwei Monate lang, in Görings Sekretariat arbeitete. Anita Thyssen war durch ihre Kinderlähmung stark behindert und – ohne erlernten Beruf – heftigen Depressionen unterworfen. Bei einem seiner Besuche in Mülheim soll Göring ihr angeboten haben, unter Anleitung seiner Sekretärin mehrere Stunden am Tag einfache Büroarbeiten zu verrichten.[19] In den Memoiren Günther von Tschierskys, Büroleiter bei Vizekanzler Franz von Papen unter Hitler, findet sich der Hinweis, dass in »Görings Lager« die »besonders nette, leider halbgelähmte Person ... unsere Informationsquelle« gewesen sei, durch »die wir vieles erfuhren, was im engsten Kreis um Göring besprochen wurde«.[20] Hitlers Wirtschaftsexperte Wagener behauptete sogar, Thyssen habe Göring seine Tochter als Sekretärin regelrecht »zur Verfügung gestellt«, um auf diese Weise dessen »Arbeit und Korrespondenz lückenlos zu überwachen« und über etwaige sozialistische Bestrebungen der Partei frühzeitig im Bilde zu sein.[21] Allerdings erscheint der angebliche Einsatz der Tochter als Spionin im Vorzimmer der Macht doch allzu abenteuerlich, als dass man dieser Deutung Glauben schenken könnte. Dass Göring der Einladung zu Anitas Hochzeit mit dem ungarischen Grafen Gábor de Zichy nicht Folge leistete, dürfte seinen Grund darin gehabt haben, dass sein Verhältnis zu Thyssen 1936 schon nicht mehr frei von Spannungen war.

Die Anziehungskraft, die Göring auf Thyssen fraglos ausübte, basierte denn auch vor allem auf den Beziehungen des genussfrohen Kraftmenschen zu den »besseren« gesellschaftlichen Kreisen, vor allem zur Großindustrie, zu den Banken und zum Hochadel. Anders als die grobschlächtigen »alten Kämpfer« oder der »nationale Sozialist« Goebbels, der sich über die Kontakte seines Intimfeindes zu Prinzen, Fürsten und den »Schlotbaronen Krupp und Thyssen«[22] nicht laut genug ereifern konnte, war Göring in Thyssens Augen ein Repräsentant jener Richtung des Nationalsozialismus, auf der seine ganzen Hoffnungen ruhten. Selber nach eigenem Bekenntnis »im Herzen monarchistisch«,[23] glaubte Thyssen in dem ehemaligen Flieger jenen Mann zu sehen, der den historischen Schulterschluss zwischen Nationalsozialisten und Hohenzollern herbeiführen würde.

Aber nicht nur gegenüber Hermann Göring zeigte sich Thyssen spendabel. Auf Empfehlung des greisen Emil Kirdorf sprach 1931 Rudolf Heß bei ihm vor, um ihn um Hilfe beim Kauf des Münchener Palais Barlow zu bitten. Das repräsentative Gebäude in der Briennerstraße sollte nach seiner Renovierung der Parteiführung als neues Hauptquartier dienen. Thyssen verschaffte der NSDAP bei der zum Einflussbereich seiner Familie gehörenden Bank voor Handel en Scheepvaart in Rotterdam einen Kredit von 300 000 Mark und bürgte persönlich für die Rückzahlung. Schon bald stellte sich heraus, dass sich Hitler und Heß mit dem so genannten Braunen Haus finanziell übernommen hatten. Nach einem Jahr hatte die Partei erst ein Drittel des Kredits zurückgezahlt, dann hörten die Überweisungen ganz auf. Thyssen musste demnach für 200 000 Mark persönlich einstehen.[24]

In die Bresche sprang er auch, als im Frühjahr 1932 ein anderes Projekt zu scheitern drohte. Ludwig Grauert, Geschäftsführer des Arbeitgeberverbandes der Nordwestlichen Gruppe des Vereins deutscher Eisen- und Stahlindustrieller, seit geraumer Zeit ein Sympathisant der Hitler-Partei, hatte 100 000 Mark als Kredit für die Gründung einer nationalsozialistisch ausgerichteten Wirtschaftszeitung lockergemacht. Treibende Kraft hinter diesem Vorhaben war der Journalist und spätere Wirtschaftsminister Walther Funk. Thyssen und Grauert waren an der unter dem Namen *National-Zeitung* mit Redaktionssitz in Essen geplanten Gazette vor allem als publizistisches Instrument zur Bekämpfung sozialistischer Tendenzen innerhalb der NSDAP interessiert. In der Hoffnung auf breite Zustimmung im Lager der rheinisch-westfälischen Schwerindustrie entnahm Grauert das Geld in eigener Verantwortung einem von seinem Verband verwalteten Fonds zur Unterstützung bestreikter Betriebe. Als der Verbandsvorsitzende Ernst Poensgen von der Eigenmächtigkeit seines Geschäftsführers erfuhr, kam es zum Eklat. Wie auch Gustav Krupp von Bohlen und Halbach lehnte Poensgen diese »Subvention« für die Nationalsozialisten strikt ab. Thyssen, darum bemüht, Grauert vor der Entlassung zu bewahren, versuchte den Eindruck zu erwecken, als habe er diesen das Geld nur vorstrecken lassen, und zahlte die durch den Verband zugesagte Summe am Ende aus seiner eigenen Tasche.[25]

Thyssen ist nach dem Krieg mit der Aussage in »I Paid Hitler« konfrontiert worden, der NSDAP insgesamt eine Million Mark gespendet zu haben.[26] In seinem Spruchkammerverfahren hat er 1948 Spenden in dieser Höhe energisch bestritten. Schon die ihm von seinem Ghostwriter zur Druckfreigabe vorgelegte Manuskript-Passage hatte er, wie sich zweifelsfrei feststellen ließ, 1940 mit einem Fragezeichen versehen. Dennoch wurde sie unverändert in das zeitgleich in den USA und England herausgebrachte Buch übernommen. In Wirklichkeit habe er die Partei mit nicht mehr als 200 000 bis 300 000 Mark unterstützt, und davon sei der größte Teil auch noch für Görings Privatbedarf bestimmt gewesen. Die NSDAP selbst habe von ihm nur den aus seiner Bürgschaft für das Braune Haus fälligen Betrag erhalten.[27]

Selbst wenn Thyssen die Kassen der NSDAP mit einer Million Mark gefüllt haben sollte, wäre dies nur ein Bruchteil dessen gewesen, was die Partei für ihre Organisation und die zwölf aufwändigen Wahlkämpfe allein im Jahre 1932 ausgeben musste. Ihr Jahresetat lag denn auch zwischen 70 und 90 Millionen Mark; damit wurden etwa zehntausend Ortsgruppen, der hauptamtliche Funktionärsapparat und eine Privatarmee von annähernd einer halben Million SA-Leuten finanziert.[28] Es wird häufig übersehen, dass die straff organisierte NSDAP durch Mitgliedsbeiträge, Eintrittsgelder bei Kundgebungen, Sammlungen und Kleinspenden opferbereiter Anhänger ein im Vergleich zu anderen Parteien hohes Niveau der Selbstfinanzierung erreichte, das ihr einen beträchtlichen Werbeaufwand erlaubte.[29] Spenden der Großindustrie begannen erst zu fließen, als die NSDAP aus eigener Kraft zu einer Massenbewegung aufgestiegen und 1930 eine führende politische Kraft geworden war.[30] Bei aller Vorsicht, die Goebbels als Quelle gegenüber sonst geboten erscheint, lag Hitlers Propagandaminister durchaus richtig, als er feststellte: »Es ist einfach nicht wahr, daß die nationalsozialistische Bewegung von den Subsidien großkapitalistischer Geldgeber lebt. Wir jedenfalls haben niemals etwas von den Riesensummen gesehen, die der Papst oder Mussolini, oder Frankreich oder Thyssen oder Jakob Goldschmidt der Partei angeblich überwiesen haben.«[31]

Auch Hitlers viel zitierte Rede vor dem Düsseldorfer Industrie-Club am 26. Januar 1932 hat die Schleusen schwerindustrieller Geldflüsse für die Nationalsozialisten trotz anderslautender Behauptungen keineswegs geöffnet. Es gibt keinen seriösen Beleg dafür, dass »Hitlers Durchbruch bei den westdeutschen Industriekapitänen« eine Spendenflut für die NSDAP ausgelöst hätte, wie der spätere Reichspressechef Otto Dietrich in seiner 1935 erschienenen Jubelschrift »Mit Hitler in die Macht« behauptete. Aber auch von weniger parteiischen Chronisten ist Hitlers Düsseldorfer Auftritt in seiner Bedeutung für den Durchbruch der NSDAP zur bestimmenden politischen Kraft in Deutschland erheblich überschätzt worden.[32] Zwar durfte es der Agitator der Marktplätze als Prestigeerfolg verbuchen, im Zentrum der rheinisch-westfälischen Industrie vor Wirtschaftsführern wie Thyssen, Haniel, Poensgen, Vögler und Springorum aufzutreten. Doch eine Reihe prominenter Clubmitglieder wie Gustav Krupp von Bohlen und Halbach, Paul Silverberg und Paul Reusch suchte man unter den Zuhörern vergeblich. Auch Carl Duisberg, der aus seiner Abneigung gegen die NS-Ideologie und aus seiner Sympathie für Brüning kein Geheimnis machte, blieb der Veranstaltung demonstrativ fern.

Ursprünglich hatte gar nicht Hitler vor dem 1912 gegründeten Club, dem außer Industriellen auch Verbandsfunktionäre, Richter, Anwälte, Ärzte, Künstler, Journalisten und hochrangige Repräsentanten der Stadt angehörten,[33] sprechen sollen. Vielmehr war als Gastredner Gregor Strasser, führendes Mitglied der nationalsozialistischen Reichstagsfraktion, vorgesehen. Thyssen hatte ihn ins Spiel gebracht. Dass überhaupt ein prominenter Nationalsozialist eingeladen wurde, war eine Konzession an einen Teil des Clubvorstandes, der unter Hinweis auf einen Vortrag des sozialdemokratischen Wirtschaftsexperten Max Cohen-Reuss an einem der nächsten Abende einen »Mann der anderen

Seite«[34] gefordert hatte. Thyssen, über das Erscheinen des ehemaligen Mitgliedes eines revolutionären Arbeiter- und Soldatenrates von 1918 ebenfalls »nicht entzückt«,[35] forderte zusammen mit Kirdorf und anderen, einen Redner »seiner Geschmacksrichtung«[36] einzuladen und anschließend »mit den politischen Vorträgen Schluss zu machen«.[37] Auf Strasser, der für Hitler den Parteiapparat in Norddeutschland und an der Ruhr aufgebaut hatte, will Thyssen durch einen wirtschaftspolitischen Vortrag gekommen sein, den dieser zuvor in Essen gehalten hatte. Bei einem Besuch in Berlin sei er, Thyssen, dann Hitler im Hotel Kaiserhof begegnet und habe diesem von dem geplanten Auftritt Strassers im Düsseldorfer »Industrie-Club« erzählt. Daraufhin habe Hitler spontan entschieden, in Düsseldorf selber zu sprechen. Ob es tatsächlich nur die zufällige Begegnung Thyssens mit Hitler im Kaiserhof war, durch die Strasser wieder ausgeladen wurde, oder ob nicht vielleicht Göring oder Goebbels – mit oder ohne Thyssens Mitwirkung – dem Parteiführer selbst den großen Auftritt vor den Ruhrindustriellen nahe gelegt hatten, wissen wir nicht.

Hitler war zu diesem Zeitpunkt bereits Führer der stärksten Oppositionspartei und lenkte nicht nur das Interesse der Clubmitglieder, sondern auch das seiner politischen Gegner auf sich. Die örtliche KPD hatte sein Kommen in großer Aufmachung in ihrem Parteiblatt *Freiheit* angekündigt, so dass Hitler nach einem Bericht des Düsseldorfer Polizeipräsidenten[38] bei seinem Eintreffen vor dem Park-Hotel (in dessen Großem Ballsaal die Veranstaltung wegen des starken Andrangs stattfand) von kommunistischen Störtrupps »gebührend« empfangen wurde. Selbst langjährige Mitglieder konnten sich nicht daran erinnern, bei einer Veranstaltung des Clubs jemals so viele Teilnehmer erlebt zu haben wie an diesem Abend.[39] Mit sechshundert Besuchern war der Saal völlig überfüllt; hinzu kam, dass Hitler außer von Göring und dem SA-Führer Ernst Röhm von einer etwa zwanzigköpfigen Schar Braunhemden begleitet wurde, die sich zu einer

Hitler bei seiner viel beachteten Rede vor dem Düsseldorfer Industrie-Club 1932. Mit dem etwas unbeholfenen Toast »Heil, Herr Hitler!« gab sich der kurz zuvor aus der Deutschnationalen Volkspartei ausgetretene Thyssen erstmals öffentlich als Mann der neuen Bewegung zu erkennen.

ehrfurchtgebietenden Kulisse hinter dem Rednerpult aufgebaut hatte.

Wer sich von diesem Abend Klarheit über die nationalsozialistische Politik zur Überwindung der schweren Wirtschaftskrise erhofft hatte, wurde enttäuscht. Hitler, der einen ziemlich schlecht sitzenden Gehrock und eine gestreifte Hose trug,[40] vermied es geflissentlich, seine Zuhörer mit antikapitalistischen oder sozialistischen Ideen zu verschrecken, und beschwor stattdessen die Gefahr des Bolschewismus, von dem »im weiteren Sinne« bereits rund die Hälfte des deutschen Volkes befallen sei. Dieser Gefahr stellte er seine eigene Weltanschauung gegenüber: »Ich sehe zwei Prinzipien, die sich schroff gegenüberstehen: das Prinzip der Demokratie, das überall, wo es sich prak-

tisch auswirkt, das Prinzip der Zerstörung ist, und das Prinzip der Autorität der Persönlichkeit, das ich als das Leistungsprinzip bezeichnen möchte, weil alles, was überhaupt Menschen bisher leisteten, alle menschlichen Kulturen nur aus der Herrschaft dieses Prinzips heraus denkbar sind.«[41]

Mochten derlei antidemokratische Tiraden auch Musik in den Ohren mancher der autoritätsgläubigen Männer von der Ruhr sein, so fiel das Echo auf die mehr als zweistündige Rede des Parteiführers insgesamt eher zwiespältig aus. Dass, wie Otto Dietrich notierte, während der Rede seines Führers bei vielen Zuhörern die »Köpfe sich zu röten begannen« und sich »die Herzen erwärmten«[42] oder, wie der Krefelder Unternehmer Paul Kleinewefers sich erinnerte, die große Mehrheit »immer stärker mitging« und am Ende »ungehemmten Dauerbeifall« spendete,[43] wollten viele Anwesende nicht wahrgenommen haben. Nach ihrem Eindruck war Hitlers Rede vielmehr »ziemlich wirkungslos«;[44] Verbandsgeschäftsführer Schlenker bestritt, auch nur »von einem der Zuhörer begeisterte Kundgebungen gehört zu haben«.[45] Demgegenüber hatte Kleinewefers nicht den geringsten Zweifel, dass es Hitler »uneingeschränkt gelungen« war, »diese skeptische und schwierige, aber mächtige Gesellschaft zu gewinnen«.[46]

»Mit Worten, die aus der unmittelbaren Erregung kamen«, so Kleinewefers, habe der »sonst eher zurückhaltende und etwas unbeholfene« Thyssen als eines der Club-Vorstandsmitglieder Hitler gedankt. So mag es mit Überschwang der Gefühle zu erklären sein, dass Thyssen der etwas ungelenke Nazi-Gruß »Heil, Herr Hitler!« über die Lippen kam, was von den meisten als anbiedernd und daher »peinlich« und als eine »Entgleisung« empfunden wurde.[47] Thyssens »Heil«-Ruf blieb denn auch ohne den unter Parteigenossen üblichen Widerhall.[48] In einem internen Bericht des Oberpräsidenten der Rheinprovinz an den Preußischen Innenminister über den Hitler-Vortrag ist von »erheblichen Auseinandersetzungen« zwischen Poensgen und Thyssen wegen dessen demonstrativer Sympathiebekundung für die Nationalsozialisten die Rede.[49] Zwar hat Poensgen, der »Hitlers öffentliche Reden allesamt verabscheut« haben will, Thyssens Schlusswort als »Verherrlichung Hitlers« empfunden.[50] Gegen einen handfesten Krach spricht allerdings, dass Thyssen bei den Vereinigten Stahlwerken Poensgens Aufsichtsratsvorsitzender war, so dass Letzterer seinem Unmut – wenn überhaupt – nur in sehr vorsichtiger Form Ausdruck verliehen haben dürfte.

So viel stand fest: Mit seinem Schlusswort hatte sich Thyssen in einem größeren Kreis endgültig als Anhänger Hitlers und seiner Bewegung offenbart. Er, dem »der Nationalsozialismus seit langem Herzenssache geworden war, legte vor diesem Gremium öffentlich das befreiende, aber für Brüning vernichtende Bekenntnis ab«, schwärmte Dietrich.[51] Nur wenige wussten, dass Thyssen bereits am 18. Januar 1932, also acht Tage vor Hitlers Auftritt im Düsseldorfer Industrie-Club, aus der Mülheimer Stadtverordneten-Versammlung ausgetreten war, der er seit 1924 als Mitglied der Fraktion der Deutschnationalen Volkspartei angehört hatte. Als Begründung gab er »starke berufliche und sonstige Inanspruchnahme« an.[52] In der Presse wurde die Niederlegung seines Mandats jedoch sofort als Übertritt von den Deutschnationalen Hugenbergs zu den Nationalsozialisten interpretiert.[53] Thyssens allmähliche Abkehr von der DNVP hatte aber in Wahrheit schon Anfang 1927 begonnen, als die Partei unter Führung des Hugenberg-Vorgängers Kuno Graf Westarp in das vierte Kabinett Marx (Zentrum) eintrat und sich nach dem Geschmack ihrer schwerindustriellen Anhänger besonders in der Sozialpolitik allzu kompromissbereit zeigte.[54]

Dass sich Thyssen bereits 1932 als Nationalsozialist zu erkennen gab, obwohl er der Partei offiziell erst im Mai 1933 beitrat, verrät auch ein Briefwechsel mit der Führung des Stahlhelms. Auf die Bitte dieser Vereinigung ehemaliger Frontsoldaten um eine Spende antwortete er unter Hinweis auf kritische Töne gegenüber der NSDAP kühl: »Angesichts der Angriffe, die die Stahlhelm-Leitung gegen m. Führer A. Hitler ... gerichtet hat, bedaure ich, Ihrem Wunsch nicht entsprechen zu können.«[55]

Letzter Anstoß, die Hugenberg-Partei zu verlassen, war für Thyssen deren – wie er es sah – zögerliche Einstellung gegenüber einer Beteiligung an einer nationalen Regierung unter Einschluss Hitlers. In einem Brief warf er Hugenberg vor, »für ein Zusammengehen Bedingungen zu stellen, die im umgekehrten Verhältnis zur Stärke beider Parteien stehen«. Er selber könne dem Gedanken, »alle nationalen Parteien zu einigen«, auf der Seite des Herrn Hitler um so besser dienen, »als die Zahl der auch nach Ihrer Ansicht wirtschaftlich vernünftig denkender Menschen auf der Seite Hitlers inzwischen bedeutend gewachsen ist«.[56] Ausweislich eines Briefes von Hugenberg an Thyssen war dieser bereits am 20. Januar 1932, also sechs Tage vor Hitlers Vortrag in Düsseldorf, zum »lebhaften Bedauern« des Parteiführers aus der DNVP ausgetreten.[57]

Wenngleich die nationalsozialistische Propaganda und die marxistische Geschichtsschreibung Hitlers Auftritt vor dem Industrie-Club im Kampf um die Macht erheblich überbewerteten, war er für die Nationalsozialisten ein nicht zu unterschätzender Prestigeerfolg. Endlich war Hitler, dessen Agitationsfeld bislang die Straße gewesen war, in jenen großbürgerlichen Kreisen salonfähig geworden, die bislang das verlässliche Wählerpotenzial der gemäßigten Rechtsparteien gewesen waren. Schon am Tag nach seiner Düsseldorfer Rede trafen Hitler, Göring und Röhm auf Schloss Landsberg noch einmal mit Thyssen, Poensgen und Vögler zu einem Gespräch zusammen, das allem Anschein nach aber zu keinen greifbaren Ergebnissen führte. Auch weiterhin blieb Thyssen zunächst der Einzige unter den Wortführern der Montankonzerne, der sich offen zum Nationalsozialismus bekannte, obwohl er sich alle erdenkliche Mühe gab, seine Kollegen für Hitler zu gewinnen. Ende März 1932 schickte er sogar Paul Reusch eine Anzahl nationalsozialistischer Schriften mit der Bitte, sie an die übrigen Mitglieder der Ruhrlade weiterzuleiten, was dieser auch tat. Ganz auf seinen »Führer« fixiert, verschenkte Thyssen, wie Ernst Poensgen später berichtete, das Buch »Mein Kampf« an Freunde und Bekannte, die Hitler nach wie vor reserviert gegenüberstanden: »Intensiv, wie er sich manchmal in einen Gegenstand verbiss, redete er plötzlich nur noch von dessen Zielen.«[58]

Es störte ihn dabei wenig, dass die meisten seine »Extratouren« mit Kopfschütteln registrierten und »der Durchschnitt der industriellen Bürokratie« auf ihn »nicht gut zu sprechen« war.[59] Dass die führenden Repräsentanten des Großkapitals selbst wenige Monate vor der Machtübernahme durch die Nationalsozialisten nicht bereit waren, sich für Hitler in die Bresche zu werfen, zeigte sich im Frühjahr 1932 bei der Neuwahl des Reichspräsidenten. Hitler hatte sich erst nach längerem Zögern entschlossen, gegen den bereits 84-jährigen Amtsinhaber Paul von Hindenburg anzutreten. Der greise Feldmarschall wurde unter Führung von Reichskanzler Brüning von den gemäßigten Parteien unterstützt, die ihn bei seiner ersten Wahl 1925 noch bekämpft hatten. Sogar die SPD rief ihre Anhänger zur Wahl Hindenburgs auf, weil sie darin das einzige Mittel sah, um Hitler von der Macht fern zu halten.

Brüning zufolge haben Friedrich Flick, Otto Wolff, Gustav Krupp von Bohlen und Halbach, Paul Silverberg und Albert Vögler »mehrere Millionen Mark« zum Wahlfonds für Hindenburg beigesteuert, was sein Verkehrsminister und enger Vertrauter Gottfried Treviranus bestätigte.[60] Wohl als engagiertester Spendensammler tat sich Carl Duisberg hervor. Der Aufsichtsratschef des I.G. Farben-Konzerns und frühere RDI-Präsident übernahm die Leitung eines Komitees zur Wiederwahl Hindenburgs und brachte mehrere Millionen Mark zusammen, davon alleine eine Million aus seinem eigenen Konzern.[61] In einem von Duisberg handschriftlich korrigierten Text für eine Zeitungsanzeige (Überschrift: »Hindenburg – oder die anderen?«) hieß es: »Eine Niederlage Hindenburgs wäre gleichbedeutend mit einem schweren Rückschlag. Sein überwältigender Sieg im ersten Wahlgang wird ein nicht hoch genug zu bewertender Gewinn sein – für die Genesung des deutschen Wirtschaftslebens und für den Wiederaufstieg des deutschen Volkes.«[62]

Nicht weniger offen als Duisberg für Hindenburg nahm Thyssen für seinen Favoriten Partei: »Ich wähle Adolf Hitler, weil ich ihn genau kenne und fest überzeugt bin, daß er der einzige ist, der Deutschland vor dem Abgrund und Zerfall zurückreißen kann und wird.«[63] Nachdem Hindenburg gegen Hitler, den Kommunisten Ernst Thälmann und den Stahlhelm-Führer Theodor Duesterberg im ersten Wahlgang die absolute Mehrheit knapp verfehlt hatte, setzte er sich im zweiten Wahlgang am

10. April 1932 mit 53,2 Prozent gegen seinen Herausforderer Hitler durch. Dieser erhielt immerhin mit 36,8 Prozent das für die Nationalsozialisten bis dahin beste Ergebnis.

Hitlers allgemein erwartete Niederlage konnte Thyssen nicht davon abhalten, für seinen Messias weiterhin kräftig die Werbetrommel zu rühren. Ihn störte es nicht, dass in der NSDAP immer wieder offen antikapitalistische Tendenzen zu Tage traten, dass sich die Partei Anfang November 1932 sogar an einem von den Kommunisten ausgerufenen Streik der Berliner Transportarbeiter beteiligte. In welchen Sphären seine Gedanken sich bewegten, lässt die von ihm an Freunde verschickte Broschüre »Der Sozialismus der Hitlerbewegung im Lichte Spenglerscher Geschichtsforschung oder die tiefe Ursache für den Aufstieg des Nationalsozialismus in Deutschland«[64] erahnen. Die Schrift erhebt Hitler wie Spengler zu geistigen Nachfahren Friedrichs des Großen. Der »Sozialismus« der Nationalsozialisten sei im »Gesamtinstinkt« des deutschen Volkes verwurzelt und strebe danach, den Einzelnen freiwillig dem Wohlergehen des Ganzen unterzuordnen, was dem Marxismus diametral entgegengesetzt sei.

Am 21. Oktober 1932 kam Hitler erneut ins Ruhrgebiet, um auf Einladung Thyssens mit führenden Ruhrindustriellen zusammenzutreffen. Nachdem die NSDAP bei der Reichstagswahl am 31. Juli mit 230 Mandaten zur stärksten Partei geworden war, hätte man eine rege Teilnahme an dem Gespräch auf Schloss Landsberg erwarten dürfen. Doch dem war nicht so. Eine Reihe prominenter Wirtschaftsführer, an ihrer Spitze Paul Reusch, blieb der »Aussprache« mit Hitler fern. Besonders verärgert zeigte sich Thyssen über das demonstrative Desinteresse Gustav Krupp von Bohlen und Halbachs. In der ersten Präsidiumssitzung des RDI nach Hitlers Machtübernahme übte er am 23. März 1933 an Krupps Abwesenheit, die er als »Kränkung« empfunden habe, heftige Kritik. Der Industriepräsident verteidigte sich mit dem Argument, dass er »kein Parteimann« sei und

»deshalb auch in einer Versammlung führender Nationalsozialisten nichts zu suchen« gehabt hätte.[65]

Das Interesse an einer Kanzlerschaft Hitlers war unter den Ruhrindustriellen auch nach dem Sturz Brünings am 30. Mai 1932 nicht größer geworden. Das lag vor allem daran, dass Hindenburg mit dem rechtskonservativen Zentrumspolitiker Franz von Papen einen Nachfolger berufen hatte, der so recht nach dem Geschmack der meisten Revierherrscher war: autoritär, antiparlamentarisch, jeder sozialistischen Neigung unverdächtig und auch sonst den Wünschen der Wirtschaft gegenüber aufgeschlossen. Die Großindustrie, zumindest ihre führenden Repräsentanten an der Ruhr, hätten mit Papen und seinem am Parlament vorbeiregierenden »Kabinett der Barone« gut leben können, wäre da nicht das Massenphänomen Hitler gewesen.

Den unberechenbaren Führer der stärksten Partei in das Kabinett Papen »einzubauen«, war dabei eine Idee, die vor allem aus Kreisen der Schwerindustrie verfolgt wurde. So unternahm Max Schlenker, Geschäftsführer der Nordwestlichen Gruppe des Vereins Deutscher Eisen- und Stahlindustrieller, den Versuch, über Thyssen bei Strasser und Göring für einen Eintritt der NSDAP in ein Kabinett Papen zu werben. Allerdings holte er sich eine Abfuhr. Am 11. November 1932 bedauerte dieser gegenüber Schlenker »in dem von Ihnen gewünschten Sinne nicht tätig« werden zu können.[66] Vermutlich war Thyssen klar, dass selbst er, den die NS-Führung zu den Ihren zählte, Hitler von seiner »Alles-oder-nichts-Strategie« kaum würde abbringen können. Seine schwärmerische Verehrung für den Führer legt sogar nahe, dass ihm der Gedanke, dieser könne unter dem politisch unerfahrenen und zudem völlig isolierten Papen irgendein Ministerium leiten, selber einigermaßen befremdlich, wenn nicht gar absurd erschien. Darauf lässt zumindest die Begründung schließen, die er Schlenker für seine Ablehnung einer Mittlerrolle lieferte:

»Der Nationalsozialismus kennt nur einen Führer, dessen Gedankengut das Fundament der Bewegung darstellt und der allein berufen ist, über alle Kompromisse und Hindernisse hinweg Deutschland die Staatsform zu geben, die nach menschlichem Ermessen allein imstande ist, dem Umsturz und der Vernichtung der europäischen Zivilisation die Stirn zu bieten. Täuschen wir uns darüber nicht, die Ereignisse sind zu weit vorangeschritten, als ob es noch Möglichkeiten für Kompromisse grundsätzlicher Art gäbe.«

Für Thyssen gab es 1932 zu Hitler als Kanzler keine Alternative mehr. »Eine andere Lösung würde für seine Anhänger untragbar« sein, wie er Schlenker gegenüber betonte.[67] Es war also nur konsequent, dass er sich acht Tage später einer Petition anschloss, mit der namhafte Industrielle, Bankiers und Großagrarier bei Hindenburg für die Ernennung Hitlers zum Reichskanzler eintraten. Die Initiative zu dieser Aktion war von Wilhelm Keppler, Hitlers Wirtschaftsberater in der NSDAP, ausgegangen. Die Eingabe, so war es geplant, sollte von möglichst vielen prominenten Vertretern aus Politik, Wissenschaft, Kunst und vor allem aus der Wirtschaft unterstützt werden. Doch von den wirklich bedeutenden Industriellen und Finanzleuten wollte sich kaum jemand für den Appell an das Staatsoberhaupt hergeben, den Weg für eine »vom parlamentarischen Parteiwesen unabhängige Regierung« frei zu machen.[68] Albert Vögler, der von dem Kölner Bankier und rührigen Hitler-Förderer Kurt von Schröder gebeten worden war, die übrigen Mitglieder der Ruhrlade für eine Mitwirkung an der Unterschriftenaktion zu gewinnen, bat – auch im Namen von Reusch und Springorum – um Verständnis, »wenn man sich von jeder politischen Stellungnahme fernhalten« wolle.[69] Selbst Schachts beredtes Werben konnte ihn nicht umstimmen.[70] Thyssen blieb letztlich der Einzige aus dem Herrenclub von der Ruhr, der unterschrieb. Die achtzehn Mitunterzeichner waren, mit Ausnahme Hjalmar

Schachts und des Kali-Industriellen August Rosterg (Wintershall), durchweg weniger bekannte Sympathisanten vor allem aus dem gehobenen Mittelstand und der Landwirtschaft.

Es gibt keinerlei Hinweise darauf, dass Hindenburg die Eingabe sonderlich beeindruckt hätte. Noch hatte er sich nicht dazu überreden lassen, dem »böhmischen Gefreiten«, wie er Hitler geringschätzig nannte, die Verantwortung für das Schicksal Deutschlands in die Hände zu legen. Auch dass Hitler wenige Tage später seinen Anspruch auf die Kanzlerschaft dem Reichspräsidenten persönlich vortrug, änderte an dessen Haltung nichts. Durch seinen Staatssekretär Otto Meissner ließ er Hitler am 24. November 1932 ausrichten, »dass ein von Ihnen geführtes Kabinett sich zwangsläufig zu einer Parteidiktatur mit allen ihren Folgen für eine außerordentliche Verschärfung der Gegensätze im deutschen Volk entwickeln würde, die herbeigeführt zu haben er vor seinem Eid und seinem Gewissen nicht verantworten könnte«.[71]

Nicht einmal zwei Monate später sollte Paul von Hindenburg den Führer der Nationalsozialistischen Deutschen Arbeiterpartei doch zum Reichskanzler ernennen. Über die Gründe für seinen Umfall ist viel spekuliert worden. Fest steht, dass die Würfel im unmittelbaren Umfeld des alters- und entscheidungsschwachen Reichspräsidenten fielen, auf das die politische Macht nach dem Kollaps des parlamentarischen Systems übergegangen war. Die politisch ambitiösen Wortführer der Großindustrie haben in dieser letzten Lebensphase der Weimarer Republik keinen Einfluss mehr auf den verhängnisvollen Gang der Dinge gehabt, auch Thyssen nicht. Auf dem Schachbrett der Macht taten jetzt andere die entscheidenden Züge – jene im Präsidentenpalais ein und aus gehenden Ratgeber, auf die der misstrauische Ersatzmonarch noch hörte, jene von ehrgeizigen Zielen geleiteten Einflüsterer, die ihn, die letzte formal noch bestehende Autorität des zerbröselnden Staatswesens, für ihre jeweiligen Zwecke einzuspannen suchten.

Als Schlüsselfiguren dieser Hofkamarilla agierten nach Brünings Rücktritt dessen unmittelbarer Amtsnachfolger Franz von Papen sowie der politisch ehrgeizige General Kurt von Schleicher. Dieser war 1919 ins Reichswehrministerium eingetreten und hatte es nach einer steilen Karriere 1929 zum Staatssekretär und 1932 unter Papen zum Minister gebracht, nachdem er maßgeblich zum Sturz Brünings beigetragen hatte. Schleichers Einfluss beruhte vor allem auf seinem engen Verhältnis zu Reichspräsident von Hindenburg, der dem Rat des »politischen Generals« blind vertraute. Auf dessen Vorschlag hin ernannte der Reichspräsident im Juni 1932 den zu diesem Zeitpunkt noch weithin unbekannten von Papen zum Kanzler. Der rechtskonservativen Zentrumskreisen entstammende Spross eines alten westfälischen Adelsgeschlechts erwies sich jedoch nicht als der fügsame Vollstrecker, den Schleicher sich erhofft haben dürfte. Das wurde dem Kanzler zum Verhängnis. Mit feinem Gespür für die tief sitzende Angst Hindenburgs vor einem Bürgerkrieg redete Schleicher, in den Augen seiner Gegner der »Motor der meisten politischen Intrigen«,[72] dem Generalfeldmarschall ein, der von der überwältigenden Reichstagsmehrheit abgelehnte Papen werde das von zunehmender innenpolitischer Gewalt heimgesuchte Land in einen Bürgerkrieg stürzen und damit den Einsatz der Reichswehr unumgänglich machen. Schweren Herzens entzog der erschrockene Greis dem mit Hilfe präsidialer Notverordnungen regierenden Kanzler die Unterstützung. Am 17. November 1932 reichte von Papen seine Demission ein. Dass mit Schleicher ausgerechnet der Mann sein Nachfolger wurde, der seinen Sturz betrieben hatte, war eine bittere Enttäuschung. Er sollte ihm diese Niederlage schon bald heimzahlen.

Der neue Kanzler Schleicher betrat mit einem gewagten, fast verwegenen Plan die politische Bühne. Er hatte sich kein geringeres Ziel gesetzt, als für seine Regierung die Gewerkschaften und Teile der NSDAP unter dem gemäßigteren Pragmatiker Gregor Strasser hinter sich zu bringen und auf diese Weise wieder eine parlamentarische Mehrheit zu gewinnen. Als Lockmittel für seine Wunschpartner brachte er ein groß angelegtes staatliches Arbeitsbeschaffungsprogramm ins Gespräch. Doch der vielen als undurchsichtig und schwer berechenbar erscheinende »soziale« General scheiterte mit seinem Spagat zwischen links und rechts. Die mit den Kommunisten um die Stimmen der Arbeiter konkurrierende SPD-Führung verbot ihren Mitgliedern jedes Paktieren mit Schleicher. Als schließlich auch noch Gregor Strasser als Verbündeter ausfiel, war der »Sozialist in Uniform« völlig isoliert. Zwar war Strasser, dem Schleicher mit dem Amt des Vizekanzlers und (in Personalunion) des preußischen Ministerpräsidenten eine Schlüsselrolle angeboten hatte, bereit, seine Partei aus der fruchtlosen Opposition herauszuführen und auf dem Wege zur Macht zumindest vorübergehend auch den Part eines Juniorpartners zu akzeptieren. Doch konnte sich der in der NSDAP zweitmächtigste Mann in dieser Frage gegen seinen Führer, der die Kanzlerschaft für sich selbst beanspruchte, nicht durchsetzen. Nach einem heftigen Disput mit Hitler legte Strasser am 8. Dezember 1932 alle Parteiämter nieder.[73] Als Schleicher Hindenburg um die Auflösung des Reichstages und die Aufschiebung von Neuwahlen ersuchte, lehnte dieser wegen verfassungsrechtlicher Bedenken ab. Am 28. Januar 1933 bat Schleicher den Reichspräsidenten um seine Entlassung.

Thyssen lehnte Schleichers Pläne von vornherein strikt ab. Eine Regierung von Gnaden der Gewerkschaften und Sozialdemokraten bedeutete für ihn Verrat an der nationalen Sache und eine Illoyalität gegenüber Hitler als Parteiführer. Manch einem aus der Montanindustrie kam Schleichers Projekt indes gerade recht, um die nach ihren herben Verlusten bei der Reichstagswahl am 6. November 1932 erstmals geschwächte Hitler-Partei durch eine Regierungsbeteiligung des Strasser-Flügels zu spalten. Einige Wortführer vor allem des Bergbaus hatten denn auch mit Strasser vertrauliche Gespräche, zu denen Thyssen trotz seines Bekenntnisses zur NSDAP nicht eingeladen wurde.[74]

Allerdings erfuhr er von Strassers Begegnungen, vermutlich durch Vögler,[75] und zögerte nicht, Rudolf Heß über die geheimen Sondierungen zu informieren, wofür sich Hitlers Stellvertreter in einem »herzlichen« Brief bedankte.[76]

Thyssen bedauerte es denn auch kaum, dass von Schleicher mit seinem ehrgeizigen Vorhaben scheiterte und seine Demission einreichte, nachdem Hindenburg seine Forderung nach einer unbefristeten Suspendierung des Parlaments und die Übertragung der gesamten vollziehenden Gewalt auf seine Person als Verfassungsbruch abgelehnt hatte. Die Republik von Weimar erlebte ihre letzten Zuckungen. Auch wenn sich Hindenburg bis zuletzt gegen eine Berufung Hitlers sträubte, waren die Weichen längst gestellt. Der intrigante Papen hatte noch vor dem Sturz des ahnungslosen Schleichers den entscheidenden Zug getan.

Zwar hat eine Reihe von Historikern den Privatbankier Kurt von Schröder, in dessen Kölner Villa sich Papen und Hitler am 4. Januar 1933 unter konspirativen Umständen zum entscheidenden Sondierungsgespräch über eine Regierung mit dem nationalsozialistischen Führer als Kanzler trafen, als Werkzeug der Großindustrie darzustellen versucht.[77] Doch sprechen alle Belege dafür, dass von Schröder vor dem Termin nur Hitlers Wirtschaftsberater Wilhelm Keppler und einige weniger bedeutende Mitglieder des »Keppler-Kreises« in seine Mission eingeweiht hatte. Jedenfalls fehlt der These, von Schröder habe als eine Art Agent des Großkapitals gehandelt, jeglicher Beweis.[78] Auch Thyssen hat später glaubwürdig versichert, von dem Kölner Geheimtreffen vorher nichts erfahren zu haben.[79] Was hätte er jetzt auch noch bewirken sollen, ging es doch in dieser Phase nur noch darum, sich über die Machtverteilung zwischen Nationalsozialisten und den Rechtskonservativen unter Papen in einem Kabinett Hitler zu einigen und den zögerlichen Hindenburg für den ungeliebten NSDAP-Führer als Kanzler zu gewinnen. Aber diesen Part hatten andere zu übernehmen. Er, Hitlers unermüd-

Hitler, das käufliche »Spielzeug« in der Hand des »Geldsacks« Thyssen: In dieser groben Verzerrung sahen zeitgenössische Kritiker wie spätere Vertreter der marxistischen Faschismus-Forschung das Verhältnis zwischen dem braunen Trommler und seinem schwerindustriellen Förderer.

licher Fürsprecher in Kreisen der Großindustrie, hatte das Seinige getan, war in den letzten Monaten in seiner unbedingten Hingabe an die nationale Bewegung nie schwankend geworden. An jenem Abend des 30. Januar 1933, als der auf die Weimarer Verfassung vereidigte neue Regierungschef in Berlin von einem Fenster der Reichskanzlei den Fackelzug seiner jubelnden Braunhemden abnahm, dachte er kaum daran, dass die kommenden Männer, nachdem sie die Hebel der Macht endlich in ihren Händen hielten, seiner nicht mehr bedurften.

Wie sollte er auch, sah er sich doch, gerade noch von vielen aus seinen Kreisen als Sonderling und verirrter Idealist belächelt, plötzlich im Mittelpunkt zahlreicher Ehrungen und Gunstbezeugungen. Die vier Gauleiter der NSDAP aus dem rheinisch-westfälischen Industriegebiet gelobten in einem Ergebenheitsbrief, Thyssen als die wirtschaftspolitisch »oberste staatliche Autorität« anzuerkennen. An sämtliche Dienststellen der Partei erging die Order, »sich in allen Fragen der Wirtschaftspolitik, mit Ausnahme der agrarpolitischen Fragen, an Sie zu wenden und Ihre Entscheidung als bindend anzusehen«, wie die Spruchkammer 1948 feststellte.[80] Im Juli 1933 wurde er in den auf direkte Veranlassung Hitlers gebildeten »Generalrat der Wirtschaft« berufen. Das Gremium, das weder in der Verfassung noch in einem Gesetz verankert war und die Reichsregierung in Wirtschaftsfragen beraten sollte, erwies sich jedoch schon bald als Totgeburt. Es tagte nur ein einziges Mal, am 20. September 1933. Ihm gehörten neben Thyssen unter anderem Carl Bosch (I.G. Farben), der Münchener Privatbankier August von Finck, Carl Friedrich von Siemens, Gustav Krupp von Bohlen und Halbach, Albert Vögler, Kurt von Schröder und Robert Ley (Deutsche Arbeitsfront) an.[81] Hitler selbst erschien zu der von seinem Wirtschaftsminister Kurt Schmitt geleiteten Sitzung erst gegen 18 Uhr, um einen seiner weitschweifigen Monologe zu halten. Den Rat der erschienenen Wirtschaftsprominenz suchte er nicht.

Am 29. Mai 1933 hatte Hitler führende Industrielle zu einem Gespräch über Wege zur Bekämpfung der Arbeitslosigkeit empfangen. In der Diskussion kam es zu einem heftigen Wortwechsel zwischen Thyssen und Carl Bosch. Dieser hatte vorgeschlagen, »zwangsweise die Einführung einer kürzeren Arbeitszeit anzuordnen«, um so für zusätzliche Beschäftigung zu sorgen.[82] Thyssen vermutete hinter Boschs Vorschlag linkes Ideengut: »Wenn wir dazu übergehen, die Summe Lohn zu verteilen auf eine größere Anzahl von Lohnempfängern, dann sehe ich nicht ein, was uns hindern sollte, alles zu verteilen. Ich bin entsetzt, wie ein Herr der Industrie solche Vorschläge machen kann, die geradewegs in den Kommunismus hineinführen und die eigentlich Hauptgrundsätze des marxistischen Programms darstellen, das wir nun glücklich überwunden haben wollen.«[83] Der führende Mann des I.G. Farben-Konzerns gab tief verletzt zurück, er sei doch wohl unverdächtig, marxistischen Theorien anzuhängen.

Schon seine ersten öffentlichen Auftritte ließen keinen Zweifel daran aufkommen, dass Thyssen jetzt, da er sich am Ziel seiner Wünsche sah, nicht daran dachte, sich wieder aus dem politischen Meinungsstreit ins rein Geschäftliche zurückzuziehen. Vielmehr hielt er sich, der als Einziger unter den Wortführern der Großindustrie die Sache Hitlers zu der seinen gemacht hatte, für berufen, in der Umgestaltung der Wirtschaft nach den Vorstellungen der Nationalsozialisten eine entscheidende Rolle zu spielen. Dass er dabei die Direktiven der Partei anerkennen würde, machte er in einem Brief an RDI-Präsident Gustav Krupp von Bohlen und Halbach deutlich, in dem er sich bereit erklärte, »der Wirtschaft zu dienen«, allerdings nur, »so weit dies mit der Auffassung des Führers der nationalsozialistischen Bewegung zu vereinbaren ist«.[84]

Krupp, der Carl Duisberg im Sommer 1931 als Präsident des RDI abgelöst hatte, stand im Gegensatz zu Thyssen der Berufung Hitlers bis zuletzt ablehnend gegenüber.[85] Wo immer möglich, war er dem Führer der nationalsozialistischen Bewegung, wenn dieser wieder einmal an der Ruhr weilte, aus dem Weg gegangen. Der einstige Diplomat, der 1906 Bertha Krupp, die ältere der beiden Töchter Friedrich Alfred Krupps, geheiratet hatte und daraufhin an die Spitze des Essener Traditionskonzerns getreten war, war von dem ihm angetragenen Amt alles andere als begeistert gewesen. Duisberg und vor allem Reusch hatten ihm lange zureden müssen, die Führung des industriellen Spitzenverbandes zu übernehmen. Nur der »Zwang außergewöhnlicher Verhältnisse« hatte ihn trotz aller Bedenken dazu bewegen können, seinen Widerstand aufzugeben.[86]

Thyssen hatte ihm das Leben in den zurückliegenden Monaten nicht gerade leicht gemacht. Als Hitlers Speerspitze im Verband beobachtete er mit Argwohn, dass sich Krupp seinem Werben um eine freundlichere Einstellung gegenüber den Nationalsozialisten beharrlich verschloss. Nicht allein dass der Herr des Hauses Krupp zu dem von Thyssen auf Schloss Landsberg arrangierten Treffen mit Hitler nicht erschienen war. Auch dass der RDI »immer und zu jeder Zeit ›Schleppenträger‹ des bisherigen Systems gewesen sei«, wie er in der Präsidialsitzung am 23. März 1933 monierte, kreidete er Krupp an.[87] Ohne dessen Namen zu nennen, warf er dem Spitzenverband vor, mit den Gewerkschaften gegen die neue Regierung zu konspirieren.[88]

Endlich vom demütigenden Odium des notorischen Querkopfs befreit, nutzte Thyssen die Sitzung zu einer Generalabrechnung mit der bisherigen Führung. So sprach er sich dafür aus, dass sämtliche Gremien des Reichsverbandes »entsprechend den geänderten politischen Verhältnissen neu gewählt würden«. In den RDI müsse »ein neuer Geist einziehen, nachdem der Liberalismus nunmehr endgültig überwunden sei«. Sein besonderes Missfallen erregte die Weigerung des Verbandes, auf seinem Gebäude neben der schwarz-weiß-roten Reichsfahne auch die Hakenkreuzflagge, die »Flagge der nationalen Erhebung«, zu hissen. Erst »unter dem Druck des nationalen Teiles der Geschäftsführung sei dann die Leitung gezwungen worden, eine Hakenkreuzflagge zu bestellen und diese Flagge sei dann am dritten Tage der Feier der nationalen Erhebung durch die nationalen Mitglieder der Geschäftsführung gehisst worden«.[89]

Vor allem grollte Thyssen nach wie vor dem geschäftsführenden Präsidialmitglied des Verbandes, Geheimrat Ludwig Kastl. In ihm sah er spätestens nach dessen Zustimmung zum Young-Plan so etwas wie den bösen Geist des RDI. Unverblümt hielt er ihm vor, noch unmittelbar vor Hitlers Berufung gegen dessen Ernennung bei Reichspräsident von Hindenburg interveniert zu haben – ein Vorwurf, den Kastl entschieden zurückwies. Und Paul Reusch setzte, offenbar aus Sorge, Krupp könne aus Verärgerung über die – wie er sich ausdrückte – »schmerzlichen« Angriffe Thyssens gegen ihn sein Amt zur Verfügung stellen, eine einstimmige Vertrauenserklärung des Präsidiums für den Präsidenten durch.

Wie sehr ihn die distanzierte, teilweise herablassende Art seiner Kollegen in der Vergangenheit gekränkt haben musste, lässt sich Thyssens im offiziellen Sitzungsprotokoll festgehaltener Ausführung unschwer entnehmen: »Herr Thyssen erklärte, daß er dem Reichsverband gegenüber keine Drohung habe aussprechen wollen, sondern nur eine mahnende Empfehlung. Er persönlich habe sich immer die grösste Mühe gegeben, die Wirtschafter im engeren Kreise mit den Ideen Hitlers vertraut zu machen. Er habe die bekannte Sitzung im Industrieclub in Düsseldorf zustande gebracht und in jeder Weise versucht, den Kontakt zwischen der Industrie und dem Nationalsozialismus herbeizuführen. Er habe aber oft genug das höhnische Lächeln beobachten müssen, welches solche Versuche ausgelöst hätten.«[90] In der Stunde des Triumphes ersparte er es seinen Gegnern nicht, sie seine Genugtuung über den unter Enttäuschungen und persönlichen Verletzungen errungenen »Sieg« spüren zu lassen.

Drohend klang es schon, als er vor dem Präsidium verkündete, dass »die nationale Revolution noch nicht beendet« sei. Sie sei »nicht über den Kommunismus gestolpert und werde auch nicht über den Strohhalm des Reichsverbandes stolpern«.[91] Manch einer der Anwesenden mag sich an diese Worte erinnert haben, als nur wenige Tage nach der Präsidiumssitzung Otto Wagener, der frühere Leiter der Wirtschaftspolitischen Abteilung der NSDAP, zusammen mit zwei weiteren Nationalsozialisten im Gebäude des Reichsverbandes erschien und unter Hinweis auf das nach Meinung der Partei ignorante Verhalten gegenüber der nationalen Revolution die sofortige Entlassung Kastls, die Entfernung aller jüdischen Mitglieder aus Präsidium und Geschäftsführung des RDI sowie die Aufnahme zweier Vertrauensleute der Partei in die Verbandsspitze verlangte.[92] Zwar unternahm Krupp einen schwachen Versuch, die Gleichschaltung seiner Organisation abzuwehren, doch beugte er sich am Ende zur großen Enttäuschung vieler seiner Kollegen der Macht der neuen Herrscher. Kastl musste gehen, die deutsche Industrie hatte nach der Einschleusung linientreuer Aufpasser aufgehört, mit einer unabhängigen Stimme zu sprechen. Es entbehrt nicht einer gewissen Pikanterie, dass ausgerechnet Thyssen Krupps weichen Kurs gegenüber den Anmaßungen der Partei tadelte.[93]

Ob der kultivierte, im Geiste des überkommenen Obrigkeitsstaates erzogene Ex-Diplomat in der Lage gewesen wäre, sich gegen die Zumutungen der neuen Machthaber zu stemmen, ist später lebhaft diskutiert worden. Gewiss war er keine Kämpfernatur, wie Hermann Bücher, der dem Krupp-Aufsichtsrat angehörende AEG-Generaldirektor, feststellte.[94] Erstaunlich war aber schon, wie schnell der Herr auf Villa Hügel seinen Frieden mit dem neuen Reichskanzler machte. Nicht allein, dass er sich und seine Kollegen zu der »tiefempfundenen Verpflichtung« bekannte, »in allen Gliedern und Zweigen der Industrie Garanten der bedingungslosen Durchsetzung des Willens des Führers zu sein«.[95] In Übereinstimmung mit den »Grundgesetzen des neuen Staates« glaubte er sogar »die Übernahme des Führerprinzips auf die Organisation der Industrie einleiten zu sollen«.[96] Mit Datum vom 10. November 1933 berichtete ihm Jacob Herle, Geschäftsführer des inzwischen in »Reichsstand der Deutschen Industrie« umfirmierten Verbandes, eine »eindrucksvolle Rede des Führers von den Siemens-Werken aus abgehört« und dazu den Sitzungssaal »etwas feierlich« ausgeschmückt zu haben: »Ich habe insbesondere neben dem Bild des Führers die Nationalfahnen anbringen und das Bild des Führers schmücken lassen.«[97] Zum ersten Weihnachtsfest des neuen Zeitalters erfreute ihn Herle mit Hitlers »Mein Kampf«, dem – wie er schrieb – »grundlegenden Werk des Führers« in »würdigstem Einband«.[98] Thyssen hat sich nach seinem Bruch mit den Nationalsozialisten die bissige Bemerkung nicht verkneifen können, dass aus dem einstigen Hitler-Gegner Krupp ein »Super-Nazi« geworden sei.[99] Für Hermann Bücher lag die Tragik Krupps darin, dass er, der »in normalen Zeiten ein hervorragender Präsident war«, dem auf ihm und seinem Verband 1932/33 lastenden Druck menschlich nicht gewachsen gewesen sei: »Er konnte die Erziehung im Obrigkeitsstaate und in seiner früheren Laufbahn nicht abschütteln.«[100]

Trotz ihrer politischen Annäherung haben Thyssen und Krupp als die Repräsentanten der bekanntesten beiden Ruhr-Dynastien in den für die Umgestaltung der deutschen Industrie entscheidenden ersten Monaten der Kanzlerschaft Hitlers nicht zueinander gefunden. Zwar hätte Krupp Thyssen gern fester in die Verbandsarbeit eingebunden, doch lehnte dieser »als Mitglied der Partei« eine Mitwirkung ab, bevor er »von der Parteileitung dazu berufen« worden sei und »gewisse Richtlinien bezüglich des Zieles der Arbeiten« erhalten habe.[101] Thyssen sah sich nicht länger als Interessenvertreter der deutschen Industrie, sondern als Sachwalter der Partei, deren Vorstellungen von einer nationalsozialistischen Wirtschaftsordnung es umzusetzen galt. Die nötige Autorität hatte ihm die Partei nicht nur durch die Berufung in den Generalrat der Wirtschaft und die Proklamation als höchste Autorität für die vier westlichen Gauleiter in Wirtschaftsfragen verschafft. Göring hatte ihn außerdem zum Mitglied auf Lebenszeit des durch Gesetz vom 8. Juli 1933 errichteten Preußischen Staatsrates ernannt. Von dieser Funktion leitete Thyssen die »Verpflichtung und die Verantwortung« her, »dem Staate bei der Neugestaltung der wirtschaftlichen Verhältnisse Hilfe zu leisten«.[102] Seit November 1933 Mitglied des nicht mehr frei gewählten, zu einem reinen Akklamationsforum zur gelegentlichen Entgegennahme von Hitler-Reden herabgesunkenen Reichstags, hatte sich Hitlers Vorzeige-Industrieller vollständig in den Dienst der nationalsozialistischen Bewegung gestellt.

Fritz Thyssen gehörte nicht zu denjenigen nationalkonservativen Kräften, die an Hitler nur deshalb nicht vorbeizukommen glaubten, weil er mit zwölf Millionen Wählern die mit Abstand größte Partei führte, insgeheim jedoch hofften, dass er wie seine Vorgänger Papen und Schleicher schon nach kurzer Zeit scheitern würde. Er war Nationalsozialist aus innerster Überzeugung, betrachtete Hitler als den Vollstrecker seiner eigenen politischen Ideale und die NS-Bewegung als Bollwerk gegen den Kommunismus und dessen Einfluss auf die Arbeiterschaft. Seine traumatischen Erlebnisse an der Ruhr in den Revolutionswirren von 1918/19 mögen dabei eine besondere Rolle gespielt haben. Wie ein großer Teil der gesellschaftlichen Eliten im Tiefsten ihres Herzens noch immer der Monarchie verbunden, erhoffte auch er sich von Hitler die Wiedereinsetzung der Hohenzollern,[103] hatte dieser doch im Herbst 1932 gegenüber Thyssen, Vögler, Kirdorf und anderen Ruhrindustriellen auf Schloss Landsberg erklärt, er fühle sich nur als »Schrittmacher für die Monarchie«.[104]

Die freundschaftlichen Kontakte, die Hermann Göring zu führenden Mitgliedern des Hochadels wie Prinz August Wilhelm (»Auwi«) von Preußen, einem Sohn des letzten Kaisers, unterhielt, dürften Thyssen in dieser Erwartung bestärkt haben. Der jüngste Bruder des Kronprinzen Friedrich Wilhelm war im Frühjahr 1930 in die NSDAP eingetreten und Standartenführer der SA geworden.[105] Als Beleg für die Absicht der Nationalsozialisten, die Monarchie wieder einzuführen, wertete Thyssen außerdem zwei Besuche, die Göring im Januar 1931 und im Mai 1932 Wilhelm II. in dessen Exil im holländischen Doorn abstattete. Göring war es auch, der ein Treffen zwischen dem Kronprinzen und Hitler arrangierte, bei dem dieser (so Prinz Friedrich Wilhelm 1947 vor dem Nürnberger Kriegsverbrechertribunal) erklärt habe, dass er »die Krönung« seines »Werkes« in der »Wiederherstellung des deutschen Kaiserreiches« sehe.[106] Dass Hitler über Göring die Nähe zu den Hohenzollern nur zu dem Zweck

Zur wichtigsten Bezugsperson innerhalb der NS-Führung wurde für Thyssen der in großbürgerlichen und adligen Kreisen verkehrende Hermann Göring. Ganz besonders schätzte er dessen »äußerst reizende« schwedische Frau Carin (hier zusammen mit ihrem Mann, vermutlich Ende der zwanziger Jahre), die 1931 an einer Herzkrankheit starb.

gesucht haben könnte, vor den monarchistisch eingestellten Kreisen seine wahren Pläne eines diktatorischen Führerstaates zu verschleiern – zu solchen Einsichten war Thyssen in seinem idealistisch verklärten Glauben an den Nationalsozialismus nicht fähig.

Dass Hitler von der Monarchie in Wahrheit nicht allzu viel hielt, hätte Thyssen bei der Lektüre von »Mein Kampf« leicht erkennen können. »Das Glück, einen großen Monarchen als großen Menschen zu besitzen«, so heißt es da sarkastisch, »wird den Völkern so selten zuteil, dass sie schon zufrieden sein müssen, wenn die Bosheit des Schicksals wenigstens vom allerärgsten Missgriff absieht.«[107] Allzu schnell bestätigte sich für das Haus Hohenzollern die schmerzliche Gewissheit, dass der Exmonarch und seine Anhänger nur willige Werkzeuge auf Hitlers Weg zur alleinigen Macht gewesen waren – Werkzeuge wie Fritz Thyssen und seine Gesinnungsfreunde in der Großindustrie, auf die man jetzt keine Rücksicht mehr zu nehmen brauchte.[108]

Was Thyssens Begeisterung für Hitler und seine Bewegung jedoch am meisten entfachte, war die Hoffnung, mit Hilfe der neuen Regierung eine Wirtschaftsreform zu verwirklichen, die eine weitgehende Selbstverwaltung der einzelnen Berufsstände zum Ziel hatte. Unter dem Eindruck der Wirtschaftskrise mit über sechs Millionen Erwerbslosen, der Radikalisierung der Arbeiterschaft und der in seinen Augen verhängnisvollen Rolle der Gewerkschaften in der Politik strebte er die Überwindung des Klassenkampfes in einem auf das Gemeinwohl verpflichteten Ständestaat an. Mit seinem Führer Adolf Hitler meinte er den mächtigen Förderer und Erfolgsgaranten dieses Projektes auf seiner Seite zu haben.

KAPITEL 5

Ständestaat-Träumereien

Am 19. Mai 1933 suchte Fritz Thyssen Hitler zu einem für ihn schicksalhaften Gespräch in der Reichskanzlei auf. In seiner Begleitung befanden sich Professor Walter Heinrich und Dr. Paul Karrenbrock, beides führende Ständestaat-Theoretiker, sowie Josef Klein, seit Juli 1932 nationalsozialistisches Mitglied des Reichstages und führender Mann des Düsseldorfer Gauwirtschaftsrates der NSDAP. Thyssen hatte an die Begegnung große Erwartungen geknüpft. Über ein Vierteljahr nach der Machtübernahme erhoffte er sich von Hitler nunmehr klare Direktiven für den Beginn des Lehrbetriebs am Düsseldorfer Institut für Ständewesen. Erst wenige Tage zuvor, am 6. Mai, war das Projekt einer Forschungseinrichtung zur Ausbildung der Führungselite eines künftigen Ständestaats bei einem Treffen von Mitgliedern des Gauwirtschaftsrates der NSDAP und Vertretern der rheinisch-westfälischen Industrie aus der Taufe gehoben worden.

Hitler hatte zu diesem Zeitpunkt offensichtlich keine konkreten Vorstellungen von einer nationalsozialistischen Wirtschaftsordnung. Was er zu dem Gespräch beitrug, waren allgemeine Feststellungen, etwa dass die Wirtschaft eine »Funktion des Volkskörpers« zu sein habe, dass »alle Glieder der Wirtschaft gemeinsam auf die Ziele hinarbeiten« und dass insbesondere Arbeitgeber und Arbeitnehmer, statt getrennt organisiert zu sein, »zusammengefasst« werden müssten.[1] Am Ende erhielten Thyssen und seine Begleiter jedoch grünes Licht für den Aufbau eines »Nationalsozialistischen Instituts für Ständewesen«. Sinngemäß habe Hitler, so erinnerte sich Thyssen später, erklärt: »So wie die politische Bewegung von München ausging, kann die ständische Entwicklung von Düsseldorf ausgehen.«[2]

Der Gedanke, dass die einzelnen Stände ihre Angelegenheiten autonom regeln sollten, war nicht neu, sondern knüpfte an frühe Vorbilder ständischer Mitwirkung an der politischen Gesetzgebung beim Übergang vom Feudalismus zum modernen Verfassungsstaat an. Im neunzehnten und zwanzigsten Jahrhundert wurde die Ständestaat-Idee, unter anderem durch die katholische Soziallehre, aber auch durch den Faschismus, wiederbelebt. Dabei stießen ständisch-autoritäre Bestrebungen vor allem in Österreich und Italien zunächst auf größeres Interesse als in Deutschland. Hier betrachteten erst in der Endphase der Weimarer Republik viele Enttäuschte einen korporativen Umbau von Staat und Gesellschaft als Alternative zur parlamentarischen Demokratie. Ausgangspunkt dieser vor allem in konservativen Kreisen entwickelten Modelle war eine tiefe Skepsis gegenüber dem parlamentarischen System. Ihr Misstrauen in die Fähigkeit der Politik, komplexe wirtschaftliche Probleme zu lösen, wuchs in dem Maße, wie sich die untereinander zerstrittenen Parteien und Interessengruppen außer Stande zeigten, mit der Massenarbeitslosigkeit und deren sozialen Folgen fertig zu werden.[3] Ihre Reformansätze liefen daher fast ausnahmslos auf eine Entmachtung der Parlamente zu Gunsten gewählter berufsständischer Vertretungen hinaus. Diese Ständekammern sollten die für ihren jeweiligen Berufsstand notwendigen Entscheidungen in eigener Verantwortung treffen. Neben den Zweifeln am Parlamentarismus von Weimar offenbarte die Suche nach verfassungsrechtlichen Alternativen aber auch eine verbreitete Skepsis gegenüber der kapitalistischen Wirtschaftsordnung. Unter dem Eindruck der Notlage von Millionen hielten viele einen Mittelweg zwischen Kapitalismus und Sozialismus für den einzig erfolgversprechenden Ausweg. Auch Thyssen sah die von ihm propagierte ständische Ordnung irgendwo »in der Mitte zwischen Liberalismus und einer vollständigen Staatswirtschaft«.[4] Von einem allein am Gemeinwohl orientierten Ständesystem erhoffte er sich die Überwindung der Interessengegensätze zwischen Arbeitgebern und Arbeitnehmern und auf diesem Weg eine soziale Befriedung.

Thyssen ist mit der Ständestaat-Idee erst relativ spät in Berührung gekommen. Seiner eigenen Darstellung zufolge war es Klein, der ihn – wahrscheinlich 1932 – damit vertraut gemacht hat.[5] Klein war, als er Thyssen Ende 1931 kennen lernte, im I.G. Farben-Konzern mit sozialen Fragen beschäftigt und hatte sich der Theorie Othmar Spanns verschrieben. Spann, seit 1919 Professor der Politischen Ökonomie und Gesellschaftslehre an der Universität Wien, knüpfte mit seinen Vorstellungen an die romantische Wissenschaft Adam Müllers an.[6] Vor allem unter Schwerindustriellen fand die von seiner Stände-Ideologie ausgehende Vision eines antidemokratischen Herrschaftssystems Anklang. Als tatkräftiger Förderer Spanns und seiner Ideen tat sich neben Thyssen insbesondere Ludwig Grauert, seit 1927 Geschäftsführer des Arbeitgeberverbandes der Nordwestlichen Gruppe des Vereins Deutscher Eisen- und Stahlindustrieller, hervor. Auf Bitten Thyssens stellte er Paul Karrenbrock, Referent in seinem Verein und ein früher Schüler Spanns, ab, damit dieser die wissenschaftliche Leitung des am 23. Juni 1933 offiziell eröffneten Stände-Instituts übernehmen konnte.

Neben Klein wurden Karrenbrock und Heinrich die führenden Köpfe der Ständebewegung. Thyssen selbst ließ dagegen wenig Neigung erkennen, sich mit der Theorie des von ihm idealisierten Wirtschaftssystems intensiver zu beschäftigen. Spanns grundlegende Schriften zum Ständestaat waren ihm unbekannt und blieben es auch.[7] »Ich habe mich in die Details nicht vertieft«, erklärte er in seinem Spruchkammerverfahren 1948.[8] Von dem Ziel, mit dem er seine Hinwendung zum Nationalsozialismus hauptsächlich legitimierte, hatte Thyssen nur höchst verschwommene, ja diffuse Vorstellungen. Selbst in das Gespräch mit Hitler am 19. Mai 1933 ging er ohne klares Konzept. »Es wurden nur ziemlich allgemeine Dinge durchgesprochen«, erinnerte sich Karrenbrock später.[9] Auch Ernst Poensgen gewann seinerzeit den Eindruck, dass Thyssen »wohl keine klare Vorstellung von diesen Problemen« hatte.[10]

Sein Verhältnis zur NSDAP in dieser Frage wirft ebenfalls mancherlei Fragen auf. Wartete er auf Direktiven der Partei zur konkreten Form einer neuen Wirtschaftsordnung? Oder suchte er selber mit Rückendeckung Hitlers durch »sein« Institut vollendete Tatsachen zu schaffen, um den »sozialistischen« Tendenzen in der NSDAP den Boden zu entziehen? Für beide Absichten finden sich in späteren Erklärungen Thyssens gewisse Anhaltspunkte.[11] Auf die wichtigste Frage, nämlich auf die nach der tatsächlichen Bereitschaft Hitlers und seiner Partei, in Deutschland einen Ständestaat zu errichten, gab es anfangs gleichfalls keine eindeutige Antwort. Die Nationalsozialisten hatten sich nie festgelegt, was sie mit einer Ständeordnung meinten. In ihrem Parteiprogramm vom 24. Februar 1920 findet sich nur die vage Forderung nach »Bildung von Stände- und Berufskammern zur Durchführung der vom Reich erlassenen Rahmengesetze in den einzelnen Bundesstaaten«.[12] Zwar verwendete Hitler in »Mein Kampf« den Begriff »Ständekammer«. Doch wie sie sich in einem nationalsozialistischen Staat zusammensetzen und welche konkreten Aufgaben sie erfüllen sollten, verriet er nicht.

Thyssen wiederum war trotz seiner Stellung als nationalsozialistischer »Musterindustrieller« offenbar zu wenig mit den internen Kräfteverhältnissen der Hitler-Bewegung vertraut, um die persönlichen Interessen und Ziele einzelner Parteiführer zu durchschauen. Dass sich Othmar Spanns antimarxistische und antidemokratische Vorstellungen mit grundlegenden Zielen der Nationalsozialisten deckten, bedeutete nicht, dass der Diktator bereit gewesen wäre, den Primat der Politik zu Gunsten einer sich selbst verwaltenden Wirtschaft aufzugeben. Zwar richtete die Reichsleitung der NSDAP nach der Machtübernahme ein spezielles »Amt für ständischen Aufbau« ein. Ein klares Konzept kam allerdings auch dabei nicht heraus. Wozu sich Hitlers Ständetheoretiker gerade noch durchringen konnten, waren Vorschläge für die Einrichtung ständischer Kammern mit beratender Funktion. Eine staatsferne, sich selbst überlassene Wirtschaft aber stand nach der Machtübernahme weniger denn je zur Diskussion.

Suspekt war vielen nationalsozialistischen Ideologen zudem die Nähe des Spann-Kreises zur katholischen Kirche. Insbesondere die Verkündung der Sozialenzyklika »Quadragesimo anno« durch Papst Pius XI. am 15. Mai 1931 hatte die Aufmerksamkeit der Katholiken auch auf die ständisch-autoritären Bestrebungen Spanns und seiner Jünger gelenkt. Das Papstwort wurde von vielen Gläubigen als Bekenntnis zu einer ständestaatlichen Ordnung verstanden. In Deutschland machte sich vor allem der Katholische Akademikerverband Spanns Gesellschaftsmodell zu Eigen und bot dessen prominenten Vertretern in seinen Vortragsveranstaltungen ein für autoritäre Gesellschaftsentwürfe empfängliches Publikum. Höhepunkte waren insbesondere die drei »Soziologischen Sondertagungen« des Verbandes im Kloster Maria Laach. Die Benediktinerabtei in der Eifel entwickelte sich Anfang der dreißiger Jahre zu einem regelrechten Sammelpunkt für christlich-konservative und national gesinnte Kräfte. Auch Thyssen hat an zwei Treffen teilgenommen – 1932 und 1933, für die Veranstaltung 1931 ist seine Anwesenheit nicht verbrieft – und offensichtlich entscheidende Impulse für seine Mission erhalten. Unter dem Eindruck der Auftritte Spanns und seiner Jünger in Maria Laach war er davon überzeugt, dass deren romantische Theorien und die katholische Gesellschaftslehre auf dasselbe Ziel gerichtet waren.

Fritz Thyssen hat sich wohl keiner anderen Institution zeitlebens so eng verbunden gefühlt wie der katholischen Kirche. Mit seinem beschützenden Engagement für ihre Einrichtungen stand er dabei ganz in der Tradition seiner Familie. Sehr viel früher und kämpferischer, als dies wohl in der Heimat seiner Vorfahren im »schwarzen« Aachener Raum jemals nötig gewesen wäre, hatte er in der Diaspora des protestantisch geprägten Mülheim, herausgefordert durch den so genannten Kulturkampf zwischen der Reichsregierung unter Bismarck und der katholischen Kirche, bereits in der Schule gegen antikatholische Tendenzen trotzig Position bezogen. In Rage brachte den Mülheimer Schüler vor allem die antikatholische Einstellung des Direktors und seines Geschichtslehrers, in dessen Unterricht, so erinnerte sich Thyssen später, die »Päpste geschmäht« worden seien.[13] Zu seiner Verteidigung habe sich der betreffende Lehrer auf das von der preußischen Kultusverwaltung vorgeschriebene Lehrbuch berufen. Er, Thyssen, habe dagegen eingewandt, dass nicht unbedingt wahr sein müsse, was in einem preußischen Geschichtsbuch steht, und sei für diese Bemerkung »ernsthaft bestraft« worden, worauf ihn sein Vater von der Schule genommen habe. Nur unter größten Schwierigkeiten sei es August Thyssen gelungen, seinen rebellischen Sohn auf einem Gymnasium in Düsseldorf unterzubringen. Thyssens anfängliche politische Nähe zum Zentrum – der parlamentarischen Speerspitze des politischen Katholizismus – dürfte sich denn auch vor allem aus seiner Protesthaltung gegen die preußische Kirchenpolitik erklären, die Katholiken, wie er es später formulierte, als »Bürger zweiter Klasse oder schlechte Deutsche« behandelte.[14]

Über die Ursprünge der Beziehungen zwischen der Familie Thyssen und den Benediktinern von Maria Laach existieren keine genauen Überlieferungen. Noch enger als Fritz Thyssen war sicherlich Jula Thyssen, die Frau seines Vetters Julius, mit dem Kloster und insbesondere mit seinem Abt Ildefons Herwegen verbunden. Die tief religiöse Frau unterstützte nicht nur das Kloster durch großzügige Schenkungen, sondern führte mit dem Abt auch eine intensive, teilweise politische Korrespondenz. Der in der konservativen Gedankenwelt des Kaiserreichs aufgewachsene Herwegen fühlte sich von den Machtkämpfen des Weimarer Parteienstaates »derart abgestoßen«, dass er sich antidemokratischen Kräften zuwandte, von denen er glaubte, dass sie »dem neuen Staate Dauer, der Kirche und der christlichen Kultur Lebensraum zu gewähren« im Stande seien.[15] Es war sein tragischer Fehler, dass er Hitler vertraute, als dieser am 23. März 1933 in der Potsdamer Garnisonskirche vor Reichspräsident von Hindenburg und den Abgeordneten des neu gewählten Reichstages feierlich gelobte, dass »die Sorge der nationalen Regierung dem aufrichtigen Zusammenleben zwischen Staat und Kirche gelte«.[16]

Schon die zweite »Soziologische Sondertagung« zum Thema »Die christliche Ständeidee und ihre Verwirklichung« vom 29. April bis 1. Mai 1932 hatte die hinter Klostermauern versammelten Teilnehmer aus der Sicht ihrer weltanschaulichen Gegner ins politische Zwielicht gerückt. Durch den konspirativen Charakter der Zusammenkunft misstrauisch geworden, sah der sozialdemokratische *Vorwärts* in einigen »führenden Schichten des politischen Katholizismus den faschistischen Keim tief eingesenkt«. Ganz besonders unter den »jungbürgerlichen Katholiken«, so der Kommentar, seien die »Sympathien für eine autoritär-faschistische Bewegung außerordentlich groß«.[17]

Auf dieser Tagung ergriff auch Thyssen das Wort. Über den Inhalt seines kurzen Diskussionsbeitrags wissen wir nichts Authentisches. Ein Manuskript oder Protokoll ist nicht überliefert. So sind wir auf die Erinnerung eines Teilnehmers, des katholischen Philosophen Dietrich von Hildebrand, angewiesen, dessen Eindruck von Thyssen jedoch durch seine eigene kompromisslose Ablehnung des Nationalsozialismus äußerst negativ ausfiel. In seinen Memoiren schilderte Hildebrand, der 1933 emigrierte und noch im selben Jahr in Österreich die Zeitschrift *Der Christliche Ständestaat* gründete,[18] Thyssens Ansprache als »negativen Höhepunkt« der Tagung: »Sie war in jeder Hinsicht grauenvoll, stellenweise aber so grotesk, daß sie komisch wirkte.

Er begann, die Katholiken anzugreifen, die den Faschismus – er vermied das Wort Nationalsozialismus – kritisierten, und insbesondere alle diejenigen, die von pazifistischen Ideen infiziert waren. Er brachte dies alles aber in ganz primitiver Form vor, sowohl in der Formulierung der Sätze wie in der Verwendung von Fremdwörtern – er wirkte völlig naiv. Es war eine eindeutige Propaganda für den Nationalsozialismus.«[19] Ildefons Herwegen hat später bestätigt, dass Thyssen in jener Diskussion »den Nationalsozialismus unter Adolf Hitler ernstester Beachtung empfahl«, wenn auch laut Herwegen »in sehr ruhiger Weise«.[20]

Erregte Thyssens offene Sympathie für die Nationalsozialisten 1932 unter den vielfach skeptischen Teilnehmern noch besondere Aufmerksamkeit, gestaltete sich die »Dritte Soziologische Sondertagung« vom 21. bis 23. Juli 1933 zu einer Art Dankgottesdienst für die an die Macht gelangte Bewegung. Nach einer perfekten Regie reiste Hitlers Stellvertreter Franz von Papen direkt nach dem Abschluss des Reichskonkordats zwischen dem neuen Regime und dem Heiligen Stuhl von Rom nach Maria Laach und wurde wie ein Triumphator mit Glockengeläut auf dem Klostergelände begrüßt. Mit dem Konkordat, dem ersten internationalen Vertrag der neuen Regierung, gelang es Hitler, viele Katholiken, die den Nationalsozialisten bis dahin reserviert oder ablehnend gegenübergestanden hatten, zu besänftigen. Herwegen, der nicht mehr überzeugt werden musste, schrieb an Jula Thyssen: »Was soll aus dem Staate werden, wenn die Katholiken untätig beiseite stehen oder sogar in Opposition treten würden. Der Heilige Vater selbst hat ja den Weg durch das Konkordat aufgetan … Der Bischof von Trier sagte mir noch vorgestern, wer hätte gedacht, daß dieser Staat in kürzester Zeit ein Konkordat zustande bringt, das der Kirche mehr Rechte einbringt[,] als je ein anderes getan hat.«[21]

Wie stark sich der Abt von Maria Laach die braune Ideologie zu Eigen gemacht hatte, offenbarte er auf der Jubel-Tagung. Dabei erschreckt insbesondere das Vokabular, mit der Herwegen

Hitler und seiner Ideologie seine Reverenz erwies: »Wie der Führer Verantwortung trägt für das Ganze, so jeder einzelne unmittelbar für seine Gefolgschaft und damit mittelbar für das Ganze. Wer nicht folgt, ist ein Schädling für die Gemeinschaft ... Dieser Einsatz für das Ganze verlangt starken Opfermut und Verzicht auf sich selbst. Ging früher jede politische Betätigung durch die Partei, so steht nunmehr unter Ausscheidung dieser Pluralität jeder einzelne Volksgenosse unmittelbar dem Staat gegenüber. Sagen wir ein rückhaltloses Ja zu dem neuen soziologischen Gebilde des totalen Staates, das durchaus analog gedacht ist dem Aufbau der Kirche.«[22]

Zu welch peinlichen Tiraden pseudoreligiöser Verklärung des neuen Herrschaftssystems und seines Führers auch einige Referenten in Maria Laach fähig waren, zeigt die Rede des Oberpräsidenten der Rheinprovinz, Hermann Freiherr von Lüninck: »Der Führer übt keine Vergeltung. Als voller Sieger übt er Mäßigung und beweist damit, daß der Hl. Geist wahrhaftig bei ihm ist; denn Mäßigung ist die wesentliche Gabe des Hl. Geistes. Hier zeigt sich die übernatürliche Kraft des Glaubens und der Gnade im Gegensatz zu den natürlichen Mitteln katholischer Menschen.«[23] Die von Maria Laach ausgehenden Signale blieben bei den neuen Machthabern nicht ohne Resonanz: So nahm an der Dritten Soziologischen Sondertagung nicht nur der nationalsozialistische Gauleiter von Koblenz teil; in Begleitung Thyssens erschien auch der Gauleiter Westfalen-Süd, Staatsrat Josef Wagner, in der Benediktinerabtei.[24]

In der durch die »säkulare Tat« einer »großherzigen Regelung des Verhältnisses zwischen Kirche und Staat« (so der Generalvorstand des Katholischen Akademikerverbandes in einem aus Maria Laach an Hitler gerichteten Danktelegramm)[25] ausgebrochenen allgemeinen Euphorie verebbten die theoretischen Diskussionen über eine berufsständische Gesellschaftsordnung schnell. Dass den Propagandisten eines totalitären Führerstaats die Idee einer sich selbst regierenden Wirtschaft ohnehin nicht ins Konzept passte, war spätestens am 2. Mai 1933 deutlich geworden. Das Verbot der Gewerkschaften, die selbst in Thyssens verschwommener berufsständischer Vorstellungswelt weiterbestehen sollten, lieferte den sichtbaren Beweis, dass der Zug längst in eine ganz andere Richtung abgefahren war.

Durfte sich Thyssen auf die katholische Kirche berufen, als er Hitler nicht zuletzt wegen der faschistischen Ständestaat-Ideologie salonfähig machte? Oder, in der zugespitzten Diktion seiner Kläger im Spruchkammerverfahren: Führte die katholische Soziallehre zu Othmar Spann und Spanns Lehre folgerichtig zum Nationalsozialismus? Schon 1932 hatte der Jesuitenpater Oswald von Nell-Breuning in einer Erläuterungsschrift zur Enzyklika »Quadragesimo anno« im klaren Widerspruch zum Katholischen Akademikerverband den Standpunkt vertreten, dass die Soziallehre der Kirche und die Gesellschaftslehre Othmar Spanns »in unüberbrückbarem Gegensatz« zueinander stünden. Dennoch ließ er 1948 für einen theologischen Laien wie Thyssen mildernde Umstände gelten: »Einem Industriellen, der nicht Fachwissenschaftler auf dem Gebiet der Gesellschaftslehre im allgemeinen und der christlichen Gesellschaftslehre im besonderen ist, noch es zu sein braucht, kann es aber nicht zur Last gelegt werden, wenn er der von den maßgeblichen Herren des Katholischen Akademikerverbandes mit allen Mitteln geförderten Meinung erlegen ist ... Wäre meine Stimme bis zu Herrn Thyssen gedrungen, so wäre ihm vielleicht vieles erspart geblieben.«[26]

Thyssen jedoch hatte nur Hitlers Erlaubnis im Ohr, in Düsseldorf ein Ständestaat-Institut errichten zu dürfen. Dass der Führer insgeheim aber gar nicht daran dachte, einer im Geiste Spanns tätigen Kaderschule den Aufbau einer nationalsozialistischen Wirtschaftsordnung zu überlassen – dieser Gedanke kam Thyssen offenbar nicht. Schließlich hatte sich Hitler »derart unzweideutig« auf die »verfassungsmäßige Einführung der berufsständischen Ordnung in der Wirtschaft festgelegt«,[27] dass man sich nunmehr ganz auf die praktische Arbeit konzentrieren zu können glaubte. Allerdings hätte es Thyssen stutzig machen müssen, dass sich gegen sein Projekt von Anfang an heftiger Widerstand aus der NSDAP regte, sogar schon vor seinem Treffen mit Hitler.[28] Aber er vertraute offensichtlich blind darauf, dass Hitlers Machtwort jede Opposition zum Verstummen bringen würde.

Das im Sommer 1933 im Düsseldorfer Wilhelm-Marx-Haus eröffnete Institut für Ständewesen[29] zählte namhafte Unternehmer von Rhein und Ruhr zu seinen Freunden und Förderern. Dem von Thyssen angeführten Kuratorium gehörten unter anderem Albert Vögler, der Waschmittelindustrielle Hugo Henkel und das I.G. Farben-Vorstandsmitglied Fritz ter Meer an. Die wissenschaftliche Leitung und damit die Schulung von Männern der Wirtschaft und Gewerkschaftern zu »echten berufsständischen Führern«[30] lag bei Professor Walter Heinrich und Dr. Paul Karrenbrock. Neben abendlichen Vorlesungen in den Börsensälen des Wilhelm-Marx-Hauses bot das Institut auch Wochenendlehrgänge im Haus des Westdeutschen Spielverbandes in Duisburg-Wedau an. Zu Spezialthemen wie ständisches Geldwesen, Krisentheorie, handwerkliche und industrielle Ständeordnung oder ständisches Verfassungsrecht referierten Experten von benachbarten Hochschulen. Träger des Instituts war ein eingetragener Verein, vertreten durch die Vorsitzenden von Kammern und Wirtschaftsverbänden. Mit Dr. Josef Klein, Gauwirtschaftsberater und Treuhänder der Arbeit, stand ein ranghoher Nationalsozialist an der Spitze des Vorstandes. Der Etat speiste sich zum Teil aus den Zuwendungen verschiedener Verbände; ohne seinen finanzstarken Hauptsponsor hätte es um das Institut jedoch schlecht ausgesehen. »Wenn wir Geld brauchten, ging ich zu Herrn Thyssen«, berichtete Klein nach dem Krieg.[31]

In den beiden ersten Semestern besuchten, wie Thyssen Hitler mitteilte, nahezu dreitausend Teilnehmer Veranstaltungen des Instituts,[32] »alles Menschen, die daran interessiert waren, aus dem Programm der NSDAP etwas zu machen«, wie Karrenbrock seine Mission interpretierte.[33] Allerdings fand der berufsständische Gedanke in der großindustriellen Unternehmerschaft nach wie vor wenig Anklang.[34] Viele beschlich die Sorge, »daß die berufsständische Planung in Staat und Wirtschaft zum Schematismus führt« und eine »geradezu lebensgefährliche Erstarrung der deutschen Wirtschaft« zur Folge hätte.[35] Auch Paul Reusch befürchtete eine »Bürokratisierung der Wirtschaft« und warnte davor, dass »nicht eine gesunde und in sich ausgeglichene Selbstverwaltung, sondern eine mehr oder weniger chaotische Interessenwirtschaft« dabei herauskommen werde.[36]

Überhaupt hielt sich in Thyssens eigenen schwerindustriellen Kreisen die Begeisterung über seine Aktivitäten, gelinde gesagt, in äußerst engen Grenzen. Sein herrischer Ton, mit dem er, gestützt auf seine herausgehobene Stellung als »oberste staatliche Autorität«, die Wirtschaftsverbände zu mehr Engagement für seine Sache aufforderte, wirkte auf viele befremdlich. Mehr noch erregte der Inhalt seiner Ermahnungen ihren Unwillen, etwa wenn er ihnen vorhielt, dass der »wilde Konkurrenzkampf« nicht mehr »im Sinne einer geordneten Wirtschaft und sicher nicht im Sinne einer berufsständischen Neuordnung liege«.[37] Seine Kritik gipfelte in der unverhüllten Drohung, er werde »etwaigen Störungen oder Störungsversuchen mit dem mir durch die Berufung zum Staatsrat eingeräumten Einfluss auf die zuständigen staatlichen Organe zuvorkommen«.[38] Aber auch mit dieser Philippika überzeugte er die schwerindustriellen Verbandsführer nicht. Zwar wagte niemand, Hitlers Günstling offen zu widersprechen. Doch blieb er in ihren Augen auch nach seiner politischen Aufwertung ein weltfremder Utopist.

In dieser spannungsreichen Phase übernahm Thyssen im Juli 1933 von Fritz Springorum den Vorsitz des Langnamvereins und der Nordwestlichen Gruppe des Vereins Deutscher Eisen- und Stahlindustrieller. Daran, dass er von dieser Position aus die

Verwirklichung seiner Pläne mit besonderer Energie vorantreiben würde, ließ er von Anfang an keinen Zweifel aufkommen. Er rechnete sich dafür umso größere Chancen aus, als er mit Ludwig Grauert, dem 1933 als Staatssekretär ins preußische Innenministerium übergewechselten ehemaligen Geschäftsführer des Stahl-Arbeitgeberverbandes, einen engagierten Förderer des Ständestaatsprojekts an einflussreicher Stelle in Berlin wusste. Seine Ambitionen unterstrich der neue Präsident obendrein dadurch, dass er seinen Intimus Karrenbrock in sein »Büro Thyssen« im Düsseldorfer Stahlhof, dem Allerheiligsten der westdeutschen Stahlverbände, holte.

Die Geschäftsführer der unter Thyssens Vorsitz stehenden beiden Verbände hatten denn auch kein leichtes Leben. Das galt vor allem für den zum Hauptgeschäftsführer berufenen Wilhelm Steinberg. Da er von Thyssens Plänen wusste, hatte er es zunächst abgelehnt, das schwierige Amt zu übernehmen, seinen Widerstand jedoch auf Drängen Springorums aufgegeben.[39] Steinberg hätte gute Gründe gehabt, seine Mitarbeit zu verweigern. Denn mit der Einführung der von Thyssen forcierten neuen Wirtschaftsordnung stand schließlich auch der »als liberalistisches Gebilde« obsolet gewordene Verband vor seiner Auflösung. Obgleich Steinberg Thyssen als »vielseitig interessiert, hilfsbereit, von bestem Wollen geleitet«[40] erlebte, tat sich zwischen dem Verbandsvorsitzenden und seinem Geschäftsführer ein tiefer, unüberbrückbarer Graben auf. Thyssen reagierte sichtlich enttäuscht, als Steinberg sich weigerte, die berufsständische Ordnung in den Mitgliedsfirmen durchzusetzen. Steinbergs Stellvertreter Wilhelm Ahrens hat die Gespräche zwischen Thyssen und seinem Hauptgeschäftsführer denn auch als »reichlich strapaziös und schwierig« geschildert.[41] Steinberg gewann dabei den Eindruck, dass Thyssen über den schleppenden Fortgang seiner eigenen Bemühungen zunehmend »verärgert« war, »was eine sachliche Zusammenarbeit mehr und mehr erschwerte«.[42] Er vermutete daher auch, dass »ärgerliche politische Besprechungen in Berlin« Thyssen schließlich dazu bewogen, in einem spontanen Entschluss den Vorsitz des Langnamvereins niederzulegen. Auf einem Briefbogen des Hotels Kaiserhof in Berlin teilte dieser am 25. Juni 1935 dem »Langnamverein Düsseldorf, Stahlhof« lapidar mit: »Ich bitte, davon Kenntnis zu nehmen, daß ich den Vorsitz des Vereins hiermit niederlege. Hochachtungsvoll. Fritz Thyssen.«[43]

In der Tat dürfte der abrupte Amtsverzicht eine Reaktion auf die entnervenden Widerstände und Angriffe aus den Reihen der Partei gegen seine Pläne gewesen sein. Vor allem der Führer der Deutschen Arbeitsfront (DAF), Robert Ley, in dessen Organisation nach dem Verbot der Gewerkschaften Arbeitgeber und Arbeitnehmer zwangsvereinigt worden waren, gefiel sich in hemmungsloser Polemik gegen das seine Kreise störende Stände-Institut. Mit nicht zu überbietender Geringschätzung mokierte er sich darüber, dass er »noch nie zwei Nationalsozialisten getroffen habe, die einer Meinung über den ständischen Aufbau gewesen wären«. Für ihn war diese Gesellschaftslehre nichts weiter als ein »absolutes Chaos von Gedanken« und ein »völliger Wirrwarr«,[44] das Werk Spanns »die Sprache der Juden, des alten Moses, die kein Deutscher versteht«.[45] Im Herbst 1933 verbot er den Mitgliedern der Deutschen Arbeitsfront, Lehrgänge an Thyssens Institut zu belegen. Gleichzeitig wies er alle unter seinem Einfluss stehenden Dienststellen an, das vom Gauwirtschaftsrat der NSDAP Düsseldorf herausgegebene Mitteilungsblatt *Braune Wirtschaftspost*, die publizistische Speerspitze des Stände-Instituts, abzubestellen. Hinzu kam, dass Teile der Industrie auf Druck der DAF ihre finanzielle Unterstützung einstellten. Thyssen, von Klein auf die prekäre Lage hingewiesen, bestand jedoch darauf, so lange wie möglich weiterzumachen, und stopfte die entstandenen Finanzlöcher wiederholt durch Zuwendungen aus eigener Tasche. Vermutlich auf Grund seiner Fürsprache sprangen wohltätige Spender wie der Bankier Robert Pferdmenges ein, der etwa hundert Abonnements der Instituts-Zeitschrift übernahm.[46] Mehrere Versuche Kleins, Hitler persönlich zum Eingreifen zu bewegen, scheiterten. Der Führer empfing ihn gar nicht erst, sondern ließ ihn mehrfach von seinem »Chefadjutanten« Wilhelm Brückner abwimmeln.[47]

Dass Hitler an Thyssens Arbeit nicht sonderlich interessiert war, hatte außer Klein auch Karrenbrock inzwischen erkannt. Der Führer sei in dem »verflossenen Jahre von seiner Umgebung notorisch daran gehindert worden«, sich »richtiges wissenschaftliches Werkzeug zu beschaffen. Dass er dieses Werkzeuges dringend bedarf, bezeugt er immer wieder selbst durch seine eigenen weitausholenden theoretischen Versuche. Es ist geradezu erschütternd, ihn immer wieder um die logisch-schlüssigen Grundlagen einer revolutionären Gestaltung ringen zu sehen, während diese Grundlagen seit 20 Jahren von einer neuen deutschen Staatswissenschaft erarbeitet worden sind, jedoch von der heute herrschenden Ungeistigkeit zertrampelt werden.«[48]

Im April 1934 hielt Thyssen den Zeitpunkt für gekommen, sich selber mit einer Beschwerde an Hitler zu wenden. In einem über Göring an die Reichskanzlei geleiteten Brief beklagte er sich bitter darüber, dass Ley vor einem größeren Kreis bei einem Essen im Düsseldorfer Industrie-Club Othmar Spann wörtlich als »Verbrecher« und Professor Heinrich als »Ableger dieses Verbrechers« bezeichnet habe. Heinrich, der zu diesem Zeitpunkt schon nicht mehr aus Wien zu seinen Vorlesungen am Institut anreiste, sei vielmehr ein »glühender Verfechter des autoritären Staates«, dem er »alle Stände, auch die Kirchen, unterordnet«.[49] Thyssens »aus vollem Vertrauen zu Ihrer alleinigen Macht, die Dinge zu meistern«, vorgetragene Bitte, »unbedingt einzugreifen«, blieb unerfüllt. Hans Heinrich Lammers, Chef der Reichskanzlei, notierte am 7. Juli 1934: »Der Herr Reichskanzler ist mit dem Inhalt des Berichts über die wirtschafts- und sozialpolitische Entwicklung, den Herr Staatsrat Dr. Thyssen verfasst hat, nicht einverstanden. Er lehnt auch die Pläne der Herren Professoren Spann und Heinrich ab.«[50]

Lammers hatte (offenbar weil es in der NSDAP widersprüchliche Ansichten zu Thyssens Stände-Institut gab) zuvor bei Hitlers Wirtschaftsbeauftragtem Wilhelm Keppler eine Stellungnahme erbeten. In dessen Vermerk vom 21. März 1934 heißt es: »Im Institut für Ständewesen fungieren als Dozenten im wesentlichen Schüler des bekannten Professors Othmar Spann, dessen Anschauungen über den künftigen Ständeaufbau nicht im Einklang stehen mit dem Vorhaben unseres Führers.« Das »Auftreten dieser Lehrkräfte« mache das Institut zu einer »nicht besonders glücklichen Einrichtung«.[51]

Die Ereignisse eskalierten, als Karrenbrock 1935 in einer vom Institut finanzierten Streitschrift gegen die rassentheoretischen Thesen des Parteiideologen Alfred Rosenberg (dargelegt in dessen »Mythus des 20. Jahrhunderts«) zu Felde zog. Thyssens in dieser Phase engster politischer Mitarbeiter wurde von Hitlers Stellvertreter Rudolf Heß sowie von Robert Ley mit einem Redeverbot belegt und 1936 aus der Partei ausgeschlossen. Thyssen zögerte nicht, dem Gemaßregelten gegenüber demonstrativ seinen Respekt dafür auszusprechen, »daß Sie mit soviel Energie der babylonischen Begriffsverwirrung zuleibe gegangen sind, die durch den ›Mythos‹ des Herrn Rosenberg angerichtet worden ist«.[52] Damit Karrenbrock seine wissenschaftliche Arbeit fortsetzen konnte, setzte Thyssen ihm ein Monatsgehalt von 900 Mark aus.[53]

Am 18. Februar 1936 verfügte Heß die sofortige Auflösung des in der Parteileitung bestehenden Amts für Ständischen Aufbau. Die Diskussion über dieses Thema sei abgeschlossen, das Amt somit »überflüssig« geworden.[54] Hitler untersagte jede weitere Diskussion über den »ständischen Aufbau«. Die Art und Weise, wie Staat und Partei die führenden Männer des Instituts verfolgten, deutet darauf hin, dass die Nationalsozialisten mit Thyssens Einrichtung weit mehr als nur eine Konkurrenz zu Leys Deutscher Arbeitsfront bekämpften. Vielmehr fürchteten sie eine Zersetzung ihrer eigenen Ideologie. Nachdem deutsche Truppen in Österreich einmarschiert waren, wurde Professor Heinrich am 16. März 1938 verhaftet, in das Konzentrationslager Dachau eingeliefert und dort von der Gestapo verhört. Für den Lebensunterhalt des Ständetheoretikers und seiner Familie kam Fritz Thyssen, laut Heinrich »in voller Einsicht in die Konsequenzen einer solchen Unterstützung Verfolgter und Geächteter«,[55] bis zur Beschlagnahme seines Vermögens auf. Dr. Josef Klein, der schon 1934 als Gauwirtschaftsberater abgelöst wurde, gelang es zwar, mit Thyssens Hilfe eine berufliche Stellung bei der Thyssen-Hütte zu finden, wo er die Betriebssportgemeinschaft, später zusätzlich auch noch die Werksfeuerwehr und den Fuhrbetrieb leitete.[56] Im November 1942 jedoch wurde auch er verhaftet, von der Gestapo in ein KZ eingeliefert und nach Rückkehr aus mehrmonatiger »Schutzhaft« im Juli 1943 auf Druck der Gauleitung Essen von der Thyssen-Hütte fristlos gekündigt. Thyssen konnte zu diesem Zeitpunkt nichts mehr für ihn tun – er befand sich inzwischen selber im KZ.

Dass es den Nationalsozialisten bei ihrer Abrechnung mit dem Thyssen-Kreis nicht nur um die Bekämpfung der Stände-Ideologie ging, unterstreicht die Reaktion auf ein Gnadengesuch, das Kleins Ehefrau Hanni im März 1943 an den Essener Gauleiter Josef Terboven richtete. Terboven, inzwischen auch Reichskommissar für Norwegen, lehnte Kleins Entlassung aus der KZ-Haft unter Hinweis auf dessen Verbindungen mit »dem im völligen Bann der machtpolitischen Gelüste der katholischen Kirche denkenden Othmar Spann« und dem »landesverräterischen Halunken Thyssen« rundheraus ab.[57] »Wenn wir Spann bekämpfen, dann nicht nur den Philosophen und Wissenschaftler, sondern ebenso den Politiker, einen Theoretiker und Praktiker des politischen Katholizismus«, hieß es in den von Alfred Rosenberg herausgegebenen *Nationalsozialistischen Monatsheften.*[58]

Der noch fünf Jahre nach der Machtübernahme von den NS-Ideologen geführte Kampf gegen den »Spann-Kreis« erklärt sich nicht zuletzt aus dem beträchtlichen Einfluss dieser Gruppe auf die nationalsozialistische Bewegung in Österreich und das Sudetenland.[59] In der Lesart der Parteiideologen hatten die Anhänger Spanns versucht, »über Düsseldorf maßgeblichen Einfluss auf das Dritte Reich zu erhalten«. Mit diesem Ziel hätten sie »den Plan des Führers, dass im Westen der Grundstein zum nationalsozialistischen ständischen Aufbau der deutschen Wirtschaft gelegt werden soll, im Bunde mit der Großindustrie sabotiert und vereitelt«[60] – ein absurder Vorwurf, der sich allein aus dem Bedürfnis der von der Rassenlehre beseelten Parteidogmatiker erklärt, sich von der als »geistig« abgewerteten Weltanschauung Spanns ideologisch abzugrenzen. Dass das in dieser Auseinandersetzung tonangebende SS-Reichssicherheitshauptsamt mit der Spann-Gruppe in Wahrheit an anderes, eher fundamentalistisches Feindbild im Visier hatte, ist unverkennbar. So heißt es in einem internen Bericht des Amtes: »Man kann eine umfassende Schulung von Arbeits- und Wirtschaftsführern in grundsätzlichen weltanschaulichen Fragen nicht einer Gruppe überlassen, deren außerdeutsche Führer eine planmäßige Zersetzung der nationalsozialistischen Weltanschauung und eine Aufspaltung der nationalsozialistischen Bewegung betreiben.«[61]

In Wirklichkeit wollte Hitler nie einen ständischen Aufbau, sondern eine auf dem Führerprinzip beruhende zentralistische Staatswirtschaft. Seine Kriegsvorbereitungen und die hierbei verfolgte Autarkiepolitik ließen für sozialromantische Experimente mit einem »dezentralistischen Gefüge der Gesellschaft«, dem »korporativen Urgedanken«,[62] keinen Platz. Im Königsteiner Spruchkammerverfahren machte der Vorsitzende Thyssen 1948 auf den Widerspruch zwischen den angeblichen Ständestaat-Zielen der Nationalsozialisten und Hitlers in »Mein Kampf« dargelegter Staatsideologie aufmerksam: »Hitler sagt, daß der Staat den Vorrang haben soll.« Thyssens Entgegnung: »Das weiß ich nicht, ich habe ›Mein Kampf‹ nicht gelesen.« Die Reaktion des Vorsitzenden musste dem allzu Leichtgläubigen bitter in den Ohren geklungen haben: »Das ist eben das Bedauerliche. Wenn Sie in einen Zug einsteigen, tun Sie das nicht, ohne vorher den Fahrplan studiert zu haben. In den NS-Zug sind Sie eingestiegen, ohne den Fahrplan zu kennen.«[63]

Hermann Rauschning, der ehemalige nationalsozialistische Senatspräsident der Freien Stadt Danzig, hat Hitlers Entgegnung auf Thyssens persönliche Vorhaltungen unter Bezugnahme auf ein Gespräch mit dem Reichskanzler (wohl in nicht ganz wörtlicher Form) wie folgt wiedergegeben: »Ich habe Ihnen nie irgendwelche Versprechungen gemacht ... Es gibt nichts, wofür ich Ihnen dankbar sein müsste. Was Sie für unsere Bewegung getan haben, haben Sie zu Ihrem eigenen Nutzen getan, und es als Versicherungsprämie abgeschrieben.«[64] Entlarvend ist Hitlers Begründung für sein Abrücken von allen Ständestaat-Überlegungen, wie sie Rauschning aus dem Gedächtnis überliefert hat: »Können Sie sich nicht denken ..., daß ich den Leuten etwas zu tun geben muß? Sie wollen alle mithelfen. Sie sind voll glühendem Eifer. Ich muß Ihnen etwas bieten. Nun wohl, sollen sie sich an etwas versuchen. Schließlich ist der ständische Aufbau nicht so wichtig, daß sie dabei viel verderben könnten.«[65]

Der Ständestaat – Beschäftigungstherapie für einen idealistischen Großindustriellen und, wie der Reichskanzler geringschätzig hinzufügte, für »diese Professoren und Stubenhocker«![66] Zynischer hätte Hitler Thyssens Projekt nicht abqualifizieren können. Nicht so wichtig! Für seinen treuesten Paladin jedoch war die Vision einer von der katholischen Gesellschaftslehre getragenen Wirtschaftsordnung zur Überwindung der marxistischen Klassenideologie der Kern des nationalsozialistischen Programms gewesen, jedenfalls so, wie er es verstand. Mit der Schließung seines Instituts durch Gauleiter Florian auf Weisung von Heß im April 1936 waren die Ständestaat-Träumereien jäh der harten Realität gewichen. Spätestens jetzt musste Thyssen klar geworden sein, dass er dem falschen Gott geopfert hatte.

KAPITEL 6

Bitteres Erwachen

Fritz Thyssens Vertrauen in Adolf Hitler war durch die von der Partei befohlene Schließung des Instituts für Ständewesen schwer erschüttert worden. Weiter denn je waren nach dem abrupten Ende seines »dritten Weges« Vision und Wirklichkeit einer nationalsozialistischen Wirtschaftsordnung, wie er sie sich vorstellte, voneinander entfernt. Mehr als die Absage an die Idee einer berufsständischen Selbstverwaltung musste Thyssen aber die kaltschnäuzige, arrogante Art und Weise kränken, mit der Hitler das lästige Projekt für erledigt erklärte. Weder hatte dieser sich seinem selbstlosen Förderer gegenüber zu einer Begründung seiner Entscheidung noch zu einem Wort des Dankes für die im Namen seiner Partei bisher geleistete Arbeit herabgelassen. Zu diesem Zeitpunkt müsste Thyssen längst klar gewesen sein, dass die neuen Herren in Wahrheit gar nicht daran dachten, ihm die unmittelbar nach der Machtübernahme öffentlich zugewiesene Führungsrolle in Fragen der Wirtschaft zuzugestehen.

Wenn Thyssen im Nachhinein behauptete, seine Desillusionierung habe schon am Beginn der NS-Herrschaft eingesetzt,[1] so dürften dazu die von Anfang an massiven Widerstände aus der Partei gegen seine wirtschaftspolitischen Pläne wesentlich beigetragen haben. Ein Opponent oder Gegner der neuen Führung war er damit aber zweifellos noch nicht geworden. Immerhin war es Hitler auf seine Weise gelungen, den besonders von der Schwerindustrie bekämpften Einfluss der organisierten Arbeiterschaft der Weimarer Jahre durch die Zerschlagung der Gewerkschaften zu brechen. Am 1. Mai 1933, dem traditionellen Feiertag der Linken, von Reichspropagandaminister Joseph Goebbels nun als »Tag der nationalen Arbeit« zum gesetzlichen Feiertag ausgerufen, proklamierte Hitler vor 500 000 Zuhörern auf dem Tempelhofer Feld in Berlin die Überwindung des Klassenkampfes durch die Verschmelzung der Interessen von Arbeitgebern und Arbeitnehmern unter dem Dach einer einigen Volksgemeinschaft. Auch mit dem Verbot der Kommunistischen Partei und der Verfolgung ihrer Spitzenfunktionäre und Mandatsträger handelte Hitler durchaus im Sinne Thyssens, für den der strikte Antikommunismus ein Hauptmotiv gewesen war, die Nationalsozialisten zu unterstützen.

Wie viele andere Deutsche, so weinte auch Thyssen unter dem deprimierenden Eindruck der gescheiterten Demokratie von Weimar dem Parlamentarismus, unabhängigen Parteien und freiheitlichen Individualrechten der Bürger keine Träne nach. Zwar ließ er sich von sorgfältig inszenierten nationalen Masseneuphorien nicht sonderlich beeindrucken, aber die Gefahren, denen sich das Land durch die Konzentration aller Macht in den Händen eines seiner Natur nach aggressiven, von sozialdarwinistischen und rassenideologischen Antrieben beherrschten Staatslenkers nunmehr ausgesetzt sah, verkannte auch er. Wenn Thyssen gehofft hatte, der Kanzler werde die Monarchie wieder einführen, so sah er sich gründlich getäuscht. Offenbar hat sich Hitler mit dieser Frage zumindest beiläufig beschäftigt, doch mangels eines akzeptablen Thronanwärters im Hause Hohenzollern schon vor Hindenburgs Tod das Thema für »endgültig begraben« erklärt.[2] Nachdem das greise Staatsoberhaupt am 2. August 1934 gestorben war, übernahm der Diktator als »Führer und Reichskanzler« beide Ämter.

Wann und wodurch begann sich Thyssen von Hitler zu distanzieren? Über den Zeitpunkt seiner Abkehr existieren unterschiedliche Vermutungen und Wahrnehmungen. So will ihn der Düsseldorfer Regierungspräsident Carl Christian Schmid, der ihm seit den Tagen des Ruhrkampfes politisch nahe stand, schon im Sommer 1933 »enttäuscht und verbittert« erlebt haben.[3] Der Zentrumspolitiker Andreas Hermes, von Oktober 1921 bis August 1923 Reichsfinanzminister, erinnerte sich an eine »zurückhaltende Stellungnahme gegenüber dem Nationalsozialismus« erstmalig um die Jahreswende 1933/34.[4] Amélies Kammerjungfer Maria Saile sagte später aus, sie hätte ihn seit 1934 »auf den Führer schimpfen« gehört.[5] Im selben Jahr bemerkte seiner Aussage zufolge auch der abgesetzte Düsseldorfer Oberbürgermeister Robert Lehr bei seinem langjährigen deutschnationalen Parteifreund den »schärfsten Gegensatz« zu den Nationalsozialisten. Konkret behielt er die Bemerkung Thyssens im Gedächtnis: »Das was ich hier sage, habe ich dem Führer selbst ins Gesicht gesagt«, womit dieser sich nach eigenem Bekunden unter anderem auf die »unangemessene Lebensführung von Parteibonzen« bezog.[6] Thyssen selbst datierte seinen Bruch mit den Nationalsozialisten auf das Jahr 1935.[7]

An Äußerlichkeiten lässt sich die deutliche Abkühlung seiner Begeisterung für das neue Regime kaum festmachen. Trotz seiner anfänglich gläubigen Bewunderung für Hitler hatte er sich mit sichtbaren Beweisen der Verbundenheit gegenüber der Partei und ihrem Führer bisher eher zurückgehalten, so dass sein allmähliches Abrücken nicht augenfällig wurde. Das vulgäre, grobschlächtige Auftreten der SA-Horden und mancher lokaler Parteigrößen stieß den stillen Weltverbesserer eher ab, der statt in lärmenden Bierkellerversammlungen über den großbürgerlichen Freundeskreis Hermann Görings zur NSDAP gefunden hatte. Dass er überhaupt erst im Mai 1933 Parteimitglied wurde und dazu vermutlich nicht einmal einen formellen Aufnahmeantrag stellte, sondern schlicht »aufgenommen« wurde, unterstreicht sein begrenztes Zugehörigkeitsbedürfnis. Nach eigenem Bekenntnis hat er an keinem einzigen Reichsparteitag teilgenommen, auf seiner Villa nie die Hakenkreuzfahne gehisst (allerdings existiert ein Amateurfilm der Familie, der das NS-Banner auf dem Thyssen-Dach zeigt)[8] und sich gegenüber dem

Werksportier den Hitler-Gruß verbeten, was dieser ausdrücklich bestätigte.[9] Nur ein einziges Mal, bei der Hochzeit des Essener Gauleiters Josef Terboven in Anwesenheit Hitlers und Görings am 28. Juni 1934, sahen Gäste Thyssen in der so genannten Staatsratsuniform – schwarze Hose, brauner Rock –, jedoch ohne Abzeichen.[10]

Dass sich das Verhältnis zwischen den NS-Führern und ihrem großindustriellen Wohltäter abgekühlt hatte, konnten aufmerksame Beobachter allenfalls daran erkennen, dass die Bittsteller vergangener Tage sich in Mülheim auffällig rar machten. »Die Besuche von Hitler und Göring im Hause Thyssen wurden seltener und hörten etwa von 1935 ab überhaupt auf«, sagte der Düsseldorfer Regierungspräsident Schmid 1948 als Zeuge im Spruchkammerverfahren gegen Thyssen aus.[11] Dessen Chauffeur Löwen meinte, die Besuche hätten sogar schon »nach 1933 ganz aufgehört«.[12] Thyssen, der zu seinem sechzigsten Geburtstag am 9. November 1933 noch telegrafische Glückwünsche Hitlers entgegennehmen durfte,[13] will seit 1935 keine weiteren Kontakte zu NS-Führern mehr unterhalten haben.[14]

Über die ersten Anzeichen für ein auf Terror und Gewalt basierendes Herrschaftssystem sah Thyssen wie viele in dem Glauben hinweg, dass es sich dabei nur um ungesteuerte lokale Aktionen handele. Übergriffe gegen politische Gegner, antisemitische Exzesse bereits in den ersten Monaten nach der Machtübernahme oder die Verfolgung kirchlicher Einrichtungen waren in ihren Augen bedauerliche, aber letztlich unvermeidliche und damit entschuldbare »Betriebsunfälle« einer »nationalen Revolution«. Getreu dem viel zitierten Motto »Wenn das der Führer wüsste!« sprachen sie Hitler von der Verantwortung für die von Gauleitern, örtlichen Parteifunktionären und SA-Trupps begangenen Repressalien gegen Andersdenkende frei. Auch für Thyssen waren selbst Boykottaktionen gegen jüdische Geschäfte zunächst nichts weiter als »ungefährliche Zugeständnisse an die Gefühle der Massen«.[15]

Das hinderte ihn nicht daran, Verfolgten, selbst wenn sie politisch oder weltanschaulich in einem anderen Lager standen, zu helfen. So setzte er sich schon 1933 bei Göring für die Freilassung des ins KZ verschleppten früheren preußischen Wohlfahrtsministers Heinrich Hirtsiefer ein, obwohl er sich mit ihm »politisch völlig überworfen hatte«.[16] Der aus den christlichen Gewerkschaften hervorgegangene Zentrumspolitiker war nach Aussage des von den Nationalsozialisten 1933 aus dem Amt gedrängten Duisburger Oberbürgermeisters Karl Jarres zuvor »in einer ganz widerwärtigen Weise durch die Straßen von Essen gezerrt« worden. Bei einer Routinebesprechung mit Gauleiter Terboven über das Weiterbestehen des Ruhrsiedlungsverbandes habe Thyssen, so Jarres, wenige Tage später »seinen Abscheu über diese Sache zum Ausdruck gebracht«.[17]

Auf Bitten Gustav Heinemanns, Rechtsanwalt und Bergwerksdirektor, dessen politische Karriere nach 1945 ihn bis ins Bonner Präsidentenamt führen sollte, unterstützte er die in wirtschaftliche Not geratene Familie des von den Nationalsozialisten 1937 verhafteten und später im KZ Sachsenhausen gefangen gehaltenen evangelischen Theologen Martin Niemöller über Jahre mit monatlich 300 Mark.[18] An dem mutigen Seelsorger, der als Pastor in Berlin-Dahlem durch seine regimekritischen Predigten weithin Aufsehen erregt hatte, imponierte Thyssen außer Niemöllers Bekennermut vor allem dessen Rolle als U-Boot-Kommandant.[19] Niemöller selbst erfuhr erst nach seiner Befreiung im Frühjahr 1945 von Thyssens finanziellen Zuwendungen.[20]

Das rabiate Vorgehen gegen politische Gegner rief Thyssen jedoch vor allem in Düsseldorf, dem Zentrum der Schwerindustrie und Verwaltungssitz der Vereinigten Stahlwerke, gegen die Partei auf den Plan. Der nationalsozialistische Gauleiter Friedrich Karl Florian wurde dabei zu seiner bevorzugten Zielscheibe. Schon im Frühjahr 1933 fuhr er schweres Geschütz gegen Hitlers lokalen Statthalter auf. In einem Brief an Görings Staatssekretär Paul Körner beschwerte sich Thyssen, allerdings ohne Erfolg, über die Verhaftung des Düsseldorfer Oberbürgermeisters Robert Lehr. Am 12. April 1933 war Florian, begleitet von drei Polizeibeamten, ins Rathaus gestürmt und hatte den OB mitten aus einer Sitzung des Hauptausschusses wegen des Verdachts auf passive Bestechung in »Schutzhaft« genommen. Beim Kauf von RWE-Aktien durch die Stadt, so der Vorwurf, habe sich Lehr durch das mit der Transaktion beauftragte Bankhaus Engels & Co. Vorteile verschafft. Thyssen erklärte sich sofort bereit, für den der Deutschnationalen Volkspartei (damals immerhin Hitlers Koalitionspartner) angehörenden Oberbürgermeister auszusagen. Doch zogen sich die Ermittlungen, vermutlich wegen der dürftigen Beweislage, unerwartet lange hin, so dass Lehr seinen Fürsprecher nach dreizehn Monaten bitten musste, seine »Bereitwilligkeit zur Aussage auch für einen späteren Zeitraum aufrecht zu erhalten«.[21] Das Verfahren wurde jedoch am Ende eingestellt. »Sofort nach meiner Freilassung 1934 hat er meine Frau und mich in sein Haus gebeten und mir in einem großen Kreis von Gästen seine alte Freundschaft beteuert«, berichtete der spätere Innenminister des ersten Kabinetts Adenauer im Spruchkammerverfahren gegen Thyssen.[22]

Vor allem aber geriet Thyssen wegen der zunehmenden Übergriffe und Verleumdungskampagnen der Partei gegen Mitglieder und Einrichtungen der katholischen Kirche mit seinem Gauleiter aneinander. Thyssen selbst hat die schon sehr früh erkennbaren antichristlichen Tendenzen der Nationalsozialisten als eine der Hauptursachen für seine wachsende Gegnerschaft zur Partei bezeichnet.[23] Das ist umso bemerkenswerter, als er noch kurz zuvor die katholischen Bischöfe wegen ihrer distanzierten Haltung gegenüber den an die Macht gelangten Nationalsozialisten gerügt hatte. In katholischen Gemeinden wehrten sich Geistliche dagegen, dass Nationalsozialisten in Uniform an Gottesdiensten teilnahmen oder bei kirchlichen Bestattungen mit Hakenkreuzfahnen aufmarschierten. Als ein darüber sichtlich verärgerter Hitler vor der konstituierenden Sitzung des neu gewählten Reichstages am 21. März 1933 dem katholischen Eröffnungsgottesdienst fernblieb, teilte Thyssen dem Kölner Kardinal Karl Joseph Schulte schriftlich mit, dass er und seine Familie »selbstverständlich dem Beispiel unseres Führers folgen und am katholischen Gottesdienst nicht teilnehmen werden, solange die ungerechte Behandlung der Führer und Mitglieder der NSDAP andauert«.[24]

Noch im Oktober 1933 hatte Hitlers Stellvertreter Rudolf Heß den Kirchen feierlich Wohlverhalten gelobt: »Kein Nationalsozialist darf irgendwo benachteiligt werden, weil er sich nicht zu einer bestimmten Glaubensrichtung oder Konfession oder weil er sich zu überhaupt keiner Konfession bekennt. Der Glaube ist eines jeden eigenste Angelegenheit, die er nur vor seinem Gewissen zu verantworten hat. Gewissenszwang darf nicht ausgeübt werden.«[25] Schon wenig später jedoch zeigten die Prediger der Toleranz ihr wahres Gesicht. Besonders die katholische Kirche, in deren Gemeinden, Jugendorganisationen, Arbeiter- und Gesellenvereinen, berufsständischen Verbänden und Schulen die neue Führung auch nach Auflösung der Zentrumspartei politischen Widerstand vermutete, stand im Mittelpunkt wachsender Anfeindungen. Nach den ab März 1935 mit großem propagandistischem Aufwand inszenierten Prozessen gegen Geistliche und Ordensangehörige wegen angeblicher Devisenvergehen sahen sich ein Jahr später einfache Nonnen und Priester bis hin zu Generaloberinnen und Bischöfen mit Strafverfahren wegen angeblicher sittlicher Verfehlungen überzogen. Über die Angeklagten wurden Geldbußen und in einzelnen Fällen sogar mehrjährige Zuchthausstrafen verhängt.[26]

Vor allem die von der Partei abhängigen Beamten meldeten ihre Kinder auf Druck von oben vielfach von konfessionellen Schulen ab, wodurch diese in finanzielle Schwierigkeiten gerieten. In Düsseldorf beispielsweise konnte die mit einem Hypothekendarlehn von 1,3 Millionen Mark gegenüber der städtischen Sparkasse verschuldete Mädchenschule der »Schwestern vom armen Kinde Jesus« als Folge eines massiven Schülerrückgangs ihre Zinsen nicht mehr pünktlich bezahlen. Nachdem die Sparkasse zunächst zu einer Stundung bereit gewesen war, forderte sie 1936 auf Drängen der Partei plötzlich den gesamten Kredit zurück und leitete gerichtliche Schritte für eine Zwangsversteigerung ein. Thyssen erfuhr davon und zahlte im Januar 1937 – sehr zum Ärger von Gauleiter Florian – die bis dahin aufgelaufenen Zinsen von 94 000 Mark aus seiner Privatschatulle, so dass die Schule den Unterricht fortsetzen konnte.[27]

Seine schützende Hand hielt er insbesondere über das Kloster Maria Laach. Zu der Benediktinerabtei in der Eifel pflegte er nicht erst seit den Ständestaat-Veranstaltungen des Katholischen Akademikerverbandes ein enges Verhältnis. Schon 1931 hatte er mit Hilfe zweier Finanzexperten aus seinem Konzern dafür gesorgt, dass die etwas »handgestrickte« Buchhaltung des Klosters einschließlich seiner Wirtschaftsbetriebe den Anforderungen des Fiskus entsprechend auf ein professionelles Niveau gehoben wurde.[28] Als die Abtei 1933 durch Betrügereien eines Mitarbeiters ihrer Hausbank in große finanzielle Bedrängnis geriet, stellte Thyssen für die gerichtliche Auseinandersetzung mit dem Geldinstitut, der Kölner Filiale der Deutschen Bank, eigens seinen Rechtsberater Carl Härle ab.[29] Abt Ildefons Herwegen hat 1946 in einer Entlastungsschrift für Thyssen bestätigt, dieser habe »in einem kritischen Moment, als die Abtei der Auflösung nahe« gewesen sei, »mit großen Geldmitteln deren Existenz aufrechterhalten und gefördert«.[30] Und nicht nur das: Thyssen hatte außerdem Herwegen in Berlin für einen Sitz im Preußischen Staatsrat ins Gespräch gebracht; Göring hatte sich indes bei der Wahl eines der nationalsozialistischen Bewegung freundlich gesinnten Vertreters der katholischen Kirche im Juli 1933 für den Osnabrücker Erzbischof Wilhelm Berning entschieden.[31]

Wie Thyssen, so waren auch Herwegen, der die Rückkehr zu einer autoritären Staatsführung zunächst aus tiefster Überzeugung begrüßt hatte, in den Monaten nach Hitlers Machtübernahme erste Zweifel gekommen. An Jula Thyssen, die streng gläubige Frau von Fritz Thyssens Vetter Julius, schrieb der Abt im August 1933: »Es wäre aber ein Irrtum zu glauben, dass ich die Ideen und Ideale, von denen die gegenwärtige Staatsführung bestimmt ist, nicht unterschiede von der Wirklichkeit, in der das Dritte Reich sich zeigt. Ich bin soweit davon entfernt wie irgend jemand, die Ungerechtigkeiten, Lieblosigkeiten und Gewalttätigkeiten zu billigen, die von solchen ausgehen, von denen der heutige Staat gestaltet wird. Andererseits würde ich es für verhängnisvoll halten, wenn man diese Übergriffe einer revolutionären Übergangszeit als Grund dienen ließe, den Staat seiner Idee nach abzulehnen. Ganz abgesehen davon, dass als Folge des Zusammenbrechens der gegenwärtigen Staatsführung nur das Chaos denkbar ist, trägt die neue Staatsidee so viele wertvolle Keime in sich, dass es unverantwortlich wäre, an ihrer Entfaltung nicht mitzuwirken.«[32] Mitgerissen von der allgemeinen Aufbruchstimmung und geblendet von Hitlers nationalem Pathos, erkannte Herwegen ebenso wenig wie Thyssen, dass die von ihm mit äußerstem Missbehagen registrierten ersten Anzeichen des Terrors bereits den verderbten Charakter des neuen Regimes bloßlegten.

Herwegen hat Thyssen nach dem Krieg bescheinigt, in der Zeit der Kirchenverfolgung mit Geld aus seinem beträchtlichen Privatvermögen geholfen zu haben. Vielmehr habe dieser seine »feindliche Haltung« der Partei gegenüber durch eine »ostentative Betätigung im religiös kirchlichen Leben« öffentlich dokumentiert.[33] Tatsächlich scheint es der Enttäuschte in jener Zeit geradezu darauf angelegt zu haben, die neue Führung durch sichtbare Zeichen der Verbundenheit mit seiner Kirche zu provozieren. Welche Möglichkeiten hätte er auch sonst gehabt, seine Empörung über die vielfältigen Verletzungen des gerade erst mit dem Heiligen Stuhl abgeschlossenen Konkordats zum Ausdruck zu bringen? Die Protestbriefe an seinen »Freund« Göring blieben unbeantwortet.

Dafür sahen die Gläubigen der Mülheimer St. Mariengemeinde jetzt Sonntag für Sonntag Fritz und Amélie Thyssen in der Messe auf ihren angestammten Plätzen in der ersten Reihe. Anschließend traf sich das Paar regelmäßig mit Pfarrer Johannes B. Heinrichsbauer in dessen Wohnung, um mit ihm die kritische Lage der Kirche zu erörtern. Heinrichsbauer war es auch, der Kardinal Schulte auf Bitten Thyssens die Kopie eines Briefes zuleitete, den sein prominentes Gemeindemitglied an Göring geschrieben hatte. Thyssen hatte sich darin über ein gegen die Kirche gerichtetes Pamphlet zu den Ordensprozessen beschwert, das die Düsseldorfer Gauleitung in Umlauf gebracht hatte. Wie sich der Gemeindepfarrer später erinnerte, habe der Ruhrindustrielle damit gedroht, an keiner Sitzung des Preußischen Staatsrates mehr teilzunehmen, wenn die antireligiösen Tendenzen in der Partei weiterhin geduldet würden.[34]

Schon vor seinem Eintritt in die NSDAP hatte Thyssen den Kardinal im Zusammenhang mit seinen politischen Überzeugungen ins Vertrauen gezogen. Dem Bankier Hermann Josef Abs erzählte Schulte beiläufig, dass Thyssen bei ihm angefragt habe, ob er sich als überzeugter Katholik zum Nationalsozialismus bekennen dürfe. Laut Abs habe der Kardinal geantwortet, dass man sich zwar »bezüglich der Ziele der NSDAP gegenüber den christlichen Kirchen nicht ganz im klaren sein könne«, aber der Eintritt in die Partei allein noch »nicht verwerflich« sei. Vielmehr komme es auf das persönliche Verhalten jedes Einzelnen an.[35] Abs, der als Ritter vom Heiligen Grab und zeitweiliger Finanzberater des Vatikans bis zu seinem Tod im Jahre 1994 über beste Verbindungen zu höchsten Repräsentanten der katholischen Kirche verfügte, enthüllte diese Begebenheit eigentlich in wohlwollender Absicht gegenüber Thyssen; zugleich macht die dem Kardinal zugeschriebene Äußerung aber auch die zu diesem Zeitpunkt im Klerus noch weit verbreitete Einstellung gegenüber der NSDAP deutlich.

Thyssens demonstrative Solidarität mit der katholischen Kirche erregte nicht nur den Unwillen der örtlichen Parteigrößen. Auch die NSDAP-Führung empfand die offene Herausforderung ihres einstigen Gönners zunehmend als Provokation. Zwar galt Thyssen, wie Hitlers Adjutant Fritz Wiedemann 1948 aussagte, in der Reichskanzlei als ein Mann, dem man »zu Dank verpflichtet« sei, der »aber stänkert«. Auch wenn Göring seinen ungehaltenen »Freund« nicht einmal einer Antwort für würdig hielt, bedeutete dies nicht, dass man dessen Vorhaltungen in Berlin schweigend hinzunehmen gedachte. Darauf deutet vor allem ein Gespräch zwischen Göring und Hitler (vermutlich im Jahre 1935) hin, an das sich Wiedemann 1948 präzise erinnerte: »In der Zeit, in der die Prozesse gegen die Mönche und Nonnen wegen Devisenschiebung geführt wurden, kam eines Tages Göring ärgerlich zum Essen und sagte: ›Der Thyssen macht ständig Schwierigkeiten und stänkert.‹ Hitler sagte darauf: ›Wenn er weiterhin Schwierigkeiten macht, werfen wir ihn ins KZ.‹« Bei Besuchen, die der Führer in Begleitung seines Adjutanten während dieser Zeit ins Rheinland unternahm, sei Thyssen, so Wiedemann, von Hitler »nicht beachtet« worden, selbst wenn er in der ersten Reihe gestanden habe. Trotz der »starken Animosität« gegen Thyssen habe sich Hitler aber an seinen einstigen Wohltäter »noch nicht recht herangetraut«. Stattdessen erhielt der Essener Gauleiter Terboven den diskreten Auftrag, Thyssen »zur Ordnung zu rufen«.[36]

In welcher Form der Göring-Vertraute dies versuchte, wissen wir nicht. Überliefert ist allerdings, dass schon bald Reinhard Heydrich, Chef des Sicherheitsdienstes des Reichsführers SS Heinrich Himmler, die Gestapo in Düsseldorf anwies, ein wachsames Auge auf den Abtrünnigen zu halten. Regierungspräsident Carl Christian Schmid, der von einem Vertrauten aus der örtlichen Gestapo-Zentrale im Herbst 1936 den Hinweis erhielt, dass »Heydrich hinter Herrn Thyssen her wäre und den Plan hätte, ihn unschädlich zu machen«, will seinen politischen Freund auf die drohende Gefahr aufmerksam gemacht haben.[37]

Dass Thyssen diese Warnung ernst genommen hat, ist kaum zu bezweifeln. Die blutige Generalabrechnung Hitlers mit der SA-Spitze unter Ernst Röhm und führenden politischen Gegnern wie Gregor Strasser und Ex-Kanzler Kurt von Schleicher am 30. Juni 1934 hatte ihm drastisch vor Augen geführt, dass der Diktator auch vor dem letzten Mittel, seine Alleinmacht abzusichern, nicht zurückschreckte. Bei dem von Himmlers SS ausgeführten Massaker war auch der Vorsitzende der Katholischen Aktion im Bistum Berlin, Erich Klausener, umgebracht worden. Zu Recht hat Joachim Fest in seiner Hitler-Biografie betont, dass der Mord als Mittel staatlicher Politik im Zusammenhang mit dem so genannten Röhm-Putsch endgültig die »Möglichkeit des guten Glaubens zerstört« habe und damit der »Anspruch auf politischen Irrtum verfallen« sei.[38]

Offensichtlich hatte Thyssen an dem Charakter des Herrschaftssystems, an dessen Entstehen er in gutem Glauben an die lauteren Absichten Hitlers mitgewirkt hatte, spätestens nach der Mordtat vom 30. Juni nicht mehr die geringsten Zweifel. In »I Paid Hitler« findet sich für die Erschießung der SA-Führung und einer Reihe konservativer politischer Gegner die Bezeichnung »schiere Bestialität«.[39] Dies bestätigt auch die spätere Aussage seines Freundes Schmid, wonach das von höchster Stelle geplante und befohlene Verbrechen sogar der entscheidende Anlass für eine »deutlich erkennbare Oppositionsstellung Thyssens dem Nationalsozialismus gegenüber« gewesen sei.[40] Zu Thyssens wachsender Distanz gegenüber der Partei dürften auch seine Enttäuschung über das unverhohlene Desinteresse Hitlers am Aufbau einer ständischen Wirtschaftsordnung und die zunehmenden Angriffe namhafter Nationalsozialisten gegen sein Düsseldorfer Institut beigetragen haben. Wie Hohn musste ihm

Berliner Ausgabe / Ausgabe A

195. Ausg. • 47. Jahrg. • Einzelpreis 15 Pf.

Ausgabe A / Berliner Ausgabe

Berlin, Sonnabend, 14. Juli 1934

VÖLKISCHER BEOBACHTER

Kampfblatt der national-sozialistischen Bewegung Großdeutschlands

Adolf Hitler über den 30. Juni:

„Es soll jeder wissen, daß wenn er die Hand zum Schlage gegen den Staat erhebt, der sichere Tod sein Los ist"

Der Führer spricht zum deutschen Volk

Rechenschaft und Abrechnung

Der Wortlaut der Führerrede vor dem Reichstag

Am 30. Januar 1933 ist nicht zum soundsovielten Male eine neue Regierung gebildet worden, sondern ein neues Regiment hat ein altes und krankes Zeitalter beseitigt

Wiederholung der Führerrede am Sonnabendvormittag im Rundfunk

Das Deutsche Reich ist heute kein geographischer Begriff mehr, sondern eine politische Einheit

Die von Hitler befohlene Ermordung der SA-Führung unter Ernst Röhm und namhafter konservativer Gegner am 30. Juni 1934, angeblich zur Vereitelung eines geplanten Putsches, stürzte Thyssen in tiefe Selbstzweifel. Die Todesdrohung des »Führers« (abgedruckt im Völkischen Beobachter) *ließ am verbrecherischen Charakter des Regimes keine Zweifel mehr zu.*

seine erst kurz zuvor erfolgte Herausstellung als oberste staatliche Autorität in allen Wirtschaftsfragen in den Ohren geklungen haben!

Umso mehr überrascht es, dass er es selbst jetzt noch nicht über sich brachte, einen klaren Trennungsstrich zu einem Herrschaftssystem zu ziehen, das seine Existenz immer stärker auf Gewalt und Terror gründete. Wie musste er sich als (von der Partei delegierter) Abgeordneter eines Pseudoparlaments fühlen, das der ruchlosen Mordaktion gegen alte Kämpfer und politische Gegner nachträglich auch noch den Schein der Legalität verlieh? Ludwig Grauert, Staatssekretär im Preußischen Innenministerium, will damals »unter der Hand« erfahren haben, dass Thyssen aus Protest als Staatsrat habe zurücktreten wollen. Er habe ihm jedoch davon abgeraten, »da man nur unter großen Schwierigkeiten aus diesem Amt, das ›auf Lebenszeit‹ galt, ausscheiden konnte«.[41] Thyssen zog es denn auch vor, den endgültigen Bruch, den ein solcher Schritt fraglos bedeutet hätte, nicht zu vollziehen und stattdessen durch Reisen ins Ausland (zunächst im Herbst 1934 für einige Monate nach Argentinien) bis zum Frühjahr 1935 – wie er sich ausdrückte – »diesem Hexenkessel zu entfliehen«.[42]

Göring unternahm 1935 noch einen letzten Versuch, mit dem aufsässigen Großindustriellen wieder ins Gespräch zu kommen. Anlass dazu bot eine Jagdgesellschaft, zu der er auf seinen Privatsitz Carinhall in der Schorfheide unweit von Berlin eingeladen hatte. Thyssen hat in seinem Buch »I Paid Hitler« und bei Vernehmungen nach dem Krieg diesen Wiederannäherungsversuch als ziemliches Desaster geschildert.[43] Nach einer bis zwei Uhr nachts dauernden, offensichtlich gereizten Diskussion, in der Thyssen Göring heftige Vorhaltungen wegen der Verfolgung der Kirchen und der zunehmenden antijüdischen Exzesse gemacht haben will, habe Göring am Ende etwas ratlos entgegnet: »Dann haben wir alles falsch gemacht«, worauf Thyssen erwidert habe: »Nein, nicht alles, aber viele Dinge!« Am nächsten

Morgen habe Göring, so berichtete Thyssen, nicht einmal mehr mit ihm frühstücken wollen, sondern ihn – ohne ein weiteres Wort mit ihm gewechselt zu haben – in seinem Wagen nach Berlin bringen lassen.

Alles, was er jetzt noch tun konnte, war, mit seinen Möglichkeiten über diejenigen in seiner unmittelbaren Umgebung schützend die Hand zu halten, die aus politischen oder rassischen Gründen ins Visier der Partei geraten waren und sich durch den Verlust ihrer Stellungen und Ämter vielfach in Existenznot befanden. Der große Irrtum seines Lebens ließ sich nicht mehr ungeschehen machen, der böse Geist nicht mehr in die Flasche zurückzwingen. Dass Thyssen, auch wenn er zu diesem Zeitpunkt noch nicht zu einem radikalen Bruch mit dem Nationalsozialismus entschlossen war, durch sichtbare Beweise der Solidarität mit den Verfolgten des Regimes bis an die Schmerzgrenze der Partei ging, um sein spätes Erwachen zu erkennen zu geben, deutet darauf hin, dass ihn das Eingeständnis des persönlichen Versagens innerlich sehr belastet haben muss.

Seine Treuebekenntnisse zur katholischen Kirche blieben dabei auch weiterhin bevorzugtes Ventil für seine Opposition, zumal er damit rechnen konnte, dass sich sein Engagement in der lokalen Öffentlichkeit, aber auch in Parteikreisen sehr schnell herumsprach. Dass Kardinal Schulte 1936 höchstpersönlich Thyssens Tochter Anita mit dem ungarischen Grafen Gábor Zichy traute, machte in Mülheim ebenso schnell die Runde wie Thyssens Spende von 50 000 Mark für eine an die Marienkirche angebaute Taufkapelle.[44] Bei seinem Eintreten für die Kirche durfte Thyssen davon ausgehen, dass das damit verbundene persönliche Risiko für ihn nicht allzu groß war. Zwar war er jetzt höheren Ortes als »Mann der Kirche« abgestempelt und galt damit nach nationalsozialistischer Weltanschauung als politisch unzuverlässig; sein Name und seine wirtschaftliche Stellung schützten ihn jedoch vorerst noch vor überzogenen Reaktionen.

Dass sich Hitlers einstiger Förderer vom Nationalsozialismus zu lösen begonnen hatte, war auch in seinem Unternehmen, den Vereinigten Stahlwerken und dort insbesondere in den Duisburger Thyssen-Werken, nicht unbemerkt geblieben. Hier hatte sich nach der nationalsozialistischen Machtübernahme vieles verändert. Durch die Allgegenwart der Deutschen Arbeitsfront überwachte die Partei die politische Einstellung der Belegschaften bis in den letzten Betrieb. Weil sich der Vorsitzende des Katholischen Kaufmännischen Vereins in Mülheim, ein Thyssen-Mitarbeiter, geweigert hatte, wie von der Partei gefordert aus seiner Organisation auszutreten, wurde er in einem Gaugerichtsverfahren aus der Arbeitsfront ausgestoßen. Der ihm dadurch drohenden Kündigung entging er nach Aussage Pfarrer Heinrichsbauers nur, weil Thyssen selbst intervenierte.[45]

Wie schwer es aber mit der Zeit wurde, Regimegegner vor dem Zugriff der Partei zu bewahren, zeigt der Fall eines Thyssen-Beschäftigten, der 1939 wegen Verweigerung des Hitler-Grußes und abfälliger Äußerungen über die Staatsführung denunziert worden war. Zwei Kollegen hatten die »Verfehlungen« des im Magazin beschäftigten Arbeiters bezeugt. Wodurch Thyssen von der Sache erfuhr und was er unternahm, wissen wir nicht. Ein an ihn gerichteter Brief des Direktors der Vereinigten Stahlwerke, Friedrich Wilhelms-Hütte in Mülheim-Ruhr, Adolf Wirtz, lässt jedoch keinen anderen Schluss zu, als dass sich Thyssen für den angezeigten Arbeiter verwendet hatte. Wirtz teilte ihm darin mit, dass man sich nach sorgfältiger Abwägung aller Konsequenzen für das »kleinere Übel« entschieden und den Mann entlassen habe. Anderenfalls hätte diesem eine Anzeige an die Gestapo mit möglicherweise sehr viel härteren Konsequenzen gedroht. Wirtz bat Thyssen, »diese meine Zeilen vernichten zu wollen. Ich hätte Sie über den Sachverhalt direkt fernmündlich unterrichtet, nehme aber an, dass vielleicht auch Ihre Gespräche überhört [sic!] werden.«[46]

Kurz zuvor hatte sich Thyssen vor einen leitenden Mitarbeiter in seinem Hamborner Stammbetrieb gestellt, der aus rassischen Gründen ins Fadenkreuz der Partei geraten war. Eduard Herzog, Direktor der August Thyssen-Hütte AG, war von der durch den Führer der Deutschen Arbeitsfront, Robert Ley, ergangenen Anordnung betroffen, dass alle »jüdisch versippten« Angestellten, insbesondere in leitenden Stellungen, zu entlassen seien. Herzogs Frau war Jüdin, wurde verhaftet und konnte vor ihrem geplanten Abtransport ins KZ Theresienstadt in Berlin untertauchen. Thyssen erfuhr von der Gefahr für Herzog und erreichte mit Unterstützung von Werksleiter Franz Bartscherer, dass er im Amt bleiben konnte.[47] In einem Brief versicherte Thyssen dem Bedrohten: »Es ist ganz selbstverständlich und entspricht der von mir übernommenen Tradition des Begründers der August Thyssen-Hütte, daß sie alte, bewährte Mitarbeiter nicht im Stich läßt, besonders wenn Schicksalsschläge sie treffen, an denen sie ganz schuldlos sind, Schicksalsschläge, die jeden treffen können.«[48]

Fritz Thyssen war zu keiner Zeit rassistischer, vor allem antisemitischer Gedanken oder gar Ressentiments verdächtig. Nie hat er den von ihm bekämpften Marxismus in Verbindung mit einer angeblichen jüdischen Weltverschwörung gebracht, wie sie Hitler und Goebbels den Deutschen einzuhämmern versuchten. Er verfügte über enge persönliche Beziehungen zur Inhaberfamilie des 1938 im Zuge der »Arisierung« von der Deutschen Bank übernommenen jüdischen Privatbankhauses Simon Hirschland in Essen und zu Jakob Goldschmidt, dem Vorstandssprecher der im Juli 1931 zusammengebrochenen Danat-Bank, der dem Aufsichtsrat der Vereinigten Stahlwerke angehörte. Carl Goetz, Vorstandsmitglied der Dresdner Bank, hat später unter Eid ausgesagt, dass Thyssen Goldschmidt »nicht nur mit großen persönlichen Krediten geholfen«, sondern sich »darüber hinaus in vielen Besprechungen bemüht habe, die Dresdner Bank zu einer weitgehenden Hilfe für Herrn Goldschmidt zu bestimmen«.[49] Er blieb mit Goldschmidt auch nach dessen Emigration in die USA in Verbindung. Als dieser im Oktober

1939 von Thyssens Flucht in die Schweiz erfuhr, kabelte er ihm: »In voller Sympathie und Wertschätzung beglückwünsche ich Sie herzlich zu allem, was Sie getan haben. Ihre Haltung wird ein Denkmal für Sie und Ihre Persönlichkeit für alle Zeiten bleiben.«[50]

Für die Abgründe eines von höchster Stelle mobilisierten Antisemitismus offensichtlich blind, meinte er in den ersten nationalsozialistischen Aktionen gegen jüdische Geschäfte im Frühjahr 1933 nicht mehr als das Bestreben der Partei zu sehen, »ihren Sturmtrupps, die Straßenkämpfe liebten, etwas zu tun zu geben«.[51] War Thyssen, so fragt man sich, tatsächlich so naiv, dass er die Anfänge der im Holocaust endenden systematischen Ausgrenzung und Verfolgung der europäischen Juden als das Werk übermütiger SA-Horden missdeutete? Entging ihm, dass schon zu diesem Zeitpunkt jüdische Beamte und Richter aus ihren Ämtern verdrängt, dass jüdische Ärzte, Rechtsanwälte und Künstler um ihre Existenz gebracht wurden, dass Verbände, Kammern und wissenschaftliche Einrichtungen von Hitlers Rasseideologen »gesäubert« wurden?

Im Mai 1933 schieden aus dem Senat der Kaiser-Wilhelm-Gesellschaft zur Förderung der Wissenschaften eine Reihe jüdischer Mitglieder wie der Chemie-Nobelpreisträger Professor Fritz Haber, das I.G. Farben-Vorstandsmitglied Ernst von Simson und Jakob Goldschmidt aus. Als einer ihrer Nachfolger ließ sich Fritz Thyssen in das höchste Gremium der nach dem Krieg in Max-Planck-Gesellschaft umbenannten Wissenschaftsorganisation berufen.[52] Warum gab er sich für dieses makabre Revirement her? Gewiss wäre Thyssen nicht in der Lage gewesen, den Nationalsozialisten bei ihrem rassistischen Treiben in den Arm zu fallen. Aber er hätte ein Zeichen setzen können. Sein Mut zum Widerspruch erwachte erst Jahre später, als die Verfolger der Juden ihre Opfer auch in seiner unmittelbaren Umgebung suchten.

Am Vormittag des 10. November 1938, einen Tag nachdem im ganzen Reich die Synagogen brannten, drangen – offenbar auf Initiative des Düsseldorfer Gauleiters Florian – mit Knüppeln und Eisenstangen bewaffnete, aber durch Zivilkleidung getarnte SA-Trupps in die Dienstvilla des Regierungspräsidenten Carl Christian Schmid ein. Thyssens langjähriger Freund, der kein Mitglied der NSDAP war, hatte sich durch allzu selbstständiges Handeln unbeliebt gemacht. Da er zudem mit einer Frau verheiratet war, die nach den Nürnberger Gesetzen als Volljüdin angesehen wurde, war er den braunen Schlägerbanden als »jüdisch versippt« schutzlos ausgeliefert. Von einem der Eindringlinge will Schmid erfahren haben, dass die SA-Männer ihn vom Balkon des zweiten Stockwerks hätten stürzen wollen – ein Vorhaben, dem ihr Opfer nur durch eine List entging. Mit Hilfe einer Hausangestellten konnte er sich in einer nicht benutzten Waschküche im Dachgeschoss verstecken. Seine Frau hatte bei Freunden untertauchen können.

Die Pogrome sowie die Verfolgung und Amtsenthebung seines Freundes veranlassten Thyssen nunmehr, seine bisherige Zurückhaltung gegenüber der Staatsführung aufzugeben. In einem Protestbrief »bat« er Göring am 17. November 1938, ihn »von seinem Posten als Staatsrat zu entbinden«.[53] Der ließ Thyssen jedoch nur ausrichten, dass er »von einem Freunde ein solches Schreiben nicht annehme«, was gleichbedeutend mit einer Ablehnung des Rücktrittsgesuchs war. Daraufhin beschloss Thyssen, sein Mandat ruhen zu lassen. Weil er »die Funktion als Preußischer Staatsrat nicht mehr ausübe«, bat er den preußischen Finanzminister Johannes Popitz, »höflichst anordnen zu wollen, dass die mir bisher monatlich zugegangene Vergütung eingestellt wird«.[54] Nachdem seine Diäten jedoch auch weiterhin eingingen, ließ er das Geld trotzig auf ein Sperrkonto bei der Thyssen-Bank in Berlin überweisen.[55] Konsequent wäre es gewesen, wenn er gleichzeitig seine Stellung als Abgeordneter des Reichstages zur Disposition gestellt hätte. Aber er brachte es auch jetzt noch nicht über sich, als Zeichen seiner Empörung über die zunehmenden Gewaltakte einer Institution den Rücken zu kehren, deren einzige Aufgabe darin bestand, der Politik Hitlers den Schein der Legalität zu verleihen und dem »Führer« die nötige Kulisse für seine großen Auftritte zu verschaffen. Krampfhaft klammerte Thyssen sich an die naive Vorstellung, als Abgeordneter gegenüber der Staatsführung das Recht auf Mitwirkung reklamieren zu können.

Im Spiegel seiner öffentlichen Äußerungen und Handlungen vollzog sich Thyssens Wandel vom glühenden Nationalsozialisten über den Zweifler und Skeptiker bis zum erbitterten Gegner des Regimes über mehrere Jahre hinweg. Bisweilen sind die Indizien widersprüchlich. Noch 1935 übermittelte er Hitler zu dessen 46. Geburtstag, auch im Namen seiner Frau, die »herzlichsten Wünsche« und sprach dem Diktator seinen Dank für das »entschiedene Eintreten für Deutschlands Zukunft« aus.[56] Ein Jahr später brachte er im Düsseldorfer Industrie-Club im Anschluss an den Vortrag eines Majors der Reichswehr einen feierlichen Toast auf seinen Führer aus: »Ich erhebe mein Glas auf das Wohl der Armee und auf seinen obersten Befehlshaber Adolf Hitler. Sieg Heil!«[57] Kein Wort über einen drohenden Angriffskrieg Hitlers, der wenige Jahre später zu Thyssens endgültigem Bruch mit dem Nationalsozialismus führen sollte! Im Widerspruch zu den späteren Aussagen wohlmeinender Entlastungszeugen, er habe die Gefahren eines von Deutschland ausgehenden militärischen Konflikts schon 1935/36 klar erkannt,[58] wies er zumindest in dieser Tischrede jeden Gedanken an eine geplante Aggression zurück:

> »Nun sagt man immer: Wenn ein Staat und besonders ein Staat wie Deutschland rüstet, dann geschieht das lediglich, um einen Krieg zu führen. Meine Herren, ich möchte aus vollster Überzeugung sagen, daß das ein großer Irrtum ist. Ich behaupte, wenn ich mich einmal auf dieses Gebiet der

großen Politik, von der ich wenig verstehe, einlassen darf: Wir rüsten nicht, um Krieg zu führen, wir rüsten lediglich, um bündnisfähig zu werden. Denn wenn alle anderen Länder gerüstet sind, dann ist ein Land, das nicht gerüstet ist, für die anderen auch in wirtschaftlicher Beziehung nicht vollwertig. Wir müssen aber verlangen, als wirtschaftlich gleichberechtigte Nation behandelt zu werden, schon um unseren großen Bedarf an Rohstoffen sicherzustellen. Daß man uns früher nicht so angesehen hat, das beweist der Niedergang unseres Vaterlandes in erschreckender Weise. Wir können Adolf Hitler nur dankbar sein, daß er uns aus dieser furchtbaren Lage wieder herausgebracht hat, nicht – das ist meine feste persönliche Überzeugung – um Krieg zu führen, sondern nur, um dem deutschen Volke die Lebensbedingungen zu sichern, die es entsprechend seiner Größe und Bedeutung, aber auch nicht mehr als das, für sich beanspruchen kann.«[59]

Kein Zweifel, Thyssens Opposition war zu diesem Zeitpunkt noch nicht grundsätzlicher Natur, sondern hauptsächlich eine Reaktion auf das repressive Vorgehen des Machtapparates, vor allem gegen die Kirchen. Wie sehr ihn, den gläubigen Katholiken, die antireligiösen Schmähungen und Übergriffe der von ihm hoffähig gemachten Bewegung verletzten, mag man daran erkennen, dass er sogar in seinem militärischen Exkurs noch Platz für eine verklausulierte Mahnung fand: »Adolf Hitler sagt in seinem Buche ›Mein Kampf‹ auf Seite 379: ›Die Bewegung sieht in beiden religiösen Bekenntnissen gleich wertvolle Stützen für den Bestand unseres Volkes.‹ Und auf Seite 632: ›Es konnte in den Reihen unserer Bewegung der gläubigste Protestant neben dem gläubigsten Katholiken sitzen, ohne je in den geringsten Gewissenskonflikt mit seiner religiösen Überzeugung geraten zu müssen.‹ Ich muß sagen, ich kenne den Führer und Reichskanzler; was er sagt, ist für mich Gesetz.«[60]

Fritz Thyssen mit Führungskräften der Vereinigten Stahlwerke auf einer Rheindampferfahrt nach Xanten im Juni 1936.

Kaum verhüllte Kritik an der religiösen Intoleranz des Regimes, überschwängliches Lob für die Errettung aus nationaler Erniedrigung – Thyssens Einstellung gegenüber Hitler war 1936 zweifellos zwiespältig. Als glühendem Nationalisten, den die Schmach des Versailler Vertrages überhaupt erst zur Politik verführt hatte, musste gerade ihm die zielstrebige Entschlossenheit besonders imponieren, mit der der Reichskanzler sich nahm, was den Demokraten der Weimarer Republik beharrlich verweigert worden war: die Wiederbewaffnung einschließlich der allgemeinen Wehrpflicht, das entmilitarisierte Rheinland, die nach der Niederlage von 1918 annektierten Gebiete. Hitler, bei seinem Amtsantritt für viele nur ein zum schnellen Scheitern verurteilter Demagoge, hatte sich – in den Worten Sebastian Haffners – als ein »überaus tatkräftiger, einfallsreicher und effizienter Macher«[61] erwiesen. Exakt auf den Tag vier Jahre nach seiner Berufung konnte er vor dem Reichstag »feierlichst Deutschlands Unterschrift von den diskriminierenden Bestimmungen des Versailler Vertrages zurückziehen«. Zutreffend bemerkte Fest: »Die in ihrem Selbstbewusstsein noch immer tief gestörte Nation sah sich endlich anspruchsvoll repräsentiert und zog eine grimmige Genugtuung aus den Überraschungscoups mit der immer erneut folgenden Ratlosigkeit der gestern noch so mächtigen Sieger: ein elementares Bedürfnis nach Rehabilitation fand seine Befriedigung.«[62]

Wenn Thyssen, wie sein Ständestaat-Mitverfechter Karrenbrock berichtet hat, ihm gegenüber tatsächlich bereits 1936 die Frage aufgeworfen hat, »wie es möglich wäre, mit Hilfe der Generalität einen Sturz Hitlers zu versuchen«,[63] dann wohl noch nicht in der sicheren Erwartung eines deutschen Angriffskrieges. Sein Intimus Schmid hat denn auch nur die Äußerung Thyssens bezeugt: »Ich traue diesem Mann zu, dass er uns noch einen Krieg aufladen wird. Wir müssen alles aufbieten, um dies zu verhindern.«[64] In Wahrheit erkannte er wohl erst in der von ihm als »ungeheuerlich« empfundenen Besetzung der »Rest-Tschechei« im März 1939 unter Verletzung des Münchener Abkommens den »Schritt vorwärts auf dem Weg in die Katastrophe«.[65] Zwei Großmächte – gemeint waren England und Frankreich –, über militärische Allianzen miteinander verbunden und mit immensen Ressourcen ausgestattet, würden es sich seiner Ansicht nach nicht erlauben, »sich zweimal auf dieselbe Weise täuschen zu lassen«.[66] Akut bedroht sah er den europäischen Frieden kurz vor Hitlers Angriff auf Polen. Unter dem Eindruck der immer aggressiveren Diplomatie Berlins gegenüber Warschau hat Thyssen sich laut Schmid von Juni bis August 1939 durch konspirative Kontakte zu führenden Militärs aktiv um eine »Verhütung der Katastrophe« bemüht.[67]

Wenn die wenigen Getreuen, die der in tiefe Selbstzweifel

verfallene Thyssen zu dieser Zeit noch ins Vertrauen zog, an ihm schon wesentlich früher Anzeichen einer wachsenden Kriegsangst beobachtet haben wollen, dann vermutlich aus einem anderen Grund. In seiner Position als einer der prominentesten Wirtschaftsführer konnte ihm schwerlich entgehen, dass die von der NS-Führung seit 1936 forciert betriebene Autarkiepolitik von dem Szenario eines militärischen Konflikts bestimmt war, der mit großen Risiken für die Rohstoffversorgung der deutschen Industrie einherging. Mit bemerkenswerter Offenheit verkündete Hitler schon 1936 in einer Denkschrift sein Ziel, in vier Jahren die Armee einsatz- und die Wirtschaft kriegsfähig zu machen.[68] Als Stahlindustrieller war Thyssen ein überzeugter Anhänger eines freien Welthandels. Nie hätte sich das von seinem Vater aufgebaute Unternehmen ohne französische und schwedische Erzimporte so furios entwickeln können. Als Anhänger einer internationalen Arbeitsteilung sah er daher am Ende des von Hitler eingeschlagenen Weges den »Ruin der deutschen Wirtschaft«.[69] Vergeblich versuchte er 1935, dem Führer die Idee schmackhaft zu machen, mit einem kräftigen Ausbau der deutschen Handelsflotte den Austausch heimischer Industrieprodukte gegen südamerikanische Rohstoffe zu fördern. Hitler hatte zu diesem Zeitpunkt längst anderes im Sinn.[70]

Dass Deutschland seiner festen Überzeugung nach schon aus wirtschaftlichen Gründen seinen Gegnern im Ernstfall nicht gewachsen sein würde, fügte seiner moralischen Ablehnung eines Angriffskrieges somit eine ökonomische Begründung hinzu. Einen entscheidenden Engpass sah er vor allem bei der Treibstoffversorgung der Luftwaffe. Eindringlich warnte er, beim erreichten Stand der Aufrüstung und der synthetischen Ölgewinnung aus heimischer Steinkohle dürfe man »an einen Krieg vor zwanzig Jahren überhaupt nicht denken«.[71] Für ihn war daher bereits nach der Besetzung Frankreichs klar, dass Deutschland den Krieg nicht gewinnen werde.[72]

Als Großaktionär und Aufsichtsratschef der Vereinigten Stahlwerke war Thyssen von Hitlers Autarkiekurs unmittelbar betroffen. Denn neben der Gewinnung von Treibstoff und Kautschuk auf Kohlebasis stand der Abbau von Eisenerz aus heimischem Boden im Mittelpunkt der Rohstoffpolitik, die Göring in Hitlers Auftrag verfolgte. Weil es die deutschen Stahlindustriellen seiner Ansicht nach versäumt hatten, die an Eisengehalt armen heimischen Vorkommen zu erschließen, verkündete Göring im Frühjahr 1937 den Bau eines reichseigenen Hüttenwerks über den Erzfeldern im Raum Salzgitter. Hatte allein schon dieser Coup die privaten Stahlkonzerne, an ihrer Spitze die Vereinigten Stahlwerke, in die Defensive gedrängt, sahen sich ein Jahr später Thyssen und mit ihm Poensgen (seit 1935 Generaldirektor der Vereinigten Stahlwerke) und Vögler (Mitglied des Aufsichtsrats-Präsidiums) erneut massiven politischen Pressionen ausgesetzt. Schon kurz nach dem »Anschluss« Österreichs im März 1938 hatte Göring, seit Oktober 1936 auch Beauftragter für den Vierjahresplan, ein begehrliches Auge auf den Steirischen Erzberg in der Steiermark geworfen. Dieses reichhaltige Vorkommen leicht abbaubaren Erzes[73] gehörte mehrheitlich den Vereinigten Stahlwerken, die diesen Besitz 1926 von ihren Gründerunternehmen Thyssen und Stinnes übernommen hatten. Um die wegen ihrer hohen Qualität äußerst lukrative Lagerstätte entbrannte ein heftiger Streit. Mit dem Argument, im oberösterreichischen Linz (der »Stadt des Führers«) ein modernes Hüttenwerk errichten zu wollen, beanspruchte Hitlers mächtiger Industrielenker für seine Reichswerke Hermann Göring die Mehrheit an der Eigentümergesellschaft des Erzberges, der Österreichisch-Alpinen Montangesellschaft. Thyssen, Vögler und Poensgen weigerten sich zunächst, als Minderheitsaktionäre Görings Regiment schutzlos ausgeliefert zu sein, und bestanden wenigstens auf einer paritätischen Beteiligung. Doch die lehnte wiederum Göring ab. So blieb den Herren über Deutschlands größten Montankonzern am Ende keine andere Wahl, als sich dem politischen Druck zu beugen und ihren Anteil ganz aufzugeben.

In seiner Gegnerschaft gegen Hitler und sein Herrschaftssystem übte Thyssen jetzt kaum noch Zurückhaltung.[74] Der Kölner Bankier Robert Pferdmenges berichtete, dass Thyssen im Kreise von Aufsichtsratsmitgliedern der Zeche Ewald-König Ludwig die NS-Führung 1938 unverblümt eine »Verbrecherbande« genannt habe. Bei einem Abendessen in seinem – Pferdmenges' – Hause, habe er Thyssen schon zuvor einmal »in Gegenwart des Personals« sagen hören, dass man »an die Verbrecher leider nicht herankomme«.[75] Aus Sorge, dass die Entwicklung auf einen Krieg hinauslief, wenn man sie nicht stoppte, lud Thyssen wiederholt politisch Gleichgesinnte zu geheimen Zusammenkünften in sein Privathaus ein. Sein Freund Schmid, der bei diesen Zusammenkünften mehr als einmal zugegen war, hat die Villa Thyssen etwas anspruchsvoll als »ständigen Mittelpunkt oppositioneller Besprechungen« in seinem Amtsbereich (dem Regierungsbezirk Düsseldorf) in der Zeit zwischen 1936 bis zum Ausbruch des Krieges bezeichnet.[76]

Thyssen war Realist genug, um zu wissen, dass allein das Militär in der Lage sein würde, Hitler unschädlich zu machen. Seine besonderen Hoffnungen ruhten dabei auf General Hans Günther von Kluge. Der Befehlshaber im Wehrkreis VI in Münster stand Fritz und Amélie Thyssen nicht nur politisch, sondern auch persönlich seit langem nahe. Er war in Mülheim ein gern gesehener Gast. Zu den Geburtstagen des Generals versäumte es Thyssen nie, Glückwünsche und ein Blumenarrangement auf den Weg zu bringen.[77] Auf ihn setzte er auch jetzt seine ganzen Hoffnungen.

Schmid hat im Spruchkammerverfahren 1948 aus der Erinnerung an eines der letzten Treffen in Mülheim zu Protokoll gegeben, wie eindringlich der Gastgeber den General zum Handeln drängte:

»Thyssen hat damals die innere Situation als hoffnungslos geschildert. Die radikale Richtung hätte das Heft in die Hand genommen. Hitler und Himmler müssten beseitigt werden. Kluge fragte: ›Worauf soll das hinaus?‹ Thyssen entgegnete: ›Herr General, ich bin der Überzeugung, dass dieser Mann vor einem Weltkrieg nicht zurückschreckt, und dieser Krieg wird den Untergang unseres Landes bedeuten. Die Militärs sind die einzigen, die etwas Praktisches unternehmen können. Sie müssen diesen Mann beseitigen. Ich selbst bin dann bereit, im zivilen Sektor dafür zu sorgen, dass Sie Gefolgschaft finden ... Sie müssen diesen Mann aus dem Wege räumen, hier kann es keine Rücksichten und religiösen Bedenken geben.‹ Kluge antwortete, dass die Wehrmacht Hemmungen hätte, da eine Beseitigung Hitlers nicht ohne seine Tötung in Frage käme. Herr Thyssen hat gesagt: ›Sie müssen den Mann umlegen.‹«[78]

Kluge aber konnte sich für Thyssens Vorhaben nicht erwärmen, und er sollte sich auch später bei Attentatsversuchen oppositioneller Offiziere als schwankend und zaudernd erweisen.[79] Thyssen meinte später: »Den Generälen fehlt der Mut der Bischöfe«,[80] und er hatte bei diesem Vergleich wohl vor allem den Münsteraner Erzbischof Clemens August Graf von Galen vor Augen, der in seinen Predigten und in einer Demarche an Hitler offen gegen die von der Gestapo verfügte Schließung von Klöstern und gegen Angriffe auf katholische Orden protestierte.[81]

Was meinte Thyssen damit, als er Kluge versprach, nach einem gewaltsamen Sturz Hitlers »im zivilen Sektor dafür zu sorgen, dass Sie Gefolgschaft finden«? Sein Verteidiger Robert Ellscheid hat im Spruchkammerverfahren 1948 behauptet, sein Mandant hätte eine Rundfunkrede an das deutsche Volk entworfen, die er unmittelbar nach Hitlers Ermordung habe verlesen wollen. Dieser Entwurf sei nach seiner Flucht in die Schweiz bei einer Durchsuchung seines Mülheimer Hauses von der Gestapo entdeckt und ihm später im KZ Sachsenhausen bei einem Verhör von einem Regierungsrat Abendroth, vermutlich aus Himmlers Sicherheitspolizei, vorgehalten worden.[82] Allerdings ist diese von Thyssen selbst nie erwähnte Rede, wenn es sie tatsächlich gegeben haben sollte, verschollen.

Wenige Wochen vor Ausbruch des Zweiten Weltkrieges, am 18. Juni 1939, hatten Fritz und Amélie wieder einmal Freunde und Bekannte zu einem Abendessen geladen. Erschienen waren unter anderem der von den Nationalsozialisten abgesetzte ehemalige Kölner Oberbürgermeister Konrad Adenauer, der dem Hause noch aus den Tagen August Thyssens eng verbunden war, und das Vorstandsmitglied der Vereinigten Stahlwerke Walter Rohland. Von Rohland wissen wir Genaueres über den Verlauf jenes Abends und die psychische Verfassung, in der sich Thyssen befand.[83]

Bereits bei Tisch, so notierte er, habe es eine erregte Unterhaltung gegeben, wobei die Entwicklung der letzten Monate und die drohende Kriegsgefahr im Vordergrund gestanden hätten. »Beim Aufbruch bat plötzlich Frau Thyssen meine Frau und mich, doch zu bleiben, da sie die Unruhe ihres Mannes nur auf diese Weise zu überbrücken hoffe … Das folgende Gespräch zwischen Fritz Thyssen und mir beim Spaziergang durch den Garten offenbarte in aller Deutlichkeit die schweren Enttäuschungen und Selbstvorwürfe dieses Mannes, die er sich in Zusammenhang mit seiner anfänglichen Unterstützung für Hitler machte. Seit der Röhm-Affäre war für ihn jede Grundlage für eine positive Entwicklung des Systems entfallen. Zudem war er sich über die Folgen eines nicht mehr abzuwendenden Krieges vollkommen im klaren, und er gab zu verstehen, dass er sich mit seiner ganzen Persönlichkeit gegen die letzten Konsequenzen zur Wehr setzen würde.« Keine drei Monate später nahm das Unheil seinen Lauf.

KAPITEL 7

Abrechnung aus dem Exil

Am 2. September 1939, frühmorgens zwischen sechs und sieben Uhr, setzten sich von einem Hotel in Badgastein aus zwei Autos in Bewegung. Im Fond des ersten saßen Fritz und Amélie Thyssen, am Steuer ihr langjähriger Privatchauffeur Wilhelm Löwen und auf dem Beifahrersitz Amélies Kammerjungfer Maria Saile. In dem ihnen folgenden Wagen fuhren Thyssens Tochter Anita und deren Ehemann Gábor Graf Zichy.

Über den Verlauf der konspirativ vorbereiteten Fahrt kennen wir Einzelheiten nicht nur durch Fritz Thyssen selbst,[1] sondern auch aus späteren Schilderungen seiner beiden Bediensteten.[2] Die Hotelangestellten ließ Fräulein Saile am Vorabend wissen, ihre Herrschaft wolle die jungen Leute am nächsten Morgen zu deren Gut Puchhof bei Straubing begleiten und schon am Abend wieder zurück sein. Die großen Koffer wurden im Hotel zurückgelassen und nur das nötigste Handgepäck mitgenommen. Dass Thyssen vor seiner Abfahrt die bis dahin aufgelaufene Zimmerrechnung bezahlte, betrachtete das Personal eher als Zeichen besonderer Korrektheit denn als Hinweis auf eine endgültige Abreise des prominenten Gastes. Im Unterschied zu Amélies Zofe, in deren Anwesenheit zwischen den Thyssens (nach den Worten Löwens) »ungeniert gesprochen« wurde, hatte selbst der Chauffeur vor dem Start noch keine Ahnung, wohin die Fahrt ging.

Thyssen, der – so sein Fahrer – eine »gewisse Erregung« nicht verbergen konnte, hielt eine Karte vor sich ausgebreitet und gab die Anweisung »Richtung Bruck, Großglockner!« Erst jetzt wurde Löwen klar, dass die Familie gar nicht nach Puchhof wollte. Ihm stand vielmehr eine lange und beschwerliche Alpenfahrt bevor. Zunächst blockierten nach einem Bergsturz Geröllmassen die Fahrbahn. Drei Stunden dauerte die Räumung. Bei der Einreise nach Italien weigerten sich die Carabinieri, die beiden Wagen passieren zu lassen. Erst als Thyssen versprach, italienisches Gebiet nach spätestens vier Stunden wieder zu verlassen, gaben sie nach quälend langen Verhandlungen den Weg endlich frei.

Doch Thyssen dachte gar nicht daran, sich an seine Zusage zu halten. Statt die Abbiegung heimwärts über den Brenner zu nehmen, wies er Löwen an, über Meran mit Kurs auf das Stilfser Joch zu fahren, um über den Umbrailpass die Schweiz zu erreichen. Die eidgenössischen Grenzbehörden hatten jedoch den Umbrail für den Durchgangsverkehr gesperrt. Der wachhabende Offizier, ein freundlicher Mann, gab ihm den Rat, sein Glück weiter südlich bei Tirano zu versuchen. Nach vierzehnstündiger Fahrt ohne Mahlzeit – die italienischen Restaurants hatten überall auf Bezahlung in Lira bestanden – erreichten Thyssen und seine Begleiter unmittelbar hinter der Grenze die kleine Ortschaft Le Prese im Kanton Graubünden. Von hier aus rief er – unklar ist, ob noch am selben Abend oder am nächsten Morgen – aus einem Hotel Generaldirektor Heinrich Blass von der Schweizerischen Kreditanstalt in Zürich an. Seinem völlig überraschten Partner bei zahlreichen internationalen Finanzgeschäften eröffnete er, Deutschland aus Protest gegen die Kriegspolitik Hitlers für immer verlassen zu haben, sich mit seiner Familie seit wenigen Stunden in der Schweiz zu befinden und dort auf unbestimmte Zeit bleiben zu wollen. Blass war sofort klar, dass es für Thyssen schwer sein würde, von der Schweizer Regierung eine Aufenthaltserlaubnis zu erhalten. Doch erklärte er sich bereit, ein entsprechendes Gesuch Thyssens in Bern persönlich zu unterstützen. Notfalls müsse dieser als politischer Flüchtling Asylrecht beantragen.[3] Tatsächlich stellten die Schweizer

Behörden Thyssen und seiner Familie eine bis Ende März 1940 befristete »Toleranzbewilligung« aus.

Die wegen der nicht zu verheimlichenden Flucht ihres einstigen Gönners in arge Erklärungsnot geratene NS-Führung hat den Eindruck zu erwecken versucht, Thyssen hätte sich aus Angst vor strafrechtlicher Verfolgung wegen schwerwiegender Wirtschaftsvergehen ins Ausland abgesetzt. Tatsache ist, dass – vermutlich wegen seiner zunehmenden »Stänkereien« – schon 1937 strafrechtliche Ermittlungen gegen ihn eingeleitet worden waren. Konkret ging es dabei um Devisen- und Steuervergehen im Zusammenhang mit internationalen Vermögenstransaktionen. Die vom Devisenfahndungsamt in der Berliner Prinz-Albrecht-Straße durchgeführten Untersuchungen konzentrierten sich vor allem auf das – angeblich nicht vollständig deklarierte – Privatvermögen Thyssens in der 1929 gegründeten Schweizer Firma Faminta A.G. in Glarus. Mit der Forderung konfrontiert, die Geschäfte dieser Gesellschaft durch einen Wirtschaftsprüfer untersuchen zu lassen, drohte Thyssen im Mai 1938, gerade von einer Argentinien-Reise zurückgekehrt, unter Berufung auf seine exponierte politische Stellung in einem Brief an den Düsseldorfer Oberfinanzpräsidenten unverhüllt mit Konsequenzen: »Sollten Sie … auf dieser Buchprüfung bestehen, so müsste ich das als einen Zweifel an meiner Lauterkeit als Staatsrat ansehen, und ich sähe mich gezwungen, die Angelegenheit Ministerpräsident Göring vorzutragen.«[4]

Da der Fall unerledigt blieb, ist schwer zu sagen, ob Thyssen bei einem Schuldspruch Sanktionen zu befürchten gehabt hätte. In seinem Spruchkammerverfahren, in dem die Motive seiner Flucht eine zentrale Rolle spielten, sagten alle Zeugen übereinstimmend aus, dass er selbst im Falle eines Devisenvergehens mit einer Geldstrafe davongekommen wäre. Nicht allein sein als Düsseldorfer Regierungspräsident über die Angelegenheit informierter Vertrauter Carl Christian Schmid hielt es »für ausgeschlossen«, dass Thyssen »auch nur eine schlaflose Nacht«

hätte befürchten müssen.[5] Auch der an den Ermittlungen maßgeblich beteiligte Ministerialrat im Reichsfinanzministerium Josef Kratz sagte aus, dass Thyssen »aus Angst vor dieser Sache nicht ins Ausland hätte gehen müssen«. Da es den Behörden allein darauf angekommen sei, das Auslandsvermögen von Inländern steuerlich vollständig zu erfassen, wäre allenfalls eine Steuernachzahlung, wahrscheinlich nicht einmal eine Steuerstrafe zu erwarten gewesen.[6]

Auch in den Wochen vor seinem übereilten Aufbruch in die Schweiz lassen sich keine Hinweise finden, die auch nur im Geringsten für die von der NS-Propaganda verbreiteten Fluchtgründe sprechen. Fritz und Amélie Thyssen waren »nach einem teilweise unruhigen und anstrengenden Jahr«[7] am 15. August zur Erholung in Badgastein eingetroffen. Zurück in Mülheim wollte er, wie er seinem Mitarbeiter Carl Härle in einem Brief aus dem Urlaub mitteilte, am 16. September sein.[8] Zwischendurch fuhr er von Badgastein zu einem kurzen Besuch der Zürcher Landesausstellung in die Schweiz. Hätte er die Absicht gehabt, Deutschland aus Angst vor Strafverfolgung zu verlassen, wäre für ihn nichts näher liegend gewesen, als von seinem Abstecher nach Zürich erst gar nicht nach Österreich zurückzukehren.

Thyssen war mit der beruhigenden Zusicherung des Essener Gauleiters und Göring-Vertrauten Josef Terboven in den Urlaub gefahren, dass trotz der Spannungen mit Polen in Berlin gegenwärtig niemand an ein militärisches Abenteuer denke.[9] Da erreichte ihn am Abend des 31. August unerwartet ein Telegramm Terbovens. Es enthielt die Aufforderung, am 1. September, also schon am nächsten Tag, zu einer Sitzung des Reichstages in Berlin zu erscheinen. »Mir wurde plötzlich der Ernst der Situation bekannt«, beschrieb Thyssen später die Wirkung der Depesche.[10] Er wusste, was die kurzfristige Einberufung des »Parlaments« zur Entgegennahme einer Erklärung Hitlers zu bedeuten hatte. Schließlich hing der Frieden in Europa an einem seidenen Faden. Nach der völkerrechtswidrigen Besetzung der Tschechoslowakei im März 1939 und dem hektischen außenpolitischen Tauziehen der vorangegangenen Monate um die so genannte polnische Frage[11] konnte Terbovens Telegramm nichts Gutes bedeuten. In höchste Erregung hatte ihn erst eine Woche zuvor die Nachricht vom Abschluss des deutsch-sowjetischen Nichtangriffspaktes am 24. August versetzt. Für Thyssen bedeutete der im Beisein Stalins von den beiden Außenministern von Ribbentrop und Molotow im Kreml unterzeichnete Vertrag eine weitere tiefe Enttäuschung. Hatte nicht gerade Hitler den Kampf gegen den Bolschewismus als den ideologischen Todfeind zum Programm erhoben? Und hatte er, Thyssen, nicht vor allem deshalb seine ganze Hoffnung auf die Nationalsozialisten gesetzt? Was er nicht sah, mit seinem nicht gerade ausgeprägten Sinn für taktische Winkelzüge vielleicht auch nicht sehen konnte, war die Tatsache, dass es Hitler zu diesem Zeitpunkt vor allem um die Isolierung Polens ging. Die Sowjetunion als späteres Opfer seiner Expansionspolitik hatte er keineswegs aus den Augen verloren.

Der nach Berlin zitierte Reichstagsabgeordnete Thyssen befand sich an diesem 31. August in einer schier ausweglosen Lage. Theoretisch hätte er sich noch am späten Abend von Badgastein nach München fahren lassen können, wäre am nächsten Morgen mit der ersten Maschine nach Berlin geflogen und pünktlich um zehn Uhr zur Sitzung in der Kroll-Oper erschienen. Aber hätte er dort seine Ablehnung eines deutschen Angriffskrieges unterdrücken können? Einfach dasitzen und in den frenetischen Beifall der über sechshundert Ja-Sager einstimmen? Was aber wäre mit ihm geschehen, wenn er sich, vielleicht als Einziger, offen als Gegner dieses Krieges zu erkennen gegeben hätte?

Wir können aus den spärlichen überlieferten Quellen nicht mit letzter Gewissheit feststellen, ob Amélie Thyssen ihren Mann in den entscheidenden Stunden am 1. September zur Flucht drängte oder gar überredete. Überhaupt lassen sich darüber, inwieweit ihr Urteil Thyssens politische Überzeugungen beeinflusste, allenfalls Vermutungen anstellen. Offenbar aber hat sie ihn in seiner Hinwendung zum Nationalsozialismus eher bestärkt als zu bremsen versucht. Dafür spricht zumindest, dass sie bereits 1931 und damit wesentlich früher als ihr Mann in die NSDAP eingetreten war. Fritz dagegen wurde nach seinem Austritt aus der Deutschnationalen Volkspartei Anfang 1932 erst im Mai 1933 Parteigenosse.[12] Belege, die auf unterschiedliche politische Grundüberzeugungen der Eheleute hindeuten, lassen sich jedoch nirgendwo finden. Allerdings scheint Amélie innerhalb der Familie keine starke oder gar dominierende politische Rolle gespielt, sondern sich eher für das Wohlergehen ihres Mannes verantwortlich gefühlt zu haben. Fritz Thyssen jedenfalls war auf die Nähe seiner Frau jetzt zunehmend angewiesen. Zu dem Zeitpunkt, da er vor der Schicksalsfrage des 1. September 1939 stand, befand er sich bereits im 66. Lebensjahr, ging wegen eines chronischen Beinleidens am Stock und wirkte auch sonst stark gealtert.

Zumindest die Berichte der Kammerjungfer deuten darauf hin, dass Amélie ihren Mann in seinem Entschluss, Deutschland zu verlassen, bestärkte. Nach den Aussagen der bei allen Gesprächen der Eheleute anwesenden Maria Saile war es aber nicht allein Amélie, die Fritz vor den Folgen seines Protestes gegen den Krieg warnte. Vielmehr übernahm es Thyssens Schwiegersohn, der mit Anita kurz zuvor in Badgastein eingetroffen war, dem Zögernden die durch eine offene Konfrontation mit der Parteiführung drohenden Gefahren eindringlich vor Augen zu führen.

Die Angst vor schlimmsten Konsequenzen war durch eine Nachricht zusätzlich geschürt worden, die die Familie nur wenige Stunden vor dem Eintreffen des Terboven-Telegramms erreicht hatte: Von seiner Schwester Hede erfuhr Thyssen, dass deren Schwiegersohn Gustav Edler von Remiz im Konzentrationslager Dachau plötzlich gestorben war. Der Oberstleutnant der Reserve des 3. Dragonerregiments war Führer der für eine Restauration der Habsburger Monarchie eintretenden Legitimisten im Land Salzburg gewesen und im Juli 1938, kurz nach dem Anschluss Österreichs, verhaftet worden. Das seiner Familie gehörende Jagdschloss Fuschl wurde beschlagnahmt und Hitlers Außenminister Joachim von Ribbentrop als Sommerresidenz zur Verfügung gestellt. Unter welchen Umständen von Remiz zu Tode gekommen war, erfuhren seine Angehörigen nicht. Der Wiener Gauleiter Joseph Bürckel, den Thyssen um Aufklärung des Falles bat, beantwortete die Anfrage nicht einmal.[13] Ernst Poensgen zufolge hat Thyssen später den Verdacht geäußert, der für die Nationalsozialisten unbequeme Monarchist sei an einer Bromvergiftung gestorben.[14] Auf welche Informationen er sich dabei stützte, sofern er überhaupt konkrete Anhaltspunkte für seine Vermutung hatte, wissen wir allerdings nicht.

Die Todesnachricht hat aber sicherlich das Ihrige dazu beigetragen, dass Thyssen am Abend des 31. August entschied, der Hitler-Rede fernzubleiben. Seiner Frau diktierte er ein Telegramm an Reichstagspräsident Hermann Göring, das Frau Saile gegen 21 Uhr aufgab:

> »Erhielt von Gauleitung Essen Aufforderung nach Berlin zu fliegen. Bin aus Gesundheitsgründen nicht in der Lage, Aufforderung Folge zu leisten. Nach meiner Ansicht wäre es möglich, eine Art Waffenstillstand abzuschließen, um Zeit für Verhandlungen zu gewinnen. Ich bin gegen Krieg. Ein Krieg würde Deutschland von Russlands Rohmaterialien abhängig machen und Deutschland würde so seiner Position verlustig gehen.«[15]

Eine Kopie dieses Telegramms schickte er am 1. September an seinen Prokuristen Heinrich Kindt. In seinem Begleitbrief teilte er diesem mit, dass er auf ärztlichen Rat seine Kur nicht unterbrechen und noch zwei Wochen in Badgastein bleiben wolle. Den Ausschlag für die Entscheidung, ins Exil zu gehen, gab nach übereinstimmenden Aussagen von ihm und Frau Saile erst ein Passus in Hitlers im Rundfunk übertragener Kriegserklärung. Thyssens Darstellung zufolge überbrachte sein Schwiegersohn, der im Unterschied zu Thyssen die Rede am Radio verfolgt hatte, die Nachricht, dass Hitler soeben den Einmarsch deutscher Truppen in Polen verkündet habe. An die Adresse Andersdenkender habe er die Warnung ausgesprochen: »Wer nicht für mich ist, ist ein Verräter und wird als ein solcher behandelt werden.«[16] Thyssen bezog diese Äußerung – davon ausgehend, dass sein Telegramm an Göring inzwischen Hitler zur Kenntnis gebracht worden war – auf sich als erklärten Kriegsgegner. Was diese Drohung Hitlers bedeutete, so Thyssen in »I Paid Hitler«, habe das schreckliche Ende seines angeheirateten Neffen in Dachau gezeigt.[17]

Laut Sitzungsprotokoll des Reichstages hatte Hitler gesagt: »So wie ich selber bereit bin, jederzeit mein Leben für mein Volk und für Deutschland einzusetzen, so verlange ich dasselbe auch von jedem anderen! Wer aber glaubt, sich diesem nationalen Gebot, sei es direkt oder indirekt, widersetzen zu können, der fällt! Verräter haben mit uns nichts zu tun.«[18] Die Königsteiner Spruchkammer kam zu dem Schluss, Thyssen sei an jenem 1. September 1939 »unter starker Einwirkung seitens des … Grafen Zichy und unter Mitwirkung von Ehefrau und Tochter … in die vielleicht auf einer gewissen Selbstüberschätzung beruhende Zwangsvorstellung versetzt« worden, die betreffende Passage sei »als Folge des Telegramms auf ihn … persönlich gemünzt gewesen«.[19] Nach den Schilderungen der Maria Saile hielt sich Thyssen gerade in der Hotelhalle auf, als ihn sein Schwiegersohn bestürmte: »Du musst unbedingt weg, das ist die Antwort auf Dein Telegramm!«

Thyssen verhielt sich mit den Worten der Zofe aber auch jetzt noch »bockbeinig«: »Gegen zwölf Uhr mittags hatte Herr

Thyssen sich noch nicht entschlossen zu gehen, denn ich hörte, dass er sagte, er wolle in Deutschland bleiben, da er nichts verbrochen, sondern nur die Wahrheit gesagt und sein Recht behauptet hätte.« Die Entscheidung fiel, so Frau Saile, »bei Tisch zwischen 14 und 15 Uhr«: »Gleich darauf holte mich Frau Thyssen und sagte zu mir: ›Endlich haben wir meinen Mann so weit gebracht, dass er nun doch geht.‹ Sie sagte mir das, obwohl Herr Thyssen nicht wollte, dass jemand etwas von der bevorstehenden Abreise erfahren sollte. Frau Thyssen gab mir den Auftrag, Handkoffer zu packen.«[20] Der Chauffeur erhielt Order, sich am nächsten Morgen für eine längere Reise bereitzuhalten.

Beruhte Fritz und Amélie Thyssens Entschluss, Deutschland zu verlassen, ihr Leben in einem fremden Land fortzusetzen, letztlich auf einem Missverständnis? Es erscheint in der Tat äußerst unwahrscheinlich, dass allein Thyssens telegrafisch an Göring übermitteltes Friedensbekenntnis Hitler veranlasst haben könnte, seine kryptische Drohung auszustoßen. Ja, es ist sogar höchst zweifelhaft, dass Göring, sofern er Thyssens Absage überhaupt noch rechtzeitig vor der Sitzung zu Gesicht bekam, Hitler vor dessen »historischer« Rede davon unterrichtete. Dass Thyssen allen Zweiflern gegenüber vehement darauf bestand, dass nur ihm und niemandem sonst der Bannstrahl seines einst bewunderten Führers gegolten habe, mag damit zusammenhängen, dass er sich bekanntermaßen schwer tat, eine Position, für die er sich einmal entschieden hatte, wieder aufzugeben. Es könnte aber auch sein, dass er an seinem – objektiv fragwürdigen – Fluchtmotiv deshalb so hartnäckig festhielt, weil er ahnte, dass ihn seine ungeschminkte Kritik an der Politik der Nationalsozialisten früher oder später in ernste Gefahr bringen würde.

Nur einen Tag nachdem ihn Thyssen aus Badgastein über eine Verlängerung seiner Kur informiert hatte, erhielt Finanzprokurist Kindt einen weiteren, diesmal in der Schweiz aufgegebenen Brief seines Chefs: Alle an ihn gerichtete Post solle ihm an seine Adresse bei der Schweizerischen Kreditanstalt in Zürich

Obwohl sich Thyssen schon früh durch antikirchliche und antisemitische Exzesse abgestoßen fühlte, vollzog er den Bruch mit dem Nationalsozialismus erst aus Protest gegen den insgeheim vorbereiteten Angriffskrieg. Wie Hitlers Koalitionspartner Alfred Hugenberg (Mitte, mit Melone, vor seinem Berliner Wahllokal am 5. März 1933) verkannte auch er zunächst die wahren Absichten des Diktators.

nachgesendet werden. Der von dieser Nachricht völlig überraschte Kindt informierte am 5. September Thyssens Intimus Härle, der seinerseits Generaldirektor Blass in Zürich telefonisch bat, er möge »dem Herrn« ausrichten, dass »er unbedingt sofort zurückkehren müsste«.[21] Den Namen Thyssens nannte er vorsichtshalber nicht, weil er befürchtete, dass sein Gespräch abgehört und die vermutete Flucht des prominenten Großindustriellen frühzeitig bekannt werden würde.

Nachdem Thyssen an den folgenden Tagen jedoch keinerlei Anstalten machte, nach Deutschland zurückzukommen, ließ sich Härle am 19. September vom Vorstand der Vereinigten Stahlwerke bevollmächtigen, in geheimer Mission in die Schweiz zu reisen, um seinen Aufsichtsratschef zur Heimkehr zu bewegen. Da Thyssen zu dem mit Blass abgestimmten Gespräch in dessen Zürcher Bankbüro nicht erschien, blieb dem Emissär nur die beschwerliche Weiterreise nach Le Prese, um seine Mission zu erfüllen. Nach über achtstündiger Bahnfahrt traf er Fritz und Amélie Thyssen, an diesem Tag die einzigen Hotelgäste, in äußerst gedrückter Stimmung an. In einer Mischung aus Verfolgungsangst und Trotz wischten sie jeden Gedanken an ein Missverständnis der Hitler-Rede vom Tisch. Härle: »Ich bat Herrn Thyssen nachforschen zu dürfen, wie die Dinge wirklich liegen, er sagte mir aber, es habe keinen Wert, das Telegramm sei sicher angekommen, und niemand könne ihn von seiner Überzeugung abbringen, dass Hitler das Telegramm vor seiner Rede gelesen habe. Die Vorwürfe des ›Führers‹ seien ungerechtfertigt, denn er sei Mitglied des Reichstages, und als Mitglied des Reichstages habe er das Recht und die Pflicht, die Wahrheit zu sagen, zumal doch sonst niemand den Mund auftue. Die bürgerlichen Feiglinge wie Vögler und Hugenberg sagten doch zu allem ja. Er sei als Abgeordneter immun und wenn man seine Immunität angreife, so habe er das Recht, über die Grenze zu gehen. Er wolle sich nicht ins Konzentrationslager bringen lassen.«[22]

Nachdem Härle den ganzen Abend versucht hatte, Thyssen auch unter Hinweis auf seine Pflichten als Offizier zur Rückkehr zu überreden, und für den Fall seiner Weigerung die Einziehung seines gesamten Vermögens voraussagte, setzten sie am nächsten Tag, dem 23. September, bei einem Spaziergang ihre Gespräche fort. Der Besucher gab dabei zu bedenken, dass die Flucht der Eheleute in die Schweiz jeden Tag publik werden könnte und die Nachricht die Widerstandskraft des deutschen Volkes außerordentlich erschüttern müsste. Doch auch dieses Argument verfehlte seine Wirkung.

Bei der Rückkehr ins Hotel erhielt Härle durch Helmuth Poensgen (unter seinem Vetter Ernst Poensgen Vorstandsmitglied der Vereinigten Stahlwerke) die telefonische Nachricht, der französische Rundfunk habe soeben gemeldet, dass sich Thyssen ins Ausland abgesetzt habe. Eile sei jetzt geboten. Kurze Zeit später meldete sich Poensgen noch einmal: Härle solle Thyssen »auf höchsten Wunsch« (Härle vermutete, dass es sich um Göring gehandelt habe)[23] ausrichten, er möge Vögler und Ernst Poensgen zu einem Gespräch empfangen. Thyssen erklärte sich auf gutes Zureden Amélies hin unter der Bedingung zu einer Begegnung bereit, dass Härle ein für Göring bestimmtes »Memorandum« mit nach Deutschland nehme. Unmittelbar nach seiner Rückkehr aus der Schweiz berichtete Härle Gauleiter Terboven über seine fehlgeschlagene Mission und übergab ihm die für Göring bestimmte Thyssen-Denkschrift mit der Bitte um Weiterleitung.

Das an seinen mächtigen »Freund« gerichtete Memorandum ließ nicht den geringsten Zweifel mehr daran aufkommen, dass Thyssen alle Brücken zur nationalsozialistischen Führung in Berlin abgebrochen hatte. Ton und Inhalt seiner Forderungen standen in unversöhnlichem Gegensatz zu Hitlers Politik. Thyssen, von Natur aus eher zum Extrem als zu einer ausgewogenen, gar diplomatischen Diktion neigend, legte sich jetzt in seiner Kritik ebenso wenig Zurückhaltung auf wie einst in der vorbehaltlosen Unterstützung Hitlers und seiner Partei. So forderte er unter Punkt 9, »dass die deutsche Öffentlichkeit darüber unterrichtet wird, dass ich als Abgeordneter des Reichstages gegen den Krieg gestimmt habe. Sollten andere Abgeordnete ähnlich gehandelt haben, so sollte die Öffentlichkeit ebenfalls darüber unterrichtet werden.« Entgegen der nach einem fingierten Überfall auf den deutschen Rundfunksender Gleiwitz von der Goebbels-Propaganda verbreiteten Lüge von der polnischen Kriegsschuld hielt er Göring vor, dass in Wahrheit Deutschland der Aggressor gewesen sei. An die Adresse des Führers gewandt, erklärte er: »Hitler hat kein Recht, mir zu drohen, wenn ich meine Meinung sage!«[24]

Es waren somit nicht gerade die besten Voraussetzungen, unter denen Poensgen und Vögler in die Schweiz fuhren, um ihren verbiesterten Großaktionär doch noch umzustimmen. Bei ihrem Treffen in der Zürcher Zentrale der Schweizerischen Kreditanstalt am Nachmittag des 26. September präsentierten sie Thyssen einen Brief Terbovens, in dem dieser bestritt, dass die telegrafische Absage aus Badgastein Göring oder dessen Kanzlei jemals erreicht habe. Schon deshalb habe für Thyssen kein Grund bestanden, die Drohung Hitlers auf sich persönlich zu beziehen und Deutschland zu verlassen. Im Auftrag Görings gaben sie Thyssen die Zusage, dass ihm im Falle einer Rückkehr keinerlei Konsequenzen drohten. Das Versprechen war allerdings an die Bedingung geknüpft, dass Thyssen die beiden beglaubigten Kopien seines Memorandums an Göring, die er in der Schweiz deponiert hatte, in Berlin aushändigen müsse. Thyssen lehnte dieses Ansinnen mit der Begründung ab, dass er damit seine Haltung gegen den Krieg aufgeben würde.[25] Am Ende des dreistündigen Gesprächs erklärte Thyssen unter Hinweis auf den ungeklärten Tod seines Neffen im KZ Dachau, dass er keine Eile verspüre, nach Deutschland zurückzukehren.[26]

Fritz Thyssen, Aufsichtsratsvorsitzender des größten deutschen Stahlproduzenten, und Albert Vögler, nominell sein Stellvertreter, aber immer noch der starke Mann des Konzerns, sahen sich an jenem 26. September 1939 in Zürich zum letzten Mal. Ihr Verhältnis war nie von besonderer Herzlichkeit, eher von sachbezogenem Respekt bestimmt gewesen. Vöglers fachliches Urteil über Thyssen war zwiespältig. Einerseits erkannte er durchaus dessen »gutes Verständnis für technische Dinge« an und schätzte ihn als »ausgezeichneten Finanzmann«. Gleichzeitig sei er jedoch »sprunghaft«, ferner »misstrauisch und für Einflüsterungen zugänglich« und habe »nicht systematisch zu arbeiten gelernt«, wofür ihm »sein Schreibtisch voll von Akten« symptomatisch zu sein schien.[27] Umgekehrt vermisste Thyssen an dem »bürgerlichen Feigling« vor allem jenen politischen Bekennermut, den er in seiner eigenen radikalen Ablehnung des von Hitler inszenierten Angriffskrieges, wenngleich aus der sicheren Distanz seines Schweizer Exils, offenbarte. Zuletzt verübelte er Vögler, dass dieser sich nach seiner Zürcher Mission nicht noch einmal bei ihm meldete, obwohl er ihn bei ihrem letzten Treffen um Hilfe bei der Aufklärung der Todesumstände seines Neffen gebeten hatte.[28]

Vögler beschäftigten jetzt erst einmal andere Sorgen. Immerhin war Thyssen mit reichlich 27 Prozent der größte Einzelaktionär der Vereinigten Stahlwerke. Was würde geschehen, wenn er im Ausland bliebe und seine Opposition gegen Hitler von dort aus fortsetzte? Würde die von ihm herausgeforderte Führung nicht früher oder später zum Gegenschlag ausholen und sein Vermögen konfiszieren? Und würde auf diese Weise dem nationalsozialistischen Staat beim Stahlverein ein maßgeblicher Einfluss zuwachsen? Vögler erkannte sehr klar, welche Gefahren seinem Konzern drohten. Gleich nach seiner Rückkehr aus der Schweiz rief er daher eine Reihe kurzfristig verfügbarer Mitglieder des Aufsichtsrates nach Berlin zusammen, unter ihnen Carl Goetz (Dresdner Bank), Karl Kimmig (Deutsche Bank) und Hans von Flotow (Bankhaus Hardy & Co.), und erläuterte ihnen die »Schwierigkeiten, in die die Vereinigten Stahlwerke durch die Flucht Thyssens ins Ausland kommen könnten«.[29]

Dass seine Sorge nur allzu berechtigt war, sollte sich schon wenige Tage später zeigen. Am 1. Oktober richtete der mittlerweile von Le Prese nach Luzern in das Hotel Schweizerhof umgezogene Thyssen eine zweite Denkschrift an Göring. Seinen Brief vertraute er der Kammerjungfer Saile an, die ihn bei ihrer Heimkehr nach Deutschland auf dem Heidelberger Postamt per Einschreiben aufgab. In Inhalt und Ton noch schärfer als beim letzten Mal, geißelte er die »verleumderischen Schmähungen« örtlicher Parteifunktionäre gegen die katholische Kirche und das Vorgehen gegen die »in der feigsten und brutalsten Weise ausgeplünderten und gepeinigten« Juden am 9. November 1938. Wörtlich fuhr er fort:

> »Nachdem es zum Schlimmsten gekommen ist und Deutschland wiederum in einen Krieg gestürzt worden ist, ohne dass das Parlament oder der Staatsrat befragt worden sind, erkläre ich Ihnen nunmehr endgültig, dass ich diese Politik ablehne und dass ich bei dieser Meinung bleiben werde, selbst wenn ich als Verräter angeklagt werde ... Alles, was ich tun kann, ist, Sie und den Führer dringend zu ersuchen, eine Politik aufzugeben, die, wenn sie erfolgreich verläuft, Deutschland dem Kommunismus in die Arme treibt, und die, falls sie einen Misserfolg zeitigt, das Ende Deutschlands bedeuten wird. Versuchen Sie herauszufinden, wie die Katastrophe noch vermieden werden kann. Auf jeden Fall muss Deutschland verfassungsmäßige Bedingungen wieder gelten lassen, so dass Verträge und Abkommen, Gesetz und Ordnung wieder einen Wert haben.«

Abschließend bedauerte Thyssen, Göring aus dem Ausland schreiben zu müssen, aber nach den Morden an dem SA-Führer Ernst Röhm sowie politischen Gegnern wie Gregor Strasser und Kurt von Schleicher am 30. Juni 1934 wäre es eine »vorsätzliche Dummheit« gewesen, nach Deutschland zurückzukehren.[30]

Selbst wenn er, wie nicht anders zu erwarten, auch auf diesen Brief von Göring keine Antwort erhielt, konnte er nicht davon ausgehen, dass seine politischen Freunde von einst die Angriffe des prominenten Renegaten einfach zu ignorieren gedachten. Ihre Reaktionen zeigten denn auch schon bald, wie sehr es sie ärgerte, dass gerade der Großindustrielle, der Hitler in seinen Kreisen hoffähig gemacht hatte, sie vom Ausland aus als Kriegstreiber und Despoten brandmarkte. So wie Thyssen gegenüber Göring auf einer Veröffentlichung seiner Forderungen bestand, würde er, davon mussten sie ausgehen, nicht lange zögern, sich mit seinen Anklagen international Gehör zu verschaffen.

Am 9. Oktober 1939, also kurz nach Eingang des zweiten Briefes an Göring, bat der Chef des Protokolls im Auswärtigen Amt, Alexander Freiherr von Dörnberg zu Hausen, den Schweizer Gesandten in Berlin, Hans Frölicher, zu sich. Es gehe, so eröffnete er dem Diplomaten, um eine »heikle Angelegenheit«. Der deutsche Großindustrielle Fritz Thyssen habe versucht, durch Vermittlung des Generaldirektors der Schweizerischen Kreditanstalt Heinrich Blass der Regierung in Bern ein regimekritisches Dokument zu übermitteln, was Blass jedoch abgelehnt habe.[31] Wenn Thyssen mit seinem Versuch Erfolg gehabt hätte, wäre dies Landesverrat gewesen. Man befürchte nach diesem Vorfall, dass der weitere Aufenthalt Thyssens in der Schweiz »zu Anständen Anlass geben könnte«.[32]

Das war eine kaum verhüllte Drohung. Doch der Protokollchef entließ seinen Besucher nicht, ohne ihm einen guten Rat mit auf den Weg zu geben, wie sich Bern das leidige Problem am leichtesten vom Hals schaffen könne: Thyssen sei »in Südamerika sehr begütert, so dass für ihn keine Schwierigkeiten bestehen würden, sich dorthin zu begeben, wenn ihm der weitere Aufenthalt in der Schweiz versagt würde, was im Hinblick auf das Gesagte wünschbar wäre«.[33] Dem deutschen Gesandten in Bern, Dr. Otto Köcher, berichtete von Dörnberg, Frölicher »ungefähr folgendes eröffnet« zu haben: »Thyssen sei plötzlich mit seiner Familie nach der Schweiz abgereist. Man sei in Deutschland der Ansicht, dass Thyssen nicht ganz normal sei.«[34] Anfang Dezember wies der Protokollchef den deutschen Gesandten in Bern noch einmal nachdrücklich darauf hin, dass »der Reichsaußenminister wie die inneren Stellen« größten Wert darauf legten, dass »Thyssen aus der Schweiz verschwindet«.[35]

Der Schweizer Diplomat hatte von Dörnberg darauf aufmerksam gemacht, dass Emigranten der Aufenthalt in seinem

Land nur unter der Bedingung erlaubt würde, dass sie sich jeder politischen Betätigung enthielten und auch sonst alles unterließen, was die Beziehungen zum jeweiligen Herkunftsland stören könnte. Auch Thyssen müsse sich an diese Auflagen halten, so dass kaum etwas zu befürchten sei. Das war natürlich nicht mehr als eine diplomatische Floskel. In Wirklichkeit sah der Gesandte sehr wohl die drohenden Komplikationen im Verhältnis zu dem großen, schwer berechenbaren Nachbarn. So wies er denn seine Regierung darauf hin, »dass wir als kleines Land, das jetzt von den Achsenmächten umschlossen ist, ein größeres Interesse an einem beiderseitig guten Verhältnis haben«,[36] und legte seiner Zentrale nahe, den Fall Thyssen dem Eidgenössischen Justiz- und Polizeidepartement zur weiteren Prüfung zu übergeben.

Die Schweizer Polizei musste aber nicht nur Thyssens politische Aktivitäten überwachen, sondern auch für seinen persönlichen Schutz sorgen. Offenbar schätzten sie die Gefahr für Leib und Leben, die Thyssen durch deutsche Gestapo-Agenten drohte, außerordentlich hoch ein. Während seines gesamten Aufenthaltes in der Schweiz wurde er unter »diskrete polizeiliche Bewachung« gestellt, »weil ein Handstreich gegen Dr. Thyssen durch deutsche Agenten befürchtet wurde«, wie die Schweizerische Bundesanwaltschaft nach dem Krieg ausdrücklich bestätigte.[37] Thyssen selbst hat später ausgesagt, einem geplanten Attentat entgangen zu sein. Ein Deutscher habe ihn (vermutlich in seinem Hotel) sprechen wollen, »aber ich habe ihn nicht empfangen, weil ich gewarnt war«.[38]

Hitler und Göring kannten ihrem einstigen Förderer gegenüber jetzt keinen Pardon mehr. Mit Datum vom 24. November 1939 teilte Gauleiter Terboven Thyssen den Ausschluss aus der NSDAP mit: »Sie haben in einem Schreiben an den Herrn Ministerpräsidenten Generalfeldmarschall Göring die Politik des Führers kritisiert. Weiterhin haben Sie sich trotz entsprechender Aufforderungen geweigert, von einem Auslandsaufenthalt wieder nach Deutschland zurückzukehren. Diese Weigerung halten Sie aufrecht. Dieses Verhalten ist ehrlos. Sie sind daher für die NSDAP nicht mehr tragbar.«[39] Wenig später, am 1. Dezember, schloss ihn Innenminister Wilhelm Frick aus der Reichstagsfraktion aus, wodurch er auch sein Mandat verlor.[40]

Der nächste Schlag kündigte sich an, als der Stellvertretende Leiter der Staatspolizeistelle (Stapo) Düsseldorf, Karl Heinz Hoffmann, mit mehreren Beamten die Villa der Thyssens in Mülheim-Speldorf durchsuchte und das gesamte Personal verhörte.[41] Den Sonderauftrag hatte Göring persönlich über Terboven erteilt, nachdem Vögler und Poensgen unverrichteter Dinge aus Zürich zurückgekehrt waren. Die Aktion wurde von höchster Stelle offenbar als so brisant eingeschätzt, dass sie selbst in der Stapo-Dienststelle nicht bekannt werden durfte. Bei ihren Vernehmungen und aus den bei der Hausdurchsuchung sichergestellten Unterlagen sollte die Einsatzgruppe nicht nur ein genaues Bild von der politischen Einstellung Thyssens und seinen Verbindungen zu Gleichgesinnten gewinnen. Ihr Auftrag erstreckte sich vielmehr bereits auf die Ermittlung des persönlichen Vermögens.

Mit Hoffmanns Bericht in den Händen, beantragte Gauleiter Terboven umgehend im Reichsinnenministerium die »Staatsfeindlichkeitserklärung« des Thyssen-Vermögens, die schon nach wenigen Tagen ausgesprochen wurde. Der Weg für die Enteignung eines der reichsten deutschen Großindustriellen war damit frei, die Vollstreckung nur noch ein Verwaltungsakt. Am 14. Dezember 1939 erschien im *Deutschen Reichsanzeiger* die Verfügung des Düsseldorfer Regierungspräsidenten, dass »das gesamte bewegliche Vermögen des Dr. Fritz Thyssen, früher in Mülheim/Ruhr, jetzt im Ausland, sowie sein Grundbesitz … zugunsten des Preußischen Staates eingezogen« worden seien. Rechtsmittel gegen die Verfügung waren ausgeschlossen.[42]

Thyssens inländisches Industrievermögen war in der Familienholding Thyssen & Co. AG, Mülheim/Ruhr, konzentriert. Vom Nominalkapital dieser Gesellschaft in Höhe von 15 Millionen Reichsmark gehörten 9 Millionen Reichsmark Fritz Thyssen und 6 Millionen Reichsmark den Familien seiner Vettern Julius und Hans. Der Substanzwert der Thyssen & Co. AG wurde zum Zeitpunkt von Thyssens Enteignung mit 900 Reichsmark pro Aktie ermittelt. Mit Abstand größter Vermögensposten der Holding war die gut 27-prozentige Beteiligung an der Vereinigten Stahlwerke AG. Auf der Basis von 900 Reichsmark pro Aktie repräsentierte Fritz Thyssens Anteil an der nach der Konfiszierung in »Preussen AG für Beteiligungen« umbenannten Thyssen & Co. AG also einen Wert von 81 Millionen Reichsmark. Als Sachwalter des von ihm beschlagnahmten Thyssen-Pakets entsandte Göring im März 1940 den aus dem Flick-Konzern hervorgegangenen, politisch als linientreu geltenden Manager Otto Steinbrinck in den Aufsichtsrat der Vereinigten Stahlwerke. Steinbrinck wurde zum stellvertretenden Vorsitzenden gewählt. Der Staat verfügte nun bei den Vereinigten Stahlwerken wieder über eine Sperrminorität, hatte einen seiner Vasallen dort installiert und war seinem Ziel, die deutsche Stahlindustrie vollständig in den Dienst der nationalsozialistischen Befehlswirtschaft zu stellen, einen wichtigen Schritt näher gekommen.

Zum Treuhänder des gesamten in- und ausländischen Thyssen-Vermögens ernannte Göring den Kölner Privatbankier Kurt von Schröder. Der stramme Nationalsozialist – der sich in einer Festschrift seiner Bank 1940 stolz in der ordengeschmückten Uniform eines SS-Oberführers abbilden ließ[43] – scheute keine Mühe, auch die verborgensten Vermögenswerte des abtrünnigen Parteigängers aufzuspüren. Die Besetzung der Niederlande durch deutsche Truppen im Mai 1940 brachte Schröder über die der Familie Thyssen nahe stehende Bank voor Handel en Scheepvaart in Rotterdam auf die Spur der Pelzer-Stiftung. Die auf den Namen von Fritz Thyssens Mutter im September 1931 im Schweizer Kanton Glarus mit einem Kapital von 10 000 Franken gegründete Einrichtung – später offenbar aufgestockt mit einem Großteil von Thyssens Auslandsvermögen[44] – diente nach Paragraf zwei ihres Statuts der Unterstützung von Familienangehörigen und der Sicherung und Erhaltung des Familienvermögens. Obwohl der Verfemte darin keine offizielle Funktion ausübte, wertete von Schröder geschäftliche Querverbindungen der Stiftung zu der von Fritz, Julius und Hans Thyssen zur Verwaltung ihres Auslandsvermögens errichteten Firma Holland American Investment Corporation (HAIC) als Beweis, dass die Pelzer-Stiftung nur zum Schein der geschiedenen Frau August Thyssens zuzurechnen sei. In Wahrheit hätten die beiden gesetzlichen Vertreter der Stiftung, zwei holländische Anwälte, nur auf ausdrückliche Weisung Fritz Thyssens im Dienste seiner internationalen Vermögensinteressen handeln dürfen. Thyssen hat das stets energisch bestritten. Dass er für sich und Amélie aus dem Schweizer Exil 100 000 Franken zum Lebensunterhalt erbeten und auch erhalten hatte, sei durchaus im Sinne des Stiftungszwecks gewesen. Dennoch wurde auf Initiative von Schröders auch die Pelzer-Stiftung als das »persönliche Eigentum des Herrn Fritz Thyssen« Ende September 1940 beschlagnahmt.[45]

Selbst die Thyssen bis zum Stichtag seiner Enteignung zustehenden Aufsichtsratsbezüge entgingen dem eifrigen Fahnder nicht. So musste die Vereinigte Stahlwerke AG in einem als »vertraulich« eingestuften Schreiben den Vorstand ihrer Konzerntochter Ruhrstahl anweisen, »bei der Tantiemeberechnung für das Geschäftsjahr 1938/39 den für Herrn Dr. Thyssen in Frage kommenden Betrag in voller Höhe einzusetzen und bei demnächstiger Fälligkeit an uns abzuführen«. Alsdann wollte man »den Gesamtbetrag von hier aus an die vom Staat zu bestimmende Stelle weiterleiten«.[46]

Ein begehrliches Auge hatte Göring außerdem auf die Kunstwerke des prominenten Flüchtlings geworfen. »Göring ist wie ein Kind, er will alles haben, was er sieht«, konnte der NS-Führer zwei Jahre später in »I Paid Hitler« über sein ausgepräg-

Auch im Exil blieb Fritz Thyssen ein Einzelgänger. Den in Frankreich internierten, meist mittellosen deutschen Emigranten dürften bittere Gedanken durch den Kopf gegangen sein, als sie am 28. November 1939 in Paris Soir *Fotos des einstigen Hitler-Gönners beim Souper in einem Luxushotel im schweizerischen Locarno entdeckten.*

tes Besitzstreben lesen. Dass es die kostbaren Gemälde und Antiquitäten Göring bei seinen früheren Besuchen in der Mülheimer Thyssen-Villa angetan hatten, war seinem Gastgeber nicht verborgen geblieben. Zwar hatte Fritz Thyssen nicht eine annähernd so bedeutende Sammlung wie sein Bruder Heinrich Thyssen-Bornemisza zusammengebracht. Dennoch befanden sich unter den Bildern, die er und Amélie in ihrer vierzigjährigen Ehe erworben hatten, mittelalterliche Tafelbilder, darunter Werke aus der Cranachschule, Gemälde niederländischer Meister sowie bedeutende französische Maler des achtzehnten Jahrhunderts. Hinzu kamen kostbare Antiquitäten.

Dass Göring in seiner Eigenschaft als preußischer Ministerpräsident die Hand selbstherrlich auf Thyssens Kunstbesitz legte, erregte höheren Ortes Aufsehen. So beklagte sich der Direktor der Staatlichen Gemäldegalerie Dresden, Hans Posse, bei Hitlers Intimus Reichsleiter Martin Bormann darüber, dass über den Verbleib der Thyssen-Sammlung und bedeutender Bilder anderer enteigneter Familien über den Kopf des Führers hinweg entschieden werde.[47] Hitler hatte verfügt, für ein in Linz an der Donau (dem »Mittelpunkt meines Geburtsgaues«) geplantes »Führermuseum« alle konfiszierten oder ihren Besitzern abgepressten Kunstwerke zunächst ihm, respektive dem mit der Zusammenstellung der »Linzer Sammlung« betrauten Sonderbeauftragten Posse anzubieten. Hitler war die Sache so wichtig, dass Reichsminister Hans Heinrich Lammers, Chef der Reichskanzlei, die Reichsminister und den Reichsführer SS Heinrich Himmler schriftlich daran erinnerte, dass sich »der Führer die Entscheidung über die Verwendung der beschlagnahmten und eingezogenen, zum Teil überaus wertvollen Kunstwerke vorbehalten« habe.[48] Ein Teil der Bilder Thyssens wurde als Leihgabe preußischen Kunstmuseen überlassen.

Für Thyssen bedeutete die ihm qua öffentlicher Bekanntmachung mitgeteilte Einziehung seines »volks- und staatsfeindlichen Vermögens« eine neuerliche Erniedrigung und Herausforderung. An Zurückhaltung war jetzt nicht mehr zu denken. Nachdem seine Appelle an Göring ohne Antwort geblieben waren, schleuderte er seine ganz Wut Hitler direkt entgegen. Sein Brief, den er am 28. Dezember 1939 in Luzern schrieb, ist eine schonungslose Abrechnung mit jenem Mann, in dem er noch fünf Jahre zuvor die Inkarnation eines besseren Deutschland erblickt hatte. Um sicher zu sein, dass seine Anklage ihren Empfänger auch erreichte, übergab er das Original zur Weiterbeförderung der deutschen Gesandtschaft in Bern und schickte zusätzlich je eine Kopie per Einschreiben an die Reichskanzlei und an Hitlers Adresse auf dem Obersalzberg.[49]

In scharfen Worten protestierte er gegen den »unverhüllten, brutalen Rechtsbruch« und erklärte alle an der Beschlagnahme Beteiligten, namentlich den Treuhänder Baron von Schröder, für persönlich verantwortlich. Mit der ganzen Enttäuschung eines Getäuschten sagte er sich von seinem einstigen Abgott los:

> »Mein Gewissen ist rein. Ich weiss, dass ich kein Verbrechen begangen habe. Mein einziger Fehler ist der, dass ich an Sie, unseren Führer Adolf Hitler und an die Bewegung, die Sie geschaffen haben, geglaubt habe – geglaubt mit der Inbrunst eines Menschen, der sein Vaterland Deutschland leidenschaftlich liebt. Seit 1923 habe ich für die nationalsozialistische Sache die grössten Opfer gebracht, habe in Wort und Tat gekämpft, ohne eine Belohnung für mich selbst zu beanspruchen, getrieben nur von der Hoffnung, dass unser unglückliches deutsches Volk wiedergesunden würde. Die ersten Ereignisse nach der Machtergreifung durch den Nationalsozialismus schienen diese Hoffnung zu rechtfertigen, wenigstens solange, als Herr von Papen Vizekanzler war – Herr von Papen, der Hindenburg veranlasste, Sie zum Kanzler zu ernennen. Vor ihm legten Sie einen feierlichen Eid in der Garnison[s]kirche in Potsdam ab, die Verfassung zu ach-

ten. Vergessen Sie nicht, dass Sie Ihren Aufstieg nicht einer grossen revolutionären Erhebung verdanken, sondern der liberalen Ordnung, die zu erhalten Sie geschworen haben.
Eine düstere Entwicklung folgte diesen Ereignissen. Die Verfolgung der christlichen Religion, die die Form grausamer Massnahmen gegen Priester und Beleidigungen der Kirche annahm ... Als am 9. November 1938 die Juden in feigster und brutalster Weise ausgeplündert und gequält wurden, und als ihre Tempel in ganz Deutschland niedergerissen wurden, protestierte ich ebenfalls. Um diesem Protest grösseres Gewicht zu verleihen, stellte ich mein Amt als Staatsrat zur Verfügung. Auch dies war vergeblich ...
Als die grosse Katastrophe kam und Deutschland wieder in einen Krieg verwickelt war, ohne dass Parlament oder Staatsrat ihre Zustimmung gegeben hätten, erklärte ich nachdrücklich, dass ich klar im Gegensatz zu einer solchen Politik stünde. Als Abgeordneter des Reichstages habe ich die Pflicht, meine Meinung zu sagen und an ihr festzuhalten ... Ich verurteile die Politik der letzten Jahre, und ich erhebe insbesondere meine Stimme gegen diesen Krieg, in den Sie das deutsche Volk in gewissenloser Weise gestürzt haben, und für den Sie und Ihre Ratgeber die Verantwortung tragen müssen. Meine Vergangenheit schützt mich vor der Beschuldigung der Verräterei. Im Jahre 1923 habe ich ohne Waffen und unter grossen Gefahren für mich selbst den passiven Widerstand in den besetzten Gebieten organisiert und habe so Rhein und Ruhr gerettet. Ich erschien vor dem Kriegsgericht des Feindes und habe furchtlos meine Ansicht als Deutscher gesagt. Aber genau diese Überzeugung ist es, die es mir unmöglich macht, die wahren Ideale und die wirkliche Lehre des Nationalsozialismus zu verleugnen, die, wie Sie selbst in meinem Hause erklärten, im Wesentlichen mit den Grundsätzen der deutschen Monarchie identisch und verfasst worden sind, um eine soziale Befriedung und eine

feste Ordnung herbeizuführen ... Ihre neue Politik, Herr Hitler, stösst Deutschland in den Abgrund und das deutsche Volk in den Zusammenbruch. Drehen Sie die Maschine um, solange es noch Zeit ist! Ihre Politik bedeutet im Endergebnis ›Finis Germaniae‹. Denken Sie an Ihren Eid von Potsdam. Geben Sie dem Reich ein freies Parlament, geben Sie dem deutschen Volk Freiheit des Gewissens, des Denkens und der Rede. Stellen Sie die notwendigen Garantien für die Wiederherstellung von Gesetz und Ordnung sicher, damit wieder Verträge und Abkommen auf Treu und Glauben abgeschlossen werden können. Denn wenn weiteres Unheil und weiteres nutzloses Blutvergiessen vermieden werden, kann es vielleicht möglich sein, für Deutschland einen ehrenvollen Frieden und den Bestand seiner Einheit zu erreichen.

Die internationale öffentliche Meinung fordert von mir Erklärungen, warum ich Deutschland verlassen habe. Bis jetzt habe ich geschwiegen. All die Dokumente und schriftlichen Unterlagen meines 15-jährigen Kampfes sind noch unveröffentlicht. In einer Zeit, da mein Vaterland einen harten Kampf kämpft, wünsche ich nicht, seine Feinde mit weiteren moralischen Waffen auszustatten. Ich bin ein Deutscher und werde das mit jeder Faser meines Seins bleiben. Gerade weil ich ein Deutscher bin, kann ich und will ich nicht sprechen, während mein Volk in tiefster Not ist, wenn es nicht eines Tages im Interesse der Wahrheit notwendig sein sollte. Aber ich fühle in mir jene unterdrückte innere Stimme des deutschen Volkes, die ruft: ›Kehre um und stelle Freiheit, Recht und Menschlichkeit im Deutschen Reich wieder her.‹

Ich werde Ihre Taten schweigend erwarten. Aber ich tue es unter der Voraussetzung, dass dieser Brief dem deutschen Volk nicht vorenthalten wird. Ich werde warten. Wenn meine Worte, die Worte eines freien und aufrechten Deutschen, dem Volk vorenthalten werden, beabsichtige ich, mich an das Gewissen und das Urteil der übrigen Welt zu wenden. Ich warte.

›Heil Deutschland!‹
gez. Fritz Thyssen«

Das war eine Kampfansage, aber zugleich auch ein neuerlicher Beweis für Thyssens politische Naivität. Zwar erkannte er jetzt klarer als je zuvor, dass Hitler das deutsche Volk in einen verhängnisvollen Krieg gestürzt hatte, über dessen Ausgang er sich keiner Selbsttäuschung hingab. Dies ist umso bemerkenswerter, als Ende 1939 die Wehrmacht ihre Überlegenheit gegen die tapferen Polen gerade erst unter Beweis gestellt hatte und der Westfeldzug, erst recht der für die Niederlage entscheidende Kriegseintritt der Sowjetunion und der USA noch bevorstanden. Auf der anderen Seite glaubte Thyssen immer noch, zwischen den »wahren Idealen« des Nationalsozialismus und dessen durch Hitler verfolgte Unterdrückungs- und Expansionspolitik unterscheiden zu können. Auch jetzt noch verkannte er, dass es eine Rückkehr Hitlers zur »wirklichen Lehre« nicht geben konnte, weil dieser kraft seiner unumschränkten Macht und gestützt auf seine rassenideologisch untermauerte »Weltanschauung« den Nationalsozialismus in seiner eigenen Person verkörperte. Woran Thyssen, erfüllt von seinen verratenen Idealen, gegen alle Vernunft festhielt, war in Wirklichkeit nicht mehr als ein an nationale Gefühle appellierendes Blendwerk zur Mobilisierung der Massen, nicht jedoch ein verbindliches Parteiprogramm. Es ist schwer zu glauben, dass er allen Ernstes erwartete, der Diktator würde seine Anklagen dem deutschen Volk zur Kenntnis bringen.

Thyssens unverhüllte Drohung, er werde notfalls die Weltöffentlichkeit über seine Fluchtgründe informieren und damit Hitler international bloßstellen, wurde denn auch in Berlin als kaum noch zu überbietende Provokation verstanden. Am 4. Januar 1940 schrieb Joseph Goebbels in sein Tagebuch: »Thyssen hat an den Führer einen landesverräterischen Brief geschickt mit der Drohung, ihn zu veröffentlichen. Unsere korrupte Wirtschaft! Ein Schweinestück!« Einen Monat später, am 4. Februar 1940, verfügte Reichsinnenminister Wilhelm Frick, Thyssen und gleich auch seiner Frau die deutsche Staatsbürgerschaft zu entziehen.[50] Als Begründung führte das Sicherheitshauptamt der SS durch den Gestapo-Führer Reinhard Heydrich an, dass Thyssen »durch seine Flucht in das Ausland volks- und staatsfeindliche Bestrebungen gefördert« habe.[51] Heydrich über Thyssen: »Er gehörte vor der Machtübernahme der Deutschnationalen Volkspartei an, ohne jedoch den ernstlichen Willen zu besitzen, seine persönlichen Anschauungen den grossen Zielen der Partei und des Staates unterzuordnen. Abgesehen von seinem labilen Charakter war es besonders der Einfluss stark konfessionell gebundener Kreise, der ihn zu einem eigenwilligen, disziplinlosen Verhalten veranlasste.«[52]

Thyssen, der in einem an Frick gerichteten Brief gegen seine Ausbürgerung protestierte und sich einmal mehr auf seine Unverletzlichkeit als Mitglied des Reichstages berief, war nunmehr praktisch zum Freiwild geworden. Am 23. Januar 1940 entzog ihm die Stadt Duisburg wegen »unwürdigen Verhaltens« das 1923 von der inzwischen eingemeindeten Stadt Hamborn für seine Verdienste im Ruhrkampf »mit stolzer Freude und herzlicher Bewunderung« verliehene Ehrenbürgerrecht. Gauleiter Terboven ließ durch seinen Stellvertreter den Reichsminister für Erziehung, Wissenschaft und Volksbildung, Bernhard Rust, bitten, »die notwendigen Schritte zu unternehmen, um dem Thyssen den Doktortitel ehrenhalber zu entziehen«, den ihm die Freiburger Universität ebenfalls für seine Rolle während der Ruhrbesetzung zuerkannt hatte.[53] Am 14. Mai 1940 meldete die juristische Fakultät der Albrecht-Ludwigs-Universität, ihrem Ehrendoktor die am 19. Februar 1923 feierlich verliehene akademische Auszeichnung wie gewünscht wieder aberkannt zu haben.[54]

Die Schweizer Regierung verfolgte die eskalierende Auseinandersetzung zwischen der NS-Führung und dem zum Staatsfeind abgestempelten Aufrührer mit zunehmender Sorge. Denn nicht nur wegen seiner aus dem Exil in Richtung Berlin abgefeuerten Salven erfüllte Thyssen kaum die ihm von seinem auf strikte Neutralität bedachten Gastland auferlegte Verpflichtung, sich jeder politischen Aktivität zu enthalten. Mitte Dezember zitierte von Dörnberg den Schweizer Gesandten abermals zu sich: Thyssen habe sich mit seiner der Nachrichtenagentur United Press gegebenen Erklärung, als Reichstagsabgeordneter gegen den Krieg zu sein, über die für ihn geltenden Beschränkungen hinweggesetzt.[55] Unter ausdrücklicher Berufung auf seinen Minister Joachim von Ribbentrop schrieb der Protokollchef seinem Gesandten in Bern, »dass wir nunmehr ganz entschieden die Abschiebung Thyssens verlangen müssten«.[56]

Offenbar unbemerkt von Berlins Spähern, hatte Thyssen, vermutlich im November, Kontakt zu einem anderen prominenten Exildeutschen aufgenommen: dem Zentrumspolitiker und früheren Reichskanzler Joseph Wirth. Im Auftrag führender Vertreter der militärischen Opposition um den Generalstabschef Franz Halder sondierte dieser in Geheimgesprächen mit Abgesandten der britischen Regierung Möglichkeiten eines deutschen Verständigungsfriedens mit England nach einem geplanten Putsch gegen Hitler.[57] Als Verbindungsmann zwischen Halder und Wirth fungierte der langjährige Reichswehrminister Otto Gessler, der 1920/21 dem Kabinett Wirth angehört hatte. Thyssen und Wirth trafen sich zwischen Oktober 1939 und Frühjahr 1940 ausweislich der überlieferten Korrespondenz mehrere Male.[58] Wirth zeigte sich vor allem von Thyssens klarer Einschätzung (»man bedenke, schon im Winter 39/40«) beeindruckt, dass der Krieg für Deutschland verloren gehen werde.[59] Der Ruhrindustrielle habe sich dabei »auf seine genauen Kenntnisse über die Rohstofflage in Deutschland und über das Industriepotential« gestützt. Dass Wirth Thyssen nach dem Krieg in die »Reihe der aktivistischen Opposition« stellte, hatte seinen Grund sicherlich auch darin, dass er sich seinem Mitemigranten gegenüber verpflichtet fühlte, nachdem dieser ihn im Schweizer Exil vorübergehend finanziell unterstützt hatte.[60] An den Geheimgesprächen, zu denen sich Wirth und Vertreter des Foreign Office in der Schweiz trafen, hat Fritz Thyssen offenbar aber nicht teilgenommen. Als ehemaliger Reichskanzler dürfte der über enge Kontakte zum Vatikan verfügende Wirth einer der wenigen Vertreter der zivilen Opposition gewesen sein, den die Engländer als Gesprächspartner überhaupt akzeptierten.

Die von der britischen Regierung 1971 veröffentlichten amtlichen Dokumente über die damaligen Friedenskontakte[61] deuten allerdings auf eine aktivere Rolle Thyssens hin. Die Papiere führen Thyssen als Quelle für die Einschätzung auf, dass Deutschland den Krieg ohne schwedisches Erz nicht gewinnen könne. Ob Thyssen dieses Urteil Premierminister Neville Chamberlain nur mittelbar (über Wirth) oder direkt in einem über den britischen Botschafter in Bern, David Kelly, übermittelten Memorandum zur Kenntnis brachte,[62] lässt sich nicht mehr klären. Wirths Friedensinitiative jedenfalls blieb, vor allem durch die Entschlusslosigkeit der deutschen Heeresführung, eine enttäuschende Episode vor der großen Apokalypse.

Über seine persönliche Situation gab sich Thyssen jetzt keiner Selbsttäuschung mehr hin. Staatenlos, seines gesamten Vermögens beraubt, das ihm noch wenige Jahre zuvor Geltung und Einfluss verschafft hatte, war er ein geduldeter, auf Schritt und Tritt auf seine politische Enthaltsamkeit hin überwachter Emigrant, nicht mehr als ein verbitterter, sich seiner eigenen Mitschuld bewusster Zuschauer der europäischen Tragödie. Was half es ihm, dass er, der ewige Illusionist, durch die Demaskierung seines Idols als kriegslüsterner Despot die Lage plötzlich realistischer als viele andere sah? Ändern konnte er nichts, bestenfalls hoffen, dass Hitlers Häscher seiner nicht habhaft wurden.

Anfang 1940 verlangte die Schweizer Fremdenpolizei unter Hinweis auf die demnächst auslaufende Aufenthaltsgenehmigung von Thyssen zu erfahren, ob er bereits »die nötigen Schritte für sein Verbleiben in einem anderen Lande unternommen« habe und wann er ausreisen werde.[63] Thyssen konnte sich eine etwas säuerliche Replik nicht verkneifen: »Ich verstehe den Wink durchaus und hätte ihn auch verstanden, wenn er weniger deutlich gewesen wäre«, schrieb er dem mit der Wahrung seiner Interessen beauftragten Luzerner Rechtsanwalt Dr. Ludwig-Friedrich Meyer, führendes Mitglied der Schweizerischen Fortschrittspartei. Der als deutschfreundlich bekannte Advokat bat in einem Brief Bundesrat Giuseppe Motta, die Fremdenpolizei möge dem »tragischen Fall wenigstens einigermassen Rechnung« tragen. Schließlich gab er auch noch zu bedenken, dass »die Familie Thyssen in den Schweizer Hotels ca. Fr. 200.– pro Tag auszugeben pflegt, was angesichts der katastrophalen Lage unserer Hotellerie auch nicht ganz zu übersehen ist«.[64]

Anders als viele Emigranten der politischen Linken, aber auch aus dem konservativen Lager, die die Trennung von ihrer Heimat nur durch die Hoffnung auf die baldige Rückkehr in ein vom Nationalsozialismus befreites Deutschland ertrugen, entschied sich der inzwischen 66-Jährige, unter sein bisheriges Leben einen radikalen Schlussstrich zu ziehen. Bereits Mitte Februar 1940 verließ Anita samt Mann und Sohn Friedrich August (später: »Federico«) die Schweiz in Richtung Argentinien. Dort war Fritz Thyssen vor Jahren für 600 000 Pesos Eigentümer der Estanzia Don Roberto Lavaisse in der Provinz San Luis geworden. Die Besitzung hatte mit finanzieller Unterstützung Thyssens zeitweise ein Bruder Amélies bewirtschaftet. Um der Familie seiner Tochter ein sorgenfreies Leben zu ermöglichen, ließ Thyssen (vermutlich Anfang 1940) am argentinischen Generalkonsulat in Zürich den Besitz auf seinen Enkel überschreiben.[65] Zusammen mit Amélie wollte er dann zu einem späteren Zeitpunkt nachkommen.

Unterdessen verstärkte Berlin seinen Druck auf die Schweizer Regierung, den Anfang November von Luzern nach Locarno ins Hotel Esplanade umgezogenen Flüchtling endlich auszuweisen. »Nicht allein der Reichsaußenminister, sondern auch der Herr Generalfeldmarschall« legten auf die »schnellstmögliche Abschiebung« Wert, teilte von Dörnberg dem deutschen Gesandten in Bern im Januar 1940 mit und fügte hinzu: »Eigentlich müsste der Schweizer Regierung wohl mehr an der Befriedigung unserer Wünsche als an dem Verbleib des recht querköpfigen Herrn T. liegen.«[66]

Nur drei Tage später konnte Köcher seinen Berliner Vorgesetzten melden, »daß die Schweizerische Regierung Th. lieber heute als morgen das Land verlassen sähe, daß sie aber befürchtet, bei der Öffentlichkeit in Verdacht zu kommen, auf Druck einer fremden Regierung das hier als geheiligt angesehene Asylrecht verletzt zu haben«.[67] Damit traf er haargenau das Dilemma, in dem die Eidgenossen steckten. Zwar wollten sie den unerwünschten Asylanten so schnell wie möglich loswerden, weil sich ansonsten »ein Konflikt mit dem Reich ergeben könnte«.[68] Außerdem beunruhigte Bern die Sorge, Thyssen könnte auf seiner für den 19. März geplanten Abreise nach Argentinien unterwegs von den Alliierten gefangen genommen und interniert werden, was wiederum das Asylland Schweiz in Erklärungsnot hätte bringen können. Denn Thyssen hatte sich geweigert, über Frankreich auszureisen, da es, wie die Schweizer Regierung wusste, »dem Führer des Ruhrwiderstandes und ehemaligen nationalen Vorkämpfer außerordentlich schwer falle«, sich »mit einer Feindesmacht seines Vaterlandes ins Einvernehmen zu setzen«.[69] Stattdessen wollten Fritz und Amélie zunächst nach Neapel fahren, von dort auf einem italienischen Schiff nach Lissabon weiterreisen und nach einem zwei- bis dreimonatigen Aufenthalt in Portugal die Überfahrt nach Argentinien via New York antreten. Dazu ließ sich Bern über seine Gesandtschaft in Rom von der Hitler-Deutschland gegenüber durch ein Rechtshilfeabkommen verpflichteten italienischen Regierung für den Durchreisenden und seine Familie freies Geleit zusichern und obendrein aus Berlin die Zusage geben, dass die Reichsregierung ihrerseits bei Mussolini keinen Auslieferungsantrag stellen werde.

Alles schien für eine Abreise bestens arrangiert, als Thyssen nur wenige Tage vor dem geplanten Start ein Telegramm aus Brüssel erreichte, in dem ihn seine an einer schweren Lungenentzündung erkrankte 85-jährige Mutter dringend bat, zu ihr zu kommen. Thyssen hing sehr an seiner Mutter. Er hatte ihr vor allem nie vergessen, wie sehr sie während der Auseinandersetzungen mit seinem Vater wegen Amélie zu ihm gehalten hatte. Und so war es für ihn selbstverständlich, seine Mutter, vielleicht zum letzten Mal, zu besuchen. Weil alles schnell gehen musste, gab er sogar seine Vorbehalte gegen eine Reiseroute über Frankreich auf und ließ sich und Amélie vom belgischen Botschafter in Paris, Le Tellier, einem guten Bekannten der Thyssens, kurzfristig die nötigen Visa ausstellen. Als die beiden am 25. März 1940 die Schweiz verließen, dürften sie gewusst haben, dass dies ein Abschied ohne Wiederkehr sein würde. Noch bevor er überhaupt ausgereist war, versprach ein Beamter des Berner Departements für Auswärtige Angelegenheiten in einem (vom Schweizer Geheimdienst abgehörten) Telefonat einem ranghohen Diplomaten an der deutschen Gesandtschaft: »Wenn er draußen ist, dann kann er nicht mehr zurück, denn wir lassen ihn nicht mehr hinein.«[70] Um die Reichsregierung zu beruhigen, teilte Bern dem deutschen Gesandten bereitwilligst mit, dass die Schweizerischen Gesandtschaften in Paris und Brüssel vorsorglich angewiesen worden seien, ein »allfälliges Einreise- und Durchreisegesuch des Herrn Thyssen abzulehnen«.[71]

Wie Thyssen befürchtet hatte, starb seine Mutter nur kurz nachdem er Brüssel verlassen hatte. Es ist müßig, darüber zu spekulieren, was aus Thyssen geworden wäre, wenn ihm die Schweizer Behörden nicht als einer »unerwünschten Person« die Rückkehr in ihr Land verweigert hätten. Gewiss standen sie unter starkem Druck ihres großen Nachbarn. Auf der anderen Seite teilten sie keineswegs den aus Berlin gegen Thyssen erhobenen Vorwurf, die ihm in der Schweiz auferlegten politischen Spielregeln verletzt zu haben. Theoretisch hätten sie somit das Recht, wenn nicht sogar die Pflicht gehabt, dem wegen seiner Opposition zum NS-Regime und als Kriegsgegner ausgebürgerten und enteigneten Renegaten Asyl zu gewähren, aber die Macht des Faktischen zwang die nüchtern abwägenden Eidgenossen zu einer anderen Haltung.

Nachdem sie aus Brüssel abgereist waren, erlitt Amélie nach den Strapazen und psychischen Belastungen der vergangenen Wochen in Paris einen schweren Nervenzusammenbruch. Ein zu Rate gezogener Arzt hielt eine sofortige Schiffsreise nach Argentinien für nicht verantwortbar.[72] In Pariser Regierungskreisen war Thyssens Wandlung vom überzeugten Nationalsozialisten zum erklärten Hitler-Feind aufmerksam registriert worden. Der Name des freiwillig ins Exil gegangenen Industriellen fiel auch bei Kontaktgesprächen, die Ex-Reichskanzler Wirth im April 1940 mit einflussreichen französischen Politikern und Beamten wie dem stellvertretenden Vorsitzenden des Auswärtigen Ausschusses der Nationalversammlung, Ernest Pezet, führte.[73] In Thyssens am 20. Juli 1940 beim amerikanischen Konsulat in Nizza gestellten Antrag auf ein Durchreisevisum für die USA konnte er als Referenzen unter anderem einen früheren französischen Premierminister, ein Mitglied des amtierenden Kabinetts und Washingtons Botschafter in Paris, Anthony Drexel Biddle jr., aufführen.[74] Der Diplomat war eigens im Hôtel de Crillon an der Place de la Concorde erschienen, wo Fritz und Amélie Thyssen wohnten, um sich von dem prominenten Emigranten über die Lage in Deutschland berichten zu lassen.[75]

Anders als in der neutralen Schweiz mit ihrer restriktiven Politik gegenüber Asylanten war man in Paris sehr daran interessiert, aus dem Bruch eines der bekanntesten deutschen Industriellen und Hitler-Förderers mit dem NS-System propagandistisches Kapital zu schlagen. Unter deutschen Emigranten kursierte sogar das Gerücht, Ministerpräsident Edouard Daladier persönlich habe Thyssen aufgefordert, nach Paris zu kommen, wie später im Spruchkammerverfahren ein Zeuge aussagte.[76] Es erschien vielen deutschen Künstlern und Politikern, die in Paris Zuflucht gesucht hatten und häufig interniert wurden, schon deshalb glaubhaft, weil Thyssen in seiner Bewegungsfreiheit offenbar keinerlei Beschränkungen unterworfen war. Mit Verbitterung reagierten sie auf ein Illustrierten-Foto, das ihn mit seiner Frau bei einem opulenten Mahl in ihrem Hotel zeigte.[77] Thyssen, so lasen sie in der *Baseler National-Zeitung*, die in Emigrantenkreisen als seriöse Informationsquelle geschätzt wurde, dürfe »in Luxusappartements schlemmen und den lieben Gott in Frankreich einen ihm besonders wohlgesinnten Mann sein lassen ... während gar manche Freunde Frankreichs in Sammellagern hinter Stacheldraht stecken«.[78] Die meisten der überwiegend zur politischen Linken gehörenden deutschen Emigranten waren denn auch Thyssen gegenüber »äußerst feindlich« eingestellt. Einige von ihnen hielten ihn sogar für einen »verkappten Agenten des Nationalsozialismus«, wie Hermann Rauschning beobachtete.[79]

Rauschning, eine schillernde Figur in der Emigrantenszene, war nach dem Sieg der Nationalsozialisten bei den Wahlen der Freien Reichsstadt Danzig 1933 als enger Vertrauter Hitlers Senatspräsident geworden, hatte jedoch nach einem Konflikt mit NS-Gauleiter Albert Forster mit den Nazis gebrochen. 1936 floh er zunächst in die Schweiz und ließ sich anschließend als Farmer im US-Staat Oregon nieder, bevor er im Frühjahr 1939, also etwa ein Jahr vor Thyssen, nach Paris kam. Er kannte Thyssens politische Einstellung und verfiel auf die Idee, ihn für ein »öffentliches Bekenntnis gegen den Hitlerwahnsinn« zu gewinnen. Die Anklage eines vom glühenden Bewunderer zum radikalen Kritiker Hitlers konvertierten Wirtschaftsführers werde, so seine Überlegung, ihre Wirkung vor allem auch auf jene einflussreichen Industriellen in Frankreich und England nicht verfehlen, die trotz des Krieges immer noch mit dem Nationalsozialismus sympathisierten.[80]

Rauschning hatte auch schon einen Mann an der Hand, der Thyssen die Feder führen sollte: den amerikanischen Journalisten Emery Reves, der von Paris aus Artikel europäischer Staatsmänner in internationalen Medien vor allem in den USA platzierte. Bei einem ersten Treffen im Hôtel de Crillon erzählte ihm Thyssen, dass er gerade Kopien seiner Briefe an Hitler, Göring und Frick an einen Freund in den USA geschickt habe, damit sie in amerikanischen Zeitungen veröffentlicht wurden. Weiter wolle er nichts publizieren. Reves ließ sich dadurch jedoch nicht entmutigen und appellierte an Thyssen, seine Hilfe im Kampf gegen den Nationalsozialismus und damit um die vorzeitige Beendigung des Krieges nicht zu verweigern. Nach vier Überzeugungsversuchen, so Reves, habe Thyssen dann seinen Widerstand aufgegeben.[81] Zunächst aber erschienen zeitgleich am 29. April 1940, also nur wenige Tage vor dem Beginn des deutschen Westfeldzugs, Thyssens Briefe an die ranghöchsten Nationalsozialisten im US-Magazin *LIFE* sowie im Londoner *Sunday Express* und in *Paris-soir*. Jakob Goldschmidt hatte dies von New York aus vermittelt.[82] Der auf der ersten Seite des französischen Boulevardblatts beginnende und ins Innere umlaufende Abdruck trug die Überschrift: »Ihre neue Politik, Herr Hitler, ist Selbstmord!« Die Veröffentlichung bedeutete eine Sensation. Nicht ein pazifistischer Schriftsteller oder antifaschistischer Politiker klagte hier die Regierung seines Landes an, sondern ein prominenter Wortführer des Industrie-Establishments, der Hitler mit in den Sattel gehoben hatte.

Nach einwöchigem Aufenthalt in Paris reisten die Thyssens im April an die Riviera weiter, wo sich Amélie vor der geplanten Überfahrt nach Argentinien von ihrem Zusammenbruch erholen wollte. Von ihrem Domizil, dem Hôtel de Paris in Monte Carlo, fuhr Thyssen in den kommenden drei Wochen täglich nach Cap Ferrat, wo Reves ein ruhiges Quartier für ihre gemeinsame Arbeit an den Memoiren gefunden hatte. Dabei diktierte Thyssen in den jeweils etwa dreistündigen Sitzungen am Vor- und Nachmittag, angeleitet durch Fragen und Stichworte von Reves' Seite, seine politischen Erinnerungen ohne schriftliche Unterlagen – größtenteils auf Französisch – einer Sekretärin ins Stenogramm. In seinen Erzählungen, bei denen er häufig von einem Thema zum anderen sprang, unterbrach er sich immer wieder selbst mit den Worten: »Was für ein Dummkopf war ich doch!« und schlug sich mit der Hand gegen die Stirn. Während der ausgedehnten Luncheons, zu dem Reves seinen Gast, einen Freund guten Essens und erlesener Weine, in die besten Restaurants der Riviera – wie die Bonne Auberge bei Antibes oder das Colombe d'or im romantischen St. Paul de Vence – ausführte, plauderte Thyssen bereitwillig Details über das Privatleben der NS-Führer aus.[83]

Mitten in die friedliche Stimmung hinein platzte am 10. Mai die Meldung, dass deutsche Truppen die Grenze nach Holland und Belgien überschritten hätten und auf dem Wege nach Frankreich seien. Für Thyssen kam diese Nachricht überraschend, glaubte er doch zu wissen, dass die militärische Führung Hitler dringend von einem Westfeldzug abgeraten hatte. Was er nicht wusste, war, dass sich der selbst ernannte Oberbefehlshaber der Streitkräfte über die Warnungen seiner Generäle hinweggesetzt und bereits seit Oktober 1939 Pläne für einen Angriff auf Frankreich hatte ausarbeiten lassen. Nur fünf Wochen nach Beginn der Offensive nahmen deutsche Verbände am 14. Juni Paris kampflos ein, acht Tage später unterschrieb eine französische Abordnung im Wald von Compiègne bei Paris an gleicher Stelle, an der 1918 General Ferdinand Foch den Deutschen die Kapitulationsbedingungen diktiert hatte, einen Waffenstillstand. Die nach Vichy in der freien Zone ausgewichene

Kollaborations-Regierung unter Marschall Philippe Pétain hatte sich dazu verpflichten müssen, alle von Deutschland angeforderten Emigranten auszuliefern. Jeder Einwand gegen die für das besiegte Land demütigende Klausel war vergeblich. Hitler dachte nicht daran, sich die Chance entgehen zu lassen, seine vor ihm geflohenen politischen Gegner in seine Gewalt zu bringen.

Für Thyssen begann jetzt eine hektische Zeit. Ohne das von Reves redigierte Manuskript seiner Memoiren vollständig bearbeitet zu haben, brachen er und Amélie im Juni 1940 mit dem Auto in Richtung Portugal auf, um in Lissabon die Schiffsreise zur nächsten Station New York anzutreten. Für die Zeit vor der geplanten Weiterfahrt nach Argentinien hatte er für sich, seine Frau und ihr Schweizer Dienstmädchen dort im Plaza Hotel Zimmer reservieren lassen. Doch schon in Cannes, von wo aus sie ihre Reise mit dem Zug fortsetzen wollten, wurden sie plötzlich ohne Angabe von Gründen an der Weiterfahrt gehindert. Thyssen verlangte bei den lokalen Behörden Aufklärung, stieß jedoch überall auf eine Mauer des Schweigens. In einer Anfang Juli vermutlich einem französischen Anwalt zur juristischen Überarbeitung zugeleiteten handschriftlichen Beschwerde beklagte er sich bitter über das Verhalten der Behörden: »Seit beinahe drei Wochen darf ich wie ein Gefangener nicht mehr das Hotel verlassen. Ich bitte, meine Reise nach Portugal fortsetzen zu können. Ich habe mir gegenüber Frankreich nichts zuschulden kommen lassen.«[84]

Doch wen interessierte jetzt noch das Schicksal eines deutschen Emigranten? Der Wind hatte sich gedreht, der Geist der Kollaboration war überall spürbar. Thyssen erkannte jetzt, dass die Lage für ihn und seine Frau gefährlich werden könnte. Nahezu permanent war er damit beschäftigt, sich um Visa, Passierscheine oder Ausreisegenehmigungen zu bemühen und Hilfe von einflussreichen Fürsprechern zu erbitten. In seiner misslichen Lage spielte er vorübergehend sogar mit dem Gedanken, in die Schweiz zurückzukehren, dessen Regierung ihm, wie er gewissen Signalen aus Bern entnehmen zu können glaubte, eine Aufenthaltserlaubnis ausstellen würde.[85] Doch wäre auch dieser Versuch genau wie die Weiterfahrt nach Lissabon vermutlich schon an der Weigerung der französischen Regierung gescheitert, ihm die Ausreise zu gestatten.

Der amerikanische Journalist Varian Fry, der sich als Präsident einer amerikanischen Hilfsorganisation mit dem Namen »Emergency Rescue Committee« der Hilfe verfolgter Intellektueller verschrieben hatte, hat während dieser Zeit vielen Emigranten (die Rede ist von über 2 500) zur Flucht vor den Nationalsozialisten und deren französischen Schergen verholfen. Ein großer Teil der in der Künstlerkolonie Sanary-sur-Mer und an anderen Zufluchtsorten in Südfrankreich lebenden deutschen Exilliteraten, wie Heinrich und Golo Mann, Lion Feuchtwanger, Franz Werfel, Hermann Kesten und Alfred Döblin, gelangte mit Frys Hilfe unter meist abenteuerlichen Umständen über die Pyrenäen nach Spanien. Auch die deutschen Sozialdemokraten Rudolf Breitscheid und Rudolf Hilferding, die in Arles unter Hausarrest standen, versuchte er illegal über Marseille in Sicherheit zu bringen. Doch die beiden Antifaschisten wollten lieber auf die ihnen von den Behörden angeblich in Aussicht gestellte Ausreiseerlaubnis warten – und gerieten dadurch zu ihrem Unglück in die Fänge der Gestapo.[86] Von Fry wissen wir, was sich kurz vor Weihnachten 1940 im Hôtel Montfleury in Cannes (wohin die Thyssens mittlerweile aus dem Carlton umgezogen waren) im Einzelnen abspielte.[87]

Fry war durch eine Pressemeldung alarmiert worden, wonach ein Sprecher des französischen Innenministeriums in Vichy dementiert hatte, dass das Ehepaar Thyssen in Cannes verhaftet worden sei. »Wenn Herr und Frau Thyssen«, so der Beamte gegenüber der betreffenden Zeitung, »auf der örtlichen Polizeiwache vorstellig werden mussten, so kann es sich nur um eine routinemäßige Kontrolle gehandelt haben, der sich alle Ausländer unterziehen müssen.« Fry, dem die Sache verdächtig vorkam, fuhr noch am Heiligabend an den Ort des Geschehens. Von einem Bediensteten des Hôtel Montfleury erfuhr er, dass am Freitagmorgen um sieben Uhr zwei Autos mit Nummernschildern aus Vichy vorgefahren seien. Fünf Geheimpolizisten in Zivil hätten verlangt, auf der Stelle in Thyssens Suite geführt zu werden. Da sich das Paar jedoch nie vor elf Uhr im Foyer blicken ließ, habe sich der Geschäftsführer geweigert, sie schon um diese Zeit vorzulassen. Als Fritz und Amélie Thyssen dann gegen elf in der Hotelhalle erschienen, sei alles sehr schnell gegangen. Mit zwei eilig gepackten Koffern mit ihren wichtigsten Habseligkeiten und einem Lunchpaket des Hotels seien sie, so der Informant, davongefahren – »nach Vichy und zu den Boches«. So eilig hatte es der Chef der deutschen Sicherheitspolizei in Vichy, SS-Obersturmführer Kurt Geissler, den sehnsüchtig erwarteten »Verräter« seinen Berliner Auftraggebern zu präsentieren, dass er die Auslieferung unter Verletzung des vorgeschriebenen Instanzenweges auf dem kurzen Dienstweg mit seinen willigen Helfern aus Pétains Polizeiapparat besorgte. Erst am 6. Januar 1941 meldete die Deutsche Botschaft in Paris per Fernschreiben dem Auswärtigen Amt in Berlin: »Fritz Thyssen am 21. Dezember laut Mitteilung OKW von französischer Polizei in Südfrankreich verhaftet. Wurde mit Ehefrau am 25. Dezember nach Vichy überführt. Verhaftung wahrscheinlich auf Weisung französischer Regierung vorgenommen.«[88]

KAPITEL 8

Leidensweg eines Gutgläubigen

Die Falle war zugeschnappt, der geflüchtete Verräter in sicherem Gewahrsam. So wie er Hitler und Göring aus seinem Exil bis aufs Blut gereizt hatte, konnte Fritz Thyssen für sich und Amélie von der NS-Führung keine Gnade erhoffen. Es lässt sich leicht ausmalen, mit welchen Gefühlen die beiden die unfreiwillige Heimfahrt nach Deutschland antraten. Seit dem so genannten Röhm-Putsch vom 30. Juni 1934 wusste Thyssen nur allzu gut, wie die neuen Herren mit Abtrünnigen und politischen Gegnern abrechneten. Dass er für den um die Gunst der Großindustrie buhlenden Demagogen vor den Zentralen der Montankonzerne einst den roten Teppich ausgerollt hatte, würde da kaum ins Gewicht fallen. Auch SA-Führer Röhm und der ehemalige Organisationschef und zeitweilig zweitmächtigste Mann der NSDAP, Gregor Strasser, waren verdienstvolle Männer der Bewegung gewesen, was Hitler nicht daran hinderte, sie kaltblütig umbringen zu lassen.

Wer in der nationalsozialistischen Führung über das Schicksal von Fritz und Amélie Thyssen entschied und auf Grund welcher Erwägungen, wissen wir nicht. Die Brisanz des Falles lässt vermuten, dass nur ganz wenige an den streng geheimen Beratungen beteiligt waren: außer Hitler mit Sicherheit Göring und höchstwahrscheinlich der Reichsführer SS und Chef der Deutschen Polizei Heinrich Himmler, dessen Sicherheitspolizei den Auftrag in Südfrankreich ausgeführt hatte. Allein die Thyssen mit der Flucht zur Last gelegte »Förderung volks- und staatsfeindlicher Bestrebungen« hätte ausgereicht, ihn vor Gericht zu stellen.

Doch offenbar lag es im Interesse des Regimes, den lästigen Störenfried »ruhig zu stellen«, ohne die Öffentlichkeit, vor allem das Ausland, auf die für das Regime peinliche Angelegenheit aufmerksam zu machen. Schließlich handelte es sich um einen der prominentesten, zudem international bekannten Wegbereiter des so genannten Dritten Reiches, der sich aus bitterer Enttäuschung vom Nationalsozialismus und seinem »Führer« losgesagt hatte.

Fritz und Amélie Thyssen wurden daher, nachdem ihre Häscher sie vorübergehend unter strenger Bewachung in einem Berliner Hotel an der Friedrichstraße einquartiert hatten, am 9. Januar 1941 in die psychiatrische Abteilung des Privatsanatoriums Dr. Sinn in Neubabelsberg eingewiesen. Die Anstalt wurde seit 1940 von der Gestapo zur Internierung politischer Häftlinge genutzt. Von einem hohen Sicherheitszaun umgeben, wurde das Grundstück ständig von Polizei bewacht. Dass Amélie die deprimierende Haft unter Geisteskranken mit ihrem Mann teilen musste, konnte niemanden überraschen. Sie waren gemeinsam geflohen, also war auch sie aus der Partei ausgestoßen, ihres Vermögens beraubt und schließlich ausgebürgert worden. Wenn man Fritz Thyssen vollständig isolieren, vor allem über seinen Aufenthaltsort nichts an die Öffentlichkeit dringen lassen wollte, lag es im Übrigen nahe, Amélie gleich mit zu internieren.

Der unbefristete Aufenthalt in einer geschlossenen psychiatrischen Anstalt war für Fritz und Amélie Thyssen eine nur schwer zu ertragende, tagtägliche Qual. Über Monate mussten sie sich ein winziges Zimmer teilen; erst später wies ihnen die Gestapo einen zweiten Raum zu.[1] Während der kurzen Gartenspaziergänge, die ihnen unter den strengen Blicken eines Wärters gestattet waren, machten ihnen Schizophrene und geistig schwer Gestörte das Leben zur Hölle. Erniedrigender hätten für einen Gesunden die Umstände seiner Haft kaum sein können. Gespräche unter den politischen Gefangenen waren grundsätzlich verboten. Besonders gedrückt war die Stimmung immer dann, wenn die Gestapo wieder einmal einen der Unglücklichen zur Hinrichtung abholte.[2]

Am Nachmittag des 2. Februar 1941 erschienen plötzlich unangemeldet Gestapo-Beamte im Sanatorium und forderten Thyssen auf mitzukommen. Sie fuhren ihn zu Göring, der offensichtlich ein persönliches Interesse daran hatte, den leidigen Fall auf elegante Weise aus der Welt zu schaffen. Der Zeitpunkt für eine »Bekehrung« des renitenten Starrkopfs schien klug gewählt. Nach dem Schock der ersten Wochen und der trüben Aussicht auf ein zermürbendes Leben unter Geisteskranken, so dürfte Görings Kalkül gewesen sein, werde Thyssen in einer Gemütsverfassung sein, die ihn für sein Angebot empfänglich machen müsste. Nach bewährter Art, politische Gegner einzuschüchtern, half er gleich zu Beginn des ohne Zeugen geführten Gesprächs mit der Drohung nach, dass ein Prozess vor dem Volksgerichtshof unvermeidlich sei, sollte Thyssen auf seine Vorschläge nicht eingehen.[3] Seinem Schicksal könne er allenfalls noch durch ein Gnadengesuch bei Hitler entgehen. In diesem Fall, so berichtete Thyssen nach seiner Rückkehr Anstaltsleiter Sinn, würde er nicht nur seine Freiheit, sondern sogar sein beschlagnahmtes Vermögen zurückerhalten.[4]

Thyssen verließ Göring mit der Zusage, die Angelegenheit mit seiner Frau besprechen zu wollen. Inwieweit er wirklich bereit war, seine Entscheidung von Amélie abhängig zu machen, wissen wir nicht. Jedenfalls ließ er Göring schon kurz darauf mitteilen, dass seine Frau und er gar nicht daran dächten, auf sein Angebot einzugehen. Er lehne es ab, sich die Freiheit durch einen Verrat seiner Überzeugungen zu erkaufen. Lieber wolle er sein jetziges Leben weiter ertragen.[5] Seine Frau sei derselben Meinung. Nach Aussagen des Anstaltsleiters versuchten höhere Gestapo-Beamte danach »alle paar Monate« von neuem, Thyssen umzustimmen. Jedes Mal habe er dieses Angebot allerdings »hartnäckig zurückgewiesen«.[6]

Göring musste umso mehr daran gelegen sein, dass Thyssen

seine Anklagen zurücknahm, als diese inzwischen im Ausland über die Medien große Verbreitung gefunden hatten und zu einer Waffe im Propagandakrieg gegen die nationalsozialistische Führung geworden waren. Die Akten der Parteikanzlei der NSDAP vermerkten penibel den Eingang aller Presseberichte über Thyssens Attacken gegen das NS-Regime – etwa am 1. November 1941 eine Rezension des inzwischen in den USA und England erschienenen Thyssen-Buches »I Paid Hitler« aus *Time*, einige Tage später einen (offenbar aus derselben Quelle gespeisten) Artikel der Zeitschrift *Liberty* mit der Überschrift »Hitler wird diesen Krieg verlieren«, der der Parteizentrale über das Auswärtige Amt zugeleitet wurde.[7] Am 7. Dezember ging bei der Partei über das Reichssicherheitshauptamt »streng vertraulich« ein »in hetzerischer Weise« abgefasster Beitrag der schwedischen Zeitung *Dagens Nyheter* über das Thyssen-Buch ein.[8] Die von Reves geschickt aufbereitete Kampfschrift, die Hitler, Göring und ihre engsten Getreuen als eine korrupte, unfähige »Regierung von Gangstern« schildert,[9] und Thyssens strikte Weigerung, dem Führer gegenüber Abbitte zu leisten, ließen bei den Attackierten erwartungsgemäß keinen Gedanken an Milde aufkommen.

Das zeigte sich unter anderem, als Thyssen Mitte 1942 Göring »im Hinblick auf das Befinden seiner Frau« und auch im Hinblick auf sein Alter um die Erlaubnis bat, an einem »ruhigen Ort in der Schweiz« oder in einem angemieteten Haus im oberbayerischen Darching in menschenwürdigen Verhältnissen zu leben. Für den Fall einer Umsiedlung in die Schweiz wollte er sich immerhin ehrenwörtlich verpflichten, von dort aus keine politischen Aktivitäten mehr zu entfalten.[10] Doch waren sich Göring und Himmler, die über das Ersuchen zu entscheiden hatten, bei ihrer Besprechung am 2. Juli 1942 darin einig, dass sie nach den bisherigen Erfahrungen tunlichst jedes Risiko vermeiden und ihren aufrührerischen Dissidenten in Gewahrsam halten sollten.

1. **WHY** did Thyssen pay the Nazis?
2. **WHY** did German industrialists think Hitler would protect them from Communism?

I Paid Hitler

THYSSEN

3. **WHERE** do the high Nazi officials – Goering, Goebbels, Himmler, Ley, and others – get their money?
4. **WHEN** did the Catholics discover that religious persecution did not end with the Jews?
5. **WHAT** solution of the German problems does Thyssen recommend to the democratic world?

Das unter seinem Namen 1941 in den USA und England herausgebrachte, nur teilweise von ihm selbst autorisierte Buch »I Paid Hitler« sollte für Thyssen verhängnisvolle Folgen haben. Ursprünglich als Propagandawaffe gegen NS-Deutschland gedacht, diente es den Amerikanern 1945 als Rechtfertigung, ihn als Finanzier Hitlers zur Rechenschaft zu ziehen.

Auch im Sanatorium galt Thyssen als schwer berechenbar. Die offenbar nachsichtige Handhabung des Kontaktverbots seitens der Klinikleitung erlaubte es ihm, seine Besorgnis über den Ausgang des Krieges beim Spaziergang anderen Häftlingen mitzuteilen. Wie sich ein Anwesender später erinnerte, zeigte er sich dabei überzeugt, dass »der Krieg zur völligen Vernichtung des Deutschen Reiches führen müsse«. So, dass es der nur wenige Meter weit entfernte Wärter mühelos mithören konnte, fügte er hinzu, dass diese Katastrophe allein durch den Mangel an Rohstoffen und die kritische Ernährungslage unausweichlich sein werde.[11] Große Unruhe herrschte immer dann, wenn Thyssen von der Gestapo wieder einmal zu einer Vernehmung in Berlin abgeholt wurde. Ein Zeuge erinnerte sich später, Dr. Sinn habe »schlimmste Befürchtungen« gehegt, dass Thyssen »in seiner fanatischen Einstellung zur Kriegsfrage und zu Recht und Unrecht Torheiten bei diesen Vernehmungen begehen« und dann einen »Unfall« erleiden könnte. Die Leitung der Anstalt habe deshalb jedes Mal aufgeatmet, wenn er von diesen Verhören zurückkehrte.[12]

Fast zweieinhalb Jahre mussten Fritz und Amélie Thyssen in der geschlossenen Abteilung des Privatsanatoriums zubringen. Am 11. Mai 1943 war der demütigende Aufenthalt plötzlich zu Ende. Aber nicht in die ersehnte Freiheit führte ihr Weg, sondern in das Konzentrationslager Sachsenhausen. Über die Motive ihrer Verlegung wurde offiziell nie etwas bekannt. Thyssen selber vermutete, dass Berichte in schwedischen Zeitungen über seine Inhaftierung der Grund gewesen sein könnten. Die Informationen dazu stammten, wie er bei einer Anhörung nach seiner Befreiung 1946 zu Protokoll gab, von einer südafrikanischen Patientin des Sanatoriums Dr. Sinn, die nach ihrer Entlassung in Stockholm die dortige Presse auf seinen Fall aufmerksam gemacht habe. Eindeutige Beweise für seine Version gibt es nicht. Möglicherweise stand hinter der Entscheidung, Thyssen nunmehr vollständig zu isolieren, auch die Erkenntnis der Gestapo, dass alle weiteren Versuche, den in ihren Augen Unbelehrbaren durch den Zwangsaufenthalt unter Geisteskranken psychisch zu zermürben und damit für den gewünschten Kotau vor Hitler gefügig zu machen, vergeblich sein würden.

Das KZ Sachsenhausen hatten 1936 nach Entwürfen von SS-Architekten Häftlinge aus den berüchtigten Emslandlagern errichtet. Es war die erste Neugründung eines Konzentrationslagers nach der Ernennung des Reichsführers SS Heinrich Himmler zum Chef der Deutschen Polizei im Juli 1936. In dem als Lager für die Reichshauptstadt konzipierten, nur 35 Kilometer vom Stadtzentrum Berlins entfernt am Rande der märkischen Kleinstadt Oranienburg gelegenen KZ wurden bis Kriegsende 200 000 Menschen inhaftiert. Fritz und Amélie Thyssen wurden in das Sonderhaus 4 einquartiert. Für prominente Häftlinge hatte die SS 1939/40 außerhalb des eigentlichen Lagers an der Straße nach Schmachtenhagen auf einem separaten, von einem hohen Zaun umschlossenen Grundstück insgesamt vier solcher Gebäude errichtet. Es waren einfache, schmucklose Häuser mit einem Spitzdach. Ihre Bewohner genossen gegenüber den in Baracken zusammengepferchten »normalen« Häftlingen erhebliche Privilegien: Sie mussten nicht arbeiten, trugen keine Häftlingskleidung, auch keine Nummern oder Winkel und erhielten dasselbe Essen wie die SS. In einem nach dem Krieg von den britischen Besatzungsbehörden angefertigten Protokoll über eine Vernehmung des für die Sonderhäuser zuständigen SS-Oberscharführers Kurt Eccarius ist für die Thyssens sogar eine »Begleitung« (»Fritz Thyssen with wife and companion«)[13] vermerkt. Bei der in keinem der anderen überlieferten Dokumente erwähnten dritten Person dürfte es sich vermutlich um eine persönliche Bedienstete von Amélie gehandelt haben.

Zur Tarnung ihrer Identität erhielten die Sonderhäftlinge Decknamen: Fritz und Amélie Thyssen wurden beispielsweise als Ehepaar »Müller« geführt,[14] der nach dem so genannten Anschluss verhaftete ehemalige österreichische Bundeskanzler Kurt von Schuschnigg, der mit Frau und Kind im Sonderhaus 1 lebte, war unter dem Namen »Auster« registriert. Die nach dem Attentatsversuch vom 20. Juli 1944 inhaftierten insgesamt elf Angehörigen des vor den Nationalsozialisten nach Italien geflohenen bayerischen Kronprinzen Rupprecht wurden als Familie »Buchholz« neben Thyssen in Haus 3 einquartiert, das von einem elektrisch geladenen Stacheldrahtzaun umgeben war. Zwischen den Bewohnern der Sonderhäuser herrschte strenges Sprechverbot. »Niemand durfte wissen, daß wir da waren und wer wir waren«, berichtete Prinzessin Hilda, eine der fünf Töchter des Kronprinzen, nach der Befreiung im Herbst 1945 ihrem Vater.[15]

Das Versteckspiel mit den Prominenten-Häftlingen nahm bisweilen groteske Formen an. So monierte ein KZ-Inspizient des SS-Wirtschafts-Verwaltungshauptamtes nach »der Besichtigung bereits fertiggestellter Sonderbauten« gegenüber den Lagerkommandanten in Sachsenhausen, Dachau, Neuengamme und Auschwitz, dass die Häuser »nicht besonders günstig liegen«. Deshalb ordnete er an, »dass bei der Errichtung weiterer Sonderbauten darauf zu achten ist, dass diese ihrer Zweckbestimmung gemäß etwas abseits liegen und nicht von allen möglichen Leuten begafft werden können«.[16]

Sicherheitshalber wurden Thyssen und die übrigen prominenten Gefangenen nicht einmal unter ihren Decknamen in der allgemeinen Häftlingskartei geführt. Vielmehr galten sie als Gefangene des Reichssicherheitshauptamtes, für die der Lagerkommandant anstelle der üblichen Personalakten lediglich Einweisungspapiere der SS besaß.[17] Ihrem Sonderstatus entsprechend, unterstanden sie der Politischen Abteilung der KZ-Kommandantur, der Vertretung der Gestapo im Lager. In letzter Konsequenz waren sie damit persönliche Gefangene Himmlers.

Als Zeugin in einem Prozess gegen mehrere Lagerärzte des

KZ Sachsenhausen hat Amélie Thyssen 1960 zwei der Angeklagten bescheinigt, sich »stets anständig verhalten« zu haben. Man habe sich bei ihren Krankenbesuchen »freimütig unterhalten«, ohne »dass wir befürchten mussten, dass sie von dem, was wir gesagt hatten, zu unserem Nachteil Gebrauch machten«. In diesen Gesprächen hätten sie und ihr Mann aus ihrer »Abneigung gegenüber dem nationalsozialistischen System kein Hehl gemacht« und offen zum Ausdruck gebracht, dass sie »die Politik Hitlers missbilligten«.[18] Einem von ihnen, einem, wie sie betonte, »ganz vorzüglichen Arzt«, bescheinigte die 83-Jährige in einem an ihn persönlich gerichteten Brief, sie nicht nur »von dem nervösen Darmleiden befreit« zu haben, sondern dass »Sie doch innerlich von diesen Leuten nichts wissen wollten«.[19]

Himmler hatte ganz offensichtlich ein persönliches Interesse daran, seine Sonderhäftlinge nicht physisch zu vernichten, sondern – gegenüber der Außenwelt streng isoliert – für ein politisches Geschäft mit den westlichen Alliierten zu seiner Verfügung zu halten. Dass der SS-Führer angesichts der drohenden militärischen Niederlage seine Geiseln als Faustpfand bei möglichen Verhandlungen mit den Westalliierten einsetzen wollte, ist zwar nicht zweifelsfrei erwiesen. Doch wie er seine Gefangenen vor der heranrückenden Front rechtzeitig in Sicherheit brachte und mit weiteren, in anderen Lagern festgehaltenen hochrangigen ausländischen Gefangenen – Politikern, Generälen, Angehörigen des europäischen Hochadels – an scheinbar sicheren Plätzen zusammenführte, deutet auf solche Überlegungen hin.[20] Der zu den Inhaftierten gehörende frühere Chef des Wehrwirtschafts- und Rüstungsamtes des Oberkommandos der Wehrmacht, General Georg Thomas, vermutete, die Geiseln sollten gegen gefangen genommene Gestapoführer ausgetauscht werden.[21]

Im Februar 1945 gab es kaum noch einen Zweifel, dass das KZ Sachsenhausen schon bald in die Hände der Roten Armee fallen würde. »Diese Woche war Alarmstimmung: Die Russen vor

Küstrin und Frankfurt an der Oder ... Vorübergehend war hier von Evakuierung die Rede«, notierte von Schuschnigg am 3. Februar. Zwei Tage später, um zehn Uhr abends, hieß es plötzlich: »Das Nötigste packen, Koffer werden eventuell nachgeschickt, in einer halben Stunde fertig machen – und warten!«[22] Doch sollte es noch bis zum Abend des nächsten Tages dauern, bis Himmlers Sonderhäftlinge im Schutz der Dunkelheit in schwach beleuchteten Polizeiwagen abtransportiert wurden.

Über seine Zeit in NS-Haft erfahren wir von Thyssen selbst nur äußerst wenig. Die strenge Isolation und Postzensur dürfte es ihm unmöglich gemacht haben, die Außenwelt auf sein Schicksal aufmerksam zu machen. An wen hätte er sich auch wenden sollen? Vor allem aber konnte er das drohende Unheil nicht mehr verhindern. Und so hielt er sich auch später, als er sich wegen seiner Unterstützung Hitlers zu verantworten hatte, auffällig zurück, als wollte er nicht zu seiner eigenen Entlastung auf die ihm und Amélie zugefügten Leiden aufmerksam machen. Streng genommen reduziert sich die Schilderung seiner über vierjährigen Unfreiheit auf die dürre Aufzählung der einzelnen Stationen seiner Gefangenschaft. Kaum ein Wort über die menschenunwürdige Existenz unter geistig schwer Gestörten, über die alltägliche Furcht vor Folter und die wachsende Angst um das eigene Leben, je näher der Tag der totalen Niederlage heranrückte.

Der überstürzte Aufbruch aus der Enklave des Schreckens bedeutete für Fritz und Amélie Thyssen die unvorbereitete Begegnung mit einer fast apokalyptischen Wirklichkeit. »Das Grauen vor dem Ziel unserer Reise wurde rasch verdrängt durch das Entsetzen über das herzergreifende Elend, das uns auf dieser Reise begegnete«, versuchte die KZ-Insassin Isa Vermehren später in Worte zu fassen, was sich ihren Augen darbot. Auf der Fahrt vom Lager Ravensbrück nach Buchenwald, wohin sie wie die aus Sachsenhausen »in Sicherheit« gebrachten Thyssens verlegt wurde, sah sie ihre schlimmsten Befürchtungen noch übertroffen. »Oh, mein Gott, wie sahen die Städte aus, wie sahen die Menschen aus – Trümmer über Trümmer, wo man nur hinsah«, überall »schwarze, verkohlte Steinhaufen anstelle ehemals blühender Städte und graue, zerfurchte Masken mit zwei trüben Scherben anstelle ehemals belebter Gesichter und lebendig leuchtender Augen«, so schilderte sie den Anblick des geschundenen Landes in jenen Tagen kurz vor dem endgültigen Zusammenbruch.[23] Weil ihr Bruder, ein Mann der Abwehr, zu den Engländern übergelaufen war, war die junge Frau zusammen mit anderen Mitgliedern ihrer Familie in »Sippenhaft« genommen worden.

Wenige Wochen bevor Isa Vermehren in Buchenwald eintraf, waren auch Fritz und Amélie Thyssen in das vor den Toren Weimars errichtete KZ gebracht worden. Der erste Eindruck war der eines »riesigen Lagers, einer richtigen Stadt vergleichbar«, wie Fey von Hassell berichtete, die inhaftierte Tochter des nach dem Attentat auf Hitler vom 20. Juli 1944 hingerichteten Diplomaten Ulrich von Hassell.[24] In etwa zweihundert Baracken vegetierten Gefangene unterschiedlicher Nationalität dahin, die schwerste Zwangsarbeit zu verrichten hatten. Der den Schornsteinen der Verbrennungsöfen entweichende Geruch hielt die Gedanken an die mit teuflischer Perfektion betriebene Mordmaschinerie selbst noch in der Nacht wach.

Für Fritz und Amélie Thyssen bedeutete die Verlegung von Sachsenhausen nach Buchenwald eine völlige Veränderung ihrer Haftbedingungen. Hatten sie bisher, abgeschieden und ganz für sich allein, eines der »Sonderhäuser« bewohnt, wurden sie jetzt in eine für etwa fünfzig Gefangene ausgelegte »Isolierbaracke« einquartiert. Diese ausschließlich Sonder- und so genannten Sippenhäftlingen vorbehaltene Unterkunft lag, von einer drei Meter hohen Mauer umgeben und von zwölf SS-Leuten bewacht, am äußersten Rand des Lagers. Der langgestreckte Bau war wieder errichtet worden, nachdem bei einem feindlichen Bombenangriff, der offensichtlich einer nahe gelegenen

Rüstungsfabrik galt, die alte Wohnbaracke im August 1944 zerstört worden war. Dabei war der führende Sozialdemokrat Rudolf Breitscheid ums Leben gekommen. Der ehemalige SPD-Fraktionsvorsitzende im Deutschen Reichstag war wie die Thyssens Ende 1940 in Südfrankreich von der Vichy-Regierung der Gestapo überstellt und in eines der »Sonderhäuser« im KZ Sachsenhausen eingewiesen worden.[25]

Prominente Häftlinge aus den verschiedensten Gefängnissen und Konzentrationslagern waren zusammen mit Fritz und Amélie Thyssen in Buchenwald zusammengezogen worden. Familienmitglieder der Verschwörer von Stauffenberg und Goerdeler lebten auf engstem Raum zusammen mit Angehörigen von Gewerkschaftsführern und oppositionellen Generälen sowie sieben Ministern der ungarischen Regierung, die nach den Waffenstillstandsverhandlungen ihres Staatschefs Admiral Horthy mit den Russen von der Gestapo festgesetzt worden waren. Niemand wusste so recht, nach welchem Prinzip Himmler die zuletzt 54 Bewohner der Isolierbaracke ausgesucht hatte – außer nach dem Nutzen, den sie ihm als Faustpfand vielleicht noch einmal bieten konnten.

Doch Himmlers Hoffnung, der bedingungslosen Kapitulation durch einen Waffenstillstand mit den Alliierten zu entgehen, schwand im Frühjahr 1945 immer mehr. Die Amerikaner waren weit nach Thüringen vorgestoßen, und »am Rande des Horizonts wollte ein leises, dumpfes Grollen nicht mehr zum Schweigen kommen«.[26] Im Lager waren erste Anzeichen der Auflösung unübersehbar. Das zeigte sich auch im Verhältnis zwischen Aufsehern und Gefangenen. In banger Sorge um die »Zeit danach« legten viele Bewacher plötzlich ihr herrisch-aggressives Verhalten ab und begegneten den Häftlingen mit demonstrativer Höflichkeit. In panischer Eile besorgten sich einige SS-Leute Zivilkleidung und verbrannten belastendes Material, bevor sie sich vor den vorrückenden US-Truppen aus dem Staub machten. Einer der Wächter ließ sich von Thyssen für »gutes

Verhalten« sogar ein Empfehlungsschreiben mit auf den Weg geben.[27]

Als die Befreiung des Lagers nur noch eine Frage von Tagen zu sein schien, beschäftigte die Häftlinge jedoch mehr als die Zukunft ihrer SS-Aufseher die bange Frage, wie es mit ihnen weitergehen werde. Was würde Himmler mit ihnen anfangen, nachdem es nichts mehr zu verhandeln gab? Würde er sie unversehrt den Amerikanern überlassen? Oder würde er, an dessen Händen schon so viel Blut klebte, auch sie vor dem Einmarsch der feindlichen Truppen in letzter Minute liquidieren? Zwischen Hoffen und Bangen kam am Mittag des 3. April plötzlich der Befehl: »Packen! In einer Stunde Abmarsch! Jeder darf nur ein kleines Gepäckstück nehmen, der Rest bleibt hier.«[28] Die Reaktionen in der Isolierbaracke fielen, wie sich Isa Vermehren später erinnerte, unterschiedlich aus: »Lautes Wutgeheul der Sippe Stauffenberg war die Antwort und eigensinniges Kopfschütteln vom alten Thyssen.«[29]

Frau Vermehren, die nach dem Krieg in einen katholischen Orden eintrat, ist die Einzige, von der wir Näheres über Fritz und Amélie Thyssen aus der Zeit ihres zweimonatigen Aufenthaltes in Buchenwald wissen. Beide seien sehr für sich gewesen, hätten wenig Kontakt zu anderen Häftlingen gesucht und den Eindruck vermittelt, »etwas anderes zu sein als die übrigen Häftlinge«. Dabei habe Amélie (»klein und zierlich«) für ihren schon »greisenhaft« wirkenden Mann mit »großer Aufmerksamkeit« gesorgt.[30] Etwas mokant schildert die einstige Kabarettistin in Werner Fincks »Berliner Ensemble« die Szene unmittelbar vor dem überstürzten Abtransport: »Trotz des Protestschreies, eine Stunde sei viel zu wenig Zeit zum Packen, stand doch etwa ab zwei Uhr das gesamte Gepäck fertig im Flur. Unwahrscheinliches Gepäck! Angefangen bei den schweren, reichen Lederkoffern der Familie Thyssen, etwa zwölf an der Zahl, über den Stauffenbergschen Haufen riesiger Kabinenkoffer ... Am bescheidensten waren die Ungarn, von denen der einzelne kaum mehr als ein Täschchen bei sich hatte – die Zahl des mitgeführten Gepäcks ließ von jedem ungefähr erkennen, in welcher Weise und unter welchen Umständen seine Verhaftung sich vollzogen hatte: Thyssens etwa in Form eines Ehrengeleites, die Ungarn schlicht am Kragen gepackt.«[31]

Es sollte jedoch noch bis zum späten Abend dauern, bis die auf ihren Abtransport wartenden Insassen durch ein Spalier bewaffneter Wachleute das KZ-Gelände verlassen und nach Überprüfung ihrer Personalien in einen der drei vorgefahrenen Busse steigen durften. Damit sie von der Straße aus niemand erkannte, waren die Fensterscheiben von außen mit Farbe überstrichen worden. Nach zwölfstündiger Fahrt erreichte die Gruppe Regensburg, wo sie für eine Nacht ins örtliche Gerichtsgefängnis gebracht wurde. Aus Platzgründen mussten sich mehrere Häftlinge eine Zelle teilen. Thyssen schlief neben zwei weiblichen Gefangenen am Boden auf einem Strohsack, während Amélie die Nacht auf der einzigen Pritsche im Raum verbringen konnte. Am Abend des nächsten Tages ging die Odyssee, jetzt in Holzgaswagen, weiter, zunächst nach Schönberg im Bayerischen Wald, wo für die nächsten zwei Wochen ein Schulgebäude als Notquartier hergerichtet worden war.

Auf ihren kurzen Spaziergängen wurde Himmlers scheinbar ziellos umherziehenden Sonderhäftlingen die ganze Absurdität ihrer Situation bewusst. Überall boten sich ihnen Bilder von den letzten Zuckungen eines Krieges: Ungeordnete Haufen von Soldaten in verschlissenen Uniformen, Reste einer in Auflösung begriffenen Armee, teilten sich die Straßen mit Flüchtlingen auf überladenen Pferdefuhrwerken und Militärfahrzeugen, die zu irgendeiner imaginären Front eilten. An welch seidenem Faden ihr Leben hing, wurde den Augenzeugen des letzten Aktes am 7. April, dem ersten Sonntag nach Ostern, plötzlich bewusst, als SS-Leute aus ihrer Mitte Pfarrer Dietrich Bonhoeffer abholten und in das berüchtigte Todeslager Flossenbürg brachten, wo er schon kurze Zeit später hingerichtet wurde. Noch am Morgen hatte er für einige Mithäftlinge eine christliche Morgenandacht abgehalten.[32]

Am 16. April trat die Gruppe, wiederum nach Anbruch der Dunkelheit, die Weiterreise in offenen Lastwagen an. Gegen halb zwei Uhr in der Nacht passierte die Kolonne das Tor zum Konzentrationslager Dachau. Durch dieses KZ waren seit 1933 mehr als 200 000 Häftlinge gegangen. Ungefähr 32 000 von ihnen waren hier gestorben.[33] Für die Neuankömmlinge hatte die Lagerkommandantur den so genannten Sonderbau unweit der Erschießungsanlage reserviert, in dem sich die Todeszellen befanden. Fritz Thyssen traf in Dachau auf eine Reihe alter Bekannter, so auf Hjalmar Schacht, den Hitler 1944 hatte verhaften lassen, den ehemaligen Staatssekretär Hermann Pünder sowie seinen Hausnachbarn aus dem KZ Sachsenhausen, Kurt von Schuschnigg. Über Thyssen notierte der ehemalige österreichische Bundeskanzler in sein Tagebuch, dass sich dieser » etwas abseits« halte – »vielleicht Alter, Kränklichkeit und seelische Erschütterung?«[34]

Tatsächlich hatte den inzwischen 73-Jährigen die Irrfahrt der letzten Wochen merklich mitgenommen. Die allgemeine Hektik und Nervosität im Lager ließen keinen Zweifel mehr daran aufkommen, dass der Tag der Entscheidung näher rückte. Am 18. April vermerkte von Schuschnigg: »Die Amerikaner im Vormarsch auf Donau und Lech. Man hört gelegentlich Kanonendonner. Die Luftangriffe auf die Umgebung von München intensivieren sich täglich.«[35] »›Liquidierung‹ oder die Freiheit«, lautete, wie sein Mithäftling Hermann Pünder feststellte, die »Schicksalsfrage«.[36] Mehr noch als Fritz merkten Mithäftlinge Amélie die Strapazen der hinter ihr liegenden chaotischen Wochen an. Sie wirkte, wie sich Fey von Hassell erinnerte, jetzt »so zart und dünn, dass man sich wunderte, dass sie bisher alles überstanden hatte«.[37]

Doch das Schlimmste stand ihnen noch bevor. Am 26. April

ertönte gegen 18 Uhr wieder einmal der stereotype Befehl: »Packen, in einer Stunde Abmarsch!« Der Beginn des letzten Aktes hatte sich bereits an den Vortagen angekündigt, als sich im Lager die Nachricht verbreitete, dass die Amerikaner nur noch wenige Kilometer vor Dachau stünden. Die leise Hoffnung der Häftlinge, die SS-Mannschaften würden vor dem Eintreffen der US-Truppen das Weite suchen und die Gefangenen den Befreiern überlassen, hatte getrogen. Die Odyssee ging weiter – aber wohin wollte man sie jetzt, da die Alliierten an allen Fronten im Vormarsch waren, überhaupt noch bringen, und was würden die Wachen am Ende mit ihnen anstellen? Denn dass dieser Krieg allen offiziellen Durchhalteparolen zum Trotz verloren war, wusste inzwischen auch der letzte SS-Aufseher.

Selbst ihr eigenes ungewisses Schicksal konnte die nationalsozialistischen Führer nicht davon abhalten, mit besonders verhassten Regimegegnern kurzen Prozess zu machen. So wies der Chef der Sicherheitspolizei und des SD, Ernst Kaltenbrunner, Anfang April den Dachauer Lagerkommandanten SS-Obersturmbannführer Eduard Weiter an, den unter dem Decknamen »Eller« geführten Hitler-Attentäter Georg Elser bei einem der nächsten Fliegerangriffe »in absolut unauffälliger Weise zu liquidieren«.[38] Der in Dachau inhaftierte Tischlermeister hatte am 8. November 1939 im Münchener Bürgerbräukeller versucht, den Diktator durch einen Sprengstoffanschlag umzubringen. Das Attentat war gescheitert, weil Hitler die Versammlung früher als geplant verlassen hatte. Um Elsers Hinrichtung zu kaschieren, sollte die »Vollzugsanzeige« an Kaltenbrunner weisungsgemäß etwa wie folgt lauten: »Am ... anlässlich des Terrorangriffs auf ... wurde u.a. der Schutzhäftling ›Eller‹ tödlich verletzt.« Mittlerweile hatte sich zu fast allen Häftlingen außerdem herumgesprochen, dass neben Pfarrer Bonhoeffer auch Admiral Canaris und General Oster am 9. April im KZ Flossenbürg ermordet worden waren.

Wer von den so genannten Sonder- und Sippenhäftlingen,

die am Abend des 26. April 1945 am Tor des KZ Dachau zur Abfahrt bereitstanden, konnte ausschließen, dass ihn und die anderen ein ähnliches Schicksal erwartete? Was mochten Himmler und Kaltenbrunner in ihrem umzingelten Befehlsstand jetzt, wo ihr Spiel endgültig verloren war, mit ihnen im Sinn haben? Und würde, was immer ihre Absichten sein mochten, das Wachpersonal weit entfernt von seinem vertrauten Lager in der hektischen Atmosphäre des Zusammenbruchs noch die Nerven haben, das ihnen Befohlene zu tun? Würde das irreale, sinnlose Absetzmanöver vielleicht irgendwo zwischen den Fronten durch eine Kurzschlussreaktion in einer Katastrophe enden? Ein vom Lagerkommandanten als Begleiter für den Transport abgestellter Dienstverpflichteter hat später ausgesagt, der Konvoi habe hochbrisantes Gepäck mitgeführt: »Bevor wir die Fahrt antraten, wurde ich vom Hauptsturmführer Stiller beauftragt, besonders gut auf eine Kiste scharfer Handgranaten und die Reserve-MG-Munition aufzupassen und keinen daran zu lassen, weil wir sie in kurzer Zeit gut gebrauchen könnten.«[39]

Wie ein Schachspieler seine Figuren hatte Himmler Oppositionelle, Familienangehörige von Verschwörern sowie ranghohe Militärs und Politiker anderer Länder in seinem Terrorsystem hin- und hergeschoben und schließlich in Dachau versammelt. Nicht weniger als 137 Sonder- und Sippenhäftlinge aus insgesamt siebzehn Ländern bestiegen die drei bereitstehenden Busse und einen Lastwagen. Im Dunkel der Nacht ging es über Rosenheim und Kufstein in das KZ Reichenau bei Innsbruck. Hier warteten bereits weitere Gefangene, die die Fahrt mit ihren Leidensgenossen fortsetzen sollten. Als sich der Häftlingstreck drei Tage später in Richtung Brenner in Bewegung setzte, begannen die Ersten das Ziel der Reise zu ahnen: die so genannte Alpenfestung in Südtirol.[40]

Was da zur letzten Etappe einer gespenstischen Irrfahrt über den Pass aufbrach, war ein zusammengewürfelter Haufen von Menschen, die ein »normales« Leben nie zusammengeführt hätte: wahllose Opfer einer verzweifelt gegen ihren Untergang ankämpfenden verbrecherischen Staatsführung. Zu ihnen zählten frühere Stützen des Regimes wie der in Ungnade gefallene einstige Reichsbankpräsident Hjalmar Schacht sowie die Generäle Franz Halder, Georg Thomas und Alexander Ernst Freiherr von Falkenhausen ebenso wie die Prinzen Leopold von Preußen und Philipp von Hessen, der ehemalige französische Ministerpräsident Léon Blum, Prinz Xavier von Bourbon-Parma, Bischof Gabriel Piquet aus Clermont-Ferrand, der Oberbefehlshaber der griechischen Armee, Marschall Alexander Papagos, mit seiner gesamten Generalität, der holländische Verteidigungsminister, eine Reihe russischer Generäle und Stabsoffiziere, der italienische Partisanengeneral Ante Garibaldi, ein in Jugoslawien festgenommener Neffe Churchills, außerdem 38 »Sippenhäftlinge« der Widerstandsfamilien von Stauffenberg, Goerdeler, von Hofacker, von Hammerstein und Höppner sowie prominente Kirchenvertreter wie Pastor Martin Niemöller und der Münchener Domkapitular Prälat Josef Neuhäusler.

Nach einer längeren Pause auf der Scheitelhöhe des Brenners erreichte der Konvoi am Nachmittag des 29. April 1945 seinen Bestimmungsort Niederndorf im Südtiroler Pustertal. Vor dem Ortseingang ließen die SS-Begleiter die Kolonne halten. Für die Häftlinge begann jetzt eine quälende Zeit des Wartens. Weil die für ihre Unterbringung vorgesehenen Unterkünfte belegt waren, mussten sie unter strenger Bewachung die beiden ersten Nächte in ihren Bussen ausharren. Erst danach wurden sie auf Wirtshäuser und Privatquartiere verteilt. Die Lage spitzte sich Anfang Mai zu, als sich amerikanische Verbände, ohne auf nennenswerten Widerstand zu stoßen, dem Pustertal rapide näherten. Für diesen Fall hatten die SS-Begleiter Befehl, die Häftlinge nicht lebend in die Hände des Feindes fallen zu lassen. Schon in Innsbruck war deshalb ein von einem SS-Untersturmführer namens Bader geleitetes Gestapo-Kommando von zehn Wachleuten zugestiegen, wie es bei Massenliquidationen regelmäßig eingesetzt wurde. Kurt von Schuschnigg berichtete später, die SS-Bewacher hätten ihn über das ihm und seinen Mitgefangenen zugedachte Schicksal nicht im Unklaren gelassen: »Man zeigt mir schwarz auf weiß, was ich übrigens schon aus Dachau wußte, daß unsere begleitenden Gestapoleute, die aus Buchenwald abgezogen waren, eine Liste mit sich führten mit all den Namen, deren Träger über Auftrag Himmlers umzulegen waren; der unsrige war darunter.«[41]

Den »Ehrenhäftlingen«, wie die Gefangenen in der zynischen Umgangssprache ihrer Peiniger hießen,[42] blieb nicht verborgen, dass sich unter ihren Bewachern eine zunehmende Nervosität breit machte. Immer häufiger konnten sie beobachten, wie die SS-Leute flüsternd die Köpfe zusammensteckten und dabei Listen und Telegramme durchgingen.[43] Je näher die Amerikaner – von Norditalien und aus dem Reich – heranrückten, desto dringlicher sahen sich die Wachmannschaften mit der Frage nach dem Sinn und Zweck ihrer Mission und ihrer eigenen Zukunft nach der sicheren Niederlage konfrontiert. War es nicht vernünftiger, so mochte sich der eine oder andere von ihnen gefragt haben, sich auf die Seite jener zu schlagen, die schon bald wieder einflussreiche Funktionen ausüben würden? Ihre Unruhe wurde noch dadurch gesteigert, dass sich der Ort unter der Kontrolle feindlicher italienischer Partisanen befand.

In dem allgemeinen Durcheinander gelang es einem der Häftlinge, Oberst Bogislav von Bonin, sich in einem günstigen Moment von seinen Bewachern zu entfernen und von der militärischen Ortskommandantur aus einen telefonischen Kontakt zum Chef des Generalstabs beim Oberbefehlshaber Süd-West, General Hans Röttiger, in Bozen herzustellen. Von Bonin war als Chef der Operationsabteilung im Oberkommando des Heeres wegen Verweigerung eines Führerbefehls auf persönliche Weisung Hitlers festgenommen worden, durfte jedoch als »Ehrenhäftling« weiterhin Uniform und Dienstpistole tragen.[44] Röttiger wies den Hauptmann Wichard von Alvensleben im 20 Kilometer entfernten Ort Sexten an, umgehend nach Niederndorf zu fahren und die Lage zu sondieren. Schon bei seinem ersten Gespräch mit SS-Obersturmführer Edgar Stiller wurde von Alvensleben klar, wie brisant die Situation war. Vor allem der als kaltblütig verrufene Bader bestärkte ihn in seiner Einschätzung, dass zur Vermeidung eines Blutbades ein schnelles Eingreifen geboten sei. Wie von Alvensleben nach dem Krieg berichtete, habe ihm Kaltenbrunners Vollstrecker in Niederndorf ungerührt erklärt: »Meine Mission ist erst erfüllt, wenn die Häftlinge tot sind.«[45]

Am nächsten Tag, dem 30. April 1945, setzte von Alvensleben einen Stoßtrupp mit fünfzehn Leuten unter Führung eines Hauptfeldwebels nach Niederndorf in Marsch. Zur Verstärkung rückten aus dem nahe gelegenen Toblach zusätzlich achtzig Grenadiere an. Die SS-Leute waren überrumpelt; damit hatte sich ihr Auftrag, mit dem sie die Flucht in die »Alpenfestung« angetreten hatten, unspektakulär erledigt. Auf einem Wirtshausstuhl stehend, gab von Bonin in Anwesenheit des düpierten Transportführers Stiller den Häftlingen bekannt, dass sie ab sofort ausschließlich dem Schutz der Wehrmacht unterstellt seien.[46] Kurz danach wurde die Gruppe in das außerhalb des Dorfes an einem See gelegene, über eine schmale Straße zu erreichende Sporthotel Am Pragser Wildsee gebracht. Angeblich hatten Bader und seine Leute die Gefangenen ursprünglich in diesem einsamen Talkessel liquidieren wollen.[47]

Nur wenige Tage später, am Morgen des 4. Mai, stoppte ein amerikanischer Jeep an der Spitze einer amerikanischen Voraustruppe vor dem Hotel. US-Offiziere entwaffneten die deutschen Soldaten, die sich in den letzten Tagen schützend vor Himmlers Geiseln gestellt hatten, und nahmen sie gefangen. Doch die ungetrübte Freude der Befreiten über die Rettung aus der Gewalt ihrer Peiniger dauerte nicht lange: Drei Tage später eröffnete ihnen ein amerikanischer General, dass er den Befehl habe, die Gruppe zum US-Stützpunkt auf Capri zu bringen. Die Enttäuschung war groß, sehnte sich nach der jahrelangen Leidenszeit doch jeder danach, endlich wieder nach Hause zu dürfen. Fritz und Amélie Thyssen hatten, nachdem sie in Vichy der Gestapo überstellt worden waren, insgesamt viereinhalb Jahre in Psychiatrie und KZ verbracht. Als sie am 6. Mai 1945, gezeichnet von ihrem Martyrium, in einer Kolonne von etwa fünfzig Militärfahrzeugen zur Fahrt über die Dolomiten in Richtung Verona aufbrachen, ahnten sie nicht, welche Torturen ihnen noch bevorstanden.

KAPITEL 9

Täter oder Opfer?

Sie waren befreit, aber frei waren Fritz und Amélie Thyssen nicht. Auch wenn ihnen nach den Jahren vollständiger Isolierung die Autofahrt durch die frühlingshafte Landschaft Oberitaliens wie der Beginn eines neuen Lebens erscheinen musste, blieb der tiefere Sinn ihrer Reise für sie zunächst rätselhaft. Dass es ihren Befreiern nur darum ging, ihnen nach den dramatischen Ereignissen im Pustertal ein paar erholsame Tage unter südlicher Sonne zu gönnen, konnte wohl kaum jemand ernsthaft annehmen. Schließlich hatte der zu ihrer Begrüßung im Hotel Am Pragser Wildsee erschienene General etwas kryptisch von der »Beantwortung einer Fülle von Fragen« gesprochen, zu der die Gruppe ins Hauptquartier der US-Streitkräfte nach Capri gebracht werden sollte.[1]

Tatsächlich sollte sich die Gruppe im Luxushotel Eden Paradiso in Anacapri schon nach wenigen Tagen wie im goldenen Käfig fühlen.[2] Außer zum Kirchgang durften die »Gäste« die Anlage zunächst nicht verlassen, und es wurde auch schnell deutlich, dass es die amerikanischen Offiziere beileibe nicht nur auf die Beantwortung allgemeiner Fragen abgesehen hatten. Speziell diejenigen Deutschen, die wie Schacht oder Thyssen unter den Nationalsozialisten wichtige Funktionen innegehabt hatten, mussten intensive Verhöre zu ihrer politischen Vergangenheit über sich ergehen lassen.

Belegt ist, dass Thyssen auf Capri zumindest ein Mal, am 30. Mai 1945, von zwei Offizieren über seine Einstellung zum Nationalsozialismus und seine Rolle im Dritten Reich vernommen wurde. In seiner in einem vierseitigen »Statement«[3] überlieferten Aussage schilderte er, wie er über den Ruhrkampf Zugang zu nationalistischen Kreisen fand und sich wenige Jahre später der NSDAP zuwandte, bis er mit Hitler und dessen System brach und dadurch härtesten Verfolgungen ausgesetzt war. Die offenbar gründliche Beschäftigung der amerikanischen Militärs mit seinem politischen Lebenslauf lässt vermuten, dass diese ziemlich genau wussten, mit wem sie es zu tun hatten. Verwunderlich ist dies nicht, hatte ihnen Thyssen mit »I Paid Hitler« doch selbst den Beweis dafür geliefert, dass er ein tatkräftiger Förderer des Nationalsozialismus gewesen war. Die amerikanische Presse hatte dem »schrecklichen Bekenntnis und der schrecklichen Anklage« (so William L. Shirer in der *New York Herald Tribune*) jenes Mannes, der »mehr als jeder andere für Hitlers Aufstieg zur Macht verantwortlich war« (*Chicago Daily News*), seinerzeit große Aufmerksamkeit gewidmet.[4] Es war daher nahe liegend, dass sich die mit der Ergreifung einflussreicher Nationalsozialisten beauftragten US-Offiziere für den – was seinen tatsächlichen politischen Einfluss anging – von den Amerikanern weit überschätzten Träger eines großen Industrienamens ganz besonders interessierten.

Spätestens als er nach mehrwöchigem Aufenthalt Capri im Juni 1945 wieder verließ, war Thyssen denn auch klar, dass ihn die Befreier so schnell nicht auf freien Fuß setzen würden. Der Zwischenaufenthalt in Verona, bei dem er sich auf einer Etage »eingesperrt« fühlte,[5] vor allem jedoch die Trennung von Amélie, die in Versailles bei Paris, einer weiteren Durchgangsstation, Ende Juni freigelassen wurde, lösten bei ihm tiefe Enttäuschung aus. Während Amélie zusammen mit einer Leidensgefährtin aus der Stauffenberg-Familie nach München gebracht wurde, kam er zunächst in das von den Amerikanern requirierte Schloss Kransberg bei Bad Nauheim. Das Anwesen diente ihnen vor allem als Durchgangslager für Wissenschaftler und Ingenieure, die für die USA von Nutzen sein konnten. Zu der in Kransberg versammelten technischen Intelligenz gehörten so namhafte Männer wie Ferdinand Porsche, der Flugzeugkonstrukteur Ernst Heinkel, der Raketenbauer Wernher von Braun und der Raumfahrtpionier Hermann Oberth. Vorübergehend im Schloss untergebracht waren auch Vorstandsmitglieder des I.G. Farben-Konzerns, der Stahlindustrielle Hermann Röchling, Hjalmar Schacht und Hitlers Rüstungsminister Albert Speer.[6]

Noch war Thyssen überzeugt, schon bald freizukommen. Die Zeit zwischen den Vernehmungen vertrieb er sich vor allem mit Schachspielen, das er auch anderen Mitgefangenen beibrachte, und der Pflege seiner Wäsche, »was abgesehen vom Bügeln sehr gut geht«, wie er Amélie berichtete. Daneben trieb er täglich ausgiebig Gymnastik und versorgte sich aus der Schlossbibliothek mit reichlich Lektüre. »Deinen Geburtstag konnte ich nur in Gedanken feiern«, schrieb er Amélie im November 1945, »es war das erste und hoffentlich das letzte Mal, dass ich an diesem Tag nicht bei meinem Améliechen sein konnte.«[7] Obwohl es auf dem Schloss an Abwechslung nicht fehlte und sogar ein literarischer Abend stattfand (»Es wurde aus Schiller vorgelesen, den ich mehr liebe als Goethe«), empfand er das endlose Warten auf die ersehnte Freilassung als unerträglich. Im Februar 1946 klagte er Amélie sein Leid: »Es wird mir immer Hoffnung gemacht, aber es erfolgt nichts. Einer der Amerikaner sagte mir, ich sei eine Persönlichkeit von Bedeutung, und über mich würde an oberster Stelle entschieden.«[8]

Während Thyssen auf Schloss Kransberg verhört wurde, war Amélie in München vor einem Asyl für Obdachlose abgesetzt worden. Ohne finanzielle Mittel, bat sie den Münchener Kardinal Michael von Faulhaber um Hilfe, durch dessen Vermittlung sie in das Privatsanatorium Dr. Gerngross in Bad Wiessee aufgenommen wurde.[9] »Wir haben uns von der vielgepriesenen Befreiung der Amerikaner etwas ganz anderes vorgestellt«, schrieb Amélie Thyssen wenig später voller Bitterkeit an General Lucius D. Clay, seit Mai 1945 stellvertretender Militärgouverneur für die amerikanische Besatzungszone.[10] Obwohl Thyssen die Zusage erhalten haben will, binnen drei Wochen zu seiner Frau entlassen zu werden, kam alles ganz anders. Erst nach fast einem Vierteljahr war sein Zwangsaufenthalt beendet.

Doch statt als freier Mann nach Bad Wiessee reisen zu dürfen, brachten ihn die US-Militärs in das amerikanische Lager Kornwestheim bei Ludwigsburg. Dort erlitt der 71-Jährige im Spätsommer 1945 einen schweren Nervenzusammenbruch. Der behandelnde Arzt, so berichtete Thyssen später, habe jede Verantwortung abgelehnt, »falls bei meinem hohen Alter die rohe Behandlung andauern« sollte.[11] Nach längerem Krankenhausaufenthalt verlegten ihn die Amerikaner zunächst ins Lager Seckenheim bei Darmstadt und anschließend ins Gefängnislager Oberursel. Über seine dortige siebenwöchige Einzelhaft berichtete er 1949: »Im Gefängnislager von Oberursel wurde ich dann wochenlang in einer Zelle, 2 mal 3 Meter groß, ausgestattet lediglich mit einer Holzpritsche ohne Matratze und ohne Decke, eingesperrt. Fünf Minuten Ausgang täglich in der frischen Luft, was auch noch oft ausblieb. 5 Minuten zum Waschen, das Essen wurde auf den Boden gestellt und das Brot mir wie einem Tier vorgeworfen. Schließlich verschlechterte sich mein Zustand so sehr, dass der Arzt eine eingehende Untersuchung vornahm und das Gutachten ausstellte, das bei meinen Akten liegt und das veröffentlicht werden wird, wenn ich demnächst meine Memoiren veröffentliche.«[12]

In seinem Befund attestierte der deutsche Lagerarzt Thyssen einen »extrem reduzierten Ernährungs- und Kräftezustand«. Bei 1,73 Metern Größe wog Thyssen gerade noch 57 Kilo. Daneben diagnostizierte Dr. Schorcht bei seinem Patienten eine fortgeschrittene Herzinsuffizienz. Er sei »in keiner Weise lagerfähig« und bedürfe »dringend einer klinischen Behandlung, da sonst bei dem ausgesprochenen Mangel an Reservekräften mit einem akuten Zusammenbruch zu rechnen ist«.[13] Auf Grund dieses Gutachtens wiesen ihn die amerikanischen Militärbehörden am

13. April 1946 in das Krankenhaus Taunusheim in Königstein ein. Zur Verschleierung seiner Identität mussten ihn die deutschen Ärzte unter dem Decknamen »Gustav Sack« führen, so wie er für die Gestapo-Schergen im KZ Sachsenhausen der Sonderhäftling »Müller« gewesen war. Dass auch die Befreier ihn hinter einem Pseudonym versteckten, erklärte sich Thyssen mit deren Angst vor unangenehmen Konsequenzen ihrer inhumanen Haftbedingungen: »Falls ich an den Folgen der rohen Behandlung sterben sollte, dann würde man behaupten können, nicht Fritz Thyssen, sondern Gustav Sack, der niemals existiert hat, sei gestorben.«[14] In einer mit Datum vom 1. Juni 1947 auf Englisch abgefassten Rechtfertigungsschrift, mit der er offenbar seiner Forderung nach einer Ausreiseerlaubnis Nachdruck verleihen wollte, beschuldigte er die Besatzungsmacht, ihn »wie einen Schwerverbrecher« behandelt zu haben: »Niemand wusste jedoch, warum ich gefangen gehalten und wie ein Tier behandelt wurde.«[15]

Den wenigen Besuchern, die im Taunusheim zu Thyssen vorgelassen wurden, bot sich das Bild eines Mannes, der nur noch ein Schatten seiner selbst war. Bei einer neuerlichen ärztlichen Untersuchung des »Zivilinternierten Gustav Sack« am 4. Juli 1946 stellte der Arzt nicht nur eine schwerwiegende Beeinträchtigung von Herz und Lunge, sondern auch eine »fortgeschrittene Hirnsklerose« fest, die zu einer wesentlichen Verminderung seiner geistigen Funktionen geführt habe. In seinem Bericht heißt es weiter: »Aufgrund seines allgemeinen Gesundheitszustandes leidet Sack unter seiner Gefangenschaft und ist oft in einer sehr schlechten Stimmung.«[16]

Peinlich berührt waren Besucher aber auch von den erniedrigenden Lebensbedingungen, denen der Kranke ausgesetzt war. »Die getragenen Kleidungsstücke und Wäsche sind stark abgenutzt, so daß der ganze Eindruck sehr deprimierend ist«, berichtete Heinrich Esser, Hüttendirektor bei den Vereinigten Stahlwerken, nach der Rückkehr aus Königstein seinem Vorge-

Nach über vier Jahren als »Sondergefangenener« des NS-Regimes begann für den Autor von »I Paid Hitler« 1945 eine mehrjährige Odyssee durch Gefängnisse und Militärkrankenhäuser der amerikanischen Besatzungsmacht. Das Bild zeigt den fast 75-Jährigen vermutlich 1946 oder 1947 im Garten eines US-Lagers in Hessen.

setzten Eduard Herzog.[17] Dies war jener von den braunen Rassen-Ideologen als »jüdisch versippt« verfolgte Direktor der Thyssen-Hütte, über den der damalige Aufsichtsratschef einige Jahre zuvor seine schützende Hand gehalten hatte. Jetzt konnte sich Herzog, der nach Kriegsende an die Spitze der August Thyssen-Hütte berufen worden war, mit Wäsche, Strümpfen, Lebensmitteln, Zigaretten und einer Flasche Cognac für die Loyalität auf bescheidene Weise revanchieren. »Nicht nur wegen der Liebesgaben, die er mitbrachte«, so schrieb Thyssen an Herzog, sei der Besuch Essers für ihn eine »besondere Freude« gewesen, »sondern weil es das erstemal seit beinahe sieben Jahren war, daß ich näheres und zuverlässiges über meine alten Wirkungskreise und meine Mitarbeiter von früher hörte«.[18]

Seine Empörung über die schlechte Behandlung durch die Amerikaner kannte jetzt keine Grenzen mehr. Für »all das Unrecht und den Schaden, den man mir zugefügt hat« verlangte er fünf Milliarden Dollar Entschädigung: »Ich klage an, dass meine Gesundheit systematisch zugrunde gerichtet wurde, dass ich mehr als zwei Jahre – ohne irgend einen Grund – gefangen gehalten wurde und dass mir jeglicher Rechtsbeistand verweigert wurde.«[19] Zur Durchsetzung seiner Forderung, drohte er den US-Militärbehörden, wolle er »eine Klage beim Federal Court in Washington einreichen«.[20]

Mehr als unter seiner Haft litt Thyssen unter der nun schon zehn Monate andauernden Trennung von seiner Frau. Amélie hatte die hinter ihnen liegenden gemeinsamen Leidensjahre mit beispielloser Festigkeit an seiner Seite durchgestanden. Sie war für ihn die moralische Stütze gewesen, die ihn immer wieder darin bestärkte, sich durch das Regime nicht korrumpieren zu lassen. Die wenigen Berichte von Mithäftlingen lassen den Schluss zu, dass sich der »faszinierende ältere Herr« mit dem »enormen Humor«, als der er Fey von Hassell in Erinnerung blieb,[21] im Kreis der Sonder- und Sippenhäftlinge wenig in den Vordergrund drängte, sondern mit seiner Frau äußerst zurückgezogen lebte. Umso schmerzlicher vermisste er jetzt, da er physisch und psychisch auf einem absoluten Tiefpunkt angelangt war, ihre Anwesenheit.

Gleich nach seiner Einlieferung in das Krankenhaus Taunusheim richtete Thyssen am 13. April 1946 ein Bittgesuch an General Sibert im US-Hauptquartier in Frankfurt: »Ich bitte Sie dringend, mich mit meiner Frau zu vereinen. Wir haben wahrscheinlich nur noch wenige Jahre zu leben, und ich verstehe wirklich nicht, warum ich von ihr getrennt bin und inhaftiert – trotz meiner Haltung in Bezug auf den Krieg, die uns eine zerrüttete Gesundheit und den Verlust allen Glücks eintrug.«[22] Unter Hinweis auf eine vom deutschen Lagerarzt und dessen amerikanischen Kollegen empfohlene Jodkur bat er am 29. April erneut um seine Entlassung und die Erlaubnis, zu seiner Frau in das Heilbad Wiessee überzusiedeln.[23] Doch waren die Amerikaner auch jetzt noch nicht bereit, Thyssen freizulassen.

Ein unscheinbares Dokument, ein zweifellos von Thyssens Hand stammender kurzer Brief an Amélie, datiert vom 3. Oktober 1945, lässt zumindest den Verdacht aufkommen, als habe Fritz Thyssen in einem Augenblick tiefer Depression seinem Leben selbst ein Ende bereiten wollen. Es heißt dort: »Meine Liebste! Bitte, bitte, sei mir nicht böse, aber ich konnte die schmachvolle Behandlung nicht länger ertragen. Grüße meine lieben Kinder und meine herzigen Enkel. Dein so unglücklicher Fritz.« Welchen Weg dieser Abschiedsbrief genommen hat, ob er überhaupt jemals abgeschickt wurde, ist heute nicht mehr eindeutig zu klären. Nach Thyssens Tod hat Amélie den mit Bleistift beschriebenen, zweimal gefalteten Zettel am 27. August 1952 mit folgender Bemerkung versehen: »Gefunden zwischen den Briefen von mir und meinem Mann. Ein Zeichen, wie man ihn bei den scheinheiligen Amis behandelte.«[24] Der Brief ist der einzige überlieferte Beleg einer möglichen Suizidabsicht Thyssens. Er steht jedoch im Widerspruch zu seinen wiederholten Beteuerungen, die Hoffnung auf eine baldige Entlassung zu seiner Frau habe ihn auch die neuerlichen Prüfungen überstehen lassen.

Besorgt über den physischen und psychischen Zustand ihres Mannes, wandte sich Amélie Thyssen in einem Brief direkt an General Clay:

»Sehr geehrter Herr General!
Es wird mir sehr schwer, Ihnen noch mal zu schreiben, da ich fürchte, daß es doch wenig Zweck haben wird, da wir zu verschiedene Anschauungen von Menschlichkeit und Gerechtigkeit haben. Doch der alarmierende Gesundheitszustand meines Mannes zwingt mich dazu ... Gestern bekam ich von meinem Mann die Nachricht, daß es ihm wieder nicht gut ginge. Seine Herzbeschwerden hätten wieder eingesetzt und wäre er nun im Krankenhaus, um eine Strophantinkur durchzumachen. Aber er sei sehr froh, aus dem Gefängnis heraus zu sein. Jetzt hätte er es wenigstens warm und auch wieder Bettwäsche. Er liegt mit 19 anderen in einem Zimmer. Nun frage ich Sie, was bezwecken Sie mit dieser Behandlung meines Mannes? Wollen Sie ihn seelisch und körperlich vollkommen zugrunderichten? Daß man ihn festhält, ist doch sowieso gegen jede Berechtigung. Seine ganze Stellung von dem Moment an, wo er die Nazi-Leute erkannte, was schon 1933 seinen Anfang nahm, war einwandfrei und vorbildlich und nun wird er behandelt wie ein Verbrecher, nachdem er 4 1/2 Jahre teils im Irrenhaus, teils in den KZ zubrachte ... Das einfachste Recht des einzelnen Menschen wird mit Füßen getreten. Nun bitte ich Sie, Herr General, alles zu tun, daß mein Mann ... frei kommt, und wir als Staatenlose die Ausreiseerlaubnis erhalten, damit wir endlich nach sieben Jahren zu unserer Tochter nach Argentinien reisen können, nachdem wir uns in der Schweiz zuerst von allem erholt haben.
Hochachtungsvoll Frau Amélie Thyssen«[25]

Clay war, ob aus eigenem Willen oder unter dem Druck seiner politischen Vorgesetzten in Washington, jedoch nicht bereit, den Mann, den viele Amerikaner als Hauptfinanzier Hitlers betrachteten, schon jetzt freizulassen. Sehr viel entschlossener als Engländer und Franzosen verfolgten die Amerikaner nach ihrem Sieg über den Faschismus das Ziel, die Schuldigen an Krieg und Völkermord zu fassen und hart zu bestrafen. Zwar schickte Clay höflichkeitshalber einen Major mit einer Auswahl an Süßigkeiten als Präsent zu Amélie, doch in der Sache blieb er unbeweglich. An eine Ausreise in die Schweiz war auf absehbare Zeit nicht zu denken.

Stattdessen brachten die Amerikaner Thyssen am 12. November 1946 nach Nürnberg, wo er in eigener Sache, aber auch zur Vorbereitung der von den Amerikanern geführten so genannten Industrieprozesse vernommen werden sollte. Für Thyssen kam die Verlegung ins Nürnberger Gerichtsgefängnis völlig überraschend. Noch am 9. November, an seinem 73. Geburtstag, hatte er morgens Amélie mit der Nachricht überrascht: »Ich bin frei!« Was ihn zu dieser Annahme veranlasst hatte, entzieht sich unserer Kenntnis. Amélie Thyssen schrieb dazu wenig später: »Obschon ich sehr glücklich war, konnte ich doch nicht über ein Gefühl der Skepsis hinweg, was ich natürlich meinen Mann nicht merken ließ. 24 Stunden darauf holte man meinen Mann mit einem Lastwagen, wie es hieß, als Zeugen nach Nürnberg.«[26]

Dort hatte der Internationale Militärgerichtshof im Nürnberger Justizpalast kurz zuvor 23 ranghohe Funktionsträger des NS-Regimes als »Hauptkriegsverbrecher« verurteilt. Die Amerikaner wollten es allerdings mit der Bestrafung der ersten Garnitur des Hitler-Staates nicht bewenden lassen. Mit dem Ziel, auch unterhalb der obersten Führung die für Krieg, Massenmord, Unterdrückung und Sklavenarbeit Verantwortlichen zu bestrafen, führten sie zwischen 1947 und 1948 zwölf Nachfolgeprozesse gegen NS-Ärzte, SS-Führer, hochrangige Militärs, Juristen und Staatsbeamte und gegen die Industriellen Alfried Krupp von Bohlen und Halbach (Nachfolger seines schwer kranken Vaters Gustav Krupp von Bohlen und Halbach) und Friedrich Flick sowie 23 Manager und Aufsichtsratsmitglieder des I.G. Farben-Konzerns.

Im Gegensatz zu den zu Haftstrafen verurteilten Krupp (zwölf Jahre) und Flick (sieben Jahre) konnten Thyssen schon deshalb keine Kriegsverbrechen nachgewiesen werden, weil er als erklärter Kriegsgegner unmittelbar nach Hitlers Einmarsch in Polen das Exil gewählt hatte. Er konnte damit weder den Angriffskrieg mit vorbereitet noch den Raub fremden Vermögens oder den Einsatz von Fremdarbeitern (»Sklavenarbeit«) veranlasst haben. Da die Anklagebehörde mangels überzeugender Beweise davon Abstand genommen hatte, neben der I.G. Farbenindustrie (unter anderem wegen der Lieferung von Giftgas für Massenvergasungen in Konzentrationslagern) auch die Vereinigten Stahlwerke als Hersteller kriegswichtiger Güter anzuklagen, blieb Thyssen in Nürnberg unbehelligt.

In Nürnberg musste er Ende November oder Anfang Dezember abermals mit akuten Herzbeschwerden in ein Krankenhaus im nahe gelegenen Fürth eingeliefert werden. Nach einer herzstärkenden Strophantinkur kam er langsam wieder zu Kräften, schrieb wieder Briefe nach Bad Wiessee: »Ein Tag vergeht wie der andere. Nach sechs Jahren Gefangenschaft eine neue, schwere Prüfung. Aber ich halte durch für Améliechen. Möge Dich, unsere Tochter, unsere Enkel der liebe Gott beschützen, darum bete ich jeden Abend.«[27] Als trügerisch erwies sich seine Hoffnung, noch vor Weihnachten aus der Haft entlassen zu werden. »Man sitzt im Käfig und kann trotz aller Wut und unendlichen Hasses sich nicht rühren«, schrieb er Heiligabend deprimiert an Amélie[28] und zu Beginn des neuen Jahres, kurz vor ihrem Hochzeitstag: »Hoffentlich kann ich doch noch zum 18. bei Dir sein und können wir zusammen noch eine Flasche Sekt trinken.«[29] Tatsächlich konnte er am 13. Januar 1947 telegrafieren: »Werde bestimmt morgen oder übermorgen zu Dir dauernd entlassen. Komme mit Auto. Hurrah! Fritz Thyssen.«[30] Zwei Tage später setzte ihn ein amerikanischer Major vor dem Sanatorium Dr. Gerngross in Bad Wiessee ab.

Doch wenn er geglaubt hatte, sich jetzt endlich als freier Mann zusammen mit Amélie, Anita und den beiden Enkeln in der Schweiz niederlassen zu können, so hatte er sich gründlich getäuscht. Vielmehr wurde er zusammen mit 29 anderen Häftlingen, unter ihnen der Großindustrielle Günther Quandt, den deutschen Behörden in Hessen überstellt.[31] Dazu gab die amerikanische Anklagebehörde in Nürnberg bekannt, dass Thyssen auf der Grundlage ihrer Ermittlungsakten in Kürze vor einer deutschen Sonderspruchkammer angeklagt werden würde.[32] Nach dem in der amerikanischen Besatzungszone geltenden »Gesetz zur Befreiung vom Nationalsozialismus und Militarismus« vom 5. März 1946 sollten all diejenigen zur Rechenschaft gezogen werden, »die die nationalsozialistische Gewaltherrschaft aktiv unterstützt oder sich durch Verstöße gegen die Grundsätze der Gerechtigkeit und Menschlichkeit oder durch eigensüchtige Ausnutzung der dadurch geschaffenen Zustände verantwortlich gemacht« hatten.

Die Zeit vor seinem Spruchkammerverfahren durfte Thyssen wegen seines schlechten Gesundheitszustandes zusammen mit Amélie im Sanatorium Dr. Amelung in Königstein verbringen. Am 18. Januar trafen sie mit einem amerikanischen Jeep dort ein.[33] Ein Haftbefehl gegen Thyssen sei nicht erforderlich, da »der Betroffene alt und krank ist«, beschied das neu geschaffene Ministerium für politische Befreiung in Wiesbaden den für das Verfahren bestellten Ersten Öffentlichen Kläger bei der Berufungskammer der Spruchkammer Marburg, Günther Knust. »Immerhin ersuche ich Sie, den Antrag bei der Spruchkammer zu stellen, dem Betroffenen Aufenthaltsbeschränkung aufzuerlegen und ihn zu verpflichten, sich täglich einmal bei der Polizei zu melden.«[34]

Da Thyssen seinen polizeilichen Meldebogen am 7. September 1947 an seinem neuen Wohnsitz in Königstein abgegeben hatte, war für seinen Fall die Spruchkammer Obertaunus in Bad Homburg zuständig. Den dortigen Beamten war es offenbar nicht ganz geheuer, dass sich ihr prominenter Angeklagter ohne Bewachung frei bewegen konnte. Als Thyssen auch noch einen (allerdings erfolglosen) Antrag auf Ausreise aus Deutschland stellte und die Kammer daher fürchtete, er könnte sich durch Flucht aus der amerikanischen Besatzungszone seiner Verantwortung entziehen, erlegten sie ihm per einstweiliger Anordnung vom 10. Februar 1948 die Verpflichtung auf, Königstein nicht zu verlassen.[35] Allerdings ersparten sie es Thyssen mit Rücksicht auf seine angegriffene Gesundheit, sich täglich auf dem örtlichen Polizeirevier melden zu müssen. Stattdessen empfahl ein Amtsarzt des Staatlichen Gesundheitsamtes Bad Homburg nach einer eingehenden Untersuchung des Angeklagten, ein Königsteiner Polizeibeamter solle »im Rahmen seiner dienstlichen Rundgänge« die Anwesenheit des 74-Jährigen überprüfen, da dieser, »ohne sich größter Lebensgefahr auszusetzen«, das Revier nicht im gewünschten Rhythmus aufsuchen könne.[36]

Auch wenn die amerikanischen Strafverfolger aus der Nürnberger Special Projects Division den Fall Thyssen an die hessischen Behörden abgegeben hatten, verloren sie die Sache doch nicht aus den Augen. Im Gegenteil: Immer wieder fragten sie ungeduldig an, wann das Verfahren nun endlich beginnen werde. »I Paid Hitler« und Thyssens Zugehörigkeit zu führenden Institutionen des NS-Staates waren ihrer Ansicht nach ausreichende Schuldbeweise. Umso gereizter reagierten sie, als der Ankläger zusätzlich zu den ihm aus Nürnberg zugeleiteten Ermittlungsakten eigene Recherchen anstellte und zu Zeugenanhörungen sogar für zwei Wochen ins Ruhrgebiet reiste: »Ohne in das Verfahren eingreifen zu wollen, erscheint den Herren von Special Division ... diese Art der Behandlung unverständlich ... Es dürfte kaum möglich und auch in keiner Weise zweckmäßig sein, weitere wichtige Tatsachen für das Spruchkammerverfahren in dieser Sache herauszuholen.«[37] Als Knust im Juni 1948 in Nürnberg den aktuellen Aufenthaltsort des einstigen Reichsschatzmeisters der NSDAP, Franz Xaver Schwarz, erfahren wollte, um Thyssens Spenden an die Partei zu verifizieren, hielt man dort eine solche Recherche »nicht mehr für erforderlich« und drängte vielmehr auf schnellen Vollzug: »Bei der außerordentlich langen Dauer von Zeit, die für die Vorbereitung des Prozesses von dem Öffentlichen Kläger in Anspruch genommen worden ist, erscheint bei Abwägung der wahrscheinlichen Zwecklosigkeit der Vernehmungen eine weitere Verzögerung des Verfahrens nicht tragbar.«[38]

Mit ihrem massiven Druck auf die hessische Landesregierung folgten die Nürnberger Militärs ganz der Linie von General Clay, der sich über die schleppenden Verfahren der deutschen Justiz und die in seinen Augen zu milden Spruchkammerentscheidungen zunehmend ungehalten zeigte.[39] Offenbar stand er selber unter starker Pression einflussreicher Regierungskreise in Washington, die auf eine schnelle Verurteilung von nationalsozialistischen Aktivisten drängten. Das Office of Chief of Counsel for War Crimes in Nürnberg ließ denn auch den Minister für politische Befreiung in Wiesbaden unverblümt wissen, »dass es mit Rücksicht auf das Interesse der amerikanischen Öffentlichkeit angezeigt erscheint, die Sache beschleunigt zu bearbeiten«.[40] In einer Rede drohte Clay sogar, dass die USA den Deutschen nur dann mehr Selbstverwaltung einräumen würden, wenn sich bei ihnen der Wille zur Selbstreinigung zeige.[41]

Um sich von Thyssens Verhandlungsfähigkeit zu überzeugen, erschien Ankläger Knust am 3. Februar 1948 im Sanatorium Dr. Amelung. In einem Vorgespräch ließ Dr. med. Walther Amelung keinen Zweifel daran, dass sein an »progressiver Arteriosklerose« leidender Patient langen Verhandlungen nicht werde folgen können.[42] Über den Eindruck, den er anschließend selber von Thyssen gewann, berichtete der Besucher am nächsten Tag:

»Thyssen empfing mich in Anwesenheit seiner Frau mit einer mich zunächst überraschenden geistigen Frische. Entsprechend dem Zweck meiner Rücksprache mit Thyssen lenkte ich alsbald das Gespräch auf die für mich u.a. sehr wichtigen Fragen, was Thyssen zu seinem Beitritt zur NSDAP und Annahme der Mandate als Staatsrat und Reichstagsabgeordneter bewogen habe, wann und woraus er die bessere Einsicht gewonnen und wann und wie er entsprechend der besseren Einsicht gehandelt habe ... Es stellte sich nun heraus, dass Thyssen meinen ihm entwickelten Gedankengängen anfänglich zwar zu folgen imstande war, dass er aber nach einer gewissen Zeit sichtlich ermüdete und bei seinen Darlegungen immer mehr von der Linie abwich und dabei den Faden verlor ... Allmählich – etwa nach Ablauf von 1 1/2 Stunden – ließ Thyssen mich die Konversation fast allein führen. Nur zuweilen tat er Einwürfe, die aber mehrfach abseits vom Thema lagen und bei denen es schwer war, auch nur zu vermuten, in welchem Sinne sie von Thyssen gerade in Beziehung zum jeweiligen Gesprächsthema gemeint sein konnten. Langsam wurde dann bei Thyssen eine gewisse geistige Abwesenheit erkennbar und in verstärktem Masse setzte sein krankhaftes Kopfschütteln ein. Jedenfalls bedeuteten mir seine Antworten auf meine konkreten Fragen ein in der Sache selbst nur zum Teil verwertbares Ergebnis.«

Trotz seines deprimierenden Eindrucks teilte der Ankläger seine Absicht mit, »ohne Rücksicht auf den Gesundheitszustand Thyssens« seine Untersuchungen fortzusetzen. Sollte der Beschuldigte, »was bei seinem Alter schließlich täglich befürchtet werden muß, vorzeitig ableben, so müsste doch auf alle Fälle das Verfahren auch nach seinem Tode fortgesetzt werden«.[43]

Thyssens Verteidiger Robert Ellscheid teilte die Sorge des Anklägers um die Verhandlungsfähigkeit seines Mandanten.

»Ich habe Herrn Dr. Thyssen gestern in sehr schlechter seelischer und körperlicher Verfassung verlassen«, schrieb er am 16. März 1948 an seinen Anwaltskollegen Wolfgang Pohle, der vor dem Nürnberger Kriegsverbrecher-Tribunal Friedrich Flick verteidigte.[44] Mit dem am Kölner Oberlandesgericht zugelassenen Rechtsanwalt und späteren Honorarprofessor Ellscheid, der bereits 1946 als Berater und Sachwalter seiner Familieninteressen in Erscheinung getreten war, hatte Thyssen einen ebenso kompetenten wie gewieften Verteidiger an seiner Seite. Da Ellscheid für die amerikanische Besatzungszone keine Zulassung hatte, musste er zwar die Rolle des offiziellen Hauptverteidigers dem Frankfurter Anwalt de la Fontaine überlassen. Dennoch war er in der mündlichen Verhandlung Thyssens eigentlicher Rückhalt und hielt auch das Schlussplädoyer.

Das Verfahren gegen den bekannten Großindustriellen stellte die Spruchkammer Obertaunus vor erhebliche organisatorische Probleme. Der Verhandlungsraum des Amtsgerichts in Königstein bot nur dreißig Beobachtern Platz – viel zu wenig für die im amtlichen Auftrag angemeldeten Vertreter der Ministerien, der Militärregierung, des Nürnberger Militärgerichts sowie für die in großer Zahl erwarteten in- und ausländischen Pressevertreter. So verfiel die Kammer schließlich auf den Ausweg, das Parkhotel Bender in Königstein anzumieten.

Am Montag, dem 16. August 1948, um zehn Uhr eröffnete der für das Spruchkammerverfahren durch den Minister für politische Befreiung bestellte Vorsitzende Hans Albrecht die Verhandlung. Aus ärztlicher Sicht hatte Dr. Amelung eine tägliche Anwesenheit Thyssens von etwa sechs bis acht Stunden für vertretbar gehalten und einen Ruhetag zur Wochenmitte angeregt.[45] Allerdings rechneten die meisten Beteiligten mit einer Verfahrensdauer von nur wenigen Tagen. »Ich hoffe, gegen Ende August von hier wegzukommen«, schrieb Thyssen am 26. Juli an Direktor Herzog in Duisburg, verbunden mit Dank

»für die ausgezeichnete Flasche Weinbrand«.[46] Sein Verteidiger Ellscheid hatte dem Kläger gegenüber noch Anfang Februar sogar die Hoffnung geäußert, »die Spruchkammer werde mit einer etwa dreitägigen Dauer der mündlichen Verhandlung auskommen«.[47]

Dieser Zeitplan war jedoch durch die große Zahl der aufgebotenen Zeugen längst überholt, als der Vorsitzende Albrecht die Untersuchung am 16. August mit der Frage an Thyssen begann: »Herr Thyssen, sind Sie körperlich in der Lage, der Verhandlung vier bis fünf Stunden zu folgen?« Thyssen, der, auf seinen Stock gestützt, den Raum leicht nach vorn gebeugt betreten hatte, antwortete mit einem knappen »Jawohl!«[48] Irritationen kamen bei der Frage nach seinen Vermögensverhältnissen auf. Denn Thyssen erklärte sich für »vermögenslos«, was Albrecht zu der Frage veranlasste, wovon er denn seine beantragte Ausreise habe bezahlen wollen. Thyssen entgegnete: »Ich habe Freunde, die mir die Mittel zur Verfügung stellen.«[49] Ob er das Geld von Herzog erhalten hatte, von seinem geschäftlichen Intimus Heinrich Blass von der Schweizerischen Kreditanstalt oder anderen Freunden wie der Industriellenfamilie Klönne in Dortmund, ließ er offen. Über die Herkunft dieser Mittel gibt es bis heute keine verlässlichen Hinweise.

Über den ersten Verhandlungstag berichtete ein Reporter der US-Zeitschrift *The Saturday Review of Literature* aus Königstein: »Rund 150 Personen waren in dem Raum zusammengepfercht, an dessen Stirnseite eine improvisierte Bank für die Richter und die Repräsentanten der verschiedenen politischen Parteien errichtet worden war. Flankiert wurde diese Bank von zwei parallel aufgestellten Tischen – einer für die Anklage, der andere für die Verteidigung. Thyssen saß in der Mitte zwischen diesen Tischen mit dem Rücken zu den Zuschauern. Er war tief in seinem Stuhl versunken, die Hände vor sich aufgestützt. Er war gepflegt und gut gekleidet, sah schlank und gebräunt aus und zeigte ein entspanntes Lächeln, obwohl sich seine Krankheit und sein fortgeschrittenes Alter in den Bewegungen seiner Hände und in seinem allgemeinen Verhalten bemerkbar machten.«[50]

Zum zweiten Mal in seinem Leben musste sich Fritz Thyssen in einem öffentlichen Verfahren politisch verantworten. Doch unterschieden sich die Umstände, unter denen er in Königstein vor den aufmerksamen Beobachtern der amerikanischen Besatzungsmacht Rechenschaft über seine Verstrickungen mit dem NS-Regime ablegen musste, erheblich von jenem Prozess, den ihm genau 25 Jahre zuvor die französische Militärjustiz wegen seiner Haltung im Ruhrkampf gemacht hatte. Auch war es keines der üblichen Entnazifizierungsverfahren, wie es Millionen deutscher Fragebogen-Empfänger nach 1945 routinemäßig über sich ergehen lassen mussten. Für Belastete vom Range Thyssens sahen die Amerikaner in ihrer Besatzungszone immerhin »Sühnemaßnahmen« bis zu zehn Jahren Gefängnis und die Einziehung von Teilen des Vermögens vor. Doch war in der kleinstädtischen Taunus-Idylle nichts von der aufgeheizten, fast explosiven Stimmung zu spüren, die seinerzeit in Mainz geherrscht hatte. Hier stand kein zum Nationalheros erhobener Widerständler, sondern ein durch jahrelange Haft körperlich hinfälliger alter Mann, der vor seinen Richtern bekannte, durch politische Irrtümer schwere Schuld auf sich geladen zu haben.

Die aus ihrem Vorsitzenden und vier Parteivertretern (zwei der SPD, je einer von CDU und LDP, der späteren FDP) bestehende Kammer sowie der Kläger bemühten sich von Anfang an um ein sachliches, faires Verfahren. Dem amerikanischen *New Yorker* kam der Kläger »eher wie ein Tröster des Gefangenen denn als Bluthund« vor.[51] Keiner der Beteiligten konnte sich des Eindrucks erwehren, dass da ein Mann vor ihnen saß, der für seine Fehler bereits bitter gebüßt hatte und auch gar nicht erst versuchte, sich reinzuwaschen. Schon bei seinem Besuch Anfang Februar glaubte Kläger Knust bei Thyssen »aus einer Reihe seniler, fast kindlich anmutender Wendungen sein unbedingtes Bedürfnis zu wahrheitsgemäßer Einlassung« erkannt zu haben.[52]

Im August 1948 begann Thyssens Spruchkammerverfahren. Dass er milde Richter fand, hatte er vor allem seinem umsichtigen Verteidiger Robert Ellscheid zu verdanken. Während der mehrwöchigen Verhandlung mit zahlreichen Zeugen, wie dem früheren preußischen Innenminister Carl Severing (unten rechts), blieb Amélie Thyssen (oben links, mit weißem Kragen) stets in der Nähe ihres Mannes.

Fritz Thyssen bei der Urteilsverkündung am 2. Oktober 1948, links hinter ihm Amélie.

Mit einer wegen ihres opulenten Umfangs von 324 Seiten an zwei Tagen verlesenen Klageschrift bemühte sich der Kläger, anhand der im Befreiungsgesetz verankerten »Vermutungsmerkmale eines Hauptschuldigen« Thyssens Mitwirkung am Entstehen des nationalsozialistischen Herrschaftssystems nachzuweisen. Einem Hang zum Schematismus folgend, hatten die Amerikaner insbesondere formale Tatbestände – wie die frühe Mitgliedschaft in der NSDAP, die Zugehörigkeit zur SA und SS sowie anderen Partei- oder Staatsorganen, etwa dem gleichgeschalteten Reichstag, dem Preußischen Staatsrat, dem Generalrat der Wirtschaft oder den Titel eines »Wehrwirtschaftsführers« – den Spruchkammern als Wegmarken für ihre Suche nach der Wahrheit vorgegeben. So sollte Thyssen der Partei schon 1932 beigetreten sein und dem Deutschen Reichstag bereits vor Hitlers Berufung zum Reichskanzler angehört haben. Beides stimmte erwiesenermaßen nicht. Das Pikante an der Sache aber war, dass die falschen Angaben von Thyssen selbst stammten. In seinem Meldebogen hatte er – offensichtlich, weil er sich an Details nicht mehr genau erinnern konnte – beide Ereignisse vorsorglich vordatiert. In Wirklichkeit wurde Thyssen, wie schon erwähnt, erst im Mai 1933 in die Partei aufgenommen und im November desselben Jahres über die Reichsliste der NSDAP in den Reichstag »gewählt«. Unter den von ihm angegebenen Funktionen befand sich überdies ein Sitz im Präsidium der Reichsgruppe Industrie von 1928 bis 1939. Tatsächlich gehörte er jedoch lediglich dem Reichsverband der Deutschen Industrie an, der sich Ende 1933 auf höheren Druck auflöste. In der 1934 in das nationalsozialistische System zentralistischer Wirtschaftslenkung eingefügten »Reichsgruppe Industrie« hatte Thyssen aber keine Funktion, ein »Präsidium« existierte in dieser Organisation überhaupt nicht.

Seinen ursprünglichen Versuch, Thyssen als Hauptschuldigen zu überführen, musste der Kläger aufgeben. Nun kam es für die Verteidigung vor allem darauf an, die Vorwürfe zu entkräften, die sich aus Thyssens politischem Verhalten ergaben. Das war nicht einfach. In mühevoller Kleinarbeit ließ Ellscheid Entlastungszeugen an ihren teilweise unbekannten neuen Wohnorten aufspüren und vorladen. In einigen Fällen gelang es erst während des Verfahrens, die Betreffenden ausfindig zu machen oder eidesstattliche Erklärungen nachzureichen. Besondere Anstrengungen kostete es Thyssens Verteidiger, die Authentizität des unter Thyssens Namen 1941 in den USA und England erschienenen Buches »I Paid Hitler« zu erschüttern. Auf dieser publizistischen Selbstbezichtigung beruhte insbesondere der von den US-Ermittlern und dem deutschen Kläger erhobene Vorwurf, Thyssen habe Hitler finanziert und ihm damit zur Macht verholfen.

Für Ellscheid war das inkriminierende Buch schlicht eine »Fälschung«.[53] Dieses Urteil hält, jedenfalls in dieser pauschalen Form, einer objektiven Bewertung nicht stand. Thyssen hatte sich, wie erwähnt, 1940 von Hermann Rauschning, dem ebenfalls vom Nationalsozialismus abgefallenen früheren Danziger Senatspräsidenten, dazu überreden lassen, mit Unterstützung des amerikanischen Journalisten und Ghostwriters Emery Reves seine politischen Memoiren zu veröffentlichen. Der Wert des Buches als zuverlässige historische Quelle ist bis heute umstritten. Thyssen hat behauptet, sich in dem 1940 in Monte Carlo abgeschlossenen Autorenvertrag ausdrücklich das Recht vorbehalten zu haben, den Manuskripttext vor dem Druck »als Ganzes« noch einmal zu überprüfen, wozu es durch die Kriegsereignisse nicht mehr kam.[54] In Wahrheit enthält dieser Vertrag eine solche Klausel aber nicht.

Der amerikanische Historiker Henry Ashby Turner jr. hat 1967 die Reves-Version mit der von Thyssen in Südfrankreich diktierten Rohfassung verglichen und dabei zahlreiche Ungereimtheiten festgestellt.[55] Zum einen waren acht der insgesamt neunzehn Buchkapitel vor dem Druck vom Autor nicht autorisiert worden, darunter einige mit besonders brisanten Details.

Aber selbst in den von Thyssen freigegebenen Teilen wurden nicht alle seiner handschriftlichen Korrekturen in die Endfassung übernommen, was die Beweiskraft des Buches schon in Königstein schwer erschütterte. Während Reves in dem freigegebenen Kapitel »Meine persönlichen und finanziellen Beziehungen zur Nazi-Partei« Thyssen die Aussage unterschob, er hätte der NSDAP insgesamt eine Million Mark zukommen lassen,[56] berichtete er weiter vorn im Herausgebervorwort, dass der ansonsten äußerst mitteilsame Industrielle in den Interviews auf die vielleicht wichtigste Frage eine eindeutige Antwort schuldig geblieben sei: nämlich auf die nach der genauen Höhe der Spenden an die Nationalsozialisten.[57] Da sich Thyssens Finanzprokurist Heinrich Kindt nur an die Zahlung von 150 00 Mark hatte erinnern können[58] und »angesichts der gegen die volle Authentizität des Buches bestehenden Bedenken«[59] hielt die Kammer die Millionenspende nicht für erwiesen. Ausdrücklich stellte sie fest, dass »die in der Öffentlichkeit umlaufenden und in der Literatur verstreuten Gerüchte und Behauptungen, der Betroffene sei der eigentliche Hauptgeldgeber der Partei gewesen, nicht den Tatsachen entsprechen«.[60] Damit entpuppte sich aber der ohne Thyssens Wissen vom Verlag bestimmte äußerst reißerische Titel des Buches als grobe Irreführung. In weiten Teilen des Buches stimmt Thyssens Darstellung seines politischen Lebensweges jedoch mit seinen späteren Aussagen überein.

An die zwei Dutzend Zeugen traten während der sechswöchigen Verhandlung in Königstein auf: Politiker, Verbandsgeschäftsführer, ehemalige Mitarbeiter Thyssens, private Bedienstete. Noch größer war die Zahl der eidesstattlichen Erklärungen, die verlesen wurden. Bisweilen schien die Kammer heillos überfordert. »Es sind Dinge am heutigen Vormittag zur Sprache gekommen, die über die Kompetenz einer Spruchkammer hinausgehen«, klagte der Vorsitzende am 23. August 1948.[61] Er und seine vier Beisitzer hatten sich auf das schwierige Terrain der romantischen Ständestaat-Theorie Othmar Spanns vorgewagt und anhand von Sachverständigengutachten Verbindungen zur Soziallehre der päpstlichen Enzykliken und ähnlichen Zielsetzungen im Parteiprogramm der NSDAP untersucht. Ein solcher Zusammenhang hätte die These der Verteidigung glaubwürdig erscheinen lassen, Thyssen, der gläubige Katholik, sei als idealistischer Befürworter einer sozialen Befriedung und nicht etwa als Antidemokrat unter den Einfluss der Nationalsozialisten geraten. In ihrem Urteil stellte die Kammer schließlich fest, dass Thyssens Interesse an »aktiver Zusammenarbeit mit dem Nationalsozialismus erloschen« sei, nachdem Hitler »den Gedanken einer berufsständischen Ordnung der Wirtschaft preisgegeben« hatte.[62]

Mit großer Spannung war der Auftritt des früheren Reichskanzlers Heinrich Brüning in Königstein erwartet worden. Doch der 1934 in die USA emigrierte Zentrumspolitiker ging der Gegenüberstellung mit seinem politischen Intimfeind von einst aus dem Weg. Während eines Besuches in seiner Geburtsstadt Münster entschuldigte er sein Fernbleiben mit der kurz bevorstehenden Rückreise nach Amerika.[63] In einer unter Eid abgegebenen schriftlichen Erklärung bemühte sich Brüning indes offensichtlich, seinen reuigen Erzkritiker zu schonen, ohne ihm allerdings einige Boshaftigkeiten zu ersparen: »Den politischen Äußerungen und der politischen Tätigkeit des Herrn Dr. Fritz Thyssen habe ich nie eine Bedeutung beigemessen. Herr Dr. Thyssen wurde von den meisten übrigen Ruhrindustriellen und allen Leuten, die ihn näher kannten, immer als ein politischer Wirrkopf betrachtet.«[64] In ähnlichem Sinne schilderte der über die katholische Kirche mit Thyssen näher bekannte Hubertgottfried Underberg aus der gleichnamigen rheinischen Magenbitter-Dynastie den Angeklagten als »politisch höchst naiven« Mann, vor dessen »politischen Dummheiten« öffentlich gewarnt worden sei.[65]

Obwohl das Verfahren wesentlich länger dauerte, als es wohl alle Beteiligten erwartet hatten, hielt Thyssen trotz seiner eingeschränkten Prozessfähigkeit die mit den Schlussplädoyers am 13. September beendete mündliche Verhandlung erstaunlich gut durch. Das nötige Gefühl der Sicherheit gab ihm außer Amélie, die vom ersten bis zum letzten Tag ständig in seiner Nähe ausharrte, vor allem Robert Ellscheid. Wann immer den Angeklagten, der über so gut wie keine schriftlichen Unterlagen verfügte, in der Beweisaufnahme das Gedächtnis verließ oder er durch seine oft etwas einsilbigen Antworten die Kammermitglieder nicht voll überzeugte, sprang sein exzellent vorbereiteter Anwalt für ihn in die Bresche. Dass schon der Kläger in seinem Schlussplädoyer zurücksteckte und Thyssen nur noch als »Minderbelasteten« statt als »Hauptschuldigen« einzustufen beantragte, war in erster Linie Ellscheids Verdienst.

In seinem Plädoyer zeichnete Thyssens Verteidiger das Bild eines Mannes, der immer nur seinem Gewissen gefolgt sei, eines »ausgesprochenen Einzelgängers«, der »das tut, was er für richtig hält, das dann aber auch mit der ganzen Leidenschaft seines Herzens«.[66] Er sei aber auch jemand, der, »wenn er einsieht, dass der Weg falsch war, umkehrt ohne Rücksicht auf Standesurteile oder seine Familie«. Für seine Irrtümer habe er teuer bezahlen müssen. Er habe »sich und seine Frau diesen Unbilden und diesen Qualen freiwillig ausgesetzt im Kampf um dieses verbrecherische System, um es – negativ ausgedrückt – nicht zu unterstützen«. Wenn aber sein Widerstand gegen das NS-Regime höher zu bewerten sei als sein persönlicher Beitrag zu dessen Entstehen, müsse er in die Gruppe der Entlasteten eingestuft werden.

Thyssen – Täter, Widerständler oder, als Ausgebürgerter, Enteigneter und KZ-Häftling, eher ein Opfer? Die Spruchkammer stand sechs Wochen nach Beginn des Verfahrens vor einer schweren Entscheidung. Sicher war, dass Thyssens »Schuldkonto« im Laufe der Beweisaufnahme erheblich dahingeschmolzen war. Die pauschale Behauptung, er habe »Hitler finanziert«, hatte sich als ebenso wenig haltbar erwiesen wie der Vorwurf, auf

Zwei Hälften, wie Du siehst, hat ein Gesicht:
Das eine zieht Profit, das andere spricht.

die Zerschlagung der Gewerkschaften hingearbeitet zu haben. Auch die These des Klägers, dass Thyssen durch seine Mitwirkung im Ausschuss zur Vorbereitung eines gegen den Young-Plan gerichteten Volksbegehrens die daran beteiligte NSDAP gestärkt habe, ließ die Kammer nicht gelten. Für die Ablehnung des Reparationsabkommens hätten sich durchaus ernsthafte wirtschaftliche Argumente ins Feld führen lassen. Schließlich sprachen sie Thyssen auch von dem Verdacht frei, zur »Zerstörung der Weimarer Republik und im Interesse Hitlers eine Wirtschaftskatastrophe« angestrebt und die »militärische Aufrüstung zu Angriffszwecken gefördert« zu haben.[67]

Auch wenn die wichtigsten Punkte der Anklage damit vom Tisch waren, konnte niemand davon ausgehen, dass Thyssen ungeschoren davonkommen würde. Zu groß war der Erwartungsdruck nicht nur seitens der amerikanischen Militärregierung, der auf den fünf Mitgliedern der Spruchkammer lastete. Der rettende Strohhalm, nach dem sie in ihrer Beweisnot griffen, war am Ende Thyssens »Gesamtverhalten«, ergänzt durch »bestimmte Einzelhandlungen«, die angeblich »wesentlich zur Begründung, Stärkung und Erhaltung des Nationalsozialismus beigetragen« hätten. Dabei beriefen sie sich vor allem auf Thyssens (objektiv falsches) Bekenntnis in seinem Brandbrief an Hitler vom 28. Dezember 1939, »sich seit dem Jahre 1923 unter den größten Opfern für die nationalsozialistische Bewegung eingesetzt, für sie geworben und gekämpft« zu haben. Als »beabsichtigte Begünstigung des Nationalsozialismus« bewerteten sie auch seinen Ausruf »Heil, Herr Hitler!« nach der Rede des NSDAP-Führers im Düsseldorfer Industrie-Club.[68]

Die entscheidende Frage, auf die die Kammer eine Antwort finden musste, lautete: Hatte Thyssen diese Schuld durch sein späteres oppositionelles Verhalten wieder gutgemacht? Das Befreiungsgesetz hatte in seinem Artikel 13 an die Anerkennung einer entlastenden Widerstandshandlung allerdings nicht leicht zu erfüllende Bedingungen geknüpft. So hätte Thyssen aktiven Widerstand gegen die nationalsozialistische Gewaltherrschaft nach »dem Maß der gegebenen Kräfte geleistet« und dabei persönliche Nachteile erlitten haben müssen. Beide Voraussetzungen habe er, so die Kammer, jedoch nicht erfüllt: »Bloße antifaschistische Gesinnung, wörtliche Kritik, Verkehr mit Juden, gelegentliche Unterstützung von Gegnern des Nationalsozialismus aus Gründen des Mitleids, der Menschlichkeit oder der persönlichen Bekanntschaft genügen noch nicht … handelt es sich um einen Betroffenen von führendem politischen und wirtschaftlichen Rang, wie im hier vorliegenden Falle, so erfordert die Ausschöpfung des Maßes der vorhandenen Kräfte schon Widerstandshandlungen von so erheblicher Bedeutung, daß dem Nationalsozialismus daraus eine wesentliche Schädigung entstanden sein muß.«[69] Dass er, wie bezeugt, den Hitler-Gruß verweigerte, demonstrativ der bedrängten Kirche beistand, sich schützend vor politisch Verfolgte stellte und »unverbindliche Gespräche mit hohen Militärs« führte, war nach Meinung des Vorsitzenden und seiner Beisitzer nicht ausreichend. Vielmehr hätte es seinen Möglichkeiten entsprochen, »geheime Widerstandsbewegungen aufzuziehen und zu finanzieren sowie die Herstellung und Verbreitung illegalen Schrifttums zu finanzieren«.[70] Selbst bei seiner Flucht in die Schweiz habe ihm der »Widerstandswille noch gefehlt«.[71]

Nach der Logik des Befreiungsgesetzes hätte Thyssen schon als Widerstandskämpfer sein Leben aufs Spiel setzen müssen, um als einstiger NS-Aktivist 1948 von seinen Spruchkammerrichtern Entlastung erwarten zu dürfen. Dieser fast zynisch klingende Rechtsstandpunkt hat die an die Vorschrift gebundene Kammer immerhin veranlasst, in ihr Urteil einige Ausführungen zu diesem – wie sie es nannte – »Saulus-Paulus-Problem« zu machen. Trotz zweier Novellen (»beide Male im Sinne einer Milderung«) war »eine Änderung des Gesetzes zugunsten bekehrter Aktivisten nicht gewollt«. Die Kammer habe »nicht die Vollmacht, das Gesetz zu ändern«. Gleichwohl sah sie die Gefahr, »daß blinde Normengläubigkeit u. U. zu gesetzlichem Unrecht führen« könne. »So würde es wohl als ein Unrecht aufgefasst werden, wenn ein bekehrter Aktivist selbst dann nicht entlastet werden dürfte, wenn nachgewiesene Wirkungen seines gegen den Nationalsozialismus gerichteten tätigen Widerstandes eine vorausgehende begrenzte Förderung des Nationalsozialismus um ein Vielfaches überwiegen«. Im Falle Thyssens sei »der Nachweis einer wesentlichen Förderung des Nationalsozialismus erbracht, der einer wesentlichen Schädigung dagegen nicht, denn die Schädigungsabsicht kam zu spät, als dass sie noch hätte wirksam werden können über den Widerstand hinaus, den ohne Zutun des Betroffenen die kriegführenden Westmächte gegen den Nationalsozialismus zu leisten ohnehin entschlossen waren«.[72]

Dass sich die Königsteiner Richter angesichts der frühen Abkehr Thyssens und seiner späteren Leiden durchaus ihrer juristischen Gratwanderung bewusst waren, ist dem 64 Seiten langen Kammerspruch in weiten Passagen deutlich anzumerken. Für eine örtliche Spruchkammer fanden sie zu einer bemerkenswert fairen und differenzierenden Beurteilung: »Die Kammer ist der Überzeugung, daß jemand, der, gleichviel aus welchen Gründen, falsch gehandelt hat, nicht erwarten sollte, daß alle Welt über die Folgen seiner Kurzsichtigkeit einfach hinweggeht. Es ist richtig, daß der Betroffene nicht aus verwerflichen Motiven, sondern aus politischem Irrtum gehandelt hat, aber eben hierdurch ist er mitverantwortlich geworden dafür, daß nicht nur er selbst, sondern auch unzählige andere unter den Folgen dieses Irrtums leiden mussten ... An sich selbst hat der Betroffene die Folgen einer politischen Irrlehre so sehr verspüren müssen, daß die Gefahr, er könne zum zweiten Male diesem Irrtum verfallen, gebannt ist.«[73]

Am Ende des Hauptverfahrens erklärte die Spruchkammer Obertaunus Thyssen am 2. Oktober 1948 zu einem »Minderbelasteten« und erlegte ihm einen Sühnebeitrag zu Gunsten des Wiedergutmachungsfonds von 15 Prozent seines in Deutschland erfassbaren Vermögens auf. Der Kläger hatte 20 Prozent gefordert. Thyssen nahm das Urteil hin und verzichtete darauf, in die Berufung zu gehen. Nachdem der Spruch am 11. Oktober rechtskräftig geworden war, wurde er in die Gruppe der »Mitläufer« eingestuft. »Man mag die innere Moral der Widerstandshandlungen seit 1939 noch so hoch einschätzen«, so die Kammer in ihrem Resümee, »in objektiver Hinsicht war ihre Wirkung dadurch geschmälert, daß sie zu spät kamen. Sie konnten das Rad der Geschichte nicht mehr zurückdrehen. Fünf oder sechs Jahre früher hätte der Betroffene mit dem Mut, den er später aufbrachte, Geschichte machen können.«[74]

KAPITEL 10

Abschied ohne Wiederkehr

Nur wenige Wochen trennten ihn von seinem 75. Geburtstag, als Fritz Thyssen im Oktober 1948 endlich wieder ein freier Mann war – zum ersten Mal seit fast acht Jahren. Was konnte er nach dieser Leidenszeit in nationalsozialistischer und amerikanischer Gefangenschaft vom Leben noch erwarten? Vor allem, wo gehörte er, staatenlos, enteignet, von vielen seiner Vergangenheit wegen gemieden, am Beginn des Wiederaufbaus hin? In seinem Landhaus in Mülheim-Speldorf, das neben seinem Industriebesitz und zusammen mit seiner Kunstsammlung von den Nationalsozialisten beschlagnahmt worden war, hatte sich inzwischen eine Schule für britische Besatzungskinder eingerichtet. Das Fremdenzimmer Nr. 2, in dem einst Hermann Göring bei seinen Besuchen logiert hatte, diente jetzt den Lehrern als Aufenthaltsraum. Schloss Landsberg, zu Lebzeiten seines Vaters regelmäßiger Treffpunkt der Familie, war seit 1947 ein Erholungsheim für unterernährte Großstadtkinder.

Eine Familie, die ihm und Amélie Zuflucht und Geborgenheit hätte bieten können, existierte nicht mehr. Ein wirkliches Familienleben unter den Thyssens hatte es schon nicht mehr gegeben, als seine Geschwister noch alle lebten. Während seiner langen Haft waren beide Brüder gestorben – August jr. schon 1943, Heinrich 1947. Seine Schwester Hede lebte verwitwet in München und zog wenig später nach Kreuzlingen am Bodensee in ein Sanatorium, wo sie 1960 starb. Seine Tochter Anita, von ihrem Ehemann Gábor mittlerweile geschieden, war mit den beiden Söhnen in Argentinien geblieben. Auch der Familienzweig Joseph Thyssen hatte sich gelichtet. Hans und Julius Thyssen, die beiden Vettern, waren 1943 und 1946 gestorben. Frau Jula Thyssen, Julius' Witwe, hatte, nachdem ihre Mülheimer Villa von den Engländern in ein Offizierscasino zweckentfremdet worden war, in einer kleinen Wohnung eine Bleibe gefunden. Andererseits suchte Thyssen nach seiner Freilassung auch nicht unbedingt die Nähe zu den ihm verbliebenen Angehörigen, wahrscheinlich weil er die unangenehmen Fragen scheute, die bei ihrem Zusammentreffen zwangsläufig zur Sprache gekommen wären und die – offen oder versteckt – seine Mitschuld an der Katastrophe berühren mussten.

Dasselbe galt auch für seine Freunde aus der Industrie, sofern man überhaupt von »Freunden« sprechen kann. Von den führenden Männern an der Ruhr stand ihm, vielleicht mit Ausnahme von Emil Kirdorf, keiner persönlich nahe. Der greise Kohlemagnat war der einzige Prominente der deutschen Montanindustrie, der zu Anitas Hochzeit erschienen war. So gesellig und locker, wie Thyssen im engsten Kreis seiner Familie, im Urlaub etwa oder am Swimmingpool im Garten seiner Villa, sein konnte, so wenig war es ihm gegeben, intensive private Freundschaften zu pflegen. »Ich glaube nicht, dass er auch nur mit einem einzigen Industriellen auf freundschaftlichem Fuße stand«, charakterisierte der langjährige Mitarbeiter Carl Härle seinen Chef einmal.[1]

Auch in der Führung der Vereinigten Stahlwerke hatten neue Männer das Steuer übernommen. Ernst Poensgen war, nachdem ihn Reichswirtschaftsminister Walther Funk 1942 als Leiter der Wirtschaftsgruppe Eisenschaffende Industrie abberufen hatte, als Generaldirektor zurückgetreten und lebte seit Kriegsende in der Schweiz, wo er 1949 starb. Sein Aufsichtsratsvorsitzender Albert Vögler hatte, als ihn amerikanische Soldaten im April 1945 verhafteten, seinem Leben durch eine Zyankalikapsel selbst ein Ende bereitet. Er, der sich keiner persönlichen Schuld bewusst war, glaubte nicht an eine faire Behandlung durch die Sieger.[2] Zu dem Zeitpunkt, da sich Fritz Thyssen wieder frei bewegen durfte, stand an der Spitze des Aufsichtsrates Hermann Wenzel, der 1926 in den Vorstand eingetreten und bis 1942 das Rohstoffressort geleitet hatte. Sein Stellvertreter war der Bankier Robert Pferdmenges geworden. Von den meisten Vorstandsmitgliedern kannte Thyssen kaum noch jemanden aus persönlicher Zusammenarbeit.

Selbst die geringste Teilhabe am weiteren Schicksal seines Unternehmens war dem 75-Jährigen durch die Folgen des Krieges bis auf weiteres verwehrt. Sein vom preußischen Staat 1940 konfisziertes Industrievermögen war treuhänderisch auf das neu entstandene Land Nordrhein-Westfalen übergegangen. An eine Rückgabe war vorerst nicht zu denken. Die Alliierten hatten als Konsequenz aus dem von Hitler entfachten Weltbrand der deutschen Stahlindustrie als der für die Aufrüstung wichtigsten Schlüsselbranche eine drastische Senkung ihrer Kapazitäten auferlegt. Mit 5,8 Millionen Tonnen jährlich sollte die Produktion nur noch halb so hoch wie im letzten Friedensjahr sein. Die nicht mehr ausgelasteten Anlagen mussten nach den Plänen der Sieger demontiert werden. Dazu hatten die Engländer, die mit den in ihrer Besatzungszone gelegenen Ruhrkonzernen den größten Teil der deutschen Stahlindustrie kontrollierten, 1946 alle Werke beschlagnahmt und der Oberaufsicht ihrer North German Iron and Steel Control Group unterstellt. Obendrein sollten die Vereinigten Stahlwerke, auf die es die Alliierten ebenso wie auf die »Panzerschmiede« Krupp und die Hermann-Göring-Werke als Symbol deutscher Rüstung besonders abgesehen hatten, zerschlagen werden.

Allein ihrer Größe wegen war die Thyssen-Hütte bevorzugtes Objekt der Demontagepolitik. Mit 2,3 Millionen Jahrestonnen hatte ihre Rohstahlerzeugung 1938[3] vierzig Prozent der jetzt dem ganzen Land erlaubten Produktion erreicht. Obwohl Amerikaner und Briten in ihren 1947 zur »Bizone« vereinigten Besatzungsgebieten die zulässige Menge unter dem Eindruck des heraufziehenden Ost-West-Konflikts im August 1947 auf 10,7 Millionen Tonnen erhöht hatten, begann das englische Demontagebüro in Hamborn im Frühjahr 1948 mit dem Abriss der Anlagen durch deutsche Firmen. Politiker, Gewerkschaften, Kirchen und natürlich Vorstände und Belegschaften protestierten gegen die Zerstörungen. »Wird die Thyssenhütte demontiert, dann ist Hamborn ruiniert«, hieß es auf einem Transparent demonstrierender Arbeiter.[4] Am 8. April 1949 prangerte der SPD-Vorsitzende Kurt Schumacher auf einer Großkundgebung in Hamborn den Kahlschlag im Revier an.[5] Vergebens, die destruktiven Kräfte verrichteten unaufhaltsam ihr Werk. Von der August Thyssen-Hütte blieb nur ein Torso übrig: Zwar hatten sieben der insgesamt acht Hochöfen den Abriss überlebt, die meisten der der Roheisenstufe nachgeordneten Stahl- und Walzwerke jedoch waren abgerissen worden. Erst am 22. November 1949 wurde im Petersberger Abkommen, ausgehandelt zwischen dem kurz zuvor zum ersten Kanzler der Bundesrepublik gewählten Konrad Adenauer und den Hohen Kommissaren der drei Westmächte, das Ende aller Demontagen vereinbart.

Robert Ellscheid hat nach Thyssens Tod berichtet, dass dieser ihm in Königstein seine Bereitschaft erklärt habe, auf sein ganzes Vermögen für den Fall zu verzichten, dass es ihm, Ellscheid, gelingen sollte, die Demontage der August Thyssen-Hütte zu verhindern und die Arbeitsplätze zu erhalten.[6] Wäre Thyssen tatsächlich einverstanden gewesen, für die Verschonung »seiner« Werke auf die Rückerstattung des konfiszierten Anteils an den Vereinigten Stahlwerken zu verzichten, dann hätte dieses Angebot wohl von vornherein nur geringe Chancen gehabt. Denn den Alliierten ging es weniger um die Besitzverhältnisse als vielmehr um einen forcierten Abbau der Stahlkapazitäten auf »Friedensniveau«. Es fehlt denn auch jeder Hinweis auf Versuche Ellscheids, die Bereitschaft der Militärregierung zu einem solchen Deal zu testen. Einzig der spätere Thyssen-Chef Hans-Günther Sohl, der 1943 Stellvertretender Vorstandsvorsitzender der Vereinigten Stahlwerke geworden war, will das »hochherzige Angebot« Thyssens seinerzeit aufgegriffen und den Siegermächten vorgeschlagen haben, die zur Demontage bestimmten Anlagen gegen eine Kapitalbeteiligung an den betroffenen Unternehmen zu erhalten.[7] Doch blieb diese Initiative bei den Besatzungsmächten ohne Resonanz.

Thyssen selber drängte es nicht mehr, persönlich in die Auseinandersetzungen um die Rettung seiner Werke einzugreifen. Was hätte er, von seinem hohen Alter und seiner schwachen körperlichen Verfassung einmal ganz abgesehen, in seiner Lage auch bewirken können? Noch war er, wie gesagt, nicht wieder Herr über sein einstiges Vermögen. Obendrein standen alle Anlagen unter alliierter Oberaufsicht. Schließlich galt er trotz seiner Leidensjahre in nationalsozialistischer Haft und trotz des milden Urteils in seinem Spruchkammerverfahren in den Augen vieler – nicht nur der Amerikaner, sondern auch deutscher Antifaschisten – immer noch als politisch belastet. Hinzu kam, dass Thyssen zehn Jahre nach seiner Flucht in eine für ihn völlig veränderte Welt zurückgekehrt war.

Hans-Günther Sohl verband im Sommer 1948 einen Urlaub in Bad Schwalbach mit einem Besuch bei Fritz und Amélie Thyssen in Königstein. Er war auch unter den Gästen, die die beiden am Tage der Entnazifizierung zu einem Mittagessen im kleinsten Kreis eingeladen hatten.[8] Aus Dankbarkeit für den ihm während der antisemitischen Übergriffe auf seine Familie 1942 durch Thyssen gewährten Schutz nahm sich vor allem Eduard Herzog, der Anfang 1946 an die Spitze der August Thyssen-Hütte berufen worden war, des Freigelassenen an. Mit Sohl fuhr er am 9. November nach Düsseldorf, um Thyssen in einem Hotel, wo er den Jubilar an diesem Tag vermutete, Glückwünsche zum 75. Geburtstag und eine Kiste Moselwein zu überbringen. Doch hatten sie sich vergeblich bemüht: Thyssen, der die Gratulanten offensichtlich nicht erwartet hatte, war mit unbekanntem Ziel abgereist. Erst nachträglich erfuhr Herzog, dass Fritz und

Amélie es vorgezogen hatten, diesen Tag mit dem befreundeten Dortmunder Stahlbau-Unternehmer und früheren deutschnationalen Reichstagsabgeordneten Moritz Klönne und seiner Ehefrau Anna (»Aenne«) in deren Sommerhaus im sauerländischen Warstein zu verbringen und dort anschließend noch ein paar Wochen zu bleiben.[9]

Es sollten Wochen des Abschieds werden, des Abschieds von einem Land, für dessen politische Ordnung und internationale Stellung Thyssen gekämpft, geirrt und gelitten hatte. Die Zerstörungen, das Elend der Menschen, die vollständige Kapitulation eines ganzen Volkes – all das hatte er vorausgesehen, und zwar schon bevor Hitler in seinem Größenwahn Russen und Amerikanern den Fehdehandschuh vor die Füße geworfen hatte. Doch anders als nach dem Ersten Weltkrieg, als er sich empört gegen den Versailler Vertrag aufgelehnt und hinter den politischen Barrikaden mit den Chauvinisten gemeinsame Sache gemacht hatte, war er diesmal frei von jedem Gefühl des Revanchismus. Unter dem Eindruck dieses Krieges war er zu Einsichten fähig, die nur schwer zu dem Bild eines fanatischen Nationalisten passen wollten. Für das Ruhrgebiet, gegen dessen Besetzung durch französische Truppen er sich einst leidenschaftlich aufgelehnt hatte, konnte er sich jetzt sogar einen internationalen Sonderstatus vorstellen.

Doch seit er in »I Paid Hitler« seine Vision eines Nachkriegs-Deutschlands in einem vereinigten Europa an der Seite der USA entwickelt hatte, waren mehr als acht Jahre vergangen. Er spürte kein Verlangen mehr, den Faden von damals noch einmal aufzunehmen, nach seiner Läuterung politisch wieder aktiv zu werden. Das Feuer war für immer erloschen. Ja, es drängte ihn jetzt, wo die braune Schreckensherrschaft überwunden war, nicht einmal mehr danach, sich mit diesem Land, seiner Heimat, die einer besseren Zukunft zustrebte, zu identifizieren. »Herr und Frau Thyssen haben nicht den Wunsch, die deutsche Staatsangehörigkeit wiederzuerlangen«, schrieb sein Verteidiger Ellscheid im Januar 1948 an den Ersten Öffentlichen Kläger im Spruchkammerverfahren.[10] Sie wollten nur den so genannten Nansen-Pass wieder zurückerhalten, der ihnen in der Schweiz nach ihrer Ausbürgerung durch die Nationalsozialisten als Staatenlose zuerkannt und von der Gestapo nach der Auslieferung aus Frankreich abgenommen worden war. In dem von Thyssen unterschriebenen Verhörprotokoll vom 1. März 1946 heißt es im letzten Satz: »He prefers not to remain in Germany.«[11] Stattdessen plante er, seinen Lebensabend in der Schweiz zu verbringen, wohin er auch seine Tochter mit ihren Kindern aus Argentinien holen wollte.[12] Ellscheid glaubte hingegen 1949 von der Absicht Fritz und Amélie Thyssens zu wissen, sich »für dauernd in der Gegend von Cannes niederzulassen«.[13]

Dass Thyssen nicht bereit gewesen sei, wieder Deutscher zu werden, ist zumindest im Vorstand der Vereinigten Stahlwerke bezweifelt worden. Möglicherweise sei der Staatenlose, wie das Vorstandsmitglied Wolfgang Linz mutmaßte, nur darüber »vergrämt« gewesen, »dass niemand sich gefunden habe, der ihm die Wiedererlangung der deutschen Staatsbürgerschaft angetragen habe«. Thyssen, so Linz, habe die Absicht gehabt, »nach Düsseldorf zu ziehen«, wo für ihn in einem Hotel in Golzheim bereits ein Appartement als vorübergehende Bleibe angemietet worden sei.[14] Ob, wie Linz vermutet, den Politikern der »Fall Thyssen« noch zu heiß war, um von sich aus die Wiedereinbürgerung einzuleiten, mag dahingestellt bleiben. Thyssen selber hat öffentlich und auch in seinen überlieferten Briefen das geringe Interesse, ihn zur Wiederannahme der deutschen Staatsangehörigkeit zu bewegen, nicht angesprochen. Dass er bei den Bemühungen um Rückübertragung seines im Ausland beschlagnahmten Vermögens wiederholt auf seinen rechtlichen Status als Staatenloser hinwies, lässt vielleicht sogar den Schluss zu, dass er mit dieser Frage auch wirtschaftliche Überlegungen verband.

Am 5. Dezember 1948 verließen Fritz und Amélie Deutschland, um ihren »Wohnsitz vorläufig in Brüssel zu nehmen«, wie Carl Josef Nachtsheim, Finanzdirektor der Vereinigten Stahlwerke, dem Finanzamt Mülheim/Ruhr mitteilte.[15] Sie wohnten dort in einem Hotel. Möglicherweise stand ihre Ortswahl in Verbindung mit der intensiven geschäftlichen Verbindung, die Thyssen mit zwei belgischen Anwälten eingegangen war. Offensichtlich waren sie bereits in Königstein in Kontakt zu Thyssen getreten, der sich in einer Beschwerde über die schlechte Behandlung durch die Amerikaner ausdrücklich auf sie als seine juristischen Berater berief. Einer von ihnen, der junge Maître Snyers d'Attenhofen, hatte auf den 75-Jährigen offenbar einen so tiefen Eindruck gemacht, dass dieser ihm eine unwiderrufliche Generalvollmacht für die Vertretung seiner Interessen ausstellte.[16]

In der Chefetage der Vereinigten Stahlwerke schlug diese Nachricht wie eine Bombe ein.[17] Denn die Snyers übertragene Vollmacht schloss Thyssens noch immer beschlagnahmtes industrielles Vermögen in Deutschland mit ein. Auch wenn mit einer Rückerstattung seiner Beteiligung kurzfristig nicht zu rechnen war, so konnte er, wie das Management fürchtete, unter dem Einfluss seiner Berater schon jetzt Entscheidungen von großer wirtschaftlicher Tragweite für den Konzern treffen. Dass diese Sorge durchaus nicht unbegründet war, sollte sich im Herbst 1949 zeigen, als Thyssen die Führung der Vereinigten Stahlwerke wissen ließ, dass er gegen Hergabe seines Aktienpakets die 1926 eingegliederten Thyssen-Werke wiedererlangen wolle. Diese beabsichtigte er in eine Gesellschaft luxemburgischen oder belgischen Rechts einzubringen, deren Majorität in die Hände ausländischer Investoren übergehen sollte.[18]

Allerdings standen Thyssen die von ihm zurückgeforderten Anteile der Vereinigten Stahlwerke gar nicht mehr in vollem Umfang zur Verfügung. Die Nationalsozialisten hatten nämlich einen Teil des von ihnen nach Thyssens Flucht konfiszierten

Aktienpakets (nominal 30 Millionen Mark oder sieben Prozent) dem deutschnationalen Pressemogul Alfred Hugenberg 1944 überlassen,[19] als Gegenleistung für den Berliner Scherl-Verlag, mit dessen Zeitungen und Wochenschauen Hitlers konservativer Steigbügelhalter einer der medienmächtigsten Politiker der Weimarer Republik geworden war. Auf Hugenbergs Pressekonzern hatte es vor allem Reichspropagandaminister Joseph Goebbels abgesehen. Thyssen ging offenbar stillschweigend davon aus, für die von ihm geplante Transaktion die von Hugenberg gehaltenen Stahlvereins-Aktien ohne größere Probleme zurückzubekommen, wie Hermann Wenzel vermutete.[20] Tatsächlich konnten die Unterhändler beider Seiten aber erst nach zähen Verhandlungen einen Schlussstrich unter die leidige Angelegenheit ziehen.

Dass Thyssen offensichtlich unter starken Einfluss seiner neuen belgischen Partner geraten war, beunruhigte aber nicht nur die führenden Männer der Vereinigten Stahlwerke. Mehr noch sah sein Anwalt und langjähriger Berater Robert Ellscheid darin einen persönlichen Affront. Seine Reaktion ließ denn auch nicht lange auf sich warten: Am 14. November 1949 gab er bekannt, er werde sein Mandat als Thyssens Bevollmächtigter bei der Regelung der schwierigen Vermögensfragen niederlegen.[21] Am selben Tag alarmierte Hans-Günther Sohl seinen Aufsichtsratsvorsitzenden mit neuen Hiobsbotschaften: Thyssen sei, so teilte er Wenzel unter Bezugnahme auf Ellscheid und Robert Pferdmenges mit, »in fortgeschrittenen Verhandlungen mit belgischen Kreisen« und habe sich »sehr unfreundlich über die Ver. Stahlwerke geäußert; er habe keine Veranlassung, ihnen einen Gefallen zu tun, er wolle aber gern den Arbeitern die Hälfte seines Paketes geben«.[22] In einem Aktenvermerk hielt Sohls Kollege Linz aus dem Gedächtnis den Wortlaut eines von Thyssen an Ellscheid gerichteten Briefes fest, den ihm dieser telefonisch vorgelesen hatte: »Nach der geradezu schamlosen Art und Weise, in der ich sowohl von den Vereinigten Stahlwerken wie von den deutschen Behörden behandelt worden bin, darf man von mir nicht erwarten, daß ich für die eine oder andere Seite noch etwas tue. Die Herren werden sehen und merken, daß ich keine quantité négligeable bin.«[23]

Ungeachtet der harschen Worte aus Brüssel zeigte man sich in Düsseldorf entschlossen, »alles zu tun, um zu verhindern, daß Herr Thyssen alsbald seine Pläne durchführen kann«.[24] Dabei war Eile geboten, denn Fritz und Amélie wollten in wenigen Wochen zu Anita und den Enkeln nach Argentinien reisen, um mit ihnen die Weihnachtstage zu verbringen und am 18. Januar 1950 ihre Goldene Hochzeit zu feiern. Auf dringende Bitte von Sohl fuhren deshalb am 17. November Pferdmenges und Ellscheid nach Brüssel, um Thyssen für eine den Interessen der Vereinigten Stahlwerke dienende Vereinbarung über die Zukunft des Unternehmens zu treffen. Der Besuch begann mit einem theaterreifen Eklat: Bei ihrer morgendlichen Ankunft im Hotel überreichte ihnen der Portier einen Zettel mit der Nachricht, Thyssen sei für sie erst um 15 Uhr zu sprechen. Die Reaktion der Besucher hielt wiederum Linz nach einem Telefonat, das er mit Ellscheid nach dessen Rückkehr führte, in einer Notiz fest: »Herr E. sei darauf zu Frau Thyssen gegangen und habe ihr erklärt, er sei für Herrn Th. noch einmal in dessen Leben zu sprechen und zwar um 11 Uhr im Hotel. Daraufhin sei es doch zu der Besprechung um 11 Uhr gekommen, und zwar im Beisein der belgischen Anwälte des Herrn Th.«[25]

Auch ein Versöhnungsversuch, zu dem Ellscheid kurz nach der Aufkündigung seiner Zusammenarbeit noch einmal nach Brüssel reiste, führte »eher zu einer Verschärfung der Gegensätze«, wie Linz berichtete. Thyssen habe sich »ganz unmöglich benommen, es bleibe bei der Mandatsniederlegung«. Um die »seelische Verfassung« des 76-Jährigen zu illustrieren, habe ihm Ellscheid von einem Besuch erzählt, den er gemeinsam mit Thyssen dem argentinischen Generalkonsul in Brüssel abgestattet habe: »Noch ehe Ellscheid selbst irgend etwas habe vorbringen können, habe Thyssen den Generalkonsul wütend angefahren, er sei jetzt mit seinem Anwalt gekommen und er fordere den Generalkonsul hiermit zum letzten Mal auf, den argentinischen Paß zu erteilen. Sonst werde etwas ganz anderes passieren. Er habe es satt, sich von einem Flegel wie ihm hinhalten zu lassen. Dies und ähnliches auf Deutsch und Französisch, so daß der Generalkonsul völlig entgeistert gewesen sei. Ellscheid habe den Generalkonsul dann auf die Seite genommen, ihm klargemacht, daß nach allem, was Herr Thyssen erlebt habe, man diese Ausbrüche nicht tragisch nehmen dürfe.«[26]

Angesichts der turbulenten Wochen im November 1949 waren die Verantwortlichen in Düsseldorf heilfroh, dass Fritz und Amélie Thyssen kurz vor Weihnachten endlich in Richtung Südamerika aufbrachen und damit zumindest für einige Zeit außer Reichweite ihrer belgischen Einflüsterer waren. Auf der anderen Seite konnte jetzt jedoch kaum jemand mehr die Augen davor verschließen, dass Thyssen physisch und psychisch nicht mehr im Stande war, die Regelung seiner komplizierten Vermögensverhältnisse selber in die Hand zu nehmen. Allein die Rückerstattung seines deutschen Industrievermögens erforderte intensive, geduldige Gespräche mit den Alliierten, dem Land Nordrhein-Westfalen und der Bundesregierung. Noch schwieriger gestalteten sich die Verhandlungen über die Freigabe seines ausländischen Besitzes, etwa in Holland oder Argentinien, der als Feindvermögen deklariert und beschlagnahmt worden war.

Nicht nur Amélie bedauerte deshalb den Bruch zwischen ihrem Mann und Ellscheid zutiefst, war doch der Sachwalter der Familie gerade auch auf politischer Ebene ein allseits anerkannter Verhandlungspartner mit exzellenten Verbindungen. Nicht von ungefähr bemühten sich sogar Thyssens belgische Anwälte, den Riss zwischen ihrem Mandanten und Ellscheid wieder zu kitten. Sie wussten nur zu gut, dass es ohne seine Hilfe schwer sein würde, die Herausgabe des deutschen Thyssen-Vermögens schon in nächster Zukunft zu erreichen. Von einem Besuch bei Ellscheid in Köln kehrten sie allerdings mit leeren Händen zurück. Auf welchen Wegen Thyssen wieder zu seinem Aktienpaket kommen könnte, sei ihnen überlassen, hatte der Anwalt seine Brüsseler Kollegen kühl beschieden, er habe nach der Niederlegung seines Mandats keine Ratschläge mehr zu geben.[27]

Unterdessen versuchte der Vorstand der Vereinigten Stahlwerke, Thyssen davon zu überzeugen, dass sich eine Wiederherstellung des früheren Thyssen-Konzerns, wie sie ihm vorschwebte, »nicht verwirklichen lassen werde und Ihnen auch nicht zum Vorteil gereichen würde«. Zum einen sei das Unternehmen durch Neuinvestitionen, Kriegsschäden und Demontage mit den 1926 in den Stahlverein eingebrachten Vermögenswerten nicht mehr vergleichbar. Zum anderen stünden seinen Absichten die Pläne der Allied Combined Steel Group für eine Neuorganisation der eisenschaffenden Industrie entgegen.[28]

Bevor Thyssen nach einem Kurzaufenthalt in Cannes mit Amélie »für einige Monate« nach Argentinien abgereist war, hatte er für seinen Plan einer Herauslösung der früheren Thyssen-Betriebe aus den Vereinigten Stahlwerken der Konzernführung in Düsseldorf völlig überraschend einen weiteren Mann seines besonderen Vertrauens avisiert. Der neue Berater, der Amerikaner George Halasy, Herausgeber eines Informationsblattes für den US-Handel in Europa, hatte sich als Mann mit »sehr engen und freundschaftlichen Beziehungen« zum amerikanischen Hochkommissar John McCloy bei Thyssen eingeführt, die er für dessen Anliegen zu nutzen versprach.[29] So rechnete er es sich beispielsweise als persönliches Verdienst an, über seinen kurzen Draht zu McCloy Thyssen die Papiere für dessen Reise nach Buenos Aires besorgt zu haben.[30]

Obwohl den Stahlvereins-Managern an dem angeblich engen Kontakt Halasys zu McCloy schon sehr bald erhebliche Zweifel kamen,[31] betrachteten sie es offenbar als ein Gebot der Klugheit, sich mit Thyssens Konfidenten an einen Tisch zu setzen. Vielleicht würde es ihnen mit seiner Hilfe ja sogar gelingen, ihrem Großaktionär »im Wartestand« die Entflechtungspläne auszureden. Das war nicht einfach, denn Halasy hatte über einen Mittelsmann bereits zu der amerikanischen Stahlfirma Great Lakes Carbon Corporation in New York Kontakt aufgenommen, die sich am Wiederaufbau der weitgehend zerstörten und demontierten August Thyssen-Hütte angeblich finanziell beteiligen wollte.[32] Offenbar überzeugten Wenzel sowie die Vorstandsmitglieder Schwede und Sohl Halasy bei dessen Besuch am 18. Januar 1950 jedoch, dass es für Thyssen allemal günstiger sei, seinen Aktienbesitz statt auf die durch Krieg und Demontage stark in Mitleidenschaft gezogenen Thyssen-Werke auf die aus den Vereinigten Stahlwerken entflochtenen Nachfolgegesellschaften zu übertragen. Zu einem späteren Zeitpunkt, so ihre Empfehlung, könne er seine Anteile dann immer noch auf eine bestimmte Gründergruppe konzentrieren.[33]

Bei der »bekannten Sprunghaftigkeit des Herrn Thyssen« (Wenzel)[34] konnte das Düsseldorfer Management vor Überraschungen aus Buenos Aires indes nicht sicher sein – zumal dort im Umkreis der Familie neue Berater eine von außen schwer durchschaubare Wirkung zu entfalten begannen. Zunehmenden Einfluss hatte dabei Dr. Julian Baron von Godlewski, ein Exilpole mit engen Verbindungen zur katholischen Kirche, der in Argentinien zum Freundeskreis der Familie gestoßen war und nach Fritz Thyssens Tod als Amélies Sachwalter dem Aufsichtsrat der neu konstituierten August Thyssen-Hütte angehörte. Das Problem, die Aktivitäten der verschiedenen Ratgeber und Anwälte in Europa und Argentinien zu koordinieren, wurde umso größer, als Fritz und Amélie keine Eile zu haben schienen, von ihrem Besuch nach Europa zurückzukehren. Nachdem sie zunächst eine Suite im Hotel Crillon im Zentrum von Buenos Aires bewohnt hatten, bezogen sie im noblen Stadtteil Martinez auf der Calle Montez Grandes ein eigenes Haus.

Obwohl sie noch keinen Zugang zu ihrem beschlagnahmten Vermögen hatten, standen ihrem gehobenen Lebensstil offenbar keine finanziellen Hindernisse im Wege. Ihr Enkel Claudio Graf Zichy-Thyssen erinnert sich, dass die Familie in jenem Jahr in einem angemieteten Sonderzug samt Speisewagen, den auch der argentinische Staatspräsident gelegentlich zu benutzen pflegte, zur Erholung in den 1500 Meter hoch gelegenen Nationalpark Bariloche reiste, um dort in einem der teuersten Hotels einige Wochen zu verbringen.[35] Insbesondere dank großzügiger Überweisungen aus der Heimat konnten sich die Thyssens über Geldprobleme nicht beklagen. Im März 1950 etwa bedankte sich Thyssen bei den Vereinigten Stahlwerken für einen Kredit von 250 000 Mark.[36]

Wie abhängig er in dieser Zeit von seinen teilweise untereinander rivalisierenden Ratgebern und Anwälten war, lässt sich leicht vorstellen. Aus seinem argentinischen »Exil« jedenfalls konnte er kaum ernsthaft in das Geschehen um die Freigabe seines Industriebesitzes eingreifen. Dabei schienen vor allem diejenigen, die seine Interessen im direkten Kontakt mit deutschen Regierungsstellen und alliierten Behörden vertraten, im Grunde ihres Herzens gar nicht einmal unglücklich darüber zu sein, ihn weitab des Geschehens zu wissen. So hielt Stahlvereins-Vorstandsmitglied Linz die Meinung amerikanischer Gesprächspartner fest, »daß Fritz Thyssen zu den wenigen deutschen Namen gehöre, die in ganz Amerika bekannt seien und die überdies auch in ganz bestimmtem Sinne abgestempelt seien. Es werde daher ein unangenehmes Aufsehen erregen, wenn Herr Thyssen seine VSt.-Beteiligung wieder erhalte, ganz ohne Rücksicht darauf, wie er im deutschen Entnazifizierungsverfahren davongekommen sei. Herr Thyssen werde deshalb gut daran tun, dann, wenn er mit dem Land Nordrhein-Westfalen oder mit den deutschen Behörden überhaupt weiterkomme, sich nicht persönlich und unmittelbar herauszustellen, sondern im Hintergrund zu bleiben.«[37] So hielt es denn nicht nur der Vorstand der

Vereinigten Stahlwerke, sondern auch Thyssens belgischer Bevollmächtigter für taktisch unklug, sollte der 76-Jährige den Aufsichtsratsvorsitz der Preußen-AG anstreben, die sein vom Land Nordrhein-Westfalen treuhänderisch verwaltetes Aktienpaket hielt.[38] Thyssen entschied sich denn auch – aus diesen oder anderen Motiven –, dieses Mandat Robert Pferdmenges anzutragen, was dieser »aus alter freundschaftlicher Verbundenheit« annahm.[39]

In Pferdmenges, seit 1931 Teilhaber des Kölner Privatbankhauses Sal. Oppenheim jr. & Cie., hatte Thyssen einen ebenso umsichtigen wie einflussreichen Koordinator seiner Interessen gefunden. Er war nicht nur einer der besten Kenner der rheinisch-westfälischen Industrie, sondern verfügte als enger Freund Konrad Adenauers und als CDU-Bundestagsabgeordneter (seit Januar 1950) über beste politische Verbindungen, wie sie für Thyssen gerade in seiner jetzigen Situation besonders wichtig waren. Bereits 1933 war Pferdmenges in den Aufsichtsrat der Vereinigten Stahlwerke berufen worden, der ihn im Oktober 1945 vorübergehend in den Vorstand delegierte, weil dessen Mitglieder voraussahen, dass ihnen die Verhaftung durch die britische Besatzungsmacht bevorstand. Kraft seiner Stellung und Unabhängigkeit besaß Pferdmenges fraglos die nötige Autorität, um Thyssen gelegentlich auch unangenehme Wahrheiten zu sagen – so etwa im Sommer 1950, als er nach diskreten Hinweisen auf Korruption aus dem Stahlvereins-Vorstand Thyssen dringend nahe legte, sich von seinem belgischen Generalbevollmächtigten zu trennen. Pferdmenges konnte zuverlässige Zeugen dafür benennen, dass der Vertraute durch manipulierte Zahlen und dubiose Provisionen hohe Beträge in die eigene Tasche gewirtschaftet hatte. Unter Hinweis auf die »enorm großen hiesigen Schwierigkeiten« gab er Thyssen im fernen Argentinien deutlich zu verstehen, dass »ein Vertreter, der sich in der oben geschilderten Weise verhält«, seinen Interessen schaden würde.[40]

Wie schwer es jedoch mitunter selbst für Wohlmeinende geworden war, bei Thyssen mit überzeugenden Argumenten Gehör zu finden, zeigte seine Reaktion auf die Pferdmenges-Warnung. Nicht allein, dass er seinen Bevollmächtigten gegen die Vorwürfe in Schutz nahm und seinen von ihm an Ellscheids Stelle engagierten deutschen Anwalt ausdrücklich bat, »dies Herrn Pferdmenges mitzuteilen«.[41] Obendrein äußerte er sein Unverständnis, wie der Eindruck, den sein belgischer Ratgeber auf die deutschen Behörden mache, einen Einfluss auf seine Restitutionsansprüche haben könne. »Es ist ein Urteil ergangen, wonach mein Vermögen zurückgegeben werden muß. Warum geschieht dies nicht? Ich muß sagen, daß ich angesichts meiner Haltung beim Ruhreinbruch und angesichts meiner Haltung gegenüber Hitler auf das äußerste empört bin. Bitte Herrn Adenauer die Angelegenheit vorzutragen ... Ich bin es leid, mich in dieser Weise weiter behandeln zu lassen.«[42]

Hatte er sich schon früher, wenn ihm etwas nicht passte, mitunter einer recht derben Sprache bedient, so ließ er jetzt seinen Stimmungen immer öfter freien Lauf. »Ich wundere mich, daß Sie mich für so dumm halten«, musste sich Wilhelm Roelen, Vorstandsmitglied der von den drei Söhnen des Konzerngründers 1929 errichteten »August Thyssen-Stiftung Schloß Landsberg«, von ihm sagen lassen. Stein des Anstoßes waren Pläne für die Nutzung des Familiensitzes, die Thyssen nicht passten.[43] Das Stiftungskapital von 500 000 Reichsmark hatten Fritz und sein Bruder Heinrich seinerzeit je zur Hälfte aufgebracht. Nachdem Fritz 1940 enteignet worden war, hatte Heinrich die jährlich anfallenden Ausgaben bis zu seinem Tod allein übernommen. Während des Krieges diente das Schloss der Unterbringung von Fliegergeschädigten und Flüchtlingen und ab August 1943 dem Rüstungsminister Albert Speer unterstehenden »Ruhrstab«, der für die Instandsetzung der durch alliierte Luftangriffe beschädigten Werke im Ruhrgebiet verantwortlich war. Nach 1945 nahm die Stadt Mülheim das leer stehende Anwesen in ihren Besitz und widmete es in ein Erholungsheim für unterernährte

Kinder um. Fritz Thyssen, den seine Inhaftierung in der amerikanischen Besatzungszone daran gehindert hatte, sich selber um die Stiftung zu kümmern, zeigte sich tief verärgert darüber, dass die »Stadt Mülheim in gemeiner Weise, ohne dass der Vorstand Einspruch erhoben hätte, die letzte Ruhestätte m. Vaters beschlagnahmt« habe. Aus Argentinien drohte er: »Ich werde mit der Zeit einen Vertreter meiner Interessen benennen. Sie können sich darauf verlassen, daß es keine Persönlichkeit sein wird, die nach Ihrer oder nach der Pfeife meines Bruders tanzt.«[44]

Mit der Verschlechterung seiner nervlichen Verfassung ging unübersehbar jetzt auch eine zunehmende körperliche Schwäche einher. Schon leichte Anstrengungen ermüdeten ihn. Hinzu kam, dass Argentinien einen sehr heißen Sommer erlebte. Die Rückkehr nach Europa, ursprünglich nach einigen Monaten geplant, rückte unter diesen Umständen in immer weitere Ferne. Auch an Weihnachten, das sie nun schon zum zweiten Mal mit Anita und den Enkeln feierten, trugen sich Fritz und Amélie Thyssen offensichtlich nicht mit Reiseplänen. Am 7. Februar 1951 empfing der 77-Jährige, wie sich Claudio Graf Zichy-Thyssen erinnert, noch einmal seinen deutschen Arzt. Am anderen Morgen fand man ihn in seinem Badezimmer tot auf einem Stuhl. Als Todesursache wurde akutes Herzversagen festgestellt.

»Er war ein Mensch, der ohne Rücksicht auf Tagesmeinungen und Konjunktur an seinen Idealen festhielt und für sie alles einsetzte, was er war und besaß«, hieß es in der Todesanzeige der Thyssen & Co. Aktiengesellschaft.[45]

Fern seiner Heimat, in der Kirche der Gemeinde deutschsprachiger Katholiken St. Bonifatius im Stadtteil Belgrano in Buenos Aires und bei der anschließenden Beerdigung auf dem deutschen Friedhof, nahmen der katholische Seelsorger Pater Carlos Boskamp zusammen mit der Familie und einem kleinen Kreis von Freunden Abschied von Fritz Thyssen. Was mochte in ihren Köpfen vorgehen, als sie ihn auf seinem letzten Weg be-

Amélie Thyssen (hier 1965 vor einem Ölgemälde ihres Mannes von Oswald Petersen) überlebte Fritz um vierzehn Jahre. Auf ihre Veranlassung hin fand er in der Familiengruft auf Schloss Landsberg seine letzte Ruhestätte. Sie lebte bis zu ihrem Tod auf dem familieneigenen Gut Puchhof bei Straubing, das die Thyssens nach dem Krieg zurückerhalten hatten.

gleiteten? Verneigten sie sich nur vor einem sensiblen, seiner Kirche eng verbundenen Idealisten? Oder ehrten sie mit ihm einen der bekanntesten Industriellen? Wie viele der Trauergäste spürten in dieser Stunde etwas von der Tragik eines Mannes, den die krisenhaften politischen Verhältnisse überfordert hatten und der, im Unfrieden mit der Heimat, hier im Exil seine letzte Ruhe finden sollte? Ein paar Jahre später, und alles wäre vielleicht anders verlaufen. Zum Zeitpunkt seines Todes war Fritz Thyssens Bild in der deutschen Öffentlichkeit immer noch unscharf, ja verzerrt und voller Widersprüche. Gerade einmal sechs Jahre nach dem Zusammenbruch des NS-Regimes war es für ein ausgewogenes Porträt wohl noch zu früh. Es sollte noch lange dauern, bis die Stadtväter Mülheims 1966 einstimmig beschlossen, den Teil ihres »Zehntweges«, der über das Fabrikgelände der Thyssen-Röhrenwerke führte, in »Fritz-Thyssen-Straße« umzubenennen.

Fritz Thyssens Schicksal war es, als Sohn eines der bedeutendsten deutschen Industriepioniere auf die Welt gekommen zu sein. Gemeint ist in diesem Fall nicht das übliche Leiden von Erben großer Väter. Auch diese schwere Bürde lastete sicherlich auf seinen Schultern. Aber er ist daran nicht zerbrochen. Der einzige auf die Nachfolge systematisch vorbereitete und zum unausweichlichen Generationenkonflikt bereite Sohn August Thyssens war keineswegs der mit einem »Minderwertigkeitskomplex« belastete Mann »ohne besonderes unternehmerisches und politisches« Talent, als den ihn etwa Edmund Stinnes, der älteste Sohn Hugo Stinnes', charakterisierte.[46] In normalen Zeiten wäre sicherlich ein vielleicht nicht gerade herausragender, aber doch solider Unternehmensführer aus ihm geworden, wofür er durch das Ende einer selbstständigen Thyssen-Gruppe den letzten Beweis nicht mehr erbringen konnte. Gerechterweise darf nicht vergessen werden, dass selbst der »legendäre« Vater 1926 vor einem wirtschaftlich ungesicherten Lebenswerk stand und in einer für die deutsche Stahlindustrie äußerst prekären Situation seine Betriebe in den rettenden Konzernverbund der Vereinigten Stahlwerke einbrachte.

Fatal war das Schicksal, als »ein Thyssen« geboren zu sein, vielmehr in dem Sinne, dass alles, was er tat, seine Person auf eine bisweilen groteske Weise überhöhte. Die Ablehnung des Versailler Vertrages als »Friedensdiktat« der Siegermächte teilte er mit Millionen anderer Deutscher. Aber als einem Thyssen war es ihm vorherbestimmt, allein durch seine Verweigerung der von den französischen Okkupanten geforderten Kohlelieferungen zu einer Symbolfigur im »Abwehrkampf« an der Ruhr emporgehoben zu werden. Auch als leidenschaftlicher Fürsprecher einer Kanzlerschaft Hitlers befand er sich durchaus in Übereinstimmung mit jenen Konservativen, die, politisch weitaus erfahrener als er, keine Gefahr darin erkannten, im Vertrauen auf ihre zähmenden Kräfte den braunen Trommler an die Macht zu lassen – und ihren Irrtum schon bald bitter bereuen mussten. Doch allein sein Name verlieh seinen Worten und seinen – tatsächlichen oder vermeintlichen – Handreichungen zu Gunsten Hitlers in der Vorstellung vieler Zeitgenossen und Historiker eine Bedeutung, die sie in Wahrheit nicht hatten. Ein englischer Autor versuchte seinen Lesern 1934 tatsächlich weiszumachen, »dass nicht Hitler, sondern Thyssen, der große Magnat an der Ruhr, der wirkliche Motor des deutschen Faschismus« sei und der Führer »keinen wichtigen Schritt unternehme, ohne zuvor Thyssen und dessen Freunde zu konsultieren«.[47]

Die Amerikaner leisteten auf ihre Weise seiner politischen Überbewertung Vorschub, indem sie ihn im Propagandakrieg mit dem NS-Regime während des Krieges als den zum reuigen Renegaten mutierten »Führermacher« auf ein viel zu hohes Podest hoben. Als Opfer ihrer eigenen Legende hatten sie unter dem Druck der öffentlichen Meinung in den USA 1945 keine andere Wahl, als ihn zur Rechenschaft zu ziehen, und zwar als einen der vermeintlich Hauptschuldigen. Doch schon in Nürnberg erkannten sie ihre Fehleinschätzung. Erst recht der Quasi-

Freispruch von Königstein musste denjenigen, die an das Märchen von der »Thyssen-Marionette« Hitler geglaubt hatten, wie blanker Hohn erscheinen.

Fritz Thyssen war kein apolitischer Mensch, wie manche meinen, vielmehr ein politischer Dilettant, voller guter Absichten, aber ohne die Bereitschaft, Politik als ernsthafte, geduldige Arbeit zu betreiben. Dass er sicher sein durfte, als ein Thyssen immer und überall Gehör zu finden, hat seine Neigung zu spontanen, wenig durchdachten Äußerungen sicherlich noch gefördert – ebenso wie die Tatsache, dass er sich als großbürgerlicher Kapitalist selbst für noch so gewagte Positionen vor niemandem zu rechtfertigen brauchte. Dadurch haftete seinem politischen Wirken ein gewisses Odium des Unseriösen an, obwohl er, der gläubige Katholik, ein Mann mit festen moralischen Grundsätzen und einem ausgeprägten Gerechtigkeitsempfinden war. Er war alles andere als ein begnadeter Menschenkenner und mit seiner »naiven und geradezu kindlichen Gläubigkeit«[48] schnell bereit, sich für eine scheinbar gute Sache in die Pflicht nehmen zu lassen.

Dass er nach dem Krieg seine Mitschuld am Aufstieg Hitlers offen und ohne taktische Winkelzüge eingestand und bereute, hat fraglos eine differenziertere Beurteilung und damit eine Korrektur seines Bildes in der Öffentlichkeit bewirkt. Dass er obendrein seiner ganzen Erscheinung nach so wenig dem Bild eines schneidigen Nationalsozialisten entsprach, hat es der Nachwelt zweifellos erleichtert, ihren Frieden mit ihm zu schließen. Der eigenbrötlerische Großbürger mit dem ausgeprägten Sinn für Kunst und kultivierte Lebensart entsprach ebenso wenig dem Klischee des ehrgeizigen Parteikarrieristen wie dem des »alten Kämpfers«. Als ihm örtliche Parteikader und SS nach der Flucht bescheinigten, in Wahrheit niemals ein in der Wolle gefärbter Nationalsozialist gewesen zu sein, hatten sie auf ihre Weise sogar Recht. Wichtiger noch als sein geringes Bedürfnis nach sichtbarer Teilhabe an der Machtentfaltung der neuen

Herren waren seine politischen und moralischen Orientierungsmarken, die seiner Unterstützung Hitlers klare Grenzen setzten. Thyssen stand zu keinem Zeitpunkt für jene Kernelemente nationalsozialistischer Weltanschauung, die den Hitler-Staat zu einem verbrecherischen System werden ließen: die Eroberung neuen »Lebensraums« im Osten, die Verfolgung politisch Andersdenkender und schließlich der rassenideologisch motivierte Massenmord an den Juden und anderen Gruppen. Stattdessen projizierte er unter dem suggestiven Einfluss Hitlers seine Hoffnungen und Erwartungen auf den – wie er ihn nannte – »wahren Nationalsozialismus«, vor allem die vermutete soziale Befriedung durch eine ständestaatliche Ordnung der Wirtschaft, die Abwehr des Kommunismus und die Wiedereinführung der Monarchie.

Respekt nötigte er seinen Kritikern nicht zuletzt durch seine Standhaftigkeit und Überzeugungstreue selbst in Situationen ab, in denen viele andere schwankend, vielleicht schwach geworden wären. Er nahm nichts von seinen Anklagen gegen Hitler zurück, auch als ihm Göring dafür die Freiheit versprach. Stattdessen zog er es vor, zusammen mit Amélie den gemeinsamen Leidensweg weiter zu gehen, von dem sie nicht wussten, wo er enden würde. Seiner 1949 verfassten autobiografischen Skizze »Mein Leben«, die er seinen »lieben beiden Enkeln« Fritz August und Claudius Zichy-Thyssen widmete, stellte er sein Motto vor: »Wer nicht das, was das Leben mit sich bringt, mit lächelnden Lippen und tapferem Herzen hinnimmt, der ist kein Mann.«[49] Entscheidend für seine Rehabilitierung war letztlich wohl die Einsicht, dass Fritz und Amélie Thyssen für ihre Schuld mehr als andere gebüßt hatten.

So rührte sich denn auch kein Widerstand, als Amélie Thyssen, die es nach Europa zurückzog, 1952 den Entschluss fasste, die letzte Ruhestätte ihres Mannes von Argentinien nach Schloss Landsberg zu verlegen. Sie wurde darin vor allem von Robert Ellscheid bestärkt, mit dem sich Fritz Thyssen auf Drängen von

Amélie und Anita noch kurz vor seinem Tode wieder ausgesöhnt hatte. Wie Ellscheid fand es auch Hans-Günther Sohl, der sich nach der Entflechtung der Vereinigten Stahlwerke auf den Wiederaufbau der August Thyssen-Hütte konzentriert hatte, an der Zeit, den ältesten Sohn des Konzerngründers in die Heimat zurückzuholen. Am 10. Januar 1953 traf der Sarg an Bord der »Santa Elena« aus Buenos Aires in Hamburg ein und wurde einen Tag später nach Kettwig überführt. Am 8. Februar, dem zweiten Jahrestag seines Todes, einem Sonntag, wurde Fritz Thyssen an der Seite seines Vaters und seines Bruders Heinrich bestattet. Bergleute mit brennenden, schwarz umflorten Grubenlampen hatten am Eingang des Burghofes Aufstellung genommen und erwiesen in der schwarz verhangenen Schlosskapelle Fritz Thyssen die letzte Ehre.[50] In der unter dem siebenhundert Jahre alten Bergfried errichteten Familiengruft fand der Erbe des vielleicht bedeutendsten Industriepioniers an der Ruhr seine letzte Ruhestätte – zu Füßen einer auf einem hohen Marmorsarkophag ruhenden lebensgroßen Bronzefigur seines Vaters.

ANHANG

Anmerkungen

KAPITEL 1

1 *Hamborner Generalanzeiger,* Nr. 26 vom 27. Januar 1923.

2 Protokoll der Stadtverordneten-Sitzung vom 25. Januar 1923, Stadtarchiv Duisburg, 102/583.

3 *Essener Volkszeitung* vom 23. Januar 1923, zitiert nach Grimm, Friedrich, *Vom Ruhrkrieg zur Rheinland-Räumung. Erinnerungen eines deutschen Verteidigers vor französischen und belgischen Kriegsgerichten,* Hamburg 1930, S. 26.

4 *Essener Arbeiterzeitung* vom 26. Januar 1923, zitiert nach Spethmann, Hans, *Zwölf Jahre Ruhrbergbau. Aus seiner Geschichte von Kriegsanfang bis zum Franzosenabmarsch 1914–1925,* 5 Bde., Berlin 1928–1931, hier Bd. 3, S. 110.

5 Anonymer Autor, »Fritz Thyssen und der Ruhrkampf«, Stadtarchiv Duisburg, R 650.

6 Feldman, Gerald D., *Hugo Stinnes. Biographie eines Industriellen 1870 bis 1924,* München 1998, S. 291ff.

7 Zur Ruhrbesetzung siehe insbesondere: Spethmann, *Zwölf Jahre Ruhrbergbau,* a. a. O., Bd. 3; Wentzcke, Paul, *Ruhrkampf. Einbruch und Abwehr im rheinisch-westfälischen Industriegebiet,* 2 Bde., Berlin 1930ff.; Grimm, Friedrich, *Der Mainzer Kriegsgerichtsprozeß gegen die rheinisch-westfälischen Bergwerksvertreter: Fritz Thyssen, Generaldir. Kesten, Generaldir. Wüstenhöfer, Generaldir. Tengelmann, Bergassessor Olfe, Generaldir. Spindler,* Berlin 1923; ders., *Ruhrkrieg,* a. a. O.; Treue, Wilhelm/Uebbing, Helmut, *Die Feuer verlöschen nie,* 2 Bde., Düsseldorf/Wien 1966/69.

8 Thyssen, Fritz, »Mein Leben«, S. 3, TKA, A/22125.

9 Abgedruckt bei Grimm, *Mainzer Kriegsgerichtsprozeß,* a. a. O., S. 16.

10 Grimm, *Ruhrkrieg,* a. a. O., S. 34.

11 Ders., *Mainzer Kriegsgerichtsprozeß,* a. a. O., S. 94f.

12 Ruck, Michael, *Die Freien Gewerkschaften im Ruhrkampf 1923,* Köln 1986, S. 84.

13 BA Berlin, R 43 I/206, Fiche 4.

14 Grimm, *Ruhrkrieg*, a. a. O., S. 44.

15 BA Berlin, R 43 I/206, Fiche 1.

16 Thyssen, Fritz, *I Paid Hitler*, New York/London 1941, S. 23.

17 Thyssen, »Mein Leben«, S. 3, TKA, A/22125.

18 In seinem Spruchkammerverfahren erklärte er am 20. August 1948 sogar: »Man hatte mir vorher vorgeschlagen, ich möchte die Regierung stürzen.« HHStAW, Abt. 520/F-Z 6626 H21.

19 Schwerin von Krosigk, Lutz, *Die große Zeit des Feuers. Der Weg der deutschen Industrie*, Bd. 2, Tübingen 1959, S. 516f.

20 Stolper, Gustav, *Die deutsche Wirklichkeit. Ein Beitrag zum künftigen Frieden Europas*, Hamburg 1949, S. 209.

21 Brief August Thyssen an Fritz Thyssen vom 15. Januar 1924, TKA, A/15806, S. 359 (die handschriftlichen Briefe August Thyssens an seine Kinder liegen in transkribierter Fassung vor).

22 Über Klönne siehe Feldman, *Hugo Stinnes*, a. a. O., S. 50ff.; Treue, *Feuer*, Bd. 1, a. a. O., S. 162.

23 Brief August Thyssen an Carl Klönne vom 11. Juli 1902, TKA, A/9570, S. 18.

24 Brief August Thyssen an Carl Klönne vom 17. August 1902, TKA, A/9570, S. 39.

25 Winschuh, Josef, *Männer, Traditionen, Signale*, Berlin 1940, S. 9.

26 Huret, Jules, *Das Ruhrgebiet um 1900. Zu Besuch bei Krupp und Thyssen*, Essen 1998, S. 45.

27 Ebenda, S. 10.

28 Zu August Thyssen siehe insbesondere Arnst, Paul, *August Thyssen und sein Werk*, Leipzig 1925; Treue, *Feuer*, Bd. 1, a. a. O.; Heyl, Gertraud, *August Thyssen – eine Unternehmergestalt* (Diss.), Berlin 1950; Wegener, Stephan, »Die Familie Thyssen in Aachen-Eschweiler und in Mülheim a. d. Ruhr«, in: Wessel, Horst A. (Hg.), *Thyssen & Co. Mülheim a. d. Ruhr. Die Geschichte einer Familie und ihrer Unternehmung*, Stuttgart 1991, S. 13 bis 52; Däbritz, Walther, »Der Thyssen-Konzern 1871–1926«, Unveröffentlichtes Manuskript, Hamborn 1938–1941, TKA, A/15496–15512; Rasch, Manfred, »August Thyssen«, in: Fröhlich, Michael (Hg.), *Das Kaiserreich. Portrait einer Epoche in Biographien*, Darmstadt 2001, S. 163–173; Uebbing, Helmut, *Wege und Wegmarken. 100 Jahre Thyssen*, Berlin 1991.

29 Winschuh, *Männer*, a. a. O., S. 12.

30 Brief August Thyssen an Heinrich Thyssen-Bornemisza vom 9. April 1921, TKA, A/15805, S. 373.

31 Brief August Thyssen an Heinrich Thyssen-Bornemisza vom 27. November 1923, TKA, A/15805, S. 279.

32 Brief August Thyssen an Carl Klönne vom 27. August 1902, TKA, A/9570, S. 43.

33 Thyssen, »Mein Leben«, S. 1, TKA, A/22125.

34 Wegener, »Familie Thyssen«, a. a. O., S. 30ff.

35 Vertrag im Nachlass Hugo Stinnes, ACDP, I 220-294/3.

36 Thyssen, »Mein Leben«, S. 2, TKA, A/22125.

37 Wegener, »Familie Thyssen«, a. a. O., S. 33.

38 Thyssen, »Mein Leben«, S. 3, TKA, A/22125.

39 Brief August Thyssen an Carl Klönne vom 11. Juli 1902, TKA, A/9570, S. 19.

40 *Der Roland von Berlin*, III, Nr. 2 vom 12. Januar 1905.

41 Zeugenaussage Hedwig de Neuyter im Prozess Thyssen gegen Thyssen vom 20. Juni 1918, TKA, A/936.

42 Brief Fritz Thyssen an Amélie Zurhelle vom 19. Mai 1898, TKA, NZT 041.

43 Ebenda.

44 Brief August Thyssen an Carl Klönne vom 11. Juli 1902, S. 18, TKA, A/9570.

45 Brief August Thyssen an Hedwig de Neuyter vom 18. Juli 1925, S. 621, TKA, A/15806.

46 Brief August Thyssen an Carl Klönne vom 1. Januar 1905, S. 60, TKA, A/9570.

47 Brief August Thyssen an Carl Klönne vom 16. Juli 1902, S. 29, TKA, A/9570.

48 Brief August Thyssen an Carl Klönne vom 19. April 1903, S. 46, TKA, A/9570.

49 Brief August Thyssen an August Thyssen jr. vom 17. Juni 1910, TKA, A/886.

50 Brief August Thyssen an Carl Klönne vom 10. November 1904, S. 54, TKA, A/9570.

51 Brief Fritz Thyssen an Carl Klönne vom 21. August 1902, S. 39f., TKA, A/9570.

52 Brief Carl Klönne an August Thyssen vom 17. Juli 1902, S. 30, TKA, A/9570.

53 Brief Fritz Thyssen an Carl Klönne vom 21. August 1902, S. 40, TKA, A/9570.

54 Brief August Thyssen an August Thyssen jr. vom 17. Juni 1910, TKA, A/886.

55 Brief August Thyssen jr. an August Thyssen vom 18. August 1913, TKA, A/934.
56 Brief August Thyssen an Heinrich Thyssen-Bornemisza vom 26. Dezember 1921, S. 105, TKA, A/15805.
57 Brief Fritz Thyssen an August Thyssen vom 9. Dezember 1922, S. 145, TKA, A/15805.
58 Brief August Thyssen an Heinrich Thyssen-Bornemisza vom 19. April 1922, S. 113, TKA, A/15805.
59 Helfferich-Prozess, 9. Februar 1920, Aussage August Thyssen, S. 275f., TKA, B/2246/2.
60 Brief Carl Härle an Hugo Stinnes vom 5. Juni 1914, ACDP, I-220-294/3.
61 Brief August Thyssen jr. an Carl Härle vom 21. August 1912, ACDP, I-220-294/3.
62 Rasch, »August Thyssen«, a. a. O., S. 171.
63 Feldman, *Hugo Stinnes*, a. a. O., S. 69.
64 Brief August Thyssen an August Thyssen jr. vom 30. Mai 1910, TKA, A/886.
65 Brief Prof. Walther Däbritz an Prof. Wilhelm Hartnacke 1941/42, TKA, A/1765.

KAPITEL 2

1 Brief August Thyssen an Heinrich Thyssen-Bornemisza vom 6. Juni 1923, TKA, A/15805, S. 212.
2 BA Berlin, R 431/453, S. 91ff.
3 Ebenda.
4 Brief August Thyssen an Heinrich Thyssen-Bornemisza vom 21. August 1923, TKA, A/15805, S. 260.
5 Brief Fritz Thyssen an August Thyssen vom 1. August 1923, TKA, A/15805, S. 257.
6 Brief Fritz Thyssen an August Thyssen vom 27. August 1923, TKA, A/15805, S. 269f.
7 Brief August Thyssen an Heinrich Thyssen-Bornemisza o. D., TKA, A/15806, S. 393.
8 Treue, Wilhelm, »Vom Großkonzern zur Stiftung. Die Familiengeschichte der Thyssens«, WDR 2 am 3. Mai 1969, TKA, PA Fritz Thyssen.
9 Thyssen, Fritz, »Mein Leben«, S. 1, TKA, A/22125.

10 Brief des mit der Familie Thyssen näher bekannten Direktors Joseph Zerwes, Friedrich Wilhelms-Hütte in Mülheim, an Dir. Schröder (A. Schaaffhausen'scher Bankverein), TKA, A/1769.

11 Ebenda.

12 Brief Carl Klönne an August Thyssen vom 14. Juli 1902, TKA, A/9570, S. 20.

13 Brief August Thyssen an Carl Klönne vom 16. Juli 1902, TKA, A/9570, S. 23.

14 Brief Carl Klönne an August Thyssen vom 14. Juli 1902, TKA, A/9570, S. 20f.

15 Brief August Thyssen an Carl Klönne vom 16. Juli 1902, TKA, A/9570, S. 23.

16 Ebenda.

17 Brief Carl Klönne an Fritz Thyssen vom 15. August 1902, TKA, A/9570, S. 36.

18 Uebbing, Helmut, *Stahl schreibt Geschichte. 125 Jahre Wirtschaftsvereinigung Stahl,* Düsseldorf 1999, S. 497; *Statistisches Jahrbuch der Stahlindustrie 2002,* hg. von der Wirtschaftsvereinigung Stahl, Düsseldorf 2002, S. 384.

19 Zangen, Wilhelm, *Aus meinem Leben* (Privatdruck), Düsseldorf 1968, S. 19.

20 Thyssen, Fritz, »Mein Leben«, S. 2, TKA, A/22125.

21 Abgedruckt in: Baumann, Carl-Friedrich, *Schloß Landsberg und Thyssen,* Duisburg 1993, S. 68.

22 Dinkelbach, Heinrich (Vorstandsmitglied der Vereinigte Stahlwerke AG bis Oktober 1946): Schreiben vom 14. August 1948 an den Vorsitzenden der Spruchkammer Königstein/Ts., HHStAW, Abt. 520/F-Z 6626 H6.

23 Brief August Thyssen an Heinrich Thyssen-Bornemisza vom 9. Dezember 1923, TKA, A/15805, S. 318.

24 Brief August Thyssen an Carl Klönne vom 16. Juli 1902, TKA, A/9570, S. 25f.

25 Brief August Thyssen an Heinrich Thyssen-Bornemisza vom 20. Juni 1925, TKA, A/15806, S. 602.

26 Brief August Thyssen an Heinrich Thyssen-Bornemisza vom 8. Dezember 1924, TKA, A/15806, S. 532.

27 Brief der Kuranstalt Stillachhaus für Innere und Nervenkrankheiten vom 20. Februar 1920, TKA, A/501/13.

28 Brief August Thyssen an Heinrich Thyssen-Bornemisza vom 29. August 1923, TKA, A/15805, S. 271.

29 Brief August Thyssen an Heinrich Thyssen-Bornemisza vom 22. April 1924, TKA, A/15806, S. 381.

30 Brief August Thyssen an Heinrich Thyssen-Bornemisza vom 17. September 1924, TKA, A/15806, S. 481.

31 Brief August Thyssen an Fritz Thyssen vom 15. Januar 1924, TKA, A/15806, S. 357.

32 Brief August Thyssen an Heinrich Thyssen-Bornemisza vom 30. Juli 1919, TKA, A/15805, S. 39ff.

33 Brief August Thyssen an Heinrich Thyssen-Bornemisza vom 12. November 1925, TKA, A/15806, S. 673ff.

34 Brief Fritz Thyssen an Heinrich Thyssen-Bornemisza vom 27. Dezember 1925, TKA, A/15806, S. 695.

35 Brief August Thyssen an Heinrich Thyssen-Bornemisza vom 27. September 1924, TKA, A/15806, S. 489.

36 Brief August Thyssen an Heinrich Thyssen-Bornemisza vom 19. Juni 1919, TKA, A/15805, S. 15.

37 Brief August Thyssen an Fritz Thyssen vom 19. August 1919, TKA, A/15805, S. 49.

38 Brief Fritz Thyssen an Heinrich Thyssen-Bornemisza vom 28. Juli 1919, TKA, A/15805, S. 37.

39 Brief Fritz Thyssen an Heinrich Thyssen-Bornemisza vom 27. August 1919, TKA, A/15805, S. 53.

40 Brief Albert Vögler an Paul Reusch vom 27. Dezember 1924, RWWA, 400 101 290/37.

41 Poensgen, Ernst, »Hitler und die Ruhrindustriellen«, 21. Februar 1947, WWA, 501 XII D2.

42 RWWA, 400 101 222/2b.

43 Ebenda.

44 Brief Fritz Thyssen an August Thyssen vom 12. Juli 1923, TKA, A/15805, S. 225.

45 Brief Fritz Thyssen an Heinrich Thyssen-Bornemisza vom 12. Juli 1925, TKA, A/15806, S. 611ff.

46 Abgedruckt in: Treue, Wilhelm, *Die Feuer verlöschen nie*, Bd. 1: *August Thyssen-Hütte 1890–1926*, Düsseldorf/Wien 1966, S. 140.

47 Brief August Thyssen an Heinrich Thyssen-Bornemisza vom 30. Juli 1919, TKA, A/15805, S. 39ff.

48 Brief August Thyssen an Heinrich Thyssen-Bornemisza vom 15. Juli 1924, TKA, A/15806, S. 435.

49 Vögler, Albert, Denkschrift zum Plan zur Gründung eines »Stahlbundes« vom 25. Oktober 1918, TKA, VSt/3049.

50 Notiz über ein Gespräch zwischen Dir. Dinkelbach und Albert Vögler über die Gründung der Vereinigten Stahlwerke, Dezember 1942, TKA, A/1801, S. 3.

51 Pierenkemper, Toni, »Von Krise zu Krise. Die Fried. Krupp AG von der Währungsstabilisierung bis zum Ende der Weimarer Republik«, in: Gall, Lothar (Hg.), *Krupp im 20. Jahrhundert*, Berlin 2002, S. 167–265, hier S. 214.

52 Brief Gustav Krupp von Bohlen und Halbach an Fritz Thyssen vom 20. September 1925, Hist. Archiv Krupp, FAH 4 C 45.

53 Brief Heinrich Thyssen-Bornemisza an Fritz, Julius und Hans Thyssen vom 24. September 1925, abgedruckt in: Wegener, Stephan, »Die Familie Thyssen in Aachen-Eschweiler und in Mülheim a. d. Ruhr«, in: Wessel, Horst A. (Hg.), *Thyssen & Co. Mülheim a. d. Ruhr. Die Geschichte einer Familie und ihrer Unternehmung*, Stuttgart 1991, S. 13–52, hier S. 46.

54 Ebenda.

55 Treue, »Großkonzern«, a. a. O.

56 Die Rhein-Elbe-Union bestand aus der Deutsch-Luxemburgischen Bergwerks- und Hütten-AG (15,1 Prozent), der Gelsenkirchener Bergwerks-AG (15,1 Prozent) und dem Bochumer Verein für Bergbau und Gußstahlfabrikation (9,3 Prozent). Zusammen war die Gruppe am 800 Millionen Mark betragenden Aktienkapital der Vereinigte Stahlwerke AG also mit 39,5 Prozent beteiligt. Die Phoenix-Gruppe (an der Otto Wolff maßgeblich beteiligt war) kam wie Thyssen auf 26 Prozent, die Rheinischen Stahlwerke (auf die der I.G. Farben-Konzern seine Montanaktivitäten konzentriert hatte) kamen auf 8,5 Prozent.

KAPITEL 3

1 Wegener, Stephan, »Die Familie Thyssen in Aachen-Eschweiler und in Mülheim a. d. Ruhr«, in: Wessel, Horst A. (Hg.), *Thyssen & Co. Mülheim a. d. Ruhr. Die Geschichte einer Familie und ihrer Unternehmung*, Stuttgart 1991, S. 13–52.

2 Jäger, Hans, *Unternehmer in der deutschen Politik 1890–1918*, Bonn 1967, S. 86.

3 Zu Erzberger: Epstein, Klaus, *Matthias Erzberger und das Dilemma der deutschen Demokratie*, Frankfurt a. M./Berlin/Wien 1976; Eschenburg, Theo-

dor, *Matthias Erzberger. Der große Mann des Parlamentarismus und der Finanzreform,* München 1973.

4 Treue, Wilhelm, *Die Feuer verlöschen nie,* Bd. 1: *August Thyssen-Hütte 1890 bis 1926,* Düsseldorf/Wien 1966, S. 182ff.

5 *Der Erzberger-Prozeß. Stenographischer Bericht über die Verhandlungen im Beleidigungsprozeß des Reichsfinanzministers Erzberger gegen den Staatsminister a. D. Karl Helfferich,* Teil I, Berlin 1920, S. 145.

6 Epstein, *Matthias Erzberger,* a. a. O., S. 466; Treue, *Feuer,* Bd. 1, a. a. O., S. 184.

7 Eschenburg, *Matthias Erzberger,* a. a. O., S. 19f.

8 Jäger, *Unternehmer,* a. a. O., S. 111f.

9 Zeugenaussage Fritz Thyssen, in: *Der Erzberger-Prozeß,* Teil I, a. a. O., S. 141.

10 Baumann, Carl-Friedrich, »Fritz Thyssen und der Nationalsozialismus«, in: *Zeitschrift des Geschichtsvereins Mülheim a. d. Ruhr* 70 (1998), S. 139.

11 Epstein, *Matthias Erzberger,* a. a. O., S. 467.

12 Befragung Matthias Erzberger, in: *Der Erzberger-Prozeß,* Teil III, a. a. O., S. 608.

13 Befragung August Thyssen, Teil II, in: ebenda, S. 277.

14 Befragung August Thyssen, Teil II, in: ebenda, S. 279.

15 Fischer, Fritz, *Griff nach der Weltmacht. Die Kriegszielpolitik des kaiserlichen Deutschland 1914/18,* Düsseldorf 1961, S. 526.

16 Eschenburg, *Matthias Erzberger,* a. a. O., S. 37.

17 Befragung August Thyssen, Teil II, in: *Der Erzberger-Prozeß,* a. a. O., S. 278.

18 Eschenburg, *Matthias Erzberger,* a. a. O., S. 67.

19 Ebenda, S. 279.

20 Thyssen, Fritz, *I Paid Hitler,* New York/London 1941, S. 89.

21 Befragung Fritz Thyssen, Teil I, in: *Der Erzberger-Prozeß,* a. a. O., S. 141.

22 Hömig, Herbert, *Brüning. Kanzler in der Krise der Republik. Eine Weimarer Biographie,* Paderborn u. a. 2000, S. 68.

23 Thyssen, *I Paid Hitler,* a. a. O., S. 90.

24 Brüning, Heinrich, *Memoiren 1918–1934,* 2 Bde., München 1972, hier Bd. 1, S. 45.

25 Thyssen, *I Paid Hitler,* a. a. O., S. 91.

26 Abgebildet bei Spethmann, Hans, *Zwölf Jahre Ruhrbergbau. Aus seiner Geschichte von Kriegsanfang bis zum Franzosenabmarsch 1914–1925,* 5 Bde., Berlin 1928–1931, hier Bd. 1, S. 144ff.

27 Feldman, Gerald D., *Hugo Stinnes. Biographie eines Industriellen 1870 bis 1924,* München 1998, S. 532f.

28 Späing, Wilhelm, »Bericht über die Reise nach Berlin im Zusammenhang mit der Verhaftungsaffäre August und Fritz Thyssen, Edmund Roser, Edmund Stinnes«, 7. Dezember 1918, TKA, A/1065.

29 Treue, *Feuer*, Bd. 1, a. a. O., S. 198; Spethmann, *Zwölf Jahre Ruhrbergbau*, Bd. 1, a. a. O., S. 112f.; Thyssen, *I Paid Hitler*, a. a. O., S. 81.

30 Thyssen, Fritz, »Mein Leben«, S. 2, TKA, A/22125.

31 Thyssen, *I Paid Hitler*, a. a. O., S. 86.

32 Spruchkammerverfahren Thyssen, Mündl. Verhandlung 20. August 1948, HHStAW, Abt. 520/F-Z 6626 H21.

33 Thyssen, *I Paid Hitler*, a. a. O., S. 87.

34 Thyssen-Bornemisza, Hans Heinrich, »Die Geschichte der Familie Thyssen und ihrer Aktivitäten«, S. 12, TKA, B/4219.

35 Kershaw, Ian, *Hitler 1889–1936*, Stuttgart 1998, S. 244.

36 Spruchkammerverfahren Thyssen, Verteidigungsschrift vom 28. Januar 1948, HHStAW, Abt. 520/F-Z 6626 H20.

37 In Königstein/Ts. am 1. Juni 1947 abgegebene Erklärung, Schweizerisches Bundesarchiv, E 2001 (D) -/2 B.41.21.

38 Spruchkammerverfahren Thyssen, Klageschrift, S. 174, HHStAW, Abt. 520/F-Z 6626 H1.

39 Turner bleibt einen überzeugenden Beweis für seine These schuldig, dass Thyssen im Herbst 1923 nach München gereist sei, um »den dort vorbereiteten Aufstand gegen die Republik zu unterstützen«, in: ders., *Die Großunternehmer und der Aufstieg Hitlers*, Berlin 1985, S. 74.

40 So in seinem Spruchkammerverfahren, Mündl. Verhandlung 20. August 1948, HHStAW, Abt. 520/F-Z 6626 H21.

41 Ebenda.

42 Ebenda.

43 Siehe hierzu Krüger, Gerd, »Ein Fanal des Widerstandes im Ruhrgebiet«, in: *Mitteilungsblatt des Instituts für soziale Bewegungen* 24 (2000), S. 95–140.

44 Meier-Welcker, Hans, *Seeckt*, Frankfurt a. M. 1967, S. 349f.

45 Huret, Jules, *Das Ruhrgebiet um 1900. Zu Besuch bei Krupp und Thyssen*, Essen 1998, S. 18.

46 *Sammlung Fritz Thyssen. Ausgewählte Meisterwerke*, Katalog zur Ausstellung der Sammlung Fritz Thyssen im Bayerischen Nationalmuseum München 1986, München 1986, S. 55.

47 Bariety, Jacques, »Das Zustandekommen der Internationalen Rohstahlgemeinschaft (1926) als Alternative zum mißlungenen ›Schwerindustriellen-Projekt‹ des Versailler Vertrages«, in: Mommsen, Hans, u. a.

(Hg.), *Industrielles System und politische Entwicklung in der Weimarer Republik. Verhandlungen des internationalen Symposiums in Bochum vom 12. bis 17. Juni 1973*, Düsseldorf 1974, S. 552ff.

48 Stresemann, Gustav, »Vermächtnis III«, in: ders., *Schriften*, hg. von Arnold Harttung, Berlin 1976, S. 23.

49 Siehe hierzu insbesondere Grübler, Michael, *Die Spitzenverbände der Wirtschaft und das erste Kabinett Brüning. Vom Ende der Großen Koalition 1929/30 bis zum Vorabend der Bankenkrise 1931. Eine Quellenstudie*, Düsseldorf 1982.

50 Wolff-Rohé, Stephanie, *Der Reichsverband der Deutschen Industrie 1919 bis 1924/25*, Frankfurt a. M. u. a. 2001, S. 330.

51 Jahreshauptversammlung RDI, Dresden, September 1926, RWWA, 400 101 220/3a.

52 *Vossische Zeitung* vom 5. September 1926.

53 Gattineau, Heinrich, *Durch die Klippen des 20. Jahrhunderts. Erinnerungen zur Zeit- und Wirtschaftsgeschichte*, Stuttgart 1983, S. 37.

54 Niederschrift über die gemeinsame Besprechung des Präsidiums des RDI und des Vorstandes der Deutschen Arbeitgeberverbände (VDA) vom 3. Juni 1930, Bayer-Archiv 62/10.4. Siehe auch Winkler, Heinrich August, *Der Weg in die Katastrophe. Arbeiter und Arbeiterbewegung in der Weimarer Republik 1930–1933*, Bonn 1990, S. 138f.

55 Hömig, *Brüning*, a. a. O., S. 268; Grübler, *Spitzenverbände*, a. a. O., S. 162f.

56 RWWA, 400 000/55.

57 Zur Ruhrlade siehe insbesondere Turner, Henry Ashby jr., *Faschismus und Kapitalismus in Deutschland. Studien zum Verhältnis zwischen Nationalsozialismus und Wirtschaft*, Göttingen 1972, S. 114–156.

58 Brief Paul Reusch an die Mitglieder der Ruhrlade vom 28. Dezember 1927, RWWA, 400 101 24/11.

59 Turner, *Faschismus und Kapitalismus*, a. a. O., S. 114.

60 Brief Paul Reusch an Fritz Springorum vom 13. Oktober 1930, RWWA, 400 101 24/13.

61 Luntowski, Gustav, *Hitler und die Herren an der Ruhr. Wirtschaftsmacht und Staatsmacht im Dritten Reich*, Frankfurt a. M. u. a. 2000, S. 18, unter Bezugnahme auf den Nachlass von Paul Reusch.

62 *Generalanzeiger* vom 15. Februar 1931.

63 Treviranus, Gottfried Reinhold, *Das Ende von Weimar. Heinrich Brüning und seine Zeit*, Düsseldorf/Wien 1968, S. 212ff.

64 *Düsseldorfer Volkszeitung* vom 3. August 1932.

65 *Kölnische Zeitung* vom 5. Juli 1932.

66 Brief Paul Reusch an Gustav Krupp von Bohlen und Halbach vom 8. August 1932, Hist. Archiv Krupp, FAH 4 E 1186.

67 Brief Fritz Springorum an Alfred Hugenberg vom 22. Juni 1929, RWWA, 400 101 2024/5b.

68 Brief Paul Reusch an Martin Blank, RWWA, 400 101 2024/6.

69 Brief Paul Reusch an Fritz Thyssen vom 14. April 1929, RWWA, 400 101 2024/5b.

70 *Vossische Zeitung* vom 14. Mai 1929.

71 »Volksbegehren!«, Pressedienst des Reichsausschusses für das Deutsche Volksbegehren, TKA, PA Fritz Thyssen.

72 Thyssen, *I Paid Hitler*, a. a. O., S. 87.

73 Brief Fritz Thyssen an den Reichsverband der Deutschen Industrie vom 28. Mai 1929, RWWA, 400 101 220/6b.

74 Bayer-Archiv, 62/10.4.

75 Protokoll RDI-Vorstandssitzung 26. November 1930, Bayer-Archiv, 62/10.3d.

76 Ebenda, S. 636.

77 Zitiert nach Turner, Henry Ashby jr., »Großunternehmertum und Nationalsozialismus 1939–1933«, in: *Historische Zeitschrift* 221 (1975), S. 18–68, S. 43.

78 Gattineau, *Klippen*, a. a. O., S. 62.

79 Uebbing, Helmut, *Stahl schreibt Geschichte. 125 Jahre Wirtschaftsvereinigung Stahl*, Düsseldorf 1999, S. 125.

80 *Stahl und Eisen. Zeitschrift für das Deutsche Eisenhüttenwesen* 25 (18. Juni 1931), S. 17ff.

81 Er meinte offenbar die Sitzungen im Reichsverband der Deutschen Industrie am 26./27. November 1930.

82 *Stahl und Eisen. Zeitschrift für das Deutsche Eisenhüttenwesen* 25 (18. Juni 1931), S. 17ff.

83 Protokoll der Vorstandssitzung RDI 19. Juni 1931, Bayer-Archiv, 62/10.4; siehe hierzu auch Grübler, *Spitzenverbände*, a. a. O., S. 454.

84 Brief Martin Blank an Paul Reusch vom 27. April 1931, RWWA, 400 101 2024/8b.

85 Spruchkammerverfahren Thyssen, Mündl. Verhandlung 19. August 1948, Zeugenanhörung Reichsminister a. D. Hermann Dietrich, HHStAW, Abt. 520/F-Z 6626 H21.

86 Spruchkammerverfahren Thyssen, Eidesst. Erklärung Heinrich Brüning vom 24. August 1948, S. 1, HHStAW, Abt. 520/F-Z 6626 H6.

87 Ebenda, S. 2.

88 Lochner, Louis P., *Die Mächtigen und der Tyrann. Die deutsche Industrie von Hitler bis Adenauer,* Darmstadt 1955, S. 95.

89 *Deutsche Tageszeitung,* Berlin, vom 15. August 1930.

90 Spruchkammerverfahren Thyssen 30. August 1948, Zeugenanhörung Dr. Carl Christian Schmid, HHStAW, Abt. 520/F-Z 6626 H21.

91 Spruchkammerverfahren Thyssen, Plädoyer der Verteidigung RA Dr. Robert Ellscheid vom 13. September 1948, HHStAW, Abt. 520/F-Z 6626 H21.

92 Abdruck der Rede in: *Deutsche Bergwerks-Zeitung* vom 23. Oktober 1931.

93 *Vorwärts* vom 21. Oktober 1931.

94 *Volkswacht* vom 31. Oktober 1931.

KAPITEL 4

1 Kershaw, Ian, *Hitler,* Bd. 1: *1889–1936,* Stuttgart 1998, S. 266.

2 Spruchkammerverfahren Thyssen, Mündl. Verhandlung 20. August 1948, HHStAW, Abt. 520/F-Z 6626 H21.

3 Ebenda.

4 Thyssen, Fritz, *I Paid Hitler,* New York/London 1941, S. 111.

5 Ebenda, S. 113.

6 Ebenda, S. 115.

7 Schacht, Hjalmar, *76 Jahre meines Lebens,* Bad Wörishofen 1953, S. 351f.; ders., *Abrechnung mit Hitler,* Hamburg 1948, S. 5.

8 Goebbels, Joseph, *Tagebücher 1924–1945,* hg. von Elke Fröhlich im Auftrag des Instituts für Zeitgeschichte und in Verbindung mit dem Bundesarchiv, Teil I: *Aufzeichnungen 1924–1941,* Bd. 2: *1. 1. 1931 bis 31. 12. 1936,* München u. a. 1987, Eintrag vom 6. Januar 1931, S. 551.

9 Schacht, *76 Jahre,* a. a. O., S. 261.

10 Schacht, *Abrechnung,* a. a. O., S. 5.

11 Spruchkammerverfahren Thyssen, Protokoll des Verhörs durch den Ersten Öffentlichen Kläger, 28. Februar 1948, HHStAW, Abt. 520/F-Z 6626 H5.

12 Ebenda.

13 Spruchkammerverfahren Thyssen, Mündl. Verhandlung 24. August 1948, Zeugenanhörung Heinrich Kindt, HHStAW, Abt. 520/F-Z 6626 H21.

14 Spruchkammerverfahren Thyssen, Erklärung Heinrich Kindt vom 8. März 1948, HHStAW, Abt. 520/F-Z 6626 H5.

15 Vernehmung Hermann Göring durch US-Ankläger Dr. Robert Kempner am 13. Oktober 1945, IfZ, 6112/80 Best. 25428.

16 Brief Fritz Thyssen an Geheimrat Alfred Hugenberg vom 30. Dezember 1931, BA Koblenz, NL Hugenberg, Nr. 39.

17 Spruchkammerverfahren Thyssen, Mündl. Verhandlung 26. August 1948, HHStAW, Abt. 520/F-Z 6626 H21.

18 NL Gauleiter Friedrich Karl Florian, Düsseldorf, NRWHSA, RWN 54, S. 8ff.

19 Spruchkammerverfahren Thyssen, Schriftsatz RA Dr. Robert Ellscheid, HHStAW, Abt. 520/F-Z 6626 H20.

20 Tschirschky, Fritz Günther von, *Erinnerungen eines Hochverräters*, Stuttgart 1972, S. 182.

21 Turner, Henry Ashby jr. (Hg.), *Hitler aus nächster Nähe. Aufzeichnungen eines Vertrauten 1929–1932*, Frankfurt a. M. 1978, S. 441.

22 Höver, Ulrich, *Joseph Goebbels, ein nationaler Sozialist*, Bonn/Berlin 1992, S. 346f.; siehe auch Goebbels, *Tagebücher*, Eintrag vom 1. März 1931, a. a. O., S. 28.

23 Spruchkammerverfahren Thyssen, Mündl. Verhandlung 20. August 1948, HHStAW, Abt. 520/F-Z 6626 H21.

24 Vernehmung Fritz Thyssens durch US-Offiziere am 1. März 1946, Nachlass Anita Gräfin Zichy-Thyssen.

25 Turner, Henry Ashby jr., *Die Großunternehmer und der Aufstieg Hitlers*, Berlin 1985, S. 321f.

26 Thyssen, *I Paid Hitler*, a. a. O., S. 133.

27 Thyssen beruft sich dabei auf Angaben des NSDAP-Schatzmeisters Franz Xaver Schwarz. Siehe Thyssens Brief an den Ersten Öffentlichen Kläger im Spruchkammerverfahren vom 28. Februar 1948, HHStAW, Abt. 520/F-Z 6626 H6.

28 Fest, Joachim, *Hitler. Eine Biographie*, Frankfurt a. M. u. a. 1974, S. 428f. Siehe auch Kershaw, *Hitler*, Bd. 1, a. a. O., S. 452.

29 Fest, *Hitler*, a. a. O., S. 240.

30 Turner, Henry Ashby jr., »Das Verhältnis des Großunternehmertums zur NSDAP«, in: Mommsen, Hans, u. a. (Hg.), *Industrielles System und politische Entwicklung in der Weimarer Republik. Verhandlungen des internationalen Symposiums in Bochum vom 12.–17. Juni 1973*, Düsseldorf 1974, S. 919–931.

31 Goebbels, Joseph, *Kampf um Berlin. Der Anfang*, München 1934, S. 179.

32 Zu Hitlers Vortrag siehe insbesondere Turner, Henry Ashby jr. (Hg.), *Hitlers Rede vor dem Düsseldorfer Industrie-Club am 26. Januar 1932. Legende und Wirklichkeit*, Sonderdruck des Industrie-Clubs e.V. Düsseldorf, Düsseldorf 2000.

33 Tilly, Rudolf, *60 Jahre Industrie-Club e.V. Düsseldorf*, Düsseldorf 1972, S. 12ff.

34 Spruchkammerverfahren Thyssen, Mündl. Verhandlung 20. August 1948, HHStAW, Abt. 520/F-Z 6626 H21.

35 Ebenda, Zeugenanhörung Dr. Max Schlenker, Geschäftsführer des Langnamvereins und der Nordwestl. Gruppe, HHStAW, Abt. 520/F-Z 6626 H21.

36 Ebenda.

37 Spruchkammerverfahren Thyssen, Mündl. Verhandlung 20. August 1948, HHStAW, Abt. 520/FZ 6626 H21.

38 Bericht des Polizeipräsidenten von Düsseldorf an den Regierungspräsidenten von Düsseldorf »Betr. Vortrag Hitlers im Industrieclub« vom 27. Januar 1932, RWHStA, 30653a, Blatt 41–53.

39 Kleinewefers, Paul, *Jahrgang 05. Ein Bericht*, Stuttgart 1977, S. 74.

40 Lochner, Louis P., *Die Mächtigen und der Tyrann. Die deutsche Industrie von Hitler bis Adenauer*, Darmstadt 1955, S. 101.

41 Abgedruckt bei Lochner, *Die Mächtigen*, a. a. O., S. 103.

42 Otto Dietrich, *Mit Hitler in die Macht*, 11. Auflage, München 1934, S. 48.

43 Kleinewefers, *Jahrgang 05*, a. a. O., S. 76.

44 So der Düsseldorfer Oberbürgermeister Dr. Robert Lehr, Spruchkammerverfahren Thyssen, Mündl. Verhandlung 30. August 1948, HHStAW, Abt. 520/F-Z 6626 H21.

45 Spruchkammerverfahren Thyssen, Mündl. Verhandlung 20. August 1948, Zeugenanhörung Dr. Max Schlenker, HHStAW, Abt. 520/F-Z 6626 H21.

46 Kleinewefers, *Jahrgang 05*, a. a. O., S. 76.

47 Spruchkammerverfahren Thyssen, Aussage Dr. Max Schlenker vom 31. März 1948, HHStAW, Abt. 520/F-Z 6626 H6. Schlenker bezieht sich in seinem Urteil auch auf ein Gespräch, das er mit Hoesch-Generaldirektor Fritz Springorum über Thyssens umstrittenes Schlusswort führte.

48 *Deutsche Führerbriefe* vom 5. Februar 1932.

49 Bericht des Oberpräsidenten der Rheinprovinz Koblenz an den Preußischen Innenminister vom 3. Februar 1932, RWHStA, 30653a, Blatt 41 bis 53.

50 Poensgen, »Hitler und die Ruhrindustriellen«, WWA, 501 XII D 2.

51 Dietrich, *Mit Hitler in die Macht,* a. a. O., S. 49.

52 Spruchkammerverfahren Thyssen, Brief des Mülheimer Oberbürgermeisters an den Ersten Öffentlichen Kläger vom 6. Februar 1948, HHStAW, Abt. 520/F-Z 6626 H5.

53 *Vossische Zeitung* vom 27. Januar 1932.

54 Leopold, John A., *Alfred Hugenberg: The Radical Nationalist Campaign Against the Weimar Republic,* New Haven 1977, S. 39.

55 Brief Fritz Thyssen an die Stahlhelm-Führung vom 5. November 1932, TKA, PA Fritz Thyssen.

56 Brief Fritz Thyssen an Geheimrat Alfred Hugenberg vom 28. Januar 1932, BA Koblenz, NL Hugenberg Nr. 39.

57 Brief Alfred Hugenberg an Fritz Thyssen vom 23. Januar 1932, BA Koblenz, NL Hugenberg Nr. 39.

58 Poensgen, »Hitler und die Ruhrindustriellen«, WWA, 501 XII D 2.

59 Spruchkammerverfahren Thyssen, Eidesst. Erklärung Dr. Carl Christian Schmid vom 10. März 1948, HHStAW, Abt. 520/F-Z 6626 H5.

60 Spruchkammerverfahren Thyssen, Eidesst. Erklärung Dr. Heinrich Brüning vom 24. August 1948, HHStAW, Abt. 520/F-Z 6626 H6; Treviranus, Gottfried Reinhold, *Das Ende von Weimar. Heinrich Brüning und seine Zeit,* Düsseldorf/Wien 1968, S. 297f.

61 Bericht Günther Gerecke, Mitglied des Niedersächsischen Landtags und Geldbeschaffer für die Kampagne zur Wiederwahl Paul von Hindenburgs, WWA, Rep. 501 XII D2.

62 Von Carl Duisberg handschriftlich korrigierter Anzeigenentwurf »Hindenburg – oder die anderen?«, WWA, Rep. 501 XII D 2, S. 17.

63 Abgedruckt in Maser, Werner, *Hindenburg. Eine politische Biographie,* Rastatt 1989, S. 281.

64 Autor war ein Paul Krumm aus Geldern.

65 Protokoll der RDI-Präsidialsitzung, Hist. Archiv Krupp, FAH 4E 885.

66 Abgedruckt bei Czichon, Eberhard, *Wer verhalf Hitler zur Macht? Zum Anteil der deutschen Industrie an der Zerstörung der Weimarer Republik,* Köln 1967, S. 66f.

67 Ebenda.

68 Ebenda, S. 69f.

69 Brief Paul Reusch an Albert Vögler vom 20. November 1932, RWWA, 400 101 290/37.

70 Militärgerichtshof Nürnberg, Kreuzverhör Hjalmar Schacht am 21. Juli 1947, WWA, 501 XII D 2.

71 Abgedruckt bei Fest, *Hitler*, a. a. O., S. 485.

72 Kershaw, *Hitler*, Bd. 1, a. a. O., S. 452.

73 Kissenkoetter, Udo, *Gregor Straßer und die NSDAP*, Stuttgart 1978, S. 165ff.

74 Thyssen, *I Paid Hitler*, a. a. O., S. 137; Heinrichsbauer, August, *Schwerindustrie und Politik*, Kettwig 1948, S. 51.

75 So berichtet zumindest Edmund Forschbach in seinem Buch über den von den Nationalsozialisten am 30. Juni 1936 hingerichteten Papen-Mitarbeiter Edgar J. Jung; ders., *Edgar J. Jung. Ein konservativer Revolutionär, 30. Juni 1934*, Pfullingen 1984, S. 49.

76 Thyssen, *I Paid Hitler*, a. a. O., S. 138.

77 Siehe beispielsweise Czichon, *Wer verhalf Hitler zur Macht?*, a. a. O. Auch Fest (*Hitler*, a. a. O., S. 496) nährt diese Version mit dem Hinweis auf von Schröders angeblich »ausgedehnte Beziehungen zur rheinischen Schwerindustrie«. George W. F. Hallgarten (*Hitler, Reichswehr und Industrie. Zur Geschichte der Jahre 1918–1933*, Frankfurt a. M. 1955, S. 116) geht sogar so weit, den Kölner Bankier als »Vertrauten« Thyssens und anderer Schwerindustrieller vorzustellen.

78 Kershaw, *Hitler*, Bd. 1, a. a. O., S. 513.

79 Vernehmung am 1. März 1946 durch US-Offiziere, Nachlass Anita Gräfin Zichy-Thyssen.

80 Spruchkammerverfahren Thyssen, Spruch und Begründung vom 2. Oktober 1948, S. 13f., HHStAW, Abt. 520/F-Z 6626 H23.

81 Interner Vermerk des Reichsstandes der Deutschen Industrie über die Einladung des Generalrats zur Sitzung am 20. September 1933, Hist. Archiv Krupp, FAH 4 E 207.

82 *Akten der Reichskanzlei. Die Regierung Hitler 1933–1938*, Teil I: *1933/34*, Bd. 1, Boppard a. Rhein 1983, S. 515.

83 Ebenda, S. 519.

84 Brief Fritz Thyssen an Gustav Krupp von Bohlen und Halbach vom 14. April 1933, Hist. Archiv Krupp, FAH 4 E 1129.

85 Eidesst. Erklärung Hermann Bücher vom 12. März 1948. Der AEG-Chef, der dem Krupp-Aufsichtsrat von 1930 bis 1943 angehörte, erinnerte sich, dass Krupp vor der Machtergreifung Hitler »strikt ablehnte«, Hist. Archiv Krupp, WA 40/400, S. 31ff.

86 Luntowski, Gustav, *Hitler und die Männer an der Ruhr. Wirtschaftsmacht und Staatsmacht im Dritten Reich*, Frankfurt a. M. u. a. 2000, S. 14.

87 Protokoll der RDI-Präsidialsitzung am 23. März 1933, S. 36, Hist. Archiv Krupp, FAH 4 E 885.

88 Turner, *Großunternehmer*, a. a. O., S. 398.

89 Protokoll der RDI-Präsidialsitzung am 23. März 1933, S. 37, Hist. Archiv Krupp, FAH 4 E 885.

90 Ebenda, S. 44.

91 Ebenda, S. 37.

92 Neebe, Reinhard, »Die Industrie und der 30. Januar 1933«, in: Bracher, Karl Dietrich/Funke, Manfred/Jacobsen, Hans-Adolf (Hg.), *Nationalsozialistische Diktatur 1933–1945. Eine Bilanz*, Bonn 1986, S. 167ff.

93 Ebenda, S. 173.

94 Eidesst. Erklärung Hermann Bücher vom 12. März 1948, Hist. Archiv Krupp, WA 40/400, S. 31ff.

95 Rede vor dem Ausschuss für Allgemeine Wirtschafts- und Sozialpolitik vom 19. Oktober 1933, Reichsstand der Deutschen Industrie, Wirtschaftspolitische Abteilung, Mitteilung an die Mitglieder aller Ausschüsse, RWWA, 400 101 220/14c.

96 Tätigkeitsbericht des Reichsstandes der Deutschen Industrie für die Zeit von Mitte Juni bis Mitte Oktober 1933, RWWA, 400 101 220/14c.

97 Brief Dr. Jacob Herle, Geschäftsführer des Reichsstandes der Deutschen Industrie, an Gustav Krupp von Bohlen und Halbach vom 21. Dezember 1933, Hist. Archiv Krupp, FAH 4 E 220.

98 Ebenda.

99 Thyssen, *I Paid Hitler*, a. a. O., S. 139.

100 Eidesst. Erklärung Hermann Bücher vom 12. März 1948, Hist. Archiv Krupp, WA 40/400, S. 31ff.

101 Brief Fritz Thyssen an Gustav Krupp von Bohlen und Halbach vom 12. Mai 1933, Hist. Archiv Krupp, FAH 4 E 1129.

102 Thyssen-Aufruf in der Wirtschaftszeitung *Rhein und Ruhr* vom 21. Juli 1933.

103 Thyssen, Fritz, »Mein Leben«, S. 7, TKA, A/22125.

104 Thyssen, *I Paid Hitler*, a. a. O., S. 142.

105 Maser, Werner, *Hermann Göring. Hitlers janusköpfiger Paladin. Die politische Biographie*, Berlin 2000, S. 90.

106 Ebenda, S. 120.

107 Hitler, Adolf, *Mein Kampf*, 40. Aufl., München 1933, S. 260.

108 Siehe hierzu Gutsche, Willibald, *Ein Kaiser im Exil. Der letzte deutsche Kaiser Wilhelm II. in Holland. Eine kritische Biographie*, Marburg 1991, S. 171.

1 Spruchkammerverfahren Thyssen, Mündl. Verhandlung 23. August 1948, Zeugenanhörung Dr. Josef Klein, HHStAW, Abt. 520/F-Z 6626 H21.

2 Thyssen, Fritz, *I Paid Hitler*, New York/London 1941, S. 157.

3 Siehe Winkler, Heinrich August, »Unternehmerverbände zwischen Ständeideologie und Nationalsozialismus«, in: *VfZ* 17 (1969), S. 341 bis 371.

4 Protokoll eines Verhörs am 1. März 1946 durch US-Offiziere, Nachlass Anita Gräfin Zichy-Thyssen.

5 Thyssen, *I Paid Hitler*, a. a. O., S. 155.

6 Rämisch, Raimund Hubert, *Die berufsständische Verfassung in Theorie und Praxis des Nationalsozialismus*, Berlin 1957, S. 13.

7 Spruchkammerverfahren Thyssen, Mündl. Verhandlung 23. August 1948, HHStAW, Abt. 520/F-Z 6626 H21.

8 Ebenda.

9 Ebenda, Zeugenanhörung Dr. Paul Karrenbrock.

10 Poensgen, Ernst, »Hitler und die Ruhrindustriellen«, Denkschrift vom 21. Februar 1947, WWA, 501 XII D 2, S. 96.

11 Spruchkammerverfahren Thyssen, Mündl. Verhandlung 23. August 1948, HHStAW, Abt. 520/F-Z 6626 H21.

12 Winkler, »Unternehmerverbände«, a. a. O., S. 355.

13 Thyssen, Fritz, »Mein Leben«, S. 1, TKA, A/22125.

14 Thyssen, *I Paid Hitler*, a. a. O., S. 248.

15 Severus, Emmanuel von, »Im Schatten der Welt- und Kirchenpolitik«, in: ders. (Hg.), *Ecclesia Lacensis. Beiträge zur Wiederbesiedlung der Abtei Maria Laach durch Benediktiner aus Beuron vor 100 Jahren am 25. November 1892 und der Gründung des Klosters durch Pfalzgraf Heinrich II. von Laach vor 900 Jahren 1093*, Münster 1993, S. 403.

16 Kuropka, Joachim (Hg.), *Clemens August Graf von Galen. Neue Forschungen zum Leben und Wirken des Bischofs von Münster*, Münster 1993, S. 332.

17 *Vorwärts* vom 31. Mai 1957, S. 4.

18 Baumgärtner, Raimund, *Weltanschauungskampf im Dritten Reich. Die Auseinandersetzung der Kirchen mit Alfred Rosenberg*, Mainz 1977, S. 194.

19 Hildebrand, Dietrich von, *Memoiren und Aufsätze gegen den Nationalsozialismus 1933–1938*, Mainz 1994, S. 12.

20 Archiv der Abtei Maria Laach, III A 138.

21 Brief Ildefons Herwegen an Jula Thyssen vom 5. August 1933, Archiv der Abtei Maria Laach, III A 130.

22 Abgedruckt in: Sonntagsbeilage der *Kölnischen Volkszeitung* vom 30. Juli 1933.

23 Abgedruckt in: *Bonner Rundschau* vom 29. November 1952.

24 Archiv der Abtei Maria Laach, II C 94a (Soziologische Tagungen in Maria Laach 1931, 1932 und 1933).

25 Ebenda.

26 Spruchkammerverfahren Thyssen, Brief Oswald von Nell-Breuning an Dr. Ing. W. Roelen vom 24. August 1948, HHStAW, Abt. 520/F-Z 6626 H6.

27 Spruchkammerverfahren Thyssen, Brief Dr. Josef Klein an den Ersten Öffentlichen Kläger vom 27. Januar 1948, HHStAW, Abt. 520/F-Z 6626 H5.

28 Ebenda.

29 Siehe Hüttenberger, Peter, *Die Industrie- und Verwaltungsstadt (20. Jahrhundert),* Düsseldorf 1989 [= Weidenhaupt, Hugo (Hg.), *Düsseldorf. Geschichte von den Anfängen bis ins 20. Jahrhundert,* Bd. 3], S. 488ff.

30 Ebenda, S. 493.

31 Spruchkammerverfahren Thyssen, Mündl. Verhandlung 23. August 1948, Zeugenanhörung Dr. Josef Klein, HHStAW, Abt. 520/F-Z 6626 H21.

32 Brief Fritz Thyssen an Hitler vom 12. Juni 1934, BA Berlin, R 43II/527 b, Bl. 68.

33 Spruchkammerverfahren Thyssen, Mündl. Verhandlung 23. August 1948, Zeugenanhörung Dr. Paul Karrenbrock, HHStAW, Abt. 520/F-Z 6626 H21.

34 Siehe Winkler, »Unternehmerverbände«, a. a. O., S. 349.

35 Clemens Lammers, Vorstandsmitglied des Reichsverbandes der Deutschen Industrie, in der Hauptausschuss-Sitzung am 24. Juni 1932, zitiert nach Winkler, »Unternehmerverbände«, a. a. O., S. 350.

36 Brief Paul Reusch an Gustav Krupp von Bohlen und Halbach vom 20. Januar 1934, Hist. Archiv Krupp, FAH 4 E 193.

37 Spruchkammerverfahren Thyssen, Klageschrift, S. 151, HHStAW, Abt. 520/F-Z 6626 H1.

38 Ebenda.

39 Dr. Wilhelm Steinberg, »Persönliche Erinnerungen«, TKA, A/9963.

40 Ebenda.

41 Lebenserinnerungen von Dr. Wilhelm Ahrens, ab 1933 stellvertreten-

der Geschäftsführer der Bezirksgruppe Nordwest der Reichsvereinigung Eisen, Archiv Wirtschaftsvereinigung Stahl, Düsseldorf.

42 Dr. Wilhelm Steinberg, »Persönliche Erinnerungen«, TKA, A/9963.

43 Ebenda.

44 Mason, Timothy W., *Sozialpolitik im Dritten Reich. Arbeiterklasse und Volksgemeinschaft*, Opladen 1977, S. 101.

45 Abgedruckt bei Hüttenberger, *Düsseldorf*, a. a. O., S. 495.

46 Spruchkammerverfahren Thyssen, Mündl. Verhandlung 23. August 1948, Zeugenanhörung Instituts-Verwaltungschef Karel Dornow, HHStAW, Abt. 520 F-Z 6626 H21.

47 Spruchkammerverfahren Thyssen, Mündl. Verhandlung 23. August 1948, Zeugenanhörung Dr. Josef Klein, HHStAW, Abt. 520/F-Z 6626 H21.

48 Brief Dr. Paul Karrenbrock an Fritz Thyssen vom 18. Mai 1934, Materialien des SS-Sicherheitshauptamtes, BA Berlin, R 58/497, S. 30.

49 Abgedruckt in: *Akten der Reichskanzlei. Die Regierung Hitler 1933–1938*, Teil I: *1933/34*, Bd. 2: *12. September 1933–27. August 1934*, Boppard a. Rhein 1983, S. 1328.

50 Ebenda, S. 1331.

51 Ebenda, S. 1323.

52 Brief Fritz Thyssen an Dr. Paul Karrenbrock vom 4. Oktober 1935, HHStAW, Abt. 520/F-Z 6626 H6.

53 Spruchkammerverfahren Thyssen, Mündl. Verhandlung 23. August 1948, Zeugenanhörung Dr. Paul Karrenbrock, HHStAW, Abt. 520/F-Z 6626 H21.

54 NSDAP, Der Stellvertreter des Führers, Verfügung Nr. 27/36, BA Berlin, NS 6/222.

55 Erklärung Prof. Walter Heinrich vom Oktober 1946, TKA, PA Fritz Thyssen.

56 Lübbe, Katharina, *M.d.R. Die Reichstagsabgeordneten der Weimarer Republik in der Zeit des Nationalsozialismus. Politische Verfolgung, Emigration und Ausbürgerung 1933–1945*, Düsseldorf 1991, S. 684.

57 Brief Josef Terboven an Frau Hanni Klein vom 23. März 1943, Anlage Spruchkammerverfahren Thyssen, HHStAW, Abt. 520/F-Z 6626 H6.

58 Härtle, G. H., »Othmar Spann«, in: *Nationalsozialistische Monatshefte* 1938, S. 698.

59 Reichssicherheitshauptamt, Bericht über den »Spannkreis«, BA Berlin, R 58/497, S. 15.

60 Ebenda, S. 21.

61 Ebenda.

62 Heinrich, Walter, »Das Ständewesen mit besonderer Berücksichtigung der Selbstverwaltung der Wirtschaft«, Typoskript 1932, S. 2, Hist. Archiv Krupp, FAH 4 E 193.

63 Spruchkammerverfahren Thyssen, Mündl. Verhandlung 23. August 1948, HHStAW, Abt. 520/FZ 6626 H21.

64 Abgedruckt in: Turner, Henry Ashby jr., *Die Großunternehmer und der Aufstieg Hitlers*, Berlin 1985, S. 404.

65 Rauschning, Hermann, *Gespräche mit Hitler*, Zürich/New York 1940, S. 46.

66 Ebenda.

KAPITEL 6

1 Thyssen, Fritz, *I Paid Hitler*, New York/London 1941, S. 22.

2 Jedenfalls berichtet dies der Hitler während der Kampfzeit persönlich nahe stehende Otto Wagener, SA-Führer und seit 1931 Leiter der Wirtschaftspolitischen Abteilung der Reichsleitung der NSDAP, unter Berufung auf entsprechende Äußerungen Hitlers. Turner, Henry Ashby jr. (Hg.), *Hitler aus nächster Nähe. Aufzeichnungen eines Vertrauten 1929 bis 1932*, Frankfurt a. M. 1978, S. 91.

3 Spruchkammerverfahren Thyssen, Eidesst. Erklärung Dr. Carl Christian Schmid vom 10. März 1948, HHStAW, Abt. 520/F-Z 6626 H5.

4 Spruchkammerverfahren Thyssen, Eidesst. Erklärung Reichsminister a. D. Dr. Andreas Hermes vom 2. September 1948, HHStAW, Abt. 520/F-Z 6626 H6.

5 Spruchkammerverfahren Thyssen, Mündl. Verhandlung 27. August 1948, Zeugenanhörung Maria Saile, HHStAW, Abt. 520/F-Z 6626 H21.

6 Spruchkammerverfahren Thyssen, Mündl. Verhandlung 30. August 1948, Zeugenanhörung Oberbürgermeister a. D. Dr. Robert Lehr, HHStAW, Abt. 520/F-Z 6626 H21.

7 Verhör durch US-Offiziere am 1. März 1946, Nachlass Anita Gräfin Zichy-Thyssen.

8 TKA, Film/690, Familie Fritz Thyssen (I) 1929–1933.

9 Spruchkammerverfahren Thyssen, Mündl. Verhandlung 27. August 1948, Zeugenaussage Portier G. Müller, HHStAW, Abt. 520/F-Z 6626 H21.

10 Spruchkammerverfahren Thyssen, Eidesst. Erklärung Dr. Carl Christian Schmid vom 10. März 1948, HHStAW, Abt. 520/F-Z 6626 H5.

11 Ebenda.

12 Spruchkammerverfahren Thyssen, Mündl. Verhandlung 24. August 1948, Zeugenanhörung Chauffeur Wilhelm Löwen, HHStAW, Abt. 520/F-Z 6626 H21.

13 Reichsdiensttelegramm vom 9. November 1933, BA Berlin, R 43 II/983.

14 Thyssen, *I Paid Hitler*, a. a. O., S. 227.

15 Ebenda, S. 68.

16 Spruchkammerverfahren Thyssen, Schriftl. Erklärung Bruder Willi Hirtsiefer vom 18. August 1948, HHStAW, Abt. 520/F-Z 6626 H6.

17 Spruchkammerverfahren Thyssen, Mündl. Verhandlung 25. August 1948, Zeugenanhörung Oberbürgermeister und Reichsminister i. R. Karl Jarres, HHStAW, Abt. 520/F-Z 6626 H21.

18 Spruchkammerverfahren Thyssen, Mündl. Verhandlung 31. August 1948, Zeugenanhörung Dr. Carl Härle, HHStAW, Abt. 520/F-Z 6626 H21.

19 Thyssen, *I Paid Hitler*, a. a. O., S. 215.

20 Spruchkammerverfahren Thyssen, Schriftl. Erklärung Martin Niemöller vom 24. Juli 1948, HHStAW, Abt. 520/F-Z 6626 H6.

21 Brief Dr. Robert Lehr an Fritz Thyssen vom 4. Mai 1934, Stadtarchiv Düsseldorf, NL 27, Nr. 63.

22 Spruchkammerverfahren Thyssen, Mündl. Verhandlung 30. August 1948, Zeugenanhörung Dr. Robert Lehr, HHStAW, Abt. 520/F-Z 6626 H21.

23 Verhör durch US-Offiziere am 30. Mai 1945 auf Capri, National Archives Washington, D. C., RG 338, 000-50-009, Box 439.

24 Volk, Ludwig, *Das Reichskonkordat vom 20. Juli 1933. Von den Ansätzen in der Weimarer Republik bis zur Ratifizierung am 10. September 1933*, Mainz 1972, S. 72.

25 Anordnung Heß Nr. 34/33 vom 13. Oktober 1933, abgedruckt in: Besier, Gerhard, *Die Kirchen und das Dritte Reich. Spaltungen und Abwehrkämpfe 1934–1937*, Berlin/München 2001, S. 215.

26 Besier, *Kirchen*, a. a. O., S. 160.

27 Spruchkammerverfahren Thyssen, Eidesst. Erklärung Schwester Anna Ludwiga vom Mutterhaus der »Schwestern vom armen Kinde Jesus« vom 15. Dezember 1947, HHStAW, Abt. 520/F-Z 6626 H5.

28 Brief Dr. jur. Carl Härle an Abt Dr. Ildefons Herwegen vom 12. Mai 1931, Archiv der Abtei Maria Laach, III A 137, Dr. Carl Härle.

29 Aussage Abt Basilius Ebel vom 1. September 1948, Archiv der Abtei Maria Laach, III A 138, Fritz Thyssen.

30 Brief Dr. Ildefons Herwegen vom 18. Februar 1946, Archiv der Abtei Maria Laach, III A 138, Fritz Thyssen.

31 Thyssen, *I Paid Hitler*, a. a. O., S. 247.

32 Brief Ildefons Herwegen an Jula Thyssen vom 5. August 1933, Archiv der Abtei Maria Laach, III A 130, Jula Thyssen.

33 Brief Dr. Ildefons Herwegen an die amerikanische Militärregierung vom 18. Februar 1946, Archiv der Abtei Maria Laach, III A 138, Fritz Thyssen.

34 Spruchkammerverfahren Thyssen, Schriftl. Aussage Pfarrer Johannes B. Heinrichsbauer vom 25. August 1948, HHStAW, Abt. 520/F-Z 6626 H6.

35 Spruchkammerverfahren Thyssen, Eidesst. Erklärung Hermann Josef Abs vom 28. Juli 1948, HHStAW, Abt. 520/F-Z 6626 H20.

36 Spruchkammerverfahren Thyssen, Mündl. Verhandlung 26. August 1948, Zeugenanhörung Fritz Wiedemann, HHStAW, Abt. 520/F-Z 6626 H21.

37 Spruchkammerverfahren Thyssen, Mündl. Verhandlung 30. August 1948, Zeugenanhörung Dr. Carl Christian Schmid, HHStAW, Abt. 520/F-Z 6626 H21.

38 Fest, Joachim, *Hitler. Eine Biographie*, Frankfurt a. M. u. a. 1974, S. 644.

39 Thyssen, *I Paid Hitler*, a. a. O., S. 260.

40 Spruchkammerverfahren Thyssen, Mündl. Verhandlung 30. August 1948, Zeugenanhörung Dr. Carl Christian Schmid, HHStAW, Abt. 520/F-Z 6626 H21.

41 Spruchkammerverfahren Thyssen, Mündl. Verhandlung 24. August 1948, Zeugenanhörung Dr. Ludwig Grauert, HHStAW, Abt. 520/F-Z 6626 H21.

42 Thyssen, *I Paid Hitler*, a. a. O., S. 261.

43 Ebenda, S. 219ff.; Vernehmung durch US-Offiziere vom 1. März 1946, Nachlass Anita Gräfin Zichy-Thyssen.

44 Spruchkammerverfahren Thyssen, Schriftl. Aussage Pfarrer Johannes B. Heinrichsbauer vom 25. August 1948, HHStAW, Abt. 520/F-Z 6626 H6.

45 Ebenda.

46 Brief Dir. Dr.-Ing. Adolf Wirtz an Fritz Thyssen vom 21. Juli 1939, TKA, FWH/514.

47 Spruchkammerverfahren Thyssen, Eidesst. Erklärung Franz Bartscherer vom 18. August 1948, HHStAW, Abt. 520/F-Z 6626 H6.

48 Brief Fritz Thyssen an Dr.-Ing. Eduard Herzog vom 4. Dezember 1938, HHStAW, Abt. 520/F-Z 6626 H6.

49 Spruchkammerverfahren Thyssen, Eidesst. Erklärung Carl Goetz vom 18. August 1948, HHStAW, Abt. 520/F-Z 6626 H6.

50 Telegramm Jakob Goldschmidt an Fritz Thyssen vom 24. November 1939, Schweizerisches Bundesarchiv, C. 13. 1058, E 4320 (B) 1991/243, Bd. 82.

51 Thyssen, *I Paid Hitler*, a. a. O., S. 218.

52 Vierhaus, Rudolf (Hg.), *Forschung im Spannungsfeld von Politik und Gesellschaft. Geschichte und Struktur der Kaiser-Wilhelm-/Max-Planck-Gesellschaft*, Stuttgart 1990, S. 403f.

53 Spruchkammerverfahren Thyssen, Klageschrift, S. 255, HHStAW, Abt. 520/F-Z 6626 H1.

54 Ebenda, S. 256.

55 Befragung Fritz Thyssen durch US-Offiziere am 1. März 1946, Nachlass Anita Gräfin Zichy-Thyssen.

56 Telegramm Fritz Thyssen an Adolf Hitler vom 20. April 1935, TKA, Fü/98.

57 Vortrag Major Hesse am 27. Februar 1936, »Das personelle Moment in der Wehr- und Kriegswirtschaft«, TKA, Z (Sonderdruck), S. 20.

58 Spruchkammerverfahren Thyssen, Mündl. Verhandlung 30. August 1948, Zeugenanhörung Dr. Carl Christian Schmid, HHStAW, Abt. 520/F-Z 6626 H21.

59 Vortrag Major Hesse, a. a. O., S. 19f.

60 Ebenda, S. 18.

61 Haffner, Sebastian, *Anmerkungen zu Hitler*, München 1978, S. 34f.

62 Fest, *Hitler*, a. a. O., S. 695.

63 Spruchkammerverfahren Thyssen, Mündl. Verhandlung 23. August 1948, Zeugenanhörung Dr. Paul Karrenbrock, HHStAW, Abt. 520/F-Z 6626 H21.

64 Spruchkammerverfahren Thyssen, Mündl. Verhandlung 30. August 1948, Zeugenanhörung Dr. Carl Christian Schmid, HHStAW, Abt. 520/F-Z 6626 H21.

65 Thyssen, *I Paid Hitler*, a. a. O., S. 35.

66 Ebenda.

67 Spruchkammerverfahren Thyssen, Eidesst. Erklärung Dr. Carl Christian Schmid vom 10. März 1948, HHStAW, Abt. 520/F-Z 6626 H5.

68 Riedel, Matthias, *Eisen und Kohle für das Dritte Reich. Paul Pleigers Stellung in der NS-Wirtschaft*, Göttingen 1973, S. 90.

69 Thyssen, *I Paid Hitler*, a. a. O., S. 188.

70 Spruchkammerverfahren Thyssen, Mündl. Verhandlung 23. August 1948, Zeugenanhörung Dr. Josef Klein, HHStAW, Abt. 520/F-Z 6626 H21.

71 Diese Äußerung will Dr. Josef Klein als Zeuge eines Gesprächs gehört haben, das Thyssen mit Görings Mitarbeiter Gritzbach im Berliner Restaurant Horcher über den Verkauf der Mehrheit an der Österreichisch-Alpinen Montangesellschaft an die Reichswerke AG für Erzbergbau und Eisenhütten Hermann Göring führte. Spruchkammerverfahren Thyssen, Mündl. Verhandlung 23. August 1948, Zeugenanhörung Dr. Josef Klein, HHStAW, Abt. 520/F-Z 6626 H21.

72 Thyssen, *I Paid Hitler*, a. a. O., S. 278.

73 Mollin, Gerhard, *Montankonzerne und »Drittes Reich«. Der Gegensatz zwischen Monopolindustrie und Befehlswirtschaft in der deutschen Rüstung und Expansion 1936–1944*, Göttingen 1988, S. 113ff.

74 Thyssens Verteidiger im Spruchkammerverfahren, Dr. Robert Ellscheid, erwähnte in seinem Schlussplädoyer, dass der Bankier Robert Pferdmenges Thyssen schon 1936 habe sagen hören: »Dieser Bursche muss umgeschossen werden.« Spruchkammerverfahren Thyssen, Plädoyer der Verteidigung, HHStAW, Abt. 520/F-Z 6626 H21.

75 Spruchkammerverfahren Thyssen, Mündl. Verhandlung 25. August 1948, Zeugenanhörung Dr. Robert Pferdmenges, HHStAW, Abt. 520/F-Z 6626 H21.

76 Spruchkammerverfahren Thyssen, Eidesst. Erklärung Dr. Carl Christian Schmid vom 10. März 1948, HHStAW, Abt. 520/F-Z 6626 H5.

77 Siehe Briefe und Telegramme zwischen Thyssen und von Kluge, TKA, PA Fritz Thyssen.

78 Spruchkammerverfahren Thyssen, Mündl. Verhandlung 30. August 1948, Zeugenanhörung Dr. Carl Christian Schmid, HHStAW, Abt. 520/F-Z 6626 H21.

79 Kershaw, Ian, *Hitler 1936–1945*, Stuttgart 2000, S. 870 und S. 876.

80 Thyssen, *I Paid Hitler*, a. a. O., S. 242.

81 Kershaw, *Hitler 1936–1945*, a. a. O., S. 576.

82 Spruchkammerverfahren Thyssen, Schriftsatz RA Dr. Robert Ellscheid an den Kläger, HHStAW, Abt. 520/F-Z 6626 H20.

83 Aktennotiz Walter Rohland über den 18. Juni 1938, TKA, A/9963; siehe auch Rohland, Walter, *Bewegte Zeiten. Erinnerungen eines Eisenhüttenmannes*, Stuttgart 1978, S. 65f.

1 Thyssen, Fritz, *I Paid Hitler*, New York/London 1941, S. 38f.

2 Spruchkammerverfahren Thyssen, Mündl. Verhandlung 24. August 1948 (Wilhelm Löwen) und 27. August 1948 (Maria Saile), HHStAW, Abt. 520/F-Z 6626 H21.

3 Bericht Heinrich Blass, Generaldirektor der Schweizerischen Kreditanstalt, an die Regierung in Bern, Spruchkammerverfahren Thyssen, HHStAW, Abt. 520/F-Z 6626 H5.

4 Spruchkammerverfahren Thyssen, Anlagen zur Klageschrift, HHStAW, Abt. 520/F-Z 6626 H1.

5 Spruchkammerverfahren Thyssen, Mündl. Verhandlung 30. August 1948, Zeugenanhörung Dr. Carl Christian Schmid, HHStAW, Abt. 520/F-Z 6626 H21.

6 Spruchkammerverfahren Thyssen, Mündl. Verhandlung 1. September 1948, Zeugenanhörung Dr. Josef Kratz, HHStAW, Abt. 520/F-Z 6626 H21.

7 Thyssen, *I Paid Hitler*, a. a. O., S. 33.

8 Spruchkammerverfahren Thyssen, Mündl. Verhandlung 31. August 1948, Zeugenanhörung Carl Härle, HHStAW, Abt. 520/F-Z 6626 H21.

9 Thyssen, *I Paid Hitler*, a. a. O., S. 33.

10 Ebenda, S. 36.

11 Hitler forderte von Polen vor allem die Rückgabe der Freien Stadt Danzig und des polnischen Korridors zur Anbindung Ostpreußens an das Reichsgebiet.

12 Aufnahme am 1. Mai 1933 unter der Mitgliedsnummer 2 917 299 bei der Ortsgruppe Mülheim/Ruhr, BA Berlin (ehem. Berlin Document Center), PK: Thyssen, Fritz, 9. 11. 73.

13 Thyssen, *I Paid Hitler*, a. a. O., S. 41.

14 Poensgen, Ernst, »Hitler und die Ruhrindustriellen«, WWA, 501 XII D 2.

15 Spruchkammerverfahren Thyssen, Klageschrift, S. 269, HHStAW, Abt. 520/F-Z 6626 H1.

16 Nach Thyssen, *I Paid Hitler*, a. a. O., S. 38.

17 Ebenda.

18 Spruchkammerverfahren Thyssen, Klageschrift, S. 270, HHStAW, Abt. 520/F-Z 6626 H1.

19 Spruchkammerverfahren Thyssen, Spruch und Begründung vom 2. Oktober 1948, HHStAW, Abt. 520/F-Z 6626 H23.

20 Spruchkammerverfahren Thyssen, Mündl. Verhandlung 27. August 1948, Zeugenanhörung Maria Saile, HHStAW, Abt. 520/F-Z 6626 H21.

21 Spruchkammerverfahren Thyssen, Aktennotiz Carl Härle vom 12. Oktober 1939, HHStAW, Abt. 520/F-Z 6626 H13.

22 Ebenda.

23 Spruchkammerverfahren Thyssen, Mündl. Verhandlung 31. August 1948, Zeugenanhörung Dr. Carl Härle, HHStAW, Abt. 520/F-Z 6626 H21.

24 Spruchkammerverfahren Thyssen, Klageschrift, S. 272f., HHStAW, Abt. 520/F-Z 6626 H1.

25 Thyssen, *I Paid Hitler*, a. a. O., S. 45; Spruchkammerverfahren Thyssen, Schutzschrift RA Dr. Robert Ellscheid, HHStAW, Abt. 520/F-Z 6626 H20.

26 Thyssen, *I Paid Hitler*, a. a. O., S. 42; Stellungnahme Thyssen vom 30. Mai 1945 in Capri, National Archives Washington, D. C., RG 338, 000-50-009, Box 439, S. 3.

27 Protokoll Prof. Däbritz nach einem Gespräch mit Albert Vögler am 11. Januar 1943 zu einem geplanten Buch über die Vereinigten Stahlwerke, TKA, A/1801.

28 Thyssen, *I Paid Hitler*, a. a. O., S. 44.

29 Spruchkammerverfahren Thyssen, Eidesst. Erklärung Carl Goetz vom 18. August 1948, HHStAW, Abt. 520/F-Z 6626 H6.

30 Spruchkammerverfahren Thyssen, Klageschrift, S. 282, HHStAW, Abt. 520/F-Z 6626 H1.

31 Es handelte sich offenbar um ein Duplikat der für Göring bestimmten Thyssen-Denkschrift.

32 Spruchkammerverfahren Thyssen, Vertraulicher Bericht des Schweizer Gesandten Hans Frölicher an die Abteilung für Auswärtiges in Bern vom 10. Oktober 1939, HHStAW, Abt. 520/F-Z 6626 H6.

33 Brief des Schweizer Gesandten Hans Frölicher an die Abteilung für Auswärtiges in Bern vom 10. Oktober 1939, HHStAW, Abt. 520/F-Z 6626 H6.

34 Brief Alexander von Dörnberg an Dr. Otto Köcher vom 8. November 1939, Schweizerisches Bundesarchiv, E 2001 (D) -/2, Aktenzeichen B.41.21.

35 Brief Alexander von Dörnberg an Dr. Otto Köcher vom 4. Dezember 1939, Schweizerisches Bundesarchiv, E 2001 (D) -/2, Aktenzeichen B.41.21.

36 Schreiben von Hans Frölicher an Pierre Bonna, Chef de la Division des Affaires étrangères du Département politique vom 5. September 1941, abgedruckt in: *Diplomatische Dokumente der Schweiz 1848–1945*, Bd. 14: *1. 1. 1941–8. 9. 1943*, Bern 1997, S. 279.

37 Brief der Schweizerischen Bundesanwaltschaft an den Vorsitzenden der Spruchkammer Frankfurt, Hans Albrecht, vom 6. September 1948, Schweizerisches Bundesarchiv, E 4320 (B) 1991/243, Bd. 82, Aktenzeichen C.13.1058.

38 Spruchkammerverfahren Thyssen, Mündl. Verhandlung, HHStAW, Abt. 520/F-Z 6626 H21.

39 Brief Josef Terboven an Fritz Thyssen vom 24. November 1939, Akten der Geheimen Staatspolizei, Staatspolizeistelle Düsseldorf, RWHStA, RW 14-9.

40 Hubert, Peter, *Uniformierter Reichstag. Die Geschichte der Pseudo-Volksvertretung 1933–1945*, Düsseldorf 1992, S. 305.

41 Spruchkammerverfahren Thyssen, Eidesst. Erklärung Dr. Karl Heinz Hoffmann vom 1. September 1948, HHStAW, Abt. 520/F-Z 6626 H6.

42 Spruchkammerverfahren Thyssen, Spruch und Begründung vom 2. Oktober 1948, S. 44, HHStAW, Abt. 520/F-Z 6626 H23.

43 *J. H. Stein. Werden und Wachsen eines Kölner Bankhauses in 150 Jahren*, dargestellt von Professor Dr. Chr. Eckert, Köln 1940, S. 199.

44 Spruchkammerverfahren Thyssen, Brief Zollamtmann Brill an das Hessische Staatsministerium – Der Minister für politische Befreiung, Marburg/Lahn, vom 7. Juni 1948, HHStAW, Abt. 520/F-Z 6626 H6. Brill behauptet darin sogar, Fritz Thyssen habe sein Auslandsvermögen »geschlossen« in die Pelzer-Stiftung eingebracht.

45 Brief Kurt von Schröder vom 27. September 1940, TKA, VSt/4038.

46 Brief Vereinigte Stahlwerke AG an den Ruhrstahl-Vorstand vom 6. Januar 1940, TKA, RS/343.

47 Brief Dr. Hans Mosse an Reichsleiter Martin Bormann vom 17. Mai 1940, BA Berlin, NS 6/447.

48 Abgedruckt in: *Die Tat* vom 21. März 1964, S. 12.

49 Brief Fritz Thyssen an Adolf Hitler vom 28. Dezember 1939, Spruchkammerverfahren Thyssen, Klageschrift, HHStAW, Abt. 520/F-Z 6626 H1.

50 *Reichsanzeiger* Nr. 36 vom 4. Februar 1940.

51 Zitiert in: Spruchkammerverfahren Fritz Thyssen, Spruch und Begründung vom 2. Oktober 1948, S. 44f., HHStAW, Abt. 520/F-Z 6626 H23.

52 Vertraulicher Brief Reinhard Heydrich an das Reichsministerium des

Innern vom 7. Januar 1940, Schweizerisches Bundesarchiv, E 2001 (D) -/2, Aktenzeichen B.41.21.

53 Brief des stellv. Essener Gauleiters an Reichsminister Bernhard Rust vom 14. Mai 1940, Akten der Geheimen Staatspolizei, Staatspolizeistelle Düsseldorf, RWStA, RW 14-6.

54 Akten der Geheimen Staatspolizei, Staatspolizeistelle Düsseldorf, Personalbogen Fritz Thyssen, RWStA, RW 58-1.

55 Brief Hans Frölicher an die Abteilung für Auswärtiges, Bern, vom 14. Dezember 1939, Schweizerisches Bundesarchiv, E 2001 (D) -/2, Aktenzeichen B.41.21.

56 Brief Alexander von Dörnberg an Dr. Otto Köcher vom 15. Dezember 1939, Schweizerisches Bundesarchiv, E 2001 (D) -/2, Aktenzeichen B.41.21.

57 Zu Wirths Friedensbemühungen siehe Hörster-Philipps, Ulrike, *Joseph Wirth 1879–1956. Eine politische Biographie*, Paderborn u.a. 1998, S. 535ff.; Kettenacker, Lothar (Hg.), *Das Andere Deutschland im Zweiten Weltkrieg. Emigration und Widerstand in internationaler Perspektive*, Stuttgart 1977, S. 39; Meehan, Patricia, *The Unnecessary War: Whitehall and the German Resistance to Hitler*, London 1992; Schlie, Ulrich, *Kein Friede mit Deutschland. Die geheimen Gespräche im Zweiten Weltkrieg 1939–1941*, München u.a. 1994.

58 BA Koblenz, Nachlass Dr. Joseph Wirth, N 1342/117.

59 Spruchkammerverfahren Thyssen, Brief Dr. Joseph Wirth an Thyssens Verteidiger F. de la Fontaine vom 10. April 1948, HHStAW, Abt. 520/F-Z 6626 H20.

60 Hörster-Philipps, *Joseph Wirth*, a.a.O., S. 572.

61 *Neue Ruhr Zeitung* vom 6. Januar 1971.

62 Ebenda.

63 Brief Eidgenössische Fremdenpolizei an Fritz Thyssen vom 5. Januar 1940, Schweizerisches Bundesarchiv, E 4320 (B) 1991/243, Bd. 82, Aktenzeichen C.13.1058.

64 Brief RA Dr. Ludwig-Friedrich Meyer an Bundesrat Giuseppe Motta vom 10. Januar 1940, Schweizerisches Bundesarchiv, E 2001 (D) -/2, Aktenzeichen B.41.21.

65 Spruchkammerverfahren Thyssen, Mündl. Verhandlung 18. August 1948, Befragung Fritz Thyssen, HHStAW, Abt. 520/F-Z 6626 H21.

66 Brief Alexander von Dörnberg an den Gesandten Dr. Otto Köcher vom 9. Januar 1940, Schweizerisches Bundesarchiv E 2001 (D) -/2, Aktenzeichen B.41.21.

67 Brief des deutschen Gesandten in Bern, Dr. Otto Köcher, an Freiherr von Dörnberg vom 12. Januar 1940, Schweizerisches Bundesarchiv, E 2001 (D) -/2, Bd. 112, Aktenzeichen B.41.21.

68 Brief Bundesrat Giuseppe Motta an RA Dr. Ludwig-Friedrich Meyer vom 12. Januar 1944, Schweizerisches Bundesarchiv, E 2001 (D) -/2, Aktenzeichen B.41.21.

69 Brief Abteilung für Auswärtiges, Bern, an die Schweizerische Gesandtschaft in Rom vom 13. Februar 1940, Schweizerisches Bundesarchiv, E 2001 (D) -/2, Aktenzeichen B.41.21.

70 Telefongespräch zwischen einem von der Telefon-Zensurstelle Bern namentlich nicht identifizierten Beamten des Politischen Departements und dem deutschen Diplomaten v. Bibra am 21. März 1940, Schweizerisches Bundesarchiv, E 4320 (B) 1991/243, Bd. 82, Aktenzeichen C.13.1058.

71 Brief des Chefs der Abteilung für Auswärtiges an die Schweizerische Gesandtschaft in Berlin vom 5. April 1940, Schweizerisches Bundesarchiv, E 2001 (D) -/2, Aktenzeichen B.41.21.

72 Exposee Fritz Thyssen für einen französischen Anwalt vom 2. Juli 1940, TKA, A/2548.

73 Klemperer, Klemens von, *Die verlassenen Verschwörer. Der deutsche Widerstand auf der Suche nach Verbündeten 1938–1945*, Berlin 1994, S. 153.

74 Antrag Fritz Thyssen auf Ausstellung eines Transitvisums für die USA vom 20. Juli 1940, Nachlass Anita Gräfin Zichy-Thyssen.

75 Thyssen, »Mein Leben«, S. 16, TKA, A/22125.

76 Spruchkammerverfahren Thyssen, Mündl. Verhandlung 27. August 1948, Zeugenanhörung Ludwig Benedikt Schlesinger, HHStAW, Abt. 520/F-Z 6626 H21.

77 Kantorowicz, Alfred, *Exil in Frankreich. Merkwürdigkeiten und Denkwürdigkeiten*, Bremen 1971, S. 101.

78 Ebenda.

79 Spruchkammerverfahren Thyssen, Brief Dr. Hermann Rauschning an das Hessische Staatsministerium, Berufungskammer Marburg, vom 6. Juli 1948, HHStAW, Abt. 520/F-Z 6626 H6.

80 Ebenda.

81 Thyssen, *I Paid Hitler*, a. a. O., Vorwort Reves, S. 5ff.

82 Jedenfalls behauptete Thyssen dies später, siehe Spruchkammerverfahren Fritz Thyssen, Mündl. Verhandlung 18. August 1948, HHStAW, Abt. 520/F-Z 6626 H21.

83 Thyssen, *I Paid Hitler*, a. a. O., Vorwort Reves, S. 11.

84 Brief Fritz Thyssen vom 2. Juli 1940. Die Anrede »Cher Maître« des namentlich nicht identifizierbaren Adressaten deutet auf einen französischen Anwalt hin, TKA, A/2548 u. A/2549.

85 Brief Fritz Thyssen vom 4. Juli 1940, TKA, A/2546.

86 Fabian, Ruth/Coulmas, Corinna, *Die deutsche Emigration in Frankreich nach 1933*, München u. a. 1978, S. 86.

87 Fry, Varian, *Auslieferung auf Verlangen. Die Rettung deutscher Emigranten in Marseille 1940/41*, München/Wien 1986, S. 190f.

88 Politisches Archiv des Auswärtigen Amtes, Berlin, Botschaft Paris, Band 1286.

KAPITEL 8

1 Spruchkammerverfahren Thyssen, Zeugenaussage Dr. med. Richard Sinn vom 30. Dezember 1947, HHStAW, Abt. 520/F-Z 6626 H5.

2 Ebenda. Eidesst. Erklärung des Mithäftlings Dr. Eberhard Anders vom 13. September 1948, HHStAW, Abt. 520/F-Z 6626 H6.

3 Ebenda. Befragung Fritz Thyssen durch den Ersten Öffentlichen Kläger 28. Februar 1948, HHStAW, Abt. 520/F-Z 6626 H21.

4 Ebenda. Eidesst. Erklärung Dr. med. Richard Sinn vom 26. August 1948, HHStAW, Abt. 520/F-Z 6626 H6.

5 Ebenda. Eidesst. Erklärung Dr. Eberhard Anders vom 13. September 1948, HHStAW, Abt. 520/F-Z 6626 H6.

6 Ebenda. Eidesst. Erklärung Dr. Richard Sinn vom 26. August 1948, HHStAW, Abt. 520/F-Z 6626 H6.

7 *Akten der Partei-Kanzlei der NSDAP*, Veröffentlichungen des Instituts für Zeitgeschichte, Teil I, München/Wien 1983, S. 632 und S. 637.

8 Meldung wichtiger staatspolizeilicher Ereignisse, Nr. 2 vom 4. Dezember 1942, BA Berlin, Dok/k 919/6 v. 4. 12. 1942, Bl. 12.

9 Thyssen, Fritz, *I Paid Hitler*, New York/London 1941, S. 228.

10 Vorlage Ministerialrat Dr.-Ing. Görnnert für Göring vom 1. Juli 1942 für ein Gespräch mit dem Reichsführer SS Himmler, BA Berlin, Film 3401/376, sowie Witte, Peter (Hg.), *Der Dienstkalender Heinrich Himmlers 1941/42*, Hamburg 1999, S. 476.

11 Spruchkammerverfahren Thyssen, Eidesst. Erklärung Dr. Eberhard Anders vom 13. September 1948, HHStAW, Abt. 520/F-Z 6626 H6.

12 Ebenda.

13 Interrogation Report Hauptscharführer Kurt Eccarius, 21. Februar 1946, PRO, Wo 309/853, Archiv Sachsenhausen.

14 Thyssen-Verhör durch Lt. Col. W. Heddon am 30. Mai 1945 auf Capri, National Archives Washington, D. C., RG 338, 000-50-009, Box 439.

15 Sendtner, Kurt, *Rupprecht von Wittelsbach, Kronprinz von Bayern*, München 1954, S. 665f.; Aretin, Erwein von (Hg.), *Wittelsbacher im KZ*, München 1949.

16 Brief Amtsgruppenchef des SS-Wirtschafts-Verwaltungshauptamtes (Betr. Sonderbauten in den Konzentrationslagern) vom 15. Juni 1943, IfZ, FA 506/12.

17 Meyer, Winfried (Hg.), *Verschwörer im KZ. Hans von Dohnanyi und die Häftlinge des 20. Juli 1944 im KZ Sachsenhausen* [Schriftenreihe der Stiftung Brandenburgische Gedenkstätten; Bd. 5], Berlin 1998, S. 20.

18 Zeugenvernehmung Amélie Thyssen am 14. November 1960, Voruntersuchung gegen KZ-Arzt Dr. Heinz Baumkötter und andere wegen Beihilfe zum Mord vor dem Landgericht Münster, StA Münster, Staatsanwaltschaft Münster – 6 JS 121/56 -/390.27 (XXVII), Bl. 198, zitiert nach Kopie in: Archiv Sachsenhausen, JD 1/28, Bl. 93f.

19 Brief Amélie Thyssen an den ebenfalls angeklagten KZ-Arzt Dr. med. Otto Adam vom 29. Mai 1960, StA Münster, Staatsanwaltschaft Münster – 6 JS 121/56 -/390.24 (XXIII), Bl. 136, zitiert nach Kopie in: Archiv Sachsenhausen, JD 1/24, Bl. 39f.

20 Henke, Klaus-Dietmar, *Die amerikanische Besetzung Deutschlands*, München 1995, S. 875.

21 Bericht vom 20. Juli 1945, BayHStA, NL Pfeiffer, Nr. 52.

22 Schuschnigg, Kurt von, *Ein Requiem in Rot-Weiß-Rot*, Wien 1978, S. 477f.

23 Vermehren, Isa, *Reise durch den letzten Akt. Ravensbrück, Buchenwald, Dachau: eine Frau berichtet*, Reinbek bei Hamburg 1979 S. 185.

24 Hassell, Fey von, *Niemals sich beugen. Erinnerungen einer Sondergefangenen der SS*, München 1990, S. 167.

25 Hackett, David A. (Hg.), *Der Buchenwald-Report. Bericht über das Konzentrationslager Buchenwald bei Weimar*, München 1996, S. 296f.; Kogon, Eugen, *Der SS-Staat. Das System der deutschen Konzentrationslager*, Frankfurt a. M. 1946, S. 193.

26 Vermehren, *Reise*, a. a. O., S. 193.

27 Vernehmung Fritz Thyssen durch US-Offiziere am 1. März 1946, Nachlass Anita Gräfin Zichy-Thyssen.

28 Vermehren, *Reise*, a. a. O., S. 195.

29 Ebenda.

30 Gespräch zwischen Stephan Wegener und Isa Vermehren, 24. Juni 1996, TKA, PA Fritz Thyssen.

31 Vermehren, *Reise*, a. a. O., S. 195.

32 Pünder, Hermann, *Von Preußen nach Europa. Lebenserinnerungen*, Stuttgart 1968, S. 174f.

33 Henke, *Besetzung*, a. a. O., S. 866.

34 Schuschnigg, *Requiem*, a. a. O., S. 490.

35 Ebenda, S. 498.

36 Pünder, *Von Preußen nach Europa*, a. a. O., S. 174ff.

37 Hassell, *Niemals sich beugen*, a. a. O., S. 171.

38 Faksimile-Abdruck eines Briefes von Ernst Kaltenbrunner an SS-Obersturmbannführer Weiter vom 5. April 1945, *Der Spiegel*, Nr. 9/1967, S. 54.

39 Zitiert nach Carls, Hans, *Dachau. Erinnerungen eines katholischen Geistlichen aus der Zeit seiner Gefangenschaft 1941–1945*, Köln 1946, S. 193.

40 Müller, Josef, *Bis zur letzten Konsequenz. Ein Leben für Frieden und Freiheit*, München 1975, S. 269; Pünder, *Von Preußen nach Europa*, a. a. O., S. 174ff.

41 Schuschnigg, *Requiem*, a. a. O., S. 502. In den Voruntersuchungen des Landgerichts München II gegen Edgar Stiller wegen Beihilfe zum Mord gegen den Hitler-Attentäter Elser bestätigte auch der Zeuge RA Franz Liedig am 8. Dezember 1952 die Existenz eines »Liquidationskommandos«, Staatsarchiv München, Staatsanw. 34.475/3.

42 Vernehmungsprotokoll des Angeschuldigten Edgar Stiller vom 14. September 1951 in der Voruntersuchung wegen Beihilfe zum Mord, Landgericht München II, Staatsarchiv München, Staatsanw. 34.475/2.

43 Pünder, *Von Preußen nach Europa*, a. a. O., S. 176.

44 Zeugenanhörung Bogislav von Bonin vom 21. November 1951 in der gerichtlichen Voruntersuchung gegen Edgar Stiller wegen Beihilfe zum Mord, Landgericht München II, Staatsarchiv München, Staatsanw. 34.475/2.

45 *Der Spiegel*, Nr. 9/1967, S. 59; Zeugenvernehmung Wichard von Alvensleben vom 10. Dezember 1951 im Verfahren gegen Edgar Stiller wegen Beihilfe zum Mord, Landgericht München II, Staatsarchiv München, Staatsanw. 34.475/2.

46 Vermehren, *Reise*, a. a. O., S. 234.

47 Müller, *Konsequenz*, a. a. O., S. 274.

1 Vermehren, Isa, *Reise durch den letzten Akt. Ravensbrück, Buchenwald, Dachau: eine Frau berichtet*, Reinbek bei Hamburg 1979, S. 264.

2 Ebenda, S. 271.

3 Verhör Fritz Thyssen durch Lt. Col. W. Heddon am 30. Mai 1945 auf Capri, National Archives Washington, D.C., RG 338, 000-50-009, Box 439.

4 »First Opinions on *I Paid Hitler*«, IfZ, F 233.

5 Thyssen, »Mein Leben«, S. 15, TKA, A/22125.

6 Siehe hierzu besonders Speer, Albert, *Erinnerungen*, Berlin 1969, S. 506; Henke, Klaus-Dietmar, *Die amerikanische Besetzung Deutschlands*, München 1995, S. 767.

7 Brief Fritz Thyssen an Amélie Thyssen vom 19. November 1945, TKA, NZT 041.

8 Brief Fritz Thyssen an Amélie Thyssen vom 18. Februar 1946, TKA, NZT 041.

9 Verhör Fritz Thyssen durch US-Militär am 1. März 1946, Nachlass Anita Gräfin Zichy-Thyssen.

10 Thyssen, »Mein Leben«, S. 19, TKA, A/22125.

11 Ebenda, S. 17.

12 Ebenda.

13 Befund Dr. med. Schorcht vom 25. März 1946, Nachlass Anita Gräfin Zichy-Thyssen.

14 Thyssen, »Mein Leben«, S. 17f., TKA, A/22125.

15 Handgeschriebenes Statement Thyssens, Königstein/Ts., vom 1. Juni 1947, Schweizerisches Bundesarchiv, E 2001 (D) -/2, Aktenzeichen B.41.21.

16 Medizinischer Report Dr. med. Reichert vom 4. Juli 1946, Nachlass Anita Gräfin Zichy-Thyssen.

17 Notiz Esser vom 31. Juli 1946, TKA, PA Fritz Thyssen.

18 Brief Fritz Thyssen an Eduard Herzog vom 28. Juli1946, TKA, PA Fritz Thyssen.

19 Handgeschriebenes Statement Thyssens, Königstein/Ts., vom 1. Juni 1947, Schweizerisches Bundesarchiv, E 2001 (D) -/2, Aktenzeichen B.41.21.

20 Thyssen, »Mein Leben«, S. 19, TKA, A/22125.

21 Mündliche Aussage Fey Pirzio-Biroli, geb. von Hassell, gegenüber dem Autor.

22 Brief Thyssen an General Sibert, Frankfurt/Main, vom 13. April 1946, Nachlass Anita Gräfin Zichy-Thyssen.

23 Brief Fritz Thyssen an Captain Josef Marcu, Headquarter Frankfurt, vom 29. April 1947, Nachlass Anita Gräfin Zichy-Thyssen.

24 Brief Fritz Thyssen an Amélie Thyssen vom 5. Oktober 1945, TKA, NZT 041.

25 Thyssen, »Mein Leben«, S. 18, TKA, A/22125.

26 Ebenda.

27 Brief Fritz Thyssen an Amélie Thyssen vom 1. Dezember 1946, TKA, NZT 041.

28 Brief Fritz Thyssen an Amélie Thyssen vom 24. Dezember 1946, TKA, NZT 041.

29 Brief Fritz Thyssen an Amélie Thyssen vom 8. Januar 1947, TKA, NZT 041.

30 Telegramm Fritz Thyssen an Amélie Thyssen vom 13. Januar 1947, TKA, NZT 041.

31 *Die Welt* vom 28. Oktober 1947.

32 *Rhein-Ruhr-Zeitung* vom 9. Dezember 1947.

33 Aussage von Dr. Uta Amelung, Tochter von Dr. Walther Amelung, gegenüber dem Autor.

34 Brief Oberlandesgerichtsrat Dr. Schlesinger, Hessisches Staatsministerium (Ministerium für politische Befreiung), an den Öffentlichen Kläger Knust vom 19. Dezember1947, HHStAW, Abt. 520/F-Z 6626 H5.

35 Einstweilige Anordnung der Spruchkammer Obertaunus vom 10. Februar 1948, HHStAW, Abt. 520/F-Z 6626 H5.

36 Brief Staatl. Gesundheitsamt Bad Homburg an das Hess. Staatsministerium (Ministerium für politische Befreiung) vom 3. Februar 1948, HHStAW, Abt. 520/F-Z 6626 H5.

37 Brief Special Projects Division an den hessischen Minister Binder vom 28. Januar 1948, HHStAW, Abt. 520/F-Z 6626 N5-7.

38 Brief Special Projects Division an den Dienstaufsichtsführenden Vorsitzenden der Spruchkammer Frankfurt vom 29. Juni 1948, HHStAW, Abt. 520/F-Z 6626 N5-7.

39 Schuster, Armin, *Die Entnazifizierung in Hessen 1945–1954. Vergangenheitspolitik in der Nachkriegszeit*, Wiesbaden 1999, S. 98.

40 Brief des Office of Chief of Counsel for War Crimes an den Beauftragten des Hessischen Ministers für politische Befreiung vom 20. November 1947, HHStAW, Abt. 520/FZ 6626 H5.

41 Ebenda, S. 93.

42 Brief des Ersten Öffentlichen Klägers Günther Knust an den Minister für politische Befreiung vom 4. Februar 1948, HHStAW, Abt. 520/FZ 6626 N5-7.

43 Ebenda.

44 Brief RA Dr. Robert Ellscheid an Dr. Wolfgang Pohle vom 16. März 1948, Archiv der Mannesmann AG.

45 Brief Dr. W. Amelung an Spruchkammer Obertaunus vom 26. Juli 1948, HHStAW, Abt. 520/FZ 6626 H6.

46 Brief Fritz Thyssen an Thyssen-Direktor Eduard Herzog vom 26. Juli 1945, TKA, PA Fritz Thyssen.

47 Brief des Ersten Öffentlichen Klägers Günther Knust an das Hessische Staatsministerium (Der Minister für politische Befreiung) vom 4. Februar 1948, HHStAW, Abt. 520/FZ 6626 N5-7.

48 Spruchkammerverfahren Thyssen, Mündliche Verhandlung 16. August 1948, HHStAW, Abt. 520/F-Z 6626 H21.

49 Ebenda.

50 *The Saturday Review of Literature* vom 16. Oktober 1948, S. 21ff.

51 *New Yorker* vom 18. September 1948.

52 Der Erste Öffentliche Kläger an das Hessische Staatsministerium (Der Minister für politische Befreiung) vom 4. Februar 1948, HHStAW, Abt. 520/F-Z 6626 N5-7.

53 *Welt der Arbeit* vom 24. Oktober 1951.

54 Bericht des Ersten Öffentlichen Klägers über ein Gespräch mit Fritz Thyssen vom 28. Februar 1948, HHStAW, Abt. 520/F-Z 6626 H5.

55 Turner, Henry Ashby jr., »Fritz Thyssen und das Buch ›I Paid Hitler‹«, in: ders., *Faschismus und Kapitalismus in Deutschland. Studien zum Verhältnis zwischen Nationalsozialismus und Wirtschaft,* Göttingen 1972.

56 Thyssen, Fritz, *I Paid Hitler*, New York/London 1941, S. 133.

57 Ebenda, S. 12.

58 Spruchkammerverfahren Thyssen, Spruch und Begründung vom 2. Oktober 1948, S. 10, HHStAW, Abt. 520/F-Z 6626 H23.

59 Ebenda, S. 17.

60 Ebenda, S. 16.

61 Spruchkammerverfahren Thyssen, Mündl. Verhandlung 23. August 1948, HHStAW, Abt. 520/F-Z 6626 H21.

62 Spruchkammerverfahren Thyssen, Spruch und Begründung vom 2. Oktober 1948, HHStAW, Abt. 520/F-Z 6626 H23.

63 Spruchkammerverfahren Thyssen, Mündl. Verhandlung 20. August 1948, HHStAW, Abt. 520/F-Z 6626 H21.

64 Spruchkammerverfahren Thyssen, Eidesst. Erklärung Dr. Heinrich Brüning vom 24. August 1948, HHStAW, Abt. 520/F-Z 6626 H6.

65 Spruchkammerverfahren Thyssen, Erklärung Hubertgottfried Underberg vom 26. August 1948, HHStAW, Abt. 520/F-Z H6.

66 Spruchkammerverfahren Thyssen, Schlussplädoyer RA Dr. Robert Ellscheid vom 13. September 1948, HHStAW, Abt. 520/F-Z 6626 H21.

67 Spruchkammerverfahren Thyssen, Spruch und Begründung vom 2. Oktober 1948, S. 27, HHStAW, Abt. 520/F-Z 6626 H23.

68 Ebenda, S. 7f.

69 Ebenda, S. 34.

70 Ebenda, S. 35.

71 Ebenda, S. 42.

72 Ebenda, S. 49.

73 Ebenda, S. 50.

74 Ebenda, S. 50f.

KAPITEL 10

1 Spruchkammerverfahren Thyssen, Mündl. Verhandlung 1. September 1948, Zeugenanhörung Dr. Carl Härle, HHStAW, Abt. 520/F-Z 6626 H21.

2 Klass, Gert von, *Albert Vögler. Einer der Großen des Ruhrreviers,* Tübingen 1957, S. 284.

3 Uebbing, Helmut, *Wege und Wegmarken. 100 Jahre Thyssen,* Berlin 1991, S. 50.

4 Ebenda, S. 51.

5 Ebenda, S. 50.

6 Trauerrede RA Dr. Robert Ellscheid am 8. Februar 1953, TKA, PA Fritz Thyssen; Treue, Wilhelm/Uebbing, Helmut, *Die Feuer verlöschen nie,* Bd. 2: *August Thyssen-Hütte 1926–1966,* Düsseldorf/Wien 1969, S. 112.

7 Sohl, Hans-Günther, *Notizen* (Privatdruck), Düsseldorf 1983, S. 119f.

8 Ebenda, S. 121.

9 Brief Eduard Herzog an Fritz Thyssen vom 13. November 1948, TKA, PA Fritz Thyssen.

10 Brief RA Dr. Robert Ellscheid an den Ersten Öffentlichen Kläger Günther Knust vom 28. Januar 1948, HHStAW, Abt. 520/F-Z 6626 H20.

11 Protokoll eines Verhörs durch US-Offiziere vom 1. März 1946, Nachlass Anita Gräfin Zichy-Thyssen.

12 Ebenda.

13 Brief RA Robert Ellscheid an den nordrhein-westfälischen Finanzminister Dr. Hans Weitz vom 5. November 1949, TKA, VSt./4037.

14 Brief Dr. Wolfgang Linz an Dr. Hermann Wenzel vom 22. Februar 1950, TKA, VSt/4038.

15 Brief Thyssen-Direktor Carl Josef Nachtsheim an das Finanzamt Mülheim/Ruhr vom 8. Februar 1949, TKA, TV/2.

16 Brief Dr. Hermann Wenzel an Dr. Friedrich Tetens (Direktor des zum Interessenkreis Alfred Hugenbergs gehörenden Mitaktionärs Opriba Handels- und Verwaltungs-KG) vom 21. November 1949, TKA, Vst./4038.

17 Ebenda.

18 Ebenda; siehe auch Vertrag zwischen Fritz Thyssen und Rechtsanwalt Fernand Loesch als Vertreter der kaufinteressierten Gesellschaft Somicha, TKA, VSt./4038.

19 Mollin, Gerhard, *Montankonzerne und »Drittes Reich«. Der Gegensatz zwischen Monopolindustrie und Befehlswirtschaft in der deutschen Rüstung und Expansion 1936–1944*, Göttingen 1988, S. 129.

20 Brief Dr. Hermann Wenzel an Dr. Friedrich Tetens vom 21. November 1949, TKA, VSt./4038.

21 Brief Dr. Wolfgang Linz an Dr. Hermann Wenzel vom 28. November 1949, TKA, VSt./4038.

22 Brief Dr. Hans-Günther Sohl an Dr. Hermann Wenzel vom 14. November 1949, TKA, VSt./4038.

23 »Streng vertraulicher« Vermerk Dr. Wolfgang Linz vom 18. November 1949, TKA, VSt./4038.

24 Brief Dr. Hermann Wenzel an Dr. Friedrich Tetens vom 21. November 1949, TKA, VSt./4038.

25 »Streng vertraulicher« Vermerk Dr. Wolfgang Linz vom 18. November 1949, TKA, VSt./4038.

26 Brief Dr. Wolfgang Linz an Dr. Hermann Wenzel vom 28. November 1949, TKA, VSt./4038.

27 Ebenda.

28 Brief Vorstandsmitglied Dr. Walther Schwede an Fritz Thyssen, Argentinien, vom 2. Februar 1950, TKA, VSt./4467.

29 Aktenvermerk Vorstandsmitglied Dr. Walther Schwede vom 19. Januar 1950, TKA, VSt./4038.

30 Ebenda.

31 In einem internen Vermerk vom 18. Februar 1950 über ein Zusam-

mentreffen mit amerikanischen Geschäftsleuten berichtet Vorstandsmitglied Dr. Wolfgang Linz: »Gelegentlich unserer Unterredung mit den Herren Parlin und Dr. Oppenheimer (New York) am 16. d. M. im ›Frankfurter Hof‹ in Frankfurt brachten wir die Sprache auch auf Mr. Halasy. Halasy war den Herren weder persönlich noch als Journalist bekannt. Offensichtlich glaubten beide nicht an den von Halasy selbst für sich reklamierten Einfluss auf McCloy.« TKA, VSt./4038.

32 Brief Vorstandsmitglied Dr. Walther Schwede an Dr. Robert Pferdmenges vom 4. Dezember 1950, TKA, VSt./4038.

33 Aktenvermerk Vorstandsmitglied Dr. Walther Schwede vom 19. Januar 1950, TKA, VSt./4038.

34 Brief Dr. Hermann Wenzel an Dr. Friedrich Tetens vom 21. November 1949, TKA, VSt./4038.

35 Persönliche Auskunft gegenüber dem Autor, 13. November 2002.

36 Brief Fritz Thyssen an Vorstandsmitglied Dr. Walther Schwede vom 17. März 1950, TKA, VSt./4467.

37 Aktennotiz Dr. Wolfgang Linz über ein Gespräch mit den Herren Parlin und Dr. Oppenheimer (New York) vom 18. Februar 1950, TKA, VSt./4038.

38 Brief Dr. Wolfgang Linz an Dr. Hermann Wenzel vom 20. März 1950, TKA, VSt./4038.

39 Brief Dr. Robert Pferdmenges an Fritz Thyssen vom 11. Juli 1950, TKA, VSt./4038.

40 Ebenda.

41 Brief Fritz Thyssen an RA Anton Comes vom 1. August 1950, TKA, VSt./4467.

42 Ebenda.

43 Brief Fritz Thyssen an Wilhelm Roelen vom 23. Oktober 1950, TKA, Fü/98.

44 Ebenda.

45 *Rheinischer Merkur* vom 16. Februar 1951.

46 Eidesst. Erklärung Edmund Stinnes vom 17. Oktober 1945, Staatsarchiv Nürnberg, KV Ankl. Dok. Fotokop. NG 1 B/2/02.

47 Henri, Ernst, *Hitler over Europe?*, London 1934, S. 4 und S. 11.

48 Stöcker, Jakob, *Männer des deutschen Schicksals von Wilhelm II. bis Adolf Hitler. Geschichte in Porträts*, Berlin 1949, S. 190.

49 Thyssen, Fritz, »Mein Leben«, TKA, A/22125.

50 *Frankfurter Allgemeine Zeitung* vom 10. Februar 1953.

Bibliographie

ARCHIVE

Archiv für Christlich-Demokratische Politik der Konrad-Adenauer-Stiftung, St. Augustin (ACDP)

Archiv der Abtei Maria Laach

Archiv Gedenkstätte und Museum Sachsenhausen

Archiv Wirtschaftsvereinigung Stahl, Düsseldorf

Bayer-Archiv, Leverkusen

Bayerisches Hauptstaatsarchiv München (BayHStA)

Bundesarchiv (BA), Berlin und Koblenz

Hessisches Hauptstaatsarchiv Wiesbaden (HHStAW)

Historisches Archiv Krupp, Essen

Institut für Zeitgeschichte, München (IfZ)

Mannesmann-Archiv, Mülheim

National Archives, Washington, D. C.

Politisches Archiv des Auswärtigen Amtes, Berlin

Rheinisch-Westfälisches Hauptstaatsarchiv, Düsseldorf (RWHStA)

Schweizerisches Bundesarchiv, Bern

Staatsarchiv München

Staatsarchiv Nürnberg

Stadtarchiv Düsseldorf

Stadtarchiv Duisburg

Stadtarchiv Münster

Stiftung Rheinisch-Westfälisches Wirtschaftsarchiv zu Köln (RWWA)

Stiftung Westfälisches Wirtschaftsarchiv, Dortmund (WWA)

ThyssenKrupp Archiv, Duisburg (TKA)

Akten der Partei-Kanzlei der NSDAP, Veröffentlichungen des Instituts für Zeitgeschichte, Teil I, München/Wien 1983.

Akten der Reichskanzlei. Die Regierung Hitler 1933–1938, Teil I: *1933/34,* Bd. 1 und 2, Boppard a. Rhein 1983.

Aretin, Erwein von (Hg.), *Wittelsbacher im KZ,* München 1949.

Arnst, Paul, *August Thyssen und sein Werk,* Leipzig 1925.

Baumann, Carl-Friedrich, *Schloß Landsberg und Thyssen,* Duisburg 1993.

ders., »Fritz Thyssen und der Nationalsozialismus«, in: *Zeitschrift des Geschichtsvereins Mülheim a. d. Ruhr* 70 (1998).

Baumgärtner, Raimund, *Weltanschauungskampf im Dritten Reich. Die Auseinandersetzung der Kirchen mit Alfred Rosenberg,* Mainz 1977.

Besier, Gerhard, *Die Kirchen und das Dritte Reich. Spaltungen und Abwehrkämpfe 1934–1937,* Berlin/München 2001.

Bracher, Karl Dietrich/Funke, Manfred/Jacobsen, Hans-Adolf (Hg.), *Nationalsozialistische Diktatur 1933–1945. Eine Bilanz,* Bonn 1986.

Brüning, Heinrich, *Memoiren 1918–1934,* 2 Bde., München 1972.

Carls, Hans, *Dachau. Erinnerungen eines katholischen Geistlichen aus der Zeit seiner Gefangenschaft 1941–1945,* Köln 1946.

Czichon, Eberhard, *Wer verhalf Hitler zur Macht? Zum Anteil der deutschen Industrie an der Zerstörung der Weimarer Republik,* Köln 1967.

Delacor, Regina M., »›Auslieferung auf Verlangen‹? Der deutsch-französische Waffenstillstandsvertrag 1940 und das Schicksal der sozialdemokratischen Exilpolitiker Rudolf Breitscheid und Rudolf Hilferding«, in: *VfZ* 47 (1999), S. 217–242.

Dietrich, Otto, *Mit Hitler in die Macht,* 11. Auflage, München 1934.

Diplomatische Dokumente der Schweiz 1848–1945, Bd. 14: *1. 1. 1941–8. 9. 1943,* Bern 1997.

Epstein, Klaus, *Matthias Erzberger und das Dilemma der deutschen Demokratie,* Frankfurt a. M./Berlin/Wien 1976.

Erzberger-Prozeß, Der. Stenographischer Bericht über die Verhandlungen im Beleidigungsprozeß des Reichsfinanzministers Erzberger gegen den Staatsminister a. D. Karl Helfferich, Berlin 1920.

Eschenburg, Theodor, *Matthias Erzberger. Der große Mann des Parlamentarismus und der Finanzreform,* München 1973.

Fabian, Ruth/Coulmas, Corinna, *Die deutsche Emigration in Frankreich nach 1933,* München u. a. 1978.

Feldman, Gerald D., *Hugo Stinnes. Biographie eines Industriellen 1870–1924,* München 1998.

Fest, Joachim C., *Hitler. Eine Biographie,* Frankfurt a. M. u. a. 1974.

ders., *Speer. Eine Biographie,* Berlin 1999.

Fischer, Fritz, *Griff nach der Weltmacht. Die Kriegszielpolitik des kaiserlichen Deutschland 1914/18,* Düsseldorf 1961.

Forschbach, Edmund, *Edgar J. Jung. Ein konservativer Revolutionär, 30. Juni 1934,* Pfullingen 1984.

Fraenkel, Heinrich/Manvell, Roger, *Himmler. Kleinbürger und Massenmörder,* Berlin/Frankfurt a. M./Wien 1965.

Fry, Varian, *Auslieferung auf Verlangen. Die Rettung deutscher Emigranten in Marseille 1940/41,* München/Wien 1986.

Gall, Lothar (Hg.), *Krupp im 20. Jahrhundert,* Berlin 2002.

Gattineau, Heinrich, *Durch die Klippen des 20. Jahrhunderts. Erinnerungen zur Zeit- und Wirtschaftsgeschichte,* Stuttgart 1983.

Goebbels, Joseph, *Kampf um Berlin. Der Anfang,* München 1934.

ders., *Tagebücher 1924–1945,* hg. von Elke Fröhlich im Auftrag des Instituts für Zeitgeschichte und in Verbindung mit dem Bundesarchiv, Teil I: *Aufzeichnungen 1924–1941,* Bd. 2: *1. 1. 1931–31. 12. 1936,* München u. a. 1987.

Grimm, Friedrich, *Der Mainzer Kriegsgerichtsprozeß gegen die rheinisch-westfälischen Bergwerksvertreter: Fritz Thyssen, Generaldir. Kesten, Generaldir. Wüstenhöfer, Generaldir. Tengelmann, Bergassessor Olfe, Generaldir. Spindler,* Berlin 1923.

ders., *Vom Ruhrkrieg zur Rheinland-Räumung. Erinnerungen eines deutschen Verteidigers vor französischen und belgischen Kriegsgerichten,* Hamburg 1930.

Grübler, Michael, *Die Spitzenverbände der Wirtschaft und das erste Kabinett Brüning. Vom Ende der Großen Koalition 1929/30 bis zum Vorabend der Bankenkrise 1931. Eine Quellenstudie,* Düsseldorf 1982.

Gutsche, Willibald, *Ein Kaiser im Exil. Der letzte deutsche Kaiser Wilhelm II. in Holland. Eine kritische Biographie,* Marburg 1991.

Hackett, David A. (Hg.), *Der Buchenwald-Report. Bericht über das Konzentrationslager Buchenwald bei Weimar,* München 1996.

Härtle, G. H., »Othmar Spann«, in: *Nationalsozialistische Monatshefte* 1938.

Haffner, Sebastian, *Anmerkungen zu Hitler,* München 1978.

Hallgarten, George W. F., *Hitler, Reichswehr und Industrie. Zur Geschichte der Jahre 1918–1933,* Frankfurt a. M. 1955.

Hassell, Fey von, *Niemals sich beugen. Erinnerungen einer Sondergefangenen der SS,* München 1990.

Heinrich, Walter, *Das Ständewesen mit besonderer Berücksichtigung der Selbstverwaltung der Wirtschaft,* Jena 1932.

Heinrichsbauer, August, *Schwerindustrie und Politik,* Kettwig 1948.

Henke, Klaus-Dietmar, *Die amerikanische Besetzung Deutschlands,* München 1995.

Henri, Ernst, *Hitler over Europe?,* London 1934.

Hesse, Kurt, *Das personelle Moment in der Wehr- und Kriegswirtschaft. Vortrag im Industrie-Club, Düsseldorf, gehalten am 27. Februar 1936, und nachfolgende Tischrede von Dr. jur. h. c. Fritz Thyssen,* Düsseldorf 1936.

Heyl, Gertraud, *August Thyssen – eine Unternehmergestalt* (Diss.), Berlin 1950.

Hildebrand, Dietrich von, *Memoiren und Aufsätze gegen den Nationalsozialismus 1933–1938,* Mainz 1994.

Hitler, Adolf, *Mein Kampf,* 40. Auflage, München 1933.

Hömig, Herbert, *Brüning. Kanzler in der Krise der Republik. Eine Weimarer Biographie,* Paderborn u. a. 2000.

Hörster-Philipps, Ulrike, *Joseph Wirth 1879–1956. Eine politische Biographie,* Paderborn u. a. 1998.

Höver, Ulrich, *Joseph Goebbels, ein nationaler Sozialist,* Bonn/Berlin 1992.

Hubert, Peter, *Uniformierter Reichstag. Die Geschichte der Pseudo-Volksvertretung 1933–1945,* Düsseldorf 1992.

Hüttenberger, Peter, *Die Industrie- und Verwaltungsstadt (20. Jahrhundert),* Düsseldorf 1989 [= Weidenhaupt, Hugo (Hg.), *Düsseldorf. Geschichte von den Anfängen bis ins 20. Jahrhundert,* Bd. 3].

Huret, Jules, *Das Ruhrgebiet um 1900. Zu Besuch bei Krupp und Thyssen,* Essen 1998.

Jäckel, Eberhard, *Hitlers Weltanschauung. Entwurf einer Herrschaft,* Tübingen 1969.

Jäger, Hans, *Unternehmer in der deutschen Politik 1890–1918,* Bonn 1967.

J. H. Stein. Werden und Wachsen eines Kölner Bankhauses in 150 Jahren, dargestellt von Professor Dr. Chr. Eckert, Köln 1940.

Kantorowicz, Alfred, *Exil in Frankreich. Merkwürdigkeiten und Denkwürdigkeiten,* Bremen 1971.

Kershaw, Ian, *Hitler 1936–1945*, Stuttgart 1998.

ders., *Hitler 1936–1945*, Stuttgart 2000.

Kettenacker, Lothar (Hg.), *Das Andere Deutschland im Zweiten Weltkrieg. Emigration und Widerstand in internationaler Perspektive*, Stuttgart 1977.

Kissenkoetter, Udo, *Gregor Straßer und die NSDAP*, Stuttgart 1978.

Klass, Gert von, *Albert Vögler. Einer der Großen des Ruhrreviers*, Tübingen 1957.

Kleinewefers, Paul, *Jahrgang 05. Ein Bericht*, Stuttgart 1977.

Klemperer, Klemens von, *Die verlassenen Verschwörer. Der deutsche Widerstand auf der Suche nach Verbündeten 1938–1945*, Berlin 1994.

Kogon, Eugen, *Der SS-Staat. Das System der deutschen Konzentrationslager*, Frankfurt a. M. 1946.

Kohl, Ulrike, *Die Präsidenten der Kaiser-Wilhelm-Gesellschaft im Nationalsozialismus: Max Planck, Carl Bosch und Albert Vögler zwischen Wissenschaft und Macht*, Stuttgart 2002.

Krüger, Gerd, »Ein Fanal des Widerstandes im Ruhrgebiet«, in: *Mitteilungen des Instituts für soziale Bewegungen* 24 (2000), S. 95–140.

Kuropka, Joachim (Hg.), *Clemens August Graf von Galen. Neue Forschungen zum Leben und Wirken des Bischofs von Münster*, Münster 1993.

Leopold, John A., *Alfred Hugenberg: The Radical Nationalist Campaign against the Weimar Republic*, New Haven 1977.

Lochner, Louis P., *Die Mächtigen und der Tyrann. Die deutsche Industrie von Hitler bis Adenauer*, Darmstadt 1955.

Lübbe, Katharina, *M.d.R. Die Reichstagsabgeordneten der Weimarer Republik in der Zeit des Nationalsozialismus. Politische Verfolgung, Emigration und Ausbürgerung 1933–1945*, Düsseldorf 1991.

Luntowski, Gustav, *Hitler und die Herren an der Ruhr. Wirtschaftsmacht und Staatsmacht im Dritten Reich*, Frankfurt a. M. u. a. 2000.

Maser, Werner, *Hindenburg. Eine politische Biographie*, Rastatt 1989.

ders., *Hermann Göring. Hitlers janusköpfiger Paladin. Die politische Biographie*, Berlin 2000.

Mason, Timothy W., *Sozialpolitik im Dritten Reich. Arbeiterklasse und Volksgemeinschaft*, Opladen 1977.

Meehan, Patricia, *The Unnecessary War: Whitehall and the German Resistance to Hitler*, London 1992.

Meier-Welcker, Hans, *Seeckt*, Frankfurt a. M. 1967.

Meyer, Winfried (Hg.), *Verschwörer im KZ. Hans von Dohnanyi und die Häftlinge des 20. Juli 1944 im KZ Sachsenhausen* [= Schriftenreihe der Stiftung Brandenburgische Gedenkstätten; Bd. 5], Berlin 1998.

Michalka, Wolfgang/Niedhart, Gottfried (Hg.), *Die ungeliebte Republik. Dokumente zur Innen- und Außenpolitik Weimars 1918–1933*, München 1980.

Mollin, Gerhard, *Montankonzerne und »Drittes Reich«. Der Gegensatz zwischen Monopolindustrie und Befehlswirtschaft in der deutschen Rüstung und Expansion 1936–1944*, Göttingen 1988.

Mommsen, Hans, u. a. (Hg.), *Industrielles System und politische Entwicklung in der Weimarer Republik. Verhandlungen des internationalen Symposiums in Bochum vom 12.–17. Juni 1973*, Düsseldorf 1974.

Müller, Josef, *Bis zur letzten Konsequenz. Ein Leben für Frieden und Freiheit*, München 1975.

Nadolny, Rudolf, *Mein Beitrag*, Wiesbaden 1955.

Pätzold, Kurt/Weißbecker, Manfred, *Rudolf Heß. Der Mann an Hitlers Seite*, Leipzig 1999.

Paul, Gerhard/Mallmann, Klaus-Michael (Hg.), *Die Gestapo im Zweiten Weltkrieg. »Heimatfront« und besetztes Europa*, Darmstadt 2000.

Pünder, Hermann, *Von Preußen nach Europa. Lebenserinnerungen*, Stuttgart 1968.

Rämisch, Raimund Hubert, *Die berufsständische Verfassung in Theorie und Praxis des Nationalsozialismus*, Berlin 1957.

Rasch, Manfred, »August Thyssen«, in: Fröhlich, Michael (Hg.), *Das Kaiserreich. Portrait einer Epoche in Biographien*, Darmstadt 2001, S. 163–173.

Rauschning, Hermann, *Gespräche mit Hitler*, Zürich/New York 1940.

ders., *Men of Chaos*, New York 1942.

Reckendrees, Alfred, *Das »Stahltrust«-Projekt. Die Gründung der Vereinigte Stahlwerke AG und ihre Unternehmensentwicklung 1926–1933/34*, München 2000.

Riedel, Matthias, *Eisen und Kohle für das Dritte Reich. Paul Pleigers Stellung in der NS-Wirtschaft*, Göttingen 1973.

Rohland, Walter, *Bewegte Zeiten. Erinnerungen eines Eisenhüttenmannes*, Stuttgart 1978.

Rovan, Joseph, *Geschichten aus Dachau*, Stuttgart 1989.

Ruck, Michael, *Die Freien Gewerkschaften im Ruhrkampf 1923*, Köln 1986.

Sammlung Fritz Thyssen. Ausgewählte Meisterwerke, Katalog zur Ausstellung der Sammlung Fritz Thyssen im Bayerischen Nationalmuseum München 1986, München 1986.

Schacht, Hjalmar, *Abrechnung mit Hitler,* Hamburg 1948.

ders., *76 Jahre meines Lebens,* Bad Wörishofen 1953.

Schlie, Ulrich, *Kein Friede mit Deutschland. Die geheimen Gespräche im Zweiten Weltkrieg 1939–1941,* München u. a. 1994.

Schuschnigg, Kurt, *Ein Requiem in Rot-Weiß-Rot,* Wien 1978.

Schuster, Armin, *Die Entnazifizierung in Hessen 1945–1954. Vergangenheitspolitik in der Nachkriegszeit,* Wiesbaden 1999.

Schwerin von Krosigk, Lutz, *Die große Zeit des Feuers. Der Weg der deutschen Industrie,* 3 Bde., Tübingen 1959.

Sendtner, Kurt, *Rupprecht von Wittelsbach, Kronprinz von Bayern,* München 1954.

Severus, Emmanuel von (Hg.), *Ecclesia Lacensis. Beiträge zur Wiederbesiedlung der Abtei Maria Laach durch Benediktiner aus Beuron vor 100 Jahren am 25. November 1892 und der Gründung des Klosters durch Pfalzgraf Heinrich II. von Laach vor 900 Jahren 1093,* Münster 1993.

Sohl, Hans-Günther, *Notizen* (Privatdruck), Düsseldorf 1983.

Speer, Albert, *Erinnerungen,* Berlin 1969.

Spethmann, Hans, *Zwölf Jahre Ruhrbergbau. Aus seiner Geschichte von Kriegsanfang bis zum Franzosenabmarsch 1914–1925,* 5 Bde., Berlin 1928–1931.

Statistisches Jahrbuch der Stahlindustrie 2002, hg. von der Wirtschaftsvereinigung Stahl, Düsseldorf 2002.

Stöcker, Jakob, *Männer des deutschen Schicksals von Wilhelm II. bis Adolf Hitler. Geschichte in Porträts,* Berlin 1949.

Stolper, Gustav, *Die deutsche Wirklichkeit. Ein Beitrag zum künftigen Frieden Europas,* Hamburg 1949.

Stresemann, Gustav, *Schriften,* hg. von Arnold Harttung, Berlin 1976.

Thyssen, Fritz, *I Paid Hitler,* New York/London 1941.

Tilly, Rudolf, *60 Jahre Industrie-Club e. V. Düsseldorf,* Düsseldorf 1972.

Treue, Wilhelm, *Die Feuer verlöschen nie,* Bd. 1: *August Thyssen-Hütte 1890 bis 1926,* Düsseldorf/Wien 1966.

ders., »Der deutsche Unternehmer in der Weltwirtschaftskrise 1928 bis 1933«, in: Conze, Werner/Raupach, Hans (Hg.), *Die Staats- und Wirtschaftskrise des Deutschen Reiches 1929–1933,* Stuttgart 1967.

ders./Uebbing, Helmut, *Die Feuer verlöschen nie*, Bd. 2: *August Thyssen-Hütte 1926–1966*, Düsseldorf/Wien 1969.

Treviranus, Gottfried Reinhold, *Das Ende von Weimar. Heinrich Brüning und seine Zeit*, Düsseldorf/Wien 1968.

Tschirschky, Fritz Günther von, *Erinnerungen eines Hochverräters*, Stuttgart 1972.

Turner, Henry Ashby jr., *Faschismus und Kapitalismus in Deutschland. Studien zum Verhältnis zwischen Nationalsozialismus und Wirtschaft*, Göttingen 1972.

ders., »Großunternehmertum und Nationalsozialismus 1939–1933«, in: *Historische Zeitschrift* 221 (1975), S. 18–68.

ders. (Hg.), *Hitler aus nächster Nähe. Aufzeichnungen eines Vertrauten 1929 bis 1932*, Frankfurt a. M. 1978.

ders., *Die Großunternehmer und der Aufstieg Hitlers*, Berlin 1985.

ders. (Hg.), *Hitlers Rede vor dem Düsseldorfer Industrie-Club am 26. Januar 1932. Legende und Wirklichkeit*, Sonderdruck des Industrie-Club e.V. Düsseldorf, Düsseldorf 2000.

Uebbing, Helmut, *Wege und Wegmarken. 100 Jahre Thyssen*, Berlin 1991.

ders., *Stahl schreibt Geschichte. 125 Jahre Wirtschaftsvereinigung Stahl*, Düsseldorf 1999.

Vermehren, Isa, *Reise durch den letzten Akt. Ravensbrück, Buchenwald, Dachau: eine Frau berichtet*, Reinbek bei Hamburg 1979.

Vierhaus, Rudolf (Hg.), *Forschung im Spannungsfeld von Politik und Gesellschaft. Geschichte und Struktur der Kaiser-Wilhelm-/Max-Planck-Gesellschaft*, Stuttgart 1990.

Volk, Ludwig, *Das Reichskonkordat vom 20. Juli 1933. Von den Ansätzen in der Weimarer Republik bis zur Ratifizierung am 10. September 1933*, Mainz 1972.

Volkland, Gerhard, »Hintergründe und politische Auswirkungen der Gelsenberg-Affäre im Jahre 1932«, in: *ZfG* 11 (1963), S. 289–318.

Wegener, Stephan, »Die Familie Thyssen in Aachen-Eschweiler und in Mülheim a.d. Ruhr«, in: Wessel, Horst A. (Hg.), *Thyssen & Co. Mülheim a. d. Ruhr. Die Geschichte einer Familie und ihrer Unternehmung*, Stuttgart 1991, S. 13–52.

Weisbrod, Bernd, *Schwerindustrie in der Weimarer Republik. Interessenpolitik zwischen Stabilisierung und Krise*, Wuppertal 1978.

Wengst, Udo, »Unternehmerverbände und Gewerkschaften in Deutschland im Jahre 1930«, in: *VfZ* 25 (1977), S. 99–119.

ders., »Der Reichsverband der Deutschen Industrie in den ersten Monaten des Dritten Reiches«, in: *VfZ* 28 (1980), S. 94–110.

Wentzcke, Paul, *Ruhrkampf. Einbruch und Abwehr im rheinisch-westfälischen Industriegebiet,* 2 Bde., Berlin 1930ff.

Winkler, Heinrich August, »Unternehmerverbände zwischen Ständeideologie und Nationalsozialismus«, in: *VfZ* 17 (1969), S. 341–371.

ders., *Der Weg in die Katastrophe. Arbeiter und Arbeiterbewegung in der Weimarer Republik 1930–1933,* Bonn 1990.

Winschuh, Josef, *Männer, Traditionen, Signale,* Berlin 1940.

Witte, Peter (Hg.), *Der Dienstkalender Heinrich Himmlers 1941/42,* Hamburg 1999.

Wolff-Rohé, Stephanie, *Der Reichsverband der Deutschen Industrie 1919 bis 1924/25,* Frankfurt a. M. u. a. 2001.

Würzler, Hans-Werner, *Großbritanniens Interesse an der westeuropäischen Stahlverständigung und die Gründung der Internationalen Rohstahlgemeinschaft 1923/24–1926/27,* Bochum 1991.

Zangen, Wilhelm, *Aus meinem Leben* (Privatdruck), Düsseldorf 1968.

Personenregister

Bildnachweis

Bayer-Archiv, Leverkusen: 109

Bildarchiv Preußischer Kulturbesitz, Berlin: Frontispiz, 27, 285 (o)

Bilderdienst Süddeutscher Verlag, München: 103, 119, 123, 153, 187, 285 (u), 286

Friedrich-Ebert-Stiftung, Bonn: 145 (r)

International Institute for Social History, Amsterdam: 145 (l)

Thyssen Krupp Konzernarchiv, Duisburg: 23, 30, 32, 33, 43, 55, 62/63, 69, 75, 126 (Foto: Carl Tucht, Düsseldorf), 196, 270/271 (mit freundlicher Genehmigung von Dr. B. Khadjavi-Gontard), 314

Ullstein Bilderdienst, Berlin: 12, 88, 212, 284

U.S. National Archives, Washington, D. C.: 132, 133

Die Abbildung auf S. 18/19 ist Hans Spethmanns Monographie *Zwölf Jahre Ruhrbergbau. Aus seiner Geschichte von Kriegsanfang bis zum Franzosenabmarsch 1914–1925,* Bd. 3, Berlin 1929, entnommen, das Gemälde auf S. 91 (Foto: Werner Neumeister, München) dem Katalog *Sammlung Fritz Thyssen. Ausgewählte Meisterwerke,* München 1986. Die Zeichnung von H. Vogeler mit Text von Johannes R. Becher auf S. 293 stammt aus *Das Dritte Reich,* Moskau 1934, Reprint Berlin 1995.